JN439863

Alternative Punishment

대체형벌론

김혜정

이 저서는 2013년 정부(교육과학기술부)의 재원으로 한국연구재단의
지원을 받아 수행된 연구임(NRF-2013S1A6A4017497).

머리말

2000년대 초반부터 사법연수원에 보안처분에 관한 특강을 나가던 중, 우연한 기회에 '대체형벌론'이라는 과목을 강의하게 되었다. 당시 사법연수원측으로부터 대체형벌론에 관한 저서를 집필하면 어떻겠느냐는 권유를 받았고, 본 저서의 제목은 그때 아이디어를 얻은 것이다. 사실 그 이후로 '대체형벌론'에 대한 책을 써야겠다는 마음을 늘 갖고 있었지만, 필자의 능력부족과 게으름으로 인하여 차일피일 미루다가, 2013년 한국연구재단의 지원을 받게 되어 전문학술서인 '대체형벌론'을 집필하게 되었다.

필자는 보안처분을 주제로 박사학위를 받은 이래로 보안처분제도에 대하여 꾸준히 연구해 오고 있다. 그 연장선상에서 그 사이 보안처분제도에 대한 강의 의뢰가 들어오면, 그곳이 어느 곳이 되었든 달려가곤 하였다. 그렇게 보안처분제도에 대하여 강의할 때마다, 아직 보안처분제도에 대한 이해가 많이 부족한 것이 아닌가 하는 아쉬움을 갖게 되었다. 이 또한 필자가 본 저서를 준비하게 된 이유 중의 하나이다.

우리사회에서 보안처분제도에 대한 관심은 2000년대 들어오면서 그 어느 때보다 높아졌다. 물론 보안처분제도는 1980년 사회보호법의 제정을 통해 우리 형사법체계에 들어왔고, 사회보호법 제정이래로 끊임없이 보호감호의 폐지가 주장되었기 때문에 그 이전에도 관심의 대상이 아니었던 것은 아니지만, 2000년대 들어오면서 보안처분과 관련한 형사제재는 상당한 변화를 보여주고 있다. 먼저 2005년 사회보호법이 폐지되면서 그동안 논란이 되었던 보안처분 중 보호감호는 폐지되었다. 그러나 2000년대 중반부터 우리사회에서 발생한 일련의 아동대상 성폭력범죄들로 인하여 우리 형사법체계에 전자감독, 신상정보등록·공개, 성충동약물치료(소위 화학적 거세) 등 다양한 보안처분적 성격을 갖는 형사제재들이 도입되었다. 이러한 형사제재는 전통적 형벌만으로 해결되지 않는 문제를 해결하고자 대체형벌로서 도입되었지만, 그러한 대체형벌의 개념, 본래적 취지와 목적, 법적 성격과 정당성 여부, 더 나아가 형사정책적 필요성과 실효성 등 아직까지도 많은 내용들이 논쟁의 중심에 서 있다. 그럼에도 대체형벌론에 관한 논의를 체계적으로 풀어나간 전문학술서는 많지 않은 상황이다.

대체형벌론에 대한 논의는 비단 학문적인 영역에서뿐만 아니라, 형사실무 영역에서 다양한 대체형벌을 어떻게 운영할 것인가에 대한 논의도 필요하고 또 중요하다. 왜냐하면 다양한 대체형벌에 관하여 올바른 이해가 이루어지지 않는다면, 자칫 중복적용에 따른 기본권 침해 등의 문제가 야기될 수도 있기 때문이다. 반면에 이러한 문제를 근거로 실효성이 기대되는 대체형벌이 무의미하다고 치부되어 그 효과성이 적절하게 발휘되지 못할 수도 있기 때문이다. 필자는 법조인 양성을 목적으로 하는 법학전문대학원 시스템 하에서 예비법조인을 교육하면서 그 논의의 필요성에 확신을 갖게 되었다. 비록 본 저서가 전문학술서의 성격을 갖고 있지만, 실무적인 내용을 많이 담고 있는 것은 이러한 이유 때문이다.

본 저서는 크게 형벌 일반론과 대체형벌론으로 구성되었다. 본 저서의 주요 내용은 대체형벌에 관한 것이지만, 대체형벌을 정확하게 이해하기 위해서는 형벌의 개념, 형벌의 역사, 그리고 전통적 형벌에 대한 현재의 쟁점 등을 살펴보는 것이 선결될 필요가 있다고 보아, 제1부에 형벌 일반론을 담았다. 그리고 제2부에서는 우리 형사법체계에서 대체형벌로 볼 수 있는 다양한 형사제재에 대하여 그 등장배경, 각 제재의 개념 및 역사, 이론적 쟁점과 향후 과제 등에 대한 내용을 담았다. 마지막으로 결론에서 미래의 형벌에 관한 논의로 다루어져야 할 몇 가지 쟁점에 대하여 간략하게 다루었다.

본 저서를 준비하면서 절차탁마(切磋琢磨)의 마음으로 나름대로 열심히 연구하였지만, 출간을 앞두고 그 내용을 살펴보니 부족한 면이 너무 많다. 필자의 부족한 학문역량으로 제대로 연구되지 못한 내용에 대해 이해와 양해를 부탁드리며, 부족한 부분에 대해서는 앞으로 계속 연구하여 체계화할 수 있도록 그 여지를 남겨 두고자 한다. 그럼에도 본 저서가 대체형벌론에 관한 논의를 발전시키는데 일조할 수 있다면, 본 저서의 출간목적을 달성했다고 스스로를 위로해 본다.

마지막으로 본 저서의 출판에 도움을 주신 많은 분들이 있다. 먼저 보안처분제도에 대한 이론적 기초를 쌓을 수 있도록 지도해주신 고(故) 박재윤 교수님과 독일의 Hans-Heiner Kühne 교수님께 감사를 드린다. 본 저서의 출판을 흔쾌히 승낙해주시고 도와주신 피앤씨미디어의 박노일 대표님과 편집·교정 작업에 수고를 아끼지 않은 임직원 여러분에게도 감사를 드린다. 그리고 적지 않은 분량의 원고교정을 도와 준 영남대학교 법학전문대학원의 진현경, 조원균, 배한현, 김종준에게도 고마움을 표하며 훌륭한 법조인이 되기를 기원한다.

2017년 10월

경산 연구실에서

김혜정

차 례

제1부 형벌 일반론

제 2 부 대체형벌

제 1 부

형벌 일반론

제 1 장 형벌이란 무엇인가

제 1 절 형벌의 개념

1. 서 론

형벌이란 무엇인가? 형벌은 동해보복(同害報復, Talion)이라는 단순한 응보적(應報的) 생각에서 출발되었다고 본다. 국가가 형성되기 이전의 인간사회에서 자기 자신을 보호할 수 있는 유일한 수단은 복수(復讐)였을 것이다. 복수는 피해를 당한 자가 가해를 행한 자에게 앙갚음하는 것으로, 그 절차와 방법이 정해져 있는 것은 아니므로 피해자가 가해자에 대해 언제, 어떻게, 어느 정도로 복수할 것인가에 대한 예견가능성도 없고, 그 복수의 내용과 정도도 제각각이었을 것이다.

형벌이 언제부터 이루어졌는지는 명확하지 않다. 그러나 인간이 사회를 이루고 살아가기 시작하면서부터, 즉 인류의 공동생활과 함께 시작한 것으로 보는 것이 지배적인 견해이다. 인류사적(人類史的)으로 가정해 볼 때, 형벌은 자신이나 자신과 밀접한 관계에 있는 사람의 생명·신체·재산과 같은 가치에 해악(害惡)을 끼치는 행위를 한 사람에게 해악이라는 반대급부를 줌으로써 다시는 그와 같은 행위를 반복하지 못하게 하는 목적을 달성하기 위한 것으로 볼 수 있다.[1]

1) 배종대, 형사정책 제10판, 홍문사, 2016, 425면; 지광준, 현대사회와 형벌, 강남대학교출판

원시형벌(原始刑罰)은 이처럼 외부적 침해에 대한 반대침해를 통해 직접적으로는 자기보존본능(自己保存本能)을 나타내고 있지만, 간접적으로는 종족보존본능을 나타낸다고 본다. 비록 간접적이기는 하나 이러한 원시형벌의 종족보존본능의 발현은 사회적 성격을 지니고 있었다. 따라서 원시형벌의 제1의 형식인 혈수(血讐, Blutrache)는 개인의 사적 복수가 아니라 가족의 복수 또는 종족의 복수라고 할 수 있다. 혈수는 원시사회 혈족, 즉 씨족에 뿌리를 두고 사투형태(私鬪形態)로 나타난다.[2] 그런데 복수를 했던 자가 늙고 병들면 언제든지 다시금 복수를 당할 가능성에 노출된다는 점에서 복수는 또 다른 복수를 야기하는 결정적인 원인이 되었고, 사회혼란의 악순환을 연결하는 고리 역할을 하였다. 그러므로 복수가 지속되는 한, 인간 사회의 혼란은 끊임없이 연쇄적으로 반복될 수밖에 없었고, 따라서 복수사회는 사회 안전과 평화를 기대하는 것을 불가능하게 만들었다.

그러다가 인간이 이성에 눈을 뜨면서 복수로 인하여 야기되는 문제점을 명확하게 인식하게 되었고, 사회적 평화가 담보되는 사회방위를 위해 복수의 문제점을 해소하면서 각 개인이 인권을 충분히 누릴 수 있는 방안을 절실히 필요로 하게 되었다. 바로 이러한 요청으로부터 사인(私人)의 복수를 대신할 국가의 강력한 형벌권이 정당화 될 수 있었다. 사실 복수와 구별되는 공형벌(公刑罰)은 고대 이스라엘법, 로마법, 게르만법 등에 이미 등장하고 있었다. 이것을 사회계약설을 바탕으로 보면, 사적 복수가 제한 없이 이루어지는 것을 막고 약자의 권리를 보호해 주기 위한 계약을 통해 성립된 국가의 출현과 함께 시작되었다고 할 수 있다.[3]

결국 오늘날 형벌권의 주체는 국가이고, 형벌은 범죄인에 대하여 과해지는 법률적 효과로 일정한 법익박탈을 그 내용으로 하게 되었다. 이러한 국가형벌

부, 2004, 25면. '형벌(Strafe)'이라는 말은 14세기에 등장한 것으로 보기 때문에, 그 이전에는 비난이나 질책을 의미하는 'Verweis'가 형벌의 의미로 사용되었던 것으로 본다. 이 말은 본래 피해자의 친족에게 지불하는 살인속죄금(Wergeld)을 의미하였다는 점에서 형벌의 기원은 피해자와 그 가족·부족에 의한 복수에서 비롯한 것으로 보고 있다.

2) Liszt, "Der Zweckgedanke im Strafrecht(1882)", in: ders., Liszt, Strafrechtliche Aufsätze und Vorträge, Bd. I, 1905(심재우, "(번역) 형법에 있어서의 목적사상", 법률행정논집 제15권, 고려대학교 법률행정연구소, 1977, 144면 이하에서 재인용).

3) 배종대, 앞의 책, 425면.

은 자유주의적 법치국가 사상에 근거하여 인간의 존엄성을 침해하지 않는 한도에서 그 부과의 정당성을 찾을 수 있다. 국가형벌의 종류와 집행방법은 시대의 변화에 따라 변화·발전하였는데 그 전체적인 방향은 형벌에 있어서 인간성의 존중을 목표로 나아갔다고 할 수 있다. 이처럼 형벌에 대한 생각과 집행은 끊임없이 바뀌며 발전 되어왔다. 특히 20세기에 들어오면서 형벌학에 전통적인 형벌 이외에도 보안처분(保安處分)의 등장, 더 나아가 범죄자의 사회내처우가 점차 중요한 역할을 차지하게 되었다.

그런데 이러한 형벌을 통해 형벌의 목적인 범죄예방과 범죄자의 재사회화를 기대하였으나, 20세기 중반이후 오히려 증가하는 범죄는 결국 종래 형벌의 한계를 보여주는 결과가 되었다. 그 결과 20세기 중·후반부터 보다 강한 일반예방을 위하여 신상정보공개, 전자감독, 물리적·화학적 거세 등 전통적 형벌을 대체하는 새로운 형벌(형사제재)들이 적극적으로 도입·시행되게 되었다. 문제는 이러한 대체형벌들을 통해서도 범죄예방이 되지 않는 경우, 어떤 새로운 형벌이 도입되게 될지 그 예측이 쉽지 않다는 것이다. 무엇보다도 이렇게 다양한 대체형벌들 중에 적정한 형벌은 무엇인지 그 해답을 찾는 것도 쉽지 않다.

사실 형벌에 대하여는 이미 오래전부터 다양한 연구가 시도되어 왔다. 칸트는 그의 윤리학강의 필기노트와 실천철학강의 필기노트에서 다음과 같이 형벌을 정의하고 있다.

> "형벌이란 도덕적 해악을 이유로 한 사람에게 부과되는 물리적 해악이다."[4]
> "형벌이란 물리적 해악으로서, 그 근거는 실천적 악이다. 자연에서는 그 어느 것도 그 자체로 악이 되지 않는다. 모든 의도에 비추어 거부감을 불러일으키는 것은 악한 것이며, 감각적 의미에 비추어 거부감을 불러일으키는 것이 해악이다. 실천적 악에 근거한 모든 물리적 해악이 곧 형벌이다. 형벌은 법률을 고의로 위반하는 것에 상응한다."[5]

그러나 지금까지 개개 형벌들에 대하여 나름의 논의가 개별적으로는 있어

---

4) G. Gerhardt(Hg.), Immanuel Kant, Eine Vorlesung über Ethik, S. 64(윤재왕, "형벌과 도덕 - 칸트와 예방이론", 안암법학 제40호, 안암법학회, 2013, 524면에서 재인용).

5) Kant, Praktische Philosophie－Powalski, AA XXVII 1, S. 150(윤재왕, 앞의 논문, 524면에서 재인용).

왔으나, 다양한 대체형벌의 개념[6]에서부터 출발하여 등장배경과 발전과정, 대체 형벌의 본래적 취지와 목적, 전통적인 형벌과는 어떤 차별점을 갖는 것인지, 또 각각의 대체형벌들 사이에 어떤 관계와 차별점을 갖고 있는지 등에 대하여 종합적이고 체계적인 검토는 부족했던 것으로 보인다.

이에 본 저서에서는 형벌에 관한 지금까지의 개별 논의에서 한 걸음 더 나아가 형벌, 특히 대체형벌에 관하여 그 뿌리에서부터 열매에 이르기까지 전체적으로 조망하여 총체적으로 체계화하는데 그 목적을 두고 논의를 전개해보도록 한다.

2. 형벌에 대한 정의

형벌이란 국가가 범죄에 대한 법률상의 효과로서 범죄자에 대하여 그의 책임을 전제로 하여 부과하는 법익박탈을 말한다. 일반적으로 우리 형법에서 형벌은 광의의 개념과 협의의 개념으로 나뉘어 사용되고 있다. 여기에서 광의의 형벌이 협의의 형벌과 보안처분을 포함한 개념이라면, 협의의 형벌은 보안처분을 포함하지 않은, 즉 우리 형법 제41조에 규정된 9가지의 형벌만을 의미한다. 따라서 현재 우리 형사사법체계상 범죄에 대한 법률효과에는 형벌과 보안처분이 있다고 할 수 있다.

형벌의 개념은 20세기에 들어와 영국의 언어철학자들을 중심으로 만들어졌고, 그 결과를 법학자들이 이어받아, 이를 좀 더 확장시켜 "형벌의 표준적 정의"를 만들어냈다. 이러한 형벌의 개념을 포괄적으로 정의하기 위해서 부수적인 요소를 덧붙여 약간 변형시켜 정의해 보면 다음과 같다.[7]

첫째, "형벌은 고통 또는 통상적으로 불쾌하다고 간주되는 다른 결과들을 내포하고 있어야 한다."[8] 그렇다면, 여기서 "고통"은 무엇을 의미하는가? 신체

---

6) 형벌의 개념은 역사와 문화로부터 유래하는 것이기도 하다(Newman(이경재 역), 서양형벌사, 길안사, 1997, 35면).

7) Newman(이경재 역), 앞의 책, 40면 이하. 여기에는 형벌의 포괄적인 개념정의를 하기 위해서 오랜 기간 동안 "비법률적인" 처벌이 "법적인" 형벌보다 앞섰다는 점을 포함하고 있다.

8) Hart, Punishment and Responsibility Essays in the Philosophy of Law, 2. ed., Oxford University Press, 2008, p.4.

적인 고통인가 아니면 정신적인 고통인가? 만약 한 범죄자가 징역형을 받고도 자신은 아무런 고통을 "느끼지 않는다"고 말한다면,[9] 그것도 형벌일 수 있을까? 아마도 "그렇다"라고 답할 수 있을 것이다. 그 이유는 형벌의 첫 번째 정의에 보면, "통상적으로 불쾌하다고 간주되는 결과"를 포함하고 있기 때문이다. 따라서 형벌은 처벌자의 의도에 의존하지 않을 수 없다. 즉 처벌이 되기 위해서는 적어도 벌을 주는 자가 벌을 받는 자에게 어떤 종류의 고통, 박탈 또는 괴로움이 생길 것을 의도해야 한다.[10]

둘째, "형벌은 규칙에 반하는 위반(offence)에 대한 것이어야 한다."[11] 규칙에는 예컨대 법규, 학칙, 군율 등 여러 종류가 있고, 이러한 규칙은 사회의 기본적인 제도에 의하여 규정되고 시행된다. 규칙은 위반되는 경향이 있으며, 처벌은 규칙의 표상으로서 작용한다. 즉 형벌은 행위자나 여타의 수범자(囚犯者)에게 규칙이 있고 그것이 위반되었다는 것을 알려준다. 형의 선고는 명령이고, 명령은 곧 형벌이다. 따라서 형벌은 명령 또는 규칙의 정의에 포함된 본질적인 부분이라고 할 수 있다.[12]

셋째, "형벌은 범죄행위에 대한 실제 또는 가상적인 범죄자에 대한 것이어야 한다."[13] 범죄자가 아닌 사람에게 내리는 처벌은 희생적인 벌, 즉 죄 없는 자에 대한 벌일 것이다. 이러한 제물로 바쳐진 희생적 처벌은 규칙을 위반한 데 대한 처벌에 앞서 나타났거나 영향을 주었다고 본다.[14]

넷째, "형벌은 범죄자가 아닌 다른 사람들에 의해서 의도적으로 행해져야 한다."[15] 역사적으로 볼 때, 인간은 자연적 재앙을 의도적인 것으로 간주하였다. 그러한 사건의 발생을 의도적인 벌이라고 간주하면서 자신을 신에 의하여

---

9) 19세기 영국의 한 위원회가 군대에서의 채찍형(whipping)에 관하여 관찰했을 때에도 각 범죄자에게 꼭 알맞은 채찍형이 과해졌음에도 불구하고 그들은 채찍형에 대하여 서로 다르게 반응하였다. 이를 통해 그 위원회는 감옥에서의 고통을 표준화시키는 것이 매우 어렵다는 것을 인정하였다(Newman(이경재 역), 앞의 책, 41면).

10) Newman(이경재 역), 앞의 책, 41면 이하.

11) Hart, 앞의 책, 5면.

12) Newman(이경재 역), 앞의 책, 42면 이하.

13) Hart, 앞의 책, 5면.

14) Newman(이경재 역), 앞의 책, 43면.

15) Hart, 앞의 책, 5면.

처벌받는 존재로 인식한 것이다. 실제로 기독교의 도덕관념은 일종의 심리적인 사회적 처벌이라고 할 수 있다. 기독교에서는 개인이 처벌의 위협을 미리 인식하고 있으며, 위협 그 자체가 벌이 된다. 프로이트(S. Freud)에 따르면, 우리는 어느 정도 매저키스트(masochists)인 것을 인식해야만 한다. 우리는 새도매저키즘(sadomasochism)적인 문화 속에 살고 있다. 그런 점에서 "범죄자가 아닌 다른 사람"이라는 문구는 형벌에 내재하는 주관성과 관련된 매우 어려운 문제를 덮어준다.[16)]

다섯째, "형벌은 법제도에 따라 형성된 권위체에 의해서 범해진 범죄에 대하여 부과되고 집행되어야 한다."[17)] 그러나 형벌에 대한 이러한 정의는 역사적으로 살펴볼 때, 너무 협소하여 적용하기 어려운 것으로 보고 있다. 예컨대 서구 중세의 여러 시기에 과연 "법제도"라고 하는 것이 있었는가 하는 것은 그저 추측해 볼 수 있을 뿐이다. 형벌은 전통적으로 "옳지 않은 것"이 결투, 재판 또는 종교적인 심판을 통해 올바르게 바로 잡혀야 한다는 것을 용인하여 왔다. 즉 형벌은 항상 도덕적인 규율의 중심이었다는 것이다. 이러한 형벌의 역할이 19세기까지는 분명했지만, 오늘날에는 문제가 되고 있다. 근대에 들어와서는 도덕적 규율로서의 형벌의 역할을 최소화시키려고 하였다. 그럼에도 일반적으로 지적할 수 있는 점은 형벌이 불법에 대처하는 방법이라고 하는 전통을 과거부터 지금까지 2,000년 동안 전수된 역사로 갖고 있다는 것이다.[18)]

제 2 절 형벌이론

1. 형벌은 반드시 존재해야 하는가?

형벌은 범죄인에 대하여 과해지는 법률효과로, 일정한 법익박탈을 그 내용으

16) Newman(이경재 역), 앞의 책, 44면.

17) Hart, 앞의 책, 5면.

18) 윤순갑/최동민, "형벌제도에 대한 정당성 문제－헤겔의 형벌이론을 중심으로－", 대한정치학회보 제19권 제1호, 대한정치학회, 2011, 70면 이하.

로 하는 또 하나의 해악이다. 즉 형벌은 "법익침해를 통한 법익보호(Rechtsgüterschutz durch Rechtsgüterverletzung)"이다. 과거 동해보복과 같은 맹목적이며 무제한적이었던 반작용으로서의 형벌폭력은 법익보호라는 목적사상을 받아들임으로써 법적 형벌로 변화되고 발전되었다. 다시 말해 국가권력은 법질서를 파괴하는 범죄자에 대하여 그 법질서를 보호하기 위하여 정의의 칼을 손에 잡게 된 것이다. 이러한 국가적 형벌은 범죄자의 법익을 파괴시키는 대신 제한하는 것으로 만족한다.[19]

그런데 형벌해악성의 본질은 구성원의 인식과 의사소통에 종속되는 면이 있다. 왜냐하면 예컨대 항상 자살을 생각하고 있는 어떤 사람에게 사형이라는 형벌을 부과할 경우, 과연 그 사람에게 사형이 형벌이 될 수 있는가하는 의문이 들 수 있기 때문이다. 어쩌면 자살을 생각하고 있는 사람에게 사형이라는 형벌은 큰 의미가 없을 수도 있다. 그러나 형벌은 범죄에 대한 반작용으로 부과하는 것이다. 그렇다면 구성원의 다수가 형벌을 '좋지 않은 것', 즉 불쾌로 인식한다면 — 형벌의 표준적 정의에서 언급한 바와 같이 — 그 해악성은 인정되는 것이고, 형벌의 자격을 갖추게 되는 것으로 볼 수 있다.[20]

형벌이 이처럼 해악일 수밖에 없다는 사실은 국가 형벌권의 정당성에 대한 끊임없는 의문을 낳게 한다. 즉 국가가 한편에서는 법을 통해 생명, 신체, 재산 등에 대한 침해를 금지하면서, 또 다른 한편에서는 국가 스스로 법의 이름으로 그러한 침해행위를 자행하는 모순이 어떻게 설명되고 정당화될 수 있는가 하는 것이다.[21]

베카리아(Beccaria)는 형벌의 기원은 무엇인가? 형벌권의 기초는 어디에서 구해야 하는 것인가? 범죄에 대한 정당한 형벌은 무엇인가? 등에 대한 물음을 통해 계몽주의의 뿌리에서 국가형벌권의 정당성을 찾기 위한 노력을 하였다. 형벌의 정당화 문제는 형벌의 본질과 목적에 의한 정당화, 한계에 의한 정당화 등 논의해야 할 부분이 많다. 형벌이 갖는 사회적 중요성과 형벌에 대한 논의에서 정당성 문제가 차지하는 비중 때문에 형벌권의 정당화 문제에 대해서는 이

19) 심재우, 앞의 번역논문, 150면 및 158면 이하.
20) 지광준, 앞의 책, 14면; Hart, 앞의 책, 4면.
21) 배종대, 앞의 책, 426면 이하.

미 오래 전부터 논의가 되어 왔다.[22)]

하트(Hart)는 형벌의 정당화 문제와 관련하여 다음과 같은 세 가지 물음을 던지고 있다. 첫째, 도대체 왜 우리는 형벌을 가해야 하는가? 형벌을 정당화하는 목적은 무엇인가? 둘째, 누구에게 형벌을 가할 때 정당화되는가? 셋째, 어떤 방법으로 정당하게 형벌을 가할 수 있으며, 그 정도는 얼마인가?[23)]

프랑스 인권선언 제8조를 보면 "법률은 절대로 필요한 형벌만을 규정해야 하며 어느 누구도 범행 전에 제정·공포된 적법한 법률에 의하지 아니하고 처벌되지 아니한다"고 규정하고 있다. 이를 통해 우리는 '필요 없으면 형벌 없다'는 명제를 도출할 수 있다. 그렇다면 형벌필요성의 기초는 무엇인가? 언제나 형벌은 필요한가? 혹은 형벌은 반드시 존재해야 하는가?[24)]

사람들은 이러한 물음에 대답을 찾기 위해, 즉 형벌의 모순을 설명하고 정당화시키기 위하여 형벌이론의 구축에 많은 노력을 기울여왔다. 만약 형벌의 정당화 노력이 실패하면 형벌은 그 근거가 없어지게 된다. 따라서 형벌의 모순성을 설명하고 정당화하는 작업인 형벌이론은 형벌의 운명을 좌우할 수 있는 중요한 것이라고 할 수 있다. 이러한 형벌이론은 형벌의 본질에 대한 논의에서부터 출발한다.

2. 형벌의 본질

형벌의 본질은 가해행위를 한 행위자에게 법적효과로서 부과되는 해악이므로 아무리 가벼운 인간적인 형태의 것이라고 하여도 형벌은 해악일 수밖에 없다. 종래의 형벌 패러다임은 범죄자에게 보다 큰 고통을 안겨줌으로써 피해자의 고통을 제거하려 하였다. 그러나 이러한 형벌을 통해서는 범죄예방 내지 범죄자의 재사회화에 한계를 초래하게 된다는 점에서 보다 적절한 대체형벌의 도입이 요구되었다.

종래 범죄에 대한 법률상의 효과로서 행위자에게 과하여지는 일정한 법익

---

22) 이보영/송경석, "형벌의 의미와 정당성－언제나 형벌은 필요한가?", 법조 제60권 제5호, 법조협회, 2011, 35면 이하.

23) Hart, 앞의 책, 1면 이하; 윤순갑/최동민, 앞의 논문, 2011, 71면.

24) 이보영/송경석, 앞의 논문, 60면.

박탈로서의 형벌의 본질에 관해서는, 이미 행하여진 범죄에 대한 응보라고 하는 응보형주의와 장래에 범죄가 행하여지지 못하도록 하는 예방수단이라고 하는 목적형주의가 대립하여 왔다. 지금까지의 형벌사상가들이 노력해 온 주요과제는 범죄와 형벌의 조화점을 어디에서 찾아야 할 것 인가였다. 이를 놓고 응보 또는 여타의 목적이 어느 점에서 안정된 규범체계를 확립할 것인가에 대하여 각 이론은 나름대로의 주장을 펼치고 있는 것이다. 무엇보다도 형벌의 본질에 관한 문제는 항상 그 시대의 형사상의 합리성에 관한 문제로서 그것은 현대사회의 법질서에까지 미치게 된다.

형벌의 본질에 관한 형벌이론은 고전학파(구파)와 근대학파(실증주의학파 또는 신파)의 형법이론을 출발점으로 하여 거기에 따른 상이한 여러 결과를 가져옴으로써 이론적으로나 실정법에 미치는 파급효과가 지대하다. 형벌의 본질이 무엇인가는 수천 년 동안 계속되어 온 물음으로 응보형론의 입장에서는 형벌을 악에 대한 악의 응보라고 보며, 목적형론의 입장에서는 형벌을 악에 대한 선의 교화라고 본다. 즉 "응보"냐, "개선"이냐가 형벌의 본질을 둘러 싼 논쟁의 초점으로 오늘날까지 이어지고 있는 것이다.[25]

1) 인간행위의 본성

형벌의 본질(내지 목적)이 무엇인가라는 논의는 인간행위의 본성에 관한 논의를 전제로 하여 진행된다. 즉 인간행위는 행위자의 자유의지에 따라 행해지는가, 아니면 내부·외부적 여러 요소에 이끌려서 결정되는가 하는 문제에 대한 논의가 전제되어야 한다.

이와 관련하여, 먼저 인간은 자기의 자유의사에 따라 스스로의 행위를 결정할 수 있는 이성적인 존재라고 보는 의사자유론을 들 수 있다. 이는 자유주의·계몽주의 철학을 바탕으로 한 관점이다. 형법상 의사자유론은 두 갈래로 전개되어 왔다. 하나는 18세기 후반부터 19세기 초에 걸쳐 공리주의적 의사자유를 바탕으로 형성된 전기고전학파의 의사자유론이다. 그들이 말하는 의사자유란 인간이 이해득실을 합리적으로 따져서 그에 따라 행동할 능력이 있다는 의미이다. 또 하나는 19세기 후반부터 20세기 초에 걸쳐 칸트와 헤겔의 의사자유를 바탕으

25) 송광섭, "형벌의 본질", 법학연구 제18집, 원광대학교 법학연구소, 2001, 133면 이하.

로 형성된 후기고전학파의 의사자유론이다. 그들이 말하는 의사자유는 인간의 행동을 결정짓는 형이상학적 원인이 없다는 의미에서의 의사자유를 말한다.

그런가 하면 인간은 스스로의 행위를 결정할 자유의지를 갖지 못하며, 인간의 행위란 행위자의 내부·외부적 여러 요소에 의해 이끌려져 결정된다는 근대학파의 결정론을 들 수 있다. 이는 과학주의·실증주의의 바탕 위에서 인간의 본성을 사실학적으로 탐구하려 한 결과 대두된 관점이다. 이는 고전주의와 달리 인간을 자기가 희망하는 사항이나 자기의 이성적 판단여하에 따라 무엇이든지 자유롭게 할 수 있는 자율적인 존재로 보지 않는다.

2) 형벌의 목적

고전학파와 근대학파가 오랫동안 논쟁을 벌여온 형벌의 본질, 즉 형벌을 과하는 목적이 무엇인가라는 형벌론과 관련하여, 절대적 형벌론(응보형론)과 상대적 형벌론(목적형론)이 대립되고 있다.

응보형론으로 불리는 절대적 형벌론은 행위자가 저지른 범죄에 대해 그가 마땅히 치러야 할 고통으로 되갚아야 한다는 사고에 바탕을 두고 있다. 즉 절대적 형벌론은 형벌의 본질을, 형벌에 의하여 추구될 수 있는 모든 범죄예방적 목적으로부터 분리하여, 실행된 범죄와의 관계에서만 그 기초를 가질 수 있다는 이론이다. 이에 의하면 형벌은 일정한 목적을 추구하기 위하여 존재하는 것이 아니라 범죄자에게 고통을 주는 그 자체가 가치가 있는 것으로 파악된다.[26] 절대적 형벌론은 범죄를 지었기 때문에 형벌이 부과되는, 즉 범죄와 형벌 사이에 인과적 연관성이 존재한다고 보는 점에서 과거지향적이라고 할 수 있다.[27]

이에 대해 목적형론으로 불리는 상대적 형벌론은 범죄에 대하여 사회를 예방·보전함에 형벌의 목적이 있다고 보는 입장이다. 즉 형벌에 형벌 이외의 다른 목적이 있다는 점에서 목적형론이라고 하며, 형벌을 그 목적과 상대적으로 이해한다는 점에서 상대적 형벌론이라고 한다. 목적형론은 형벌의 도구적 성격을 분명히 하는 입장으로, 목적 없는 국가의 행위는 존재할 수 없다는 전제하에서 형벌의 사회성·수단성을 강조한다. 이러한 형벌의 목적은 일반인을 대상으

26) 배종대, 앞의 책, 427면; 송광섭, 앞의 논문, 144면.
27) 윤재왕, 앞의 논문, 521면.

로 하는 일반예방(위하)과 범죄자를 대상으로 하는 특별예방(교정)으로 나뉜다.[28] 상대적 형벌론은 형벌의 목적을 범죄와 전혀 다른 별개의 목적, 즉 예방에 두고 있어 범죄와 형벌 사이에 어떤 기능적·인과적 연관성도 없다고 보는 점에서 미래지향적이라고 할 수 있다.[29]

응보가 형이상학적 정당화 명제임에 반하여 위하와 교정은 모두 범죄예방이라는 형이하학적 목적을 지니는 이념이라는 점에서 응보를 한 축으로 하고 위하와 교정을 묶어서 다른 한 축에 위치시킬 수 있다. 그러나 형벌의 목적을 인간행위의 본성을 바탕으로 본다면, 응보와 위하를 한 축으로 묶고 다른 한 축에 교정이라는 형벌이념을 위치시킬 수 있어, 반드시 절대적 형벌론과 상대적 형벌론을 대립되는 관점에서 바라볼 필요는 없을 것으로 본다.

(1) 응보 및 위하론

의사자유론에 입각할 때, 해당 행위자에게 부과되는 형벌의 의미는 응보 때문이라는 파악이 가능해진다. 응보론(응보주의, retributivism)은 행위자가 저지른 범죄 또는 악에 대해 그가 마땅히 치러야 할 고통으로 되갚아야 한다는 사고방식이다. 즉 자유로운 의사에 기하여 범죄행위를 한 사람이라면 그에게는 마땅히 자기가 범한 악행에 상응하는 응보적 고통을 부담시켜야 한다는 것이다. 이러한 응보에는 형이상학적 차원의 응보와 피해자의 복수라는 개념이 모두 포함될 수 있다. 응보론은 고전학파의 형벌이론으로서 사상사적으로는 근대의 개인주의와 자유주의에 뿌리를 두고 있다. 응보론에 따르면 형벌은 응보로서 그 자체가 목적이며 범죄예방 등의 다른 목적을 추구하지 않는다. 이미 저질러진 불법과 책임을 형벌을 통해 상쇄하고자 하는 것이 그 핵심이다. 따라서 응보론의 특징은 “다시는 잘못을 저지르지 않도록 하기 위해 처벌하는 것이 아니라 잘못을 저질렀기 때문에 처벌한다”는 것으로 이해된다. 이런 점에서 응보론은 과거지향적이며 회고적이다.[30]

---

28) 배종대, 앞의 책, 429면; 변종필, “형벌이란 무엇이며, 무엇을 지향해야 하는가? -응보, 예방, 그리고 회복과 연계하여-”, 강원법학 제46권, 강원대학교 비교법학연구소, 2015, 20면; 송광섭, 앞의 논문, 144면.

29) 윤재왕, 앞의 논문, 522면.

30) 범죄는 형벌에 의해 상쇄되고 부정되며 속죄되기 때문에 형벌은 침해된 법을 회복하기 위해 절대적으로 필요한 것으로 보았다(변종필, 앞의 논문, 20면).

나아가 역시 의사자유론을 전제로 할 때, 형벌은 수형자 이외의 일반인에게는 위하적 효과를 가질 수 있게 된다. 즉 일반인 역시 자유로운 의사를 가진 존재이므로 그러한 일반인에게 범죄인을 처벌하는 것을 보여주는 것은 일반인들의 장래 범죄행위를 방지하고 법의 준수를 촉구하는 위하적 효과를 지닌다는 것이다. 이러한 내용은 형벌에 대한 개념을 설명한 칸트의 윤리학강의 필기노트에서도 자세하게 기술되고 있다.[31)]

> "모든 형벌은 경고하는 형벌이거나 복수하는 형벌이다. 경고하는 형벌은 해악이 발생하지 않도록 하기 위한 목적에서 선고된다. 복수하는 형벌은 해악이 발생했기 때문에 선고되는 형벌이다. 형벌이란 해악을 방지하거나 이를 처벌하기 위한 수단이다."[32)]

(2) 교정(개선)론

그러나 결정론에 입각할 경우, 응보 내지 위하는 의미가 없어진다. 왜냐하면 결정되는 존재에 불과한 인간에게 응보는 잔인할 뿐이고, 위하는 아무 효력도 갖지 못하기 때문이다. 따라서 결정론을 주장하는 사람들은 형벌의 목적을 달리 새겨야 하는데, 그 대안으로 제시된 것이 소위 '교정'이라는 목적이다. 즉 수형자의 위험한 성격을 교정하는 것이 형벌의 목적이라는 것이다.

목적형주의를 제창한 리스트(Listz)의 제자 리프만(Moritz Liepmann)은 최초로 형벌의 목적은 인도적인 교육이어야 한다는 교육형주의를 주창하였다. 또 감옥은 위하적인 모습을 버리고 범죄자를 교화·개선할 수 있는 교육적 감옥으로 바뀌어야 하고, 그러한 감옥의 목표는 선량한 수형자가 아니라 선량한 국민으로 개선함에 있는 것이라고 하였다. 이러한 교육형사상을 연구한 란자(Lanza)

---

31) 칸트의 "도덕형이상학"의 형법과 형벌에 관한 서술을 살펴보면, 절대적 형벌이론(즉 응보이론)에 기운 것으로 보이지만, 칸트의 강의노트 등 다른 저술들을 살펴보면, "관헌(Obrigkeit)의 형벌은 모두 경고하는 형벌이다. 경고는 죄를 지은 사람 자신을 지향하거나 이를 모범으로 삼아 다른 사람에게 경고하는 것"이라고 하면서 "실용적 형벌은 범죄를 저질렀기 때문에 부과되는 것이 아니고, 범죄를 예방하기 위한 수단"이라고 서술하고 있다. 여기에서 '실용적 형벌'은 오늘날의 국가형벌로, '경고적'이라는 표현은 예방을 포괄하는 것으로 해석함으로써 칸트의 형벌이론에서도 "예방이론"의 흔적을 발견할 수 있고, 궁극적으로 오늘날의 합일이론(Verreinigungstheorie)과 커다란 차이가 없다고 한다(윤재왕, 앞의 논문, 536면 이하).

32) G. Gerhardt(Hg.), Immanuel Kant, Eine Vorlesung über Ethik, S. 64(윤재왕, 앞의 논문, 533면에서 재인용).

도 "형벌은 교육이다. 그렇지 않으면 그것은 존재가치가 없다"는 말로 형벌의 교육사상을 주장하였다.[33)]

(3) 회복론

최근에는 형벌의 목적을 비단 응보와 예방으로만 바라보지 않고, 가해자와 피해자 사이의 갈등 조정에 초점을 맞추어 피해자와 가해자 사이의 관계 회복에 형벌의 목적을 두는 소위 '회복론'이 대두되고 있다. 회복론은 기존의 형사사법이 지니는 응보적 측면에 대한 반성으로서의 범죄 해결을 위한 새로운 방법으로 형사사법의 새로운 패러다임으로 일컬어지고 있다.

응보적 사고가 지배하는 종래의 형사사법은 범죄를 개인의 자유로운 의사결정에 따라 저지른 스스로 책임져야 할 비난받을 법위반으로 본다. 이를 통해 범죄에 대한 개인적 책임만 강조할 뿐 사회적 책임은 고려하지 않는다. 결국 국가와 법질서를 피해자로 규정함으로써 실제 피해를 입은 범죄피해자를 고려하지 않거나 소외시킨다는 점에 대해 회복론자들은 비판을 제기한다. 회복론은 범죄에 대한 대응을 처벌이 아니라 범죄로 인한 피해와 침해된 관계회복에 두고, 형사사법의 목표를 피해자에 대한 회복·치유 그리고 가해자와 공동체에 대한 회복·치유에 두어야 한다고 본다.[34)]

회복론이 전통적 형벌체계에서 보여줄 수 있는 의미는 먼저 가해자와 피해자 사이의 자율적 갈등 해결 메커니즘이 최소한 경미한 범죄의 영역에서는 분명히 형법과 형벌의 역할을 대신할 수 있을 것으로 보고, 거기에서 한 걸음 더 나아가 형법체계도 당사자 사이의 갈등조정적 상호작용이 가능하도록 배려함으로써 과거 행위자 지향적 일변도에서 벗어나 사회적 갈등을 해결하는데 적합한 체계로 탈바꿈을 시도하게 한다는 것이다.[35)]

3. 형벌의 기능

이러한 형벌의 목적과 맞물려, 형벌의 기능으로 특별예방적 기능, 일반예

33) 송광섭, 앞의 논문, 147면.
34) 변종필, 앞의 논문, 31면 이하.
35) 이보영/송경석, 앞의 논문, 40면 이하.

방적 기능, 피해자의 만족기능 등이 거론된다. 첫째로 특별예방적 기능은 형벌의 대(對) 범죄인 기능으로서, 범죄인의 반사회성을 교화·개선하여 건전한 사회의 일원으로서 사회에 복귀하게 하여 재범을 방지하는 것을 목표로 한다. 둘째로 일반예방적 기능은 형벌의 대(對) 일반사회적 기능으로서, 사회 일반인을 위하·경고하여 사회 일반인의 범죄를 방지하는 것을 목표로 한다. 셋째로 피해자의 만족기능은 해악으로서의 형벌을 통해 피해자의 보복감정을 만족시켜 주기도 한다. 그러나 이러한 기능은 형벌의 본래적 기능이라고 할 수는 없다.[36]

그렇다면 새롭게 도입·시행되고 있는 다양한 대체형벌들은 이러한 형벌의 기능 중에 어떤 기능을 수행하고 있는 것인가? 다양한 대체형벌의 등장으로 학계는 물론 실무에 종사하는 법관들조차도 어떤 범죄에 어떤 형벌을 부과하는 것이 궁극적으로 범죄예방기능에 도움이 되는 것인지 판단이 쉽지 않다. 특히 최근 우리사회에서 문제가 되고 있는 성폭력범죄의 대응방안으로 다양한 대체형벌이 도입·시행되고 있지만, 과연 그러한 대체형벌에 어느 정도의 범죄예방효과를 기대할 수 있을지 예측하기 어렵다. 무엇보다도 범죄예방을 이유로 지나치게 다양한 대체형벌을 중첩적으로 부과하는 것이 형벌 내지 국가형벌권의 정당성과 관련하여 인정될 수 있는 것인지도 판단이 쉽지 않다. 따라서 무분별하게 형벌권이 행사되지 않도록 기본원칙을 통해 국가형벌권은 제한되어야 할 것이다.

제 3 절 국가형벌권의 제한원리

1. 죄형법정주의

"법률 없으면 범죄 없고 법률 없으면 형벌 없다"라는 죄형법정주의 이념은 국가의 자의적인 형벌권 행사로부터 국민의 자유와 권리를 지켜주는 기능을 담당하고 있다. 법률의 근거가 없으면 형벌권을 발동할 수 없다는 대명제는 법치

36) 이보영/송경석, 앞의 논문, 38면.

국가의 파생원리로 이해할 때 법적 안정성에 중점을 둔 형식적 법치국가 원리에 해당한다.

그러나 아무리 법률의 형식을 갖추고 있다고 하더라도 그 내용이 정당성을 상실한 악법에 근거한 형벌권의 발동이라면 이는 정당성 범위를 넘어선 하나의 형벌 폭력에 지나지 않는다. 따라서 오늘날에는 법률의 형식뿐만 아니라 그 내용의 적정성까지도 요구하는 실질적 법치주의에 입각하여 형벌권이 발동되어야 진정한 죄형법정주의 이념이 달성된다고 할 수 있고 비로소 국가형벌권의 제한원리로 작동할 수 있게 된다.[37] 그런 점에서 오늘날에는 형벌에 대한 법적 근거만이 중요한 것이 아니라 그 내용이 인간의 존엄성에 바탕을 두고 있는지도 검토되어야 한다.

2. 인간의 존엄성

형법에서 취급하는 인간은 범죄자를 전제로 하기 때문에 형법에서 인간존엄의 실천원리는 두 가지 방향에서 검토되어야 할 것이다. 즉 일반인이 범죄인으로 취급되지 않아야 한다는 점과 설령 범죄인이더라도 인간존엄성을 바탕으로 정당한 형벌을 받을 것이 요청된다는 점이다.

국가형벌권은 아무리 합법적인 것이라도 그것이 물리적 강제력을 수반하기 때문에 국민의 자유에 대한 중대한 억압이 될 위험성을 항상 내포하고 있다.[38] 국가형벌권의 정당성은 자유주의적 법치국가사상 아래에서 인간의 존엄성을 침해하지 않는 한도에서 그 정당성을 찾아야 할 것이다. 따라서 헌법에서 보장하고 있는 인권보장의 이념은 형벌권의 제한원리로 작동되어야 할 것이다.

3. 책임주의원칙

근대형법 이래로 책임 없이는 형벌을 과할 수 없고, 책임의 정도를 초과하는 형벌을 과할 수 없다는 책임주의원칙은 형법의 기본원칙이 되어 왔다. 이처

37) 이보영/송경석, 앞의 논문, 51면.
38) 이보영/송경석, 앞의 논문, 47면.

럼 국가형벌권은 책임원칙에 구속되며 그 한계 내에서 제한적으로 행사되어야 한다. 오늘날 책임주의원칙은 헌법상 원칙으로 간주된다. 비록 형법에 이에 대한 규정을 두고 있지는 않지만, 인간의 존엄성과 법치국가의 기본원리에서 책임주의원칙이 도출된다고 보기 때문이다. 또 인간 존엄성의 보호와 존중을 모든 국가 작용의 최상위 원칙으로 삼는 법치국가 원칙 및 책임주의원칙은 그 용어만 다를 뿐 내용으로는 완전히 일치하는 것으로 볼 수 있기 때문이다.[39]

이와 같은 책임주의원칙은 다음과 같은 내용을 포함하고 있다. 첫째, 책임은 모든 처벌의 전제와 근거가 된다. 이는 책임 없이 형벌을 과할 수 없을 뿐만 아니라 순수한 결과만을 이유로 처벌해서도 안 되기 때문이다. 둘째, 책임원칙은 불법과 책임의 일치를 요구한다. 즉 불법만 있고 책임이 없는 경우에 행위자를 처벌해서는 안 되며, 불법고의와 책임고의도 일치해야 한다.[40] 셋째, 행위와 책임은 동시에 존재해야 한다. 책임능력 없이 행위를 한 사람으로부터 아무리 중대한 결과가 야기되었다고 하더라도 이는 형벌을 통해 극복해야할 범죄는 아니라고 보기 때문이다. 넷째, 책임은 양형의 기초가 된다. 양형의 기초로서 책임은 형벌의 부과여부와 그 정도에 관한 기준을 제시함으로써 형벌에 대한 근거기능과 제한기능을 수행한다.[41]

4. 보충성원칙

형벌은 사회유해적 행위를 진압하기 위해 필요 최소한의 수단일 것이 요구된다. 만약 민사제재, 행정제재 등과 같은 다른 제재수단으로도 그 목적을 달성할 수 있을 때에는 형벌은 그 자리를 양보해 주어야 한다. 이는 형벌 이외의 다른 가벼운 수단으로는 목적 달성에 충분치 않을 때에만 최후수단으로써 보충적으로 발동되어야 한다는 것을 의미한다.[42] 이는 "형법은 형사정책의 최후수단

39) 김일수, "국가형벌권의 정당화 문제", 법치국가와 형법 －심재우 선생의 형법사상에 대한 재조명－, 세창출판사, 1998, 30면 이하; 이보영/송경석, 앞의 논문, 52면 이하.

40) 예컨대 불법고의에서 과실책임을 끌어내거나 불법과실에서 고의책임을 끌어내는 것은 책임원칙을 넘어 가벌성을 확장시킬 위험을 내포하게 된다.

41) 김일수, 앞의 논문, 31면 이하.

42) 형벌이 정당성을 갖기 위해서는 보호목적을 위한 형벌의 필요성과 함께 그 필요성을 법치국가적으로 제한할 수 있는 정형화원칙이 있어야 한다. 즉 범죄예방을 위해 아무리 필요

이요, 형사정책은 사회정책의 최후수단"이라는 리스트(Liszt)의 말을 통해서도 충분히 이해될 수 있다. 무엇보다도 형벌의 필요성을 결정하려면 먼저 형벌 보충성의 원리가 전제되어야 한다는 점에서 보충성원칙도 형벌의 제한원리로 이해될 수 있다.[43]

한 처분이라 할지라도 정형화되지 않으면 정당성을 가질 수 없다. 왜냐하면 정형화되지 않은 형벌은 인간을 범죄구축의 단순한 수단·객체로 전락시키므로 헌법의 인간존엄에 반하기 때문이다. 그리고 보장목적을 실현하기 위한 형벌의 법치국가적 정형화원칙은 비례성원칙이 수행한다(배종대, 앞의 책, 134면 이하).

43) 이보영/송경석, 앞의 논문, 61면.

제 2 장 형벌의 역사

제 1 절 서양 형벌의 역사

형벌의 발전은 동·서양을 막론하고 비슷한 과정을 거쳐 발전하여 왔고, 형벌의 일반적인 발전과정도 대동소이한 형태로 발전한 것으로 보인다.[1] 그러나 이러한 형벌은 역사와 문화로부터 떨어져서 존재한다고 보기 어렵다. 오히려 형벌은 문화적 과정이라고 볼 수 있다.[2]

형벌의 기원은 자연발생적 측면을 갖고 있지만, 또한 문명의 탄생에 있어서도 중요하다. 프로이트(Freud)에 따르면, 몇 명의 형제들이 모여 힘으로 지배한 지도자를 죽였던 바로 그 날, 문명이 태어났다고 한다. 이러한 단순한 행위는 죄책감, 두려움과 같은 집단적 감정이라는 사회의 중심적 요소들을 만들었다. 무엇보다도 사회질서를 유지하기 위해 복종이 요구되었고, 이러한 복종은 규칙(rules), 처벌(punishment) 그리고 굴복(submission)이라는 요소를 동반하였다. 따라서 형벌의 가장 오래된 사회적 기능은 복종을 유지하기 위한 처벌이었다.[3]

이러한 형벌은 무시무시한 처벌에서부터 수용할 수 있는 처벌의 형태로, 그리고 오늘날의 매우 협소한 범위의 처벌에 이르기까지 점진적으로 진화되어

---

1) 송광섭, 앞의 논문, 134면 이하.
2) Newman(이경재 역), 앞의 책, 35면.
3) Nweman(이경재 역), 앞의 책, 39면; 윤순갑/최동민, 앞의 논문, 68면.

〈표 1-2-1〉 서양형벌의 역사

시 대	특 징	내 용
복수시대 (원시시대~ 고대국가형성 이전)	사적 복수	① 혈수(血讐) ② 종교적·미신적 사회규범(Taboo) ③ 동해보복(Talio 법칙) ④ 속죄형제도 ⑤ 함무라비 법전
위하시대 (고대국가~ 17세기)	형벌의 국가화	① 왕권 강화와 공형벌 ② 죄형전단주의(罪刑專斷主義) ③ 준엄한 형벌제도(사형, 태형, 낙형) ④ 일반예방주의 강조 ⑤ 16세기 카롤리나 법전
박애시대 (18세기 초~ 19세기 중엽)	형벌의 법률화	① 계몽주의, 합리주의, 법치주의 ② 개인의 자유와 인권 중시 ③ 죄형법정주의(罪刑法定主義)의 확립 ④ 응보형주의 강조 ⑤ 인도적인 형벌제도
과학시대 (19세기 후반~ 현대)	형벌의 개별화	① 산업혁명, 급격한 도시화 ② 범죄의 폭증 ③ 범죄원인에 대한 실증적 연구 ④ 특별예방주의 강조 ⑤ 형벌의 인격화, 범죄인의 재사회화

왔다. 그리하여 오늘날 형벌은 사회 속에 있는 모든 사람들에게까지 그 영향을 미치게 된 것이다.[4] 이러한 형벌의 변화를 시대별로 살펴보면, 복수시대에서 위하시대, 박애시대, 그리고 과학시대로 발전되어왔다.

1. 복수시대

복수시대는 원시시대에서부터 고대국가형성에 따른 공형벌시대에 이르기까지의 시대를 말한다. 이러한 원시사회에서 형벌이 어떻게 시행되었는지 명확히 밝힐 수는 없으나, 대체적으로 응보적 반격을 내용으로 하는 사적 제재인 복

4) 윤순갑/최동민, 앞의 논문, 68면.

수가 그 중심을 이루었을 것으로 추정된다.[5] 즉 형벌사적으로 형벌제도의 기원은 복수였을 것으로 본다.[6]

복수방식의 형벌제도는 고대 씨족사회나 부족사회에서 주로 행하여졌던 것으로 본다. 원시사회에 있어서 단체의 내부적 질서유지의 방법으로서는 족장의 형벌적 권한에 의하여 범죄인을 단체로부터 추방하였던 것이다. 또 복수는 단체 상호간에 있어서 보복의 반동으로 피의 보복의 형식으로서 행하여진 대외적 투쟁방법이기도 하였다.[7]

고대 바빌로니아(Babylonia)왕국의 전성시대를 이끈 제6대 함무라비(Hammu-rabio)왕[8]에 의해 편찬된 세계 최고(最古)의 성문법인 함무라비 법전(Hammurabian Code)은 동해보복의 원칙(Lex Talionis)으로서 중형(重刑)주의적 보복원칙이 형법, 민법, 상법상의 여러 면에 걸쳐 규정되어 있는 특징을 갖고 있었다. 함무라비 법전은 귀족, 평민, 노예 등과 같은 계급에 따라 형벌이 따로 결정되는 불평등 원칙이 존재하고, 고의와 과실을 구별하지 않음으로써 과실에 의한 살인도 처벌되었다. 무엇보다도 함무라비 법전은 '눈에는 눈, 이에는 이'라고 하는 동해보복(Talion)의 형벌사상이 바탕에 깔려 있었는데, 예컨대 자유인의 눈을 뺀 자는 그 눈을 빼고, 노예가 자유민의 뺨을 때리면 그 귀를 자르는 등 동해보복원칙과 신분에 따른 형벌의 차별화가 뚜렷하게 나타났다.[9]

고대에 형벌의 의미로 사용되었던 비난이나 질책(Verweis)은 피해자의 친족에게 지불하는 살인속죄금을 의미하는 표현이었음을 감안할 때, 형벌의 기원은 피해자와 그 가족 내지 부족에 대한 복수에서 비롯된 것으로 짐작할 수 있다. 따라서 복수는 강렬한 개인적인 의무로서 끝까지 수행되어야 할 과정이었고, 가족 전체도 당연히 복수과정에 개입되었을 것으로 본다.

---

5) 이순길/김용준, 교정학, 고시원, 1997, 119면.

6) 사형을 연구한 한 역사학자는 "목숨을 빼앗는 것은 개인적인 복수의 원시적이고 숭고한 희생행위였다"고 기술하고 있다(Newman(이경재 역), 앞의 책, 70면).

7) 송광섭, 앞의 논문, 135면. 그 시대의 행동의 준칙으로는 종교적·미신적 금기(禁忌), 즉 Taboo가 중시되었고 족장의 명령이나 종족의 관습도 중요한 내용이 되었을 것이다(이순길/김용준, 앞의 책, 119면).

8) 함무라비왕은 도량형을 통일하고, 운하를 건설하는 등 다양한 치적을 통해 강력한 중앙집권체제를 완성하였다.

9) 지광준, 앞의 책, 27면 이하.

이러한 복수에 있어서 가장 중요한 동기요인은 첫째로 불법에 대한 피의 복수가 피해자 또는 피해자 친척의 맹목적인 의무라고 생각하는 것이었다. 둘째로 피해자가 사망한 경우에도 그의 친척이 범죄에 대해 복수하기 전까지는 '부정이 탔다'고 피해자의 가족이 믿는 것이었다. 따라서 복수에 있어서는 개인적인 충동과 전통을 따른다고 하는 강력한 사회적 압력이 따르게 된다. 고대에는 이러한 두 개의 힘, 즉 개인적 충동과 사회적 압력이 하나로 결합되어 사회에서 가장 두렵고 강력한 응징수단, 즉 집단형벌이 이루어지게 되었다. 돌로 쳐 죽이는 형벌은 가장 오래된 집단형벌이라고 할 수 있고, 참수는 가장 오래된 형태의 개인적 복수라고 할 수 있다. 신체절단도 복수살해에서 흔히 사용되었던 것으로 보인다.[10)]

당시에 복수는 때때로 피해의 정도를 초월하여 가혹한 제재를 가하기도 하였으나, 정의이고 의무로 여겨졌다. 그러나 복수가 반복됨에 따라 그 사회의 평화와 개인의 안전을 도모할 수가 없기 때문에 보복 대신에 배상제도가 요청되어 사적인 복수는 제한되거나 금지되고 속죄금제도(贖罪金制度)가 출현하게 되었다.[11)] 속죄금제도는 피해자가 복수 대신에 가해자로부터 속죄물을 받고 용서한다는 형벌사상으로, 부족에 따라서는 속죄금의 일부가 평화금으로서 공권력에 귀속되었고, 반역적 전쟁, 탈영 등 일부 중벌에 대해서는 공적 형벌이 행해지기도 하였다.[12)]

2. 위하시대(형벌의 국가화시대)

씨족국가와 부족국가에서 점차 사회 중심세력의 형성을 통한 국가가 등장하게 되면서 상당한 범위를 일탈하여 행사되는 사적인 복수를 제한 또는 금지하게 되었고, 국가가 형벌권을 행사하는 공형벌(公刑罰)시대가 시작되었다. 당시 복수의 공허제도(公許制度)나 도피소제도(逃避所制度)로 복수를 제한한 것에는 왕권강화를 위하여 국가의 권력유지와 통제에도 목적이 있었다. 그렇다보니

10) Nweman(이경재 역), 앞의 책, 70면 이하; 배종대, 앞의 책, 425면.
11) 송광섭, 앞의 논문, 135면.
12) 이순길/김용준, 앞의 책, 119면.

형벌이 사적 복수제도에서 국가적 형벌제도로 발전되기 보다는 가능한 한 일반인을 외포 내지 위협하게 되었다. 그 결과 형벌은 가혹하고 처참한 것이 선택되었고, 잔인한 형벌의 과형이 일반인에게 공개되는 공중형이 채택되게 되었다.[13)]

이처럼 복수 내지 배상(속죄형)의 형태로 행하여졌던 고대의 형벌이 중세에 왕권의 강화목적과 맞물려 공형벌로 변천되다보니, 형벌에 있어 사형을 원칙으로 하면서 그 집행방법도 잔혹하고 위하적이라서 이 시대를 위하시대라고 칭한다. 국가존립의 기초가 아직 강고하지 못하고 국가의 통치에만 서둘렀던 당시에 있어서는 국가의 질서를 침해하는 행위에 대하여 엄중히 처벌함으로써 사회를 위하·경계하고 국가존립의 기초 확립을 꾀하였다.[14)]

이 시대의 처벌은 응보를 명분으로 삼았기 때문에 범인에게는 범행과 동등한 고통이나 피해를 가함으로써 피해자나 그 가족에게 만족을 주고 속죄케 하는 한편, 가혹한 형벌로 국가권력의 권위를 보여 범죄발생을 예방하는 정책을 강구하였다. 그렇기 때문에 당시의 행형에서 교정교화라는 것은 생각할 수도 없었다. 그러나 사적 복수시대와 비교하여 보면 형벌의 국가화로 인하여 형벌이 처참하기는 하였으나 현저히 질서화되었다고 할 수 있다.[15)]

복수와 구별되는 공형벌은 고대 이스라엘법, 로마법, 게르만법, 우리나라의 팔조금법(八條禁法) 등에 이미 등장하고 있지만, 보복의 연장에서 벗어나 정의의 요청과 결부된 근대적 형벌사상은 1532년 카롤리나 형법전(Constitutio Criminalis Carolina)에서 발견할 수 있다.[16)] 카롤리나 형법전은 당시 적용범위가 넓고 상당히 가혹하고 잔혹하였던 게르만 형벌체계를 독일제국 최초로 성문형법전으로 집대성한 것이다. 카롤리나 형법전은 사형, 국외추방 이외에 신체를 현저하게 손괴하는 불구형으로 손가락이나 손을 절단하는 등 잔인한 형벌이 특색을 이루고 있었다. 또 낙태, 살인, 상해 등 특정한 사건의 재판에서 책임능력이 의심되는 경우에는 고문도 인정되었다. 이러한 고문은 16세기 말부터 17세기 전반에 최전성기를 이루었으며, 18세기 중엽에는 '마녀사냥식 재판'에서 맹목적이며 감정적인 확대 적용이 이루어지는 등 인류역사상 가장 비극적이며 야만적인 형벌

13) 송광섭, 앞의 논문, 135면.
14) 이순길/김용준, 앞의 책, 120면.
15) 송광섭, 앞의 논문, 135면 이하.
16) 배종대, 앞의 책, 425면.

이었다고 할 수 있다.[17]

그 후 과형의 목적이 응보와 일반예방에만 있어야 할 것인가에 대한 비판과 반성이 있기 시작하면서, 범죄에 따라서는 응보와 일반예방을 겸하여 범죄인의 개과천선이나 사회적 복귀를 기도하는 이른바 교육형 또는 목적형주의를 가미하게 되었다. 이때부터 형의 종류자체에도 변동을 가져와 종래 사형·육형(肉刑)[18]만으로 한정되던 것이 육형은 점차 후퇴하고 새로이 자유형, 신체형 등이 등장하게 되었다.[19]

3. 박애시대(형벌의 법률화시대)

18세기에 들어오면서 유럽각국은 이미 17세기 후반부터 나타나기 시작한 계몽주의사상의 영향을 받게 되었다. 인간의 이성에 기초한 합리주의, 민주주의, 법치주의 사상이 강조되었고, 형벌제도에 있어서도 개인의 자유와 인권을 존중하는 사상이 일반화되었다.[20] 위하시대의 형벌에 대한 비판과 반성의 행형사조가 유럽전역에 유지되어 형벌제도에 대한 관심이 높아지게 되었다. 18세기 말에 있었던 형벌에 대한 개혁은 행형 사조에도 큰 변혁을 초래하게 됨으로써 과거의 위하주의시대는 막을 내리게 되었다.[21]

무엇보다 1789년 프랑스 대혁명으로 자유평등과 박애주의 사상이 인류사회에 파급되자 행형제도에 있어서도 획기적인 변혁을 가져와 교육행형에로의 박차를 가하게 되었다. 이러한 행형의 교육주의사상은 네덜란드, 벨기에에서 시작하여 세계각지로 파급되어 일부국가에서는 교도소의 구조개량을 중심으로 한 행형 개량론이 대두되었다. 그 대표적인 것으로 영국 존 하워드의 교도소개량과 행형개혁론을 들 수 있다.[22]

---

17) 지광준, 앞의 책, 38면 이하.

18) 육형(肉刑)은 칼 등과 같은 병기를 이용해 죄인의 신체일부를 절단하거나 훼손하는 형벌로 절단되거나 훼손된 신체의 상해가 심해 다시 회복될 수 없는 불구를 만든다는 점에서 다른 신체형과 차이가 있다.

19) 송광섭, 앞의 논문, 136면.

20) 이순길/김용준, 앞의 책, 121면.

21) 송광섭, 앞의 논문, 136면.

22) 배종대, 앞의 책, 25면 이하.

또 18세기 말 미국의 독립전쟁, 프랑스의 대혁명 등과 같은 민중의 힘의 행사로 인하여 민중이 국가를 전복할 수 있는 힘을 가질 수 있다는 생각을 지식인들이 갖게 되면서 빈민계층의 고충에 대한 새로운 인식이 당시 유럽을 풍미했던 '박애주의'의 한 부분으로 증가하게 되었다. 그러나 당시에도 영국이나 다른 유럽의 곳곳에서 중세시대의 잔혹했던 사형의 형태가 여전히 시행되었다. 또 유럽에서는 피고인이나 증인 모두로부터 자백을 얻기 위하여 고문이 흔하게 사용되었다. 이처럼 극심한 잔인성, 즉 '공포에 의한 억제'에 대한 반대로 범죄에 비례하는 형벌로서 형벌의 완화가 주장되는 등 당시에 증가일로에 있던 합리주의에서 비롯한 형벌에 대한 많은 새로운 사상이 등장하였다.[23]

특히 과거에 형벌이 군주나 재판관의 전적인 판단에 맡겨짐으로써 재판관의 자의에 의해 형이 불공평하거나 남용되기가 쉬웠던 폐해를 방지하기 위하여 죄형법정주의가 요청되기에 이르렀다. 대표적인 주창자로 베카리아(Beccaria)는 "모든 경우에 형벌이 한 시민에 대한 개인이나 다수의 폭력행위가 되지 않게 하기 위해서는 형벌이 근본적으로 공개적이고, 신속하고, 필연적이며, 일정한 상황 속에서 가장 발생할 가능성이 적고, 범죄에 비례하며, 법률에 규정되어야 할 것이다"라고 하여 죄형법정주의를 주창하였다.[24]

이 시대를 통해 죄형법정주의가 원칙으로 자리매김 되었고, 법치국가사상이 지배하게 되었다. 또 범죄와 형벌의 관계가 법률관계로 이해되고 죄형균형의 원칙이 중시되어 형벌은 자유형을 원칙으로 하게 되었다. 이러한 형벌의 법률화는 개인주의와 자유주의에 입각한 개인의 권리와 자유를 존중하는 사상을 바탕으로 국가가 개인의 지위를 법률로써 보장하며 형벌도 인도주의에 입각하여 집행하도록 이끌었다.[25]

4. 과학시대(형벌의 개별화시대)

19세기 산업혁명은 인류에게 많은 유익한 점들을 제공하였지만, 그 이면에

23) Nweman(이경재 역), 앞의 책, 235면 이하.
24) Beccaria, On Crimes and Punishments, p.99(Nweman(이경재 역), 앞의 책, 250면에서 재인용).
25) 송광섭, 앞의 논문, 136면 이하.

서는 급격한 도시화로 인한 도시 주변의 산업예비군을 양산하였고, 그들은 곧 잠재적 범죄인으로 발전하면서, 결과적으로 범죄가 양적으로 팽창하고 질적으로 흉포화 되는 문제 상황을 야기하였다. 범죄의 폭증현상과 같은 당시의 문제 상황은 국가형벌권으로부터 개인의 자유를 신장하려는 이전의 형벌제도로는 극복될 수 없게 되었고, 결국 전통적 형벌이론에 비판을 가하게 되었다.[26]

때마침 19세기말부터 20세기에 이르러 모든 분야의 자연과학과 사회과학에서 실증적이고도 과학적인 연구가 현저히 발전함에 따라 형벌의 집행에도 많은 영향을 주게 되었다. 즉 당시 크게 발달하였던 실증주의 철학에 근거하여 범죄는 개인의 의지에 의한 규범침해가 아니라 과학적으로 분석 가능한 개인적인 혹은 사회적인 다른 원인에 의하여 발생하는 것이라고 보게 되었다. 따라서 과학적으로 범죄를 예방할 수 있다고 생각하기에 이르렀다.[27]

이러한 변화는 형벌사상에 중대한 영향을 가져오게 되었고, 그 결과, “치료와 교정”이라는 실증주의자들의 형사사법학은 19세기 이래 현재에 이르기까지 형사사법의 지배적인 사상체계를 이루어왔다. 형벌은 범죄사실에 대하여 과하는 것이 아니고, 범죄인의 인격에 대하여 과하는 것이라고 하여 형벌의 인격화를 논하고, 범죄인의 사회화를 위하여 형벌의 성질과 분량을 개별적으로 정하는 것이라는 이른바 ‘형벌의 개별화’를 중시하게 되었다. 또 형벌제도를 형사정책적인 관점에서 바라보면서 사회방위의 방법으로서 범죄인의 범죄성을 개선교육하는 작용을 강조하게 되면서, 형벌집행의 과학시대를 맞이하게 되었다.[28] 형벌에 대한 과학적 연구는 20세기 들어와 많은 연구자들에 의해 시도되고 있으나, 그 결과는 지금까지도 상당히 다양하게 도출되고 있어, 형벌의 범죄억제력이나 형벌을 통한 범죄인의 재사회화 효과가 명확하게 증명되고 있다고 보기 어려운 면이 있다.[29] 그렇다면 이러한 서양의 형벌역사에 반해, 우리의 형벌역사는 어떻게 변화되어 왔는지 살펴볼 필요가 있다.

---

26) 이순길/김용준, 앞의 책, 122면.

27) 배종대, 앞의 책, 33면.

28) 송광섭, 앞의 논문, 137면; 이순길/김용준, 앞의 책, 122면.

29) 그에 대해서는 Nweman(이경재 역), 앞의 책, 333면 이하 참조.

제 2 절 조선시대 형벌의 역사

우리가 현재 운영하고 있는 형벌제도는 우리의 전통적인 형벌제도가 계승·발전되지 못하고 일제강점기를 거치면서 서양형벌을 바탕으로 한 일본의 형벌제도를 받아들여, 지금까지 큰 변화 없이 이어오고 있다. 형벌제도는 역사적·사회적 배경에 따라 발전되어 오는 것으로 그 시대의 국가가 채택한 정치체계와 통치구조가 실시되는 과정에서 국민이 반응하는 양상을 실제적인 메커니즘을 통해 파악해야 한다. 그런 점에서 — 비록 현재 우리의 형벌제도가 서양형벌에 바탕을 두고 있다고 하지만 — 과거 우리의 형벌제도가 어떠한 모습을 띄고 있었는지를 알아보는 것은 의미가 있다.

조선은 건국초기 중국 명나라의 법률인 '대명률(大明律)'을 의용(依用)하여 사용하고, 이를 바탕으로 경국대전을 편찬하여 독자적인 형사법체계를 운영하였다고 할 수 있다. 따라서 독자적 형사법체계 내에서 독자적인 형벌사상을 가지고 형벌을 운영하였다고 할 수 있다.[30)]

특히 조선시대의 형벌 및 형정운용에 있어 일반적으로 형벌이 가혹하고 준엄하여 공포 그 자체였다고 알려져 있지만, 조선왕조실록의 형벌관련 기사를 살펴보면 이와는 대조적으로 관용과 용서에 바탕을 둔 형벌정책을 발견할 수 있다. 즉 애민적(愛民的) 형사정책이 조선왕조의 형정운용에서 차지하는 비중이 상당히 높았음을 발견할 수 있다.

만약 조선의 형사제도 운용이 이처럼 무자비한 공포를 자아내는 억압에 있지 않고 관용과 용서 그리고 위민에 있는 것이라면 오늘날 우리의 형벌철학이나 형사정책에 계승할 가치가 있다는 점에서 조선시대 형벌의 역사를 살펴보도록 한다.[31)]

---

30) 김범식,"조선시대의 형사제재", 성균관법학 제22권 제2호, 2010, 155면 이하. 이에 대해 "조선의 형벌은 봉건왕국에 있어서와 마찬가지로 공권력에 의한 지배체계를 확립하고 그 지지를 목표로 제정된 것이며, 민중을 위하하는 무기이고 국민을 관리·지배하기 위한 수단에 불과하다"(서일교, 조선왕조 형사제도의 연구, 박영사, 1974, 20면)고 하면서 조선의 형벌체계를 응보형주의를 중심으로 체제유지를 위한 정교한 폭력수단 정도로만 평가하는 견해도 있다.

31) 김성돈, "조선전기 형사법과 형정운용에 나타난 愛民的 刑事政策", 성균관법학 제20권 제

1. 조선시대 형법의 특징

조선왕조는 중국 역대왕조 및 고려왕조의 문물과 제도를 참작하여 유교를 중심으로 통치사상을 재구성하였다.[32] 유교국가로 출발한 조선왕조에서의 형법은 단순히 금지규정을 어겼다고 하여 가해지는 제재가 아니라, 국가의 근본 질서인 예를 해치는 행위에 대하여 가해지는 국가강제였다. 따라서 예는 형법을 구체적인 사실에 적용하는데 있어 가장 근간이 되는 기준이었다.[33]

조선왕조는 유교의 기본질서를 침해하는 범죄유형으로 ① 모반(謀反: 사직을 어지럽힌 내란죄), ② 모대역(謨大逆: 종묘, 능, 궁궐을 파헤친 것), ③ 모반(謀叛: 조국을 배신한 외환죄), ④ 악역(惡逆: 조부모, 조모, 처조부모, 조모의 구타나 살해), ⑤ 부도(不道: 죽여야 할 사람 셋을 살해했거나 시신을 토막 내거나 산사람의 신체 일부를 베어낸 죄), ⑥ 대불경(大不敬: 왕실의 제사 물건이나 임금의 물건을 훔치거나 임금에게 올릴 약을 잘못 제조하는 행위), ⑦ 불효(不孝: 조부모, 조모, 시조부모, 시부모를 고소 고발 악담하거나 부모가 생존해 있는데 호적을 옮기거나 재산을 따로 나누거나 봉양 능력이 있으면서 봉양하지 않는 죄), ⑧ 불목(不睦: 동성 8촌 이내의 친족살해, 동성 4촌 이내 집안 어른이나 동성 5촌 이내 부모 항렬의 존속을 구타하거나 고발하는 죄), ⑨ 불의(不義: 백성이 지방관을, 병사가 직속상관을, 제자가 스승을 살해한 죄), ⑩ 내란(內亂: 나라 안에서 일어나는 난리) 등 십악(十惡)을 제시하여 사면을 허용하지 않았다. 이는 그 죄질 보다는 유교국가가 지키고자 하는 가치를 해쳤기 때문이라고 할 수 있다. 즉 형벌은 군왕과 국가에 대한 범죄뿐만 아니라 대가족 내에서 평화를 해치는 행위를 억제하여 유교 국가를 실현하고자 했던 것이다.[34] 이처럼 조선시대의 형법은 백성들이 유교적인 질서하에서 평화로운 생활을 영위하도록 하는 기능을 충실히 수행하였다.[35]

1호, 성균관대학교 법학연구소, 2008, 277면 이하.

32) 임재표, 조선시대 행형제도에 관한 연구, 연구보고서 00-02, 한국형사정책연구원, 2000, 45면 이하.

33) 진희권, "조선시대의 형벌사상", 안암법학 제11호, 안암법학회, 2000, 210면.

34) 진희권, 앞의 논문, 211면 이하.

35) 이창한, "조선시대 형벌제도 연구", 한국경찰학회보 제12권 제4호, 한국경찰학회, 2010, 209면.

2. 조선시대 형벌제도의 특징

1) 인본주의 형벌이념

조선시대를 이끈 신진사대부는 국가통치이념으로 유교를 택하였다. 유교는 '사람다움' 또는 '사람을 사랑함'을 의미하는 '인(仁)'이라는 윤리철학을 바탕으로 인간을 본위로 하는 인본주의를 중요시하였고 이는 곧 민본주의(民本主義)로 나타날 수밖에 없다.[36] 이처럼 유교를 통치이념으로 삼은 조선의 형벌이념에는 인본주의가 중심이 되어 있다.[37]

조선왕조의 형벌이념이 인본주의를 지향하고 있었다는 사실은 대역죄 이외에는 명률과 송률이 조선왕조의 사정과 다르므로 형벌부과에 신중을 기하면서 법률이 미비한 경우에 처벌에 있어 유사한 법률에 비부(比附)[38]하여 판단하되, 백성의 신체와 생명을 보호할 것을 강조하였다는 점에서 알 수 있다.[39]

무엇보다도 조선왕조의 형벌제도는 동해보복적 응보형 위주가 아니라 백성의 생명과 신체를 중히 여기는 유교적 인본주의 사상이 구체화 되었다. 즉 조선왕조의 통치이념인 인권존중과 생명존중사상이 형벌제도에 근간이 되었음을 알 수 있다. 이는 오늘날 우리의 형벌제도가 중형주의 일변도로 향하는 것에 시사하는 바가 크다.

2) 조선의 애민적(愛民的) 형벌관

조선건국 초기 태조는 외형상 법치의 질서를 확립하고자 노력하면서 동시에 덕치의 실천의지를 보였을 뿐만 아니라 애민사상에 기초하여 이중처벌의 폐해를 직시하고 형벌적용이 공평하게 이루어질 것을 강조하면서 특히 법적용의 엄정성과 공평성의 원칙을 강조하였다. 세종은 위민과 애민의 정치사상이 덕치와 법치를 조화시키는 것이라고 판단하면서 명나라 황제의 형벌시행에 관한 조서를 그 실천 준칙으로 삼기도 하고, 하층 백성에 대해서까지 휼형의지를 강조하였다.[40]

---

36) 김성돈, 앞의 논문(2008), 278면.

37) 심재우, "동양의 자연법사상", 법학논집 제33호, 고려대학교 법학연구원, 1997, 369면 이하.

38) 죄를 다스릴 조례가 없을 때 비슷한 조문이나 전례에 따라 적용하던 일(Daum사전 참조).

39) 이창한, 앞의 논문, 214면 이하.

40) 김성돈, 앞의 논문(2008), 280면 이하.

특히 조선시대의 형법에 있어서 법정형이 규정되어 있어서 관리의 자의적인 형벌 내지 과잉형벌을 차단하여 형벌의 형평성 내지 공평성을 담보할 수 있도록 하여 재판관에게 양형의 재량을 없게 하고, 형벌의 부과가 보복적 의미의 응보사상에 토대를 둔 것이 아니라 형벌을 통해 교육적 목적을 달성하려는 특별예방사상에 기초를 두고 있었으며, 형벌의 특별예방적 목적으로 오늘날 수범자의 규범의식의 내면화라는 의미의 적극적 일반예방사상과 맞닿아 있었다는 점 등에서 애민적 형벌관이 나타나고 있다.[41]

3) 법치주의 확립

조선왕조는 고려 말의 형사사법 붕괴현상을 극복할 수 있는 합리적이고 체계적이면서 유교이념과 부합하는 대명률을 모든 국가운영의 원천으로 삼았다. 또 조선 초기에 조선경국전, 경제문감 등을 편찬하여 왕조의 통치규범을 마련하였고, 이후 국가의 활동이 활발해지면서 새로운 법령이 필요하게 되어 조선의 법전을 집대성한 경국대전을 간행하였다. 그 밖에도 조선시대가 발전됨에 따라 다양한 법전이 간행되었다. 즉 조선왕조는 태조의 즉위교서에 의하여 조선의 형률로 수용한 대명률을 국가운영의 기본법으로 하면서 조선의 실정에 맞는 법전을 추가적으로 발행하여 죄형법정주의와 정형주의를 완성하였다.[42]

조선왕조 형사법 운용의 특징은 형법에 법정형이 정해져 있어 양형의 재량이 없었다는 점이다. 즉 범죄의 종류, 피해의 정도나 뇌물의 양 등을 구체적으로 구분하여 규정하고, 이에 대한 법정형도 고정시켜 둠으로써 관리의 자의적인 형벌 내지 과잉형벌을 차단하여 형벌의 형평성과 공정성을 담보할 수 있는 제도적 장치를 마련하고 있었다.[43]

이처럼 조선왕조는 형벌제도를 법률로 명확히 하여, 형의 집행방법 및 형

---

41) 김성돈, 앞의 논문(2008), 283면 이하. 조선시대의 애민적 형벌정책으로 고문의 제한, 범죄현장에 가서 시체를 검열하는 검험제도의 확립, 사형집행의 신중, 신속한 재판을 위해 사건처리기한의 제한, 일시적 석방을 인정하는 보방의 활용, 사면의 일종인 사유(赦宥)의 시행, 형의 감면의 제도화, 형 대신 금전으로 납부할 수 있는 속전제도의 정착, 죄인의 고통을 덜어주기 위해 감옥의 관리 및 죄수 구료(救療)의 정비, 백성이 억울함을 관에 호소하거나 소송절차로 다툴 수 있는 소원(訴冤)제도의 확대, 법의 무지에 대한 배려 등을 들 수 있다.

42) 이창한, 앞의 논문, 215면.

43) 김성돈, 앞의 논문(2008), 283면.

구의 규격화 등을 도모하는 등 형벌제도의 법치주의를 발전시켰다.

3. 조선시대 형벌의 종류

조선시대에는 형벌법정주의를 원칙으로 하고 있었다. 대명률을 기본법으로 삼았던 조선시대 형벌의 종류는 주형, 즉 정형(正刑)인 태형(笞刑), 장형(杖刑), 도형(徒刑), 유형(流刑), 사형(死刑) 이외에도 자자(刺字), 몰관(沒官), 피해배상 등과 같은 각종 부가형이 존재하였다.[44]

그러나 조선왕조실록을 보면, 실제로 사용된 형벌 중에는 대명률에 규정되어 있지 않은 형벌이 사용된 것을 볼 수 있는데, 이것은 예외적으로 법외형(法外刑)을 인정하고 있었다는 것을 보여준다.[45]

1) 생명형

십악(十惡)과 같이 유교적 가치를 훼손한 범죄자들은 생명형인 사형(死刑)이 부과되었다. 형벌 중에서 극형에 해당하는 사형은 크게 오늘날의 교수형인

[그림 1-2-1] 조선시대의 형벌집행의 모습: 역적참항(逆賊斬項)[46]

---

44) 이창한, 앞의 논문, 210면 이하. 정형에서 태형과 장형은 신체형, 도형과 유형은 자유형, 사형은 생명형이다. 조선시대에는 죄인의 신분에 따라서 본래의 형벌에 대신하여 일정한 신분상의 제재 내지 불이익을 가하는 윤형(閏刑)과 같은 형벌도 존재하였다(안성훈/김성돈, 조선시대의 형사법제 연구, 연구총서 15-AA-11, 한국형사정책연구원, 2015, 191면)

45) 김범식, 앞의 논문, 162면.

46) 서일교, 앞의 책, 사진 참조.

교형(絞刑)과 참형(斬刑)이 있으며, 죄질에 따라서는 능지처사(陵遲處死)와 같은 잔인한 방법이 동원되기도 하였다.[47)]

조선왕조는 강도로서 사형되지 않는 자가 율에 의하여 논죄한 뒤 재범을 한 자, 강도를 숨겨주거나 장물을 은닉시킨 자로서 3범에 이르는 자, 종이화폐인 저화를 위조한 자, 자손, 처첩, 노비가 반역죄를 제외한 부모나 가장의 범행을 고발한 자, 중국에 가는 사신의 일행으로서 정해진 수량이외의 문건을 가져오거나 잡문서를 휴대한 자를 교형(絞刑)에 처하였다.[48)]

참형(斬刑)은 조선왕조의 일반적인 사형방법으로 경국대전에서는 인식과 관인을 위조하거나 위조를 완성하지 못한 자, 도민이 도망하였거나 체포된 자를 참형에 처한다고 규정하고 있다. 또한 대명률에서는 반역한 자, 백성을 현혹하는 글과 말을 조작한 자, 국가의 제사용품 등을 훔친 자, 관인과 순찰 패를 훔친 자, 죄수를 탈취한 자, 죄수를 도망하게 하다가 살인한 자, 대낮에 재물을 탈취하다가 사람을 상해한 자, 살인을 도모한 자, 상관을 살해한 관리나 군사, 부모, 조부모, 외조부모를 살해음모한 자, 주인을 구타한 노비, 살인할 수 있는 독약을 제조하거나 제조하도록 시킨 자는 참형에 처하도록 규정하고 있다.

능지처사(陵遲處死)는 사직을 위태롭게 하여 망하게 하려고 공모한 주범과 종범, 조부모, 부모, 손위의 가까운 친척과 외조부모, 부를 살해한 자, 노비나 고용인이 주인을 고의로 살해한 자를 대상으로 했다. 조선왕조는 국가질서와 가족질서를 위협하는 행위를 엄단한 것으로 보인다. 특히 형을 집행한 다음 신체의 일부를 효수하거나 기시(棄市)하여 백성들에게 공포감을 심어주어 유교이념인 예를 준수하도록 강제하는 위하효과를 얻기도 하였다.[49)]

2) 자유형

조선시대에 범죄자의 신체적 자유를 박탈하는 것을 내용으로 하는 자유형은 유형(流刑)과 도형(徒刑)이 대표적이다. 그러나 유형과 도형은 현재의 자유형

---

47) 사형의 등급을 구분함에 있어 대명률의 사형에는 絞刑과 斬刑 2가지만 있다는 견해(서일교, 앞의 책, 157면)와 絞刑, 斬刑, 陵遲處死 3가지가 있다는 견해로 나뉘어 있다. 그에 대한 구체적인 내용은 김범식, 앞의 논문, 169면 이하 참조.

48) 서교일, 앞의 책, 208면 이하.

49) 이창한, 앞의 논문, 211면.

인 징역형과는 차이가 있다. 물론 직수아문(直囚衙門)[50]과 같이 현재의 징역형과 유사한 제도가 있기는 하였으나, 이는 자유형의 집행을 위한 것이 아니라 재판이나 형의 집행을 위한 성격이라는 점에서 차이가 있다.[51]

유형(流刑)은 중죄를 범한 자에 대하여 사형까지는 처하지 못하고 먼 지방으로 귀양 보내어 죽을 때까지 고향으로 돌아오지 못하게 하는 형벌로, 2,000리에서 3,000리까지를 3등으로 하고 500리를 1등으로 삼아 가감하였다. 유형은 도형과 같은 노역이 부과되지는 않았지만 도형과 함께 자유형에 속한다. 유형은 조선시대 전반에 걸쳐 널리 행하여지던 형벌로서 도형과는 달리 기간이 정하여지지 않았다는 점이 특징이다. 그러므로 임금의 사령 또는 소결(疏決) 등의 왕명에 의해서만 특별히 석방될 수 있었다.

유형에 처해진 자에 대한 계호 및 처우의 책임은 그 지방의 수령이 맡았다. 유형은 귀양 보내는 거리에 따라 유 2,000리, 유 2,500리, 유 3,000리의 3등급이 있으나 반드시 100대의 장형이 병과 되었다. 유형의 일종으로 범인을 고향으로부터 1,000리 밖으로 강제 이주시키는 천도(遷徒), 지정된 일정장소에서만 거주하는 부처(付處), 일정한 장소에 격리시키는 안치(安置) 등이 있었다. 이러한 유형은 국토가 넓은 중국의 지리적 특성을 반영한 형벌로 조선에서 이를 적용하는 것은 조선의 현실과 맞지 않아, 세종 12년[52]에 조선의 현실에 맞게 유배지를

---

50) 조선시대에 직접 죄인들을 잡아 구금할 수 있었던 기관.

51) 이창한, 앞의 논문, 211면.

52) 조선왕조실록 세종 48권, 12년(1430 경술/명 선덕(宣德) 5년) 5월 15일(갑인) 7번째 기사를 보면, "죄를 범하여 유배(流配)시키는 곳을 일찍이 자세히 작정하지 아니하였으므로 안팎 관리들이 임시로 요량하여 정하기 때문에, 멀고 가까운 것이 적당하지 못한 실수를 이루게 됩니다. …(중략)… 경성·경기 좌우도·유후사(留後司)에서 3천 리 유형을 받은 자는 경상·전라·함길·평안도 바닷가 각 고을에 정배(定配)하고, 2천 5백 리 유형을 받은 자는 경상·전라·평안·함길도의 중앙에 있는 각 고을과 강원도 바닷가에 있는 각 고을에 정배하며, 2천리 유형을 받은 자는 경상·전라·평안·함길도시면(始面)에 있는 각 고을과 강원도 중앙에 있는 각 고을에 정배한다. 황해도에서 3천 리 유형을 받은 자는 경상도·전라도의 중앙에 있는 각 고을과 평안도·강계도(江界道)·의주 등 각 고을에 정배하고, 2천 5백 리 유형을 받은 자는 전라·경상·평안·함길도 시면에 있는 각 고을에 정배하고, 2천 리 유형을 받은 자는 충청도 바닷가에 있는 각 고을과 강원도 중앙에 있는 각 고을에 정배한다.
평안도에서 3천 리 유형을 받은 자는 충청도 바닷가에 있는 각 고을과 함길도 중앙에 있는 각 고을에 정배하고, 2천 5백 리 유형을 받은 자는 충청도 중앙에 있는 각 고을과 강원·함길도 시면에 있는 각 고을에 정배하며, 2천 5백 리 유형을 받은 자는 충청도 중앙에 있는 각 고을과 강원·함길도 시면에 있는 각 고을에 정배하며, 2천 리 유형을 받은 자는

새롭게 정하였다.[53]

도형(徒刑)은 약간 중한 범죄를 저지른 자에게 부과되는 형벌로 도형 기간 동안 관아에 구금하여 소금을 굽게 하거나 쇠를 달구는 등 힘든 도역(徒役)을 시키는 자유형의 일종이다. 구금하여 강제노역에 처한다는 점에서 오늘날의 징역형과 가장 가깝다. 그러나 형의 기간이 정해지지 않고, 최단 1년에서 최장 3년까지 5 등급[54]으로 구분되었으며, 반드시 장형(杖刑)이 병과 되었다.

조선 초기 도형의 배소(配所)와 도역(徒役)의 내용이 조선의 현실과 맞지 않아 이를 변경할 필요성이 있다는 점에서 세종 12년[55]에는 조선의 현실에 맞

충청도 시면에 있는 각 고을에 정배한다.

충청도에서 3천 리 유형을 받은 자는 평안도와 함길도 중앙에 있는 각 고을과 경상·전라도 바닷가에 있는 각 고을에 정배하고, 2천 5백 리 유형을 받은 자는 평안도와 함길도 시면에 있는 각 고을과 강원도와 황해도의 중앙에 있는 각 고을에 정배하며, 2천 리 유형을 받은 자는 전라도와 경상도의 중앙에 있는 각 고을과 황해·함길도 시면에 있는 각 고을에 정배한다.

전라도에는 3천 리 유형을 받은 자는 경상 좌도 바닷가에 있는 각 고을과 함길도와 평안도 중앙에 있는 각 고을에 정배하고, 2천 5백 리 유형을 받은 자는 황해도의 시면에 있는 각 고을과 강원도의 중앙에 있는 각 고을과 경상 좌도 중앙에 있는 각 고을에 정배하며, 2천 리 유형을 받은 자는 강원도의 시면 각 고을과 충청도 상면(上面)의 각 고을과 경상 우도의 각 고을에 정배한다.

경상도에서 3천 리 유형을 받은 자는 전라 우도 바닷가의 각 고을과 함길도와 평안도의 중앙에 있는 각 고을에 정배하고, 2천 5백 리 유형을 받은 자는 충청도·강원도·전라도의 중앙에 있는 각 고을에 정배하며, 2천 리 유형을 받은 자는 충청도 시면에 있는 각 고을과 전라 좌도의 각 고을에 정배한다.

함길도에서 3천 리 유형을 받은 자는 전라도와 충청도와 경상도의 바닷가에 있는 각 고을에 정배하고, 2천 5백 리 유형을 받은 자는 전라도와 경상도의 중앙에 있는 각 고을과 황해도 바닷가에 있는 각 고을에 정배하며, 2천 리 유형을 받은 자는 충청도와 황해도의 중앙에 있는 각 고을과 전라도와 경상도 시면에 있는 각 고을에 정배한다.

강원도에서 3천 리 유형을 받은 자는 전라도와 경상우도의 각 고을과 황해도 바닷가에 있는 각 고을에 정배하고, 2천 5백 리 유형을 받은 자는 전라도와 경상도의 중앙에 있는 각 고을과 충청도·황해도의 바닷가에 있는 각 고을과 평안도의 시면에 있는 각 고을에 정배하며, 2천리 유형을 받은 자는 충청도와 황해도는 중앙에 있는 각 고을과 평안도의 시면에 있는 각 고을과 경상도와 전라 좌도의 바닷가에 있는 각 고을에 정배한다"고 하였다.

53) 김범식, 앞의 논문, 166면; 이순길/김용준, 앞의 책, 146면.

54) 도1년과 장 60, 도1년반과 장70, 도2년과 장80, 도2년반과 장90, 도3년과 장100으로 되어 있다.

55) 조선왕조실록 세종 48권, 12년(1430 경술/명 선덕(宣德) 5년) 5월 15일(갑인) 7번째 기사를 보면 "직예부주(直隷府州)는 경성(京城)에 직속(直屬)하여, 경기 좌·우도와 경성에서는 먼 곳은 경상도, 중간은 전라도·양광도(楊廣道), 가까운 곳은 서해도(西海道)·교주도(交州道)이며, 서해도에서는 경상도의 염소(鹽素)·초철소(炒鐵所)에 부처(付處)하고, 교주

추어 배소를 다시 지정하였다. 이처럼 대명률의 규정 중 조선의 현실과 부합하지 않는 규정은 왕의 수교로서 수정·보완하여 사용하면서 조선에서 대명률이 일반형사법으로서 기능하도록 하고 있었다. 또 세종 21년의 실록[56]을 보면, 설사 죄를 지은 자라고 하더라고 도형의 배소지(配所地)를 정하는데 있어 부모를 봉양할 수 있는 곳으로 정하도록 하여 유교적 도덕사상과 애민사상이 반영되어 있었다.[57]

3) 신체형

조선시대에는 일종의 신체형으로 현재 우리 형법에는 규정이 없는 형벌로서 태형과 장형을 두고 있었다.

태형(笞刑)은 가장 가벼운 형벌로서 사람이 가벼운 죄를 지었을 때 작은 모양의 매를 써서 때리는 형벌로, 그 등급은 10대에서 50대까지 5등급이 있고, 10대를 기준으로 형을 1등급 가감하였다. 세종 6년의 실록[58]을 보면, 임금이 형벌을 쓰는 목적은 단순한 응보에 있지 않음을 지적하면서, 가벼운 태형이라도 그 중도(中道)를 잃은 경우에는 인민을 다치게 할 우려가 있으므로 그 집행에 신중을 기하였던 것을 알 수 있다.[59]

장형(杖刑)은 태형보다 약간 중한 범죄를 저지른 자에게 처해진다. 장형은 큰 모양의 매를 써서 때리는 형벌로, 그 등급은 60대에서 100대까지 5등급이 있

도와 강릉도(江陵道)에서는 전라도의 염소·초철소에 부처하며, 양광도에서는 평양·삭방도(朔方道)의 염소·초철소에 부처한다"고 하였다.

56) 조선왕조실록 세종 87권, 21년(1439 기미/명 정통(正統) 4년) 11월 1일(을사) 2번째 기사를 보면 "이제부터는 도죄(徒罪)를 범한 자로 그 부모가 나이 70이상인 자는 그 노친의 소재한 곳에서 정역(定役)하도록 허락하되, 영구한 항식(恒式)으로 하라"고 하였다.

57) 김범식, 앞의 논문, 165면.

58) 조선왕조실록 세종 25권, 6년(1424 갑진/명 영락(永樂) 22년) 8월 21일(계해) 5번째 기사를 보면, "… 예전 어진 임금들의 형벌을 쓰는 목적은 형벌을 범하는 자가 없어지기를 기(期)하였는데, 어찌 차마 무식한 백성을 중하게 법에다 몰아넣을 수 있겠는가. 태형(笞刑) 한 대나 곤장 한 대에라도 만일 그 중도(中道)를 잃는다면 원망을 부르고 화기(和氣)를 상(傷)하는 것이 혹시 여기에 기인되는 것이니, 지금부터는 왕의 교지로써 금지하는 법령을 범한 자가 있더라도, 마땅히 받들어 실행할 현임 관리 외에는 대소(大小) 인민의 잡범(雜犯)은 각기 그 사건에 당한 본율(本律)로 치죄하여 판결할 것이고, 전과 같이 비부(比附)나 실입(失入)이 있게 하지 말고 한결 같이 예전에 법률을 제정한 본뜻에 따라, 과인의 형벌을 조심하고 불쌍히 여기는 지극한 뜻에 합치되도록 하라"고 하였다.

59) 김범식, 앞의 논문, 163면.

고, 10대를 기준으로 형을 1등급 가감하였다. 장형은 태형보다 중한 형벌로서 일반적으로 도형 또는 유형과 병과 하였으며, 형벌에 있어서 남용의 폐가 가장 많았던 형벌이기도 하였다. 이러한 폐해를 막기 위하여 장형을 남용하는 자는 장 100대에 처하고 영구히 관직에 임용되지 못하게 하였다.

장형은 법집행관의 자의가 개입될 가능성이 제일 많았기 때문에 남용을 방지하기 위해서 그 규격과 집행방법을 엄격하게 지키도록 법제화 하였다. 즉 태(笞)와 장(杖)은 각 관사에서 자유롭게 제작할 수 있는 것이 아니라 관(官)에서 내려 준 교판(較板)을 써서 규격에 맞게 제작하여야 하며, 힘줄이나 아교 따위의 물건을 붙이는 것은 금지되어 있었다. 태와 장의 규격을 정하고 다른 물건을 덧붙이는 것을 금지한 것은 누가 제작하였는가에 따라 태와 장의 강도가 달라지는 것과 그 강도를 강하게 할 수 있는 것을 막고자 한 것으로 보인다.[60]

조선왕조실록을 살펴보면, 태형과 장형은 다른 형벌과 달리 비교적 가벼운 범죄에 대한 대응수단이었으므로 이를 반드시 집행하기보다 사정에 따라 속전으로 대체하는 경우도 있었다.[61] 이처럼 태형과 장형에 대하여 속전을 받는 것은 형벌의 엄격한 집행에만 형벌의 목적이 있는 것이 아니라, 금전으로 속죄하게 하는 흠휼(欽恤)의 사상이 반영된 것이라고 할 수 있다.[62]

4) 재산형

조선에서는 범죄자에게 일정한 재산을 박탈하는 것을 내용으로 하는 재산형이 없었다. 대신 앞에서 살펴본 바와 같이, 모반, 대역, 불효 등 유교질서를 해하는 범죄가 아닐 경우 형벌을 금전으로 납부할 수 있는 속전(贖錢)제도를 두고 있었다. 이는 범죄자로 하여금 일정한 금액을 지불하도록 강제하는 형벌로 오늘날의 벌금과 유사하다. 그러나 형의 선고인 벌금과는 달리 속전은 신체형

60) 김범식, 앞의 논문, 164면; 이창한, 앞의 논문, 212면.

61) 조선왕조실록 태조 2권, 1년(1392 임신/명 홍무(洪武) 25년) 11월 17일(갑오) 1번째 기사를 보면, "태형(笞刑)과 장형(杖刑)으로부터 사형죄(死刑罪)에 이르기까지 정상이 불쌍히 여길 만하고 법이 슬피 여길 만한 것은 금전을 징수하여 속(贖)하게 하였습니다"고 하였고, 세종 19권, 5년(1423 계묘/명 영락(永樂) 21년) 1월 27일(기유) 3번째 기사를 보면, "십악(十惡)과 간악한 도적에 범했거나, 법을 어기고 사람을 죽였거나, 법을 굽히고 장물(贓物)을 받았거나, 행군(行軍)한 외의 태형(笞刑)과 장형(杖刑)은 모두 속전(贖錢)을 받도록 하였다"고 하였다.

62) 김범식, 앞의 논문, 164면.

(태형과 장형), 자유형(도형과 유형), 생명형 등 선고받은 형벌을 재산형으로 대신한다는 점에서 순수한 의미의 재산형은 아니다. 또 속전은 벌금미납자에 대해 징역형을 부과하는 환형처분과 반대되는 의미로서 형을 감경시키는 효과가 있었다.[63]

재산형으로 인한 경제적 강자와 약자 간의 불공평성이 그 당시에도 존재하였기 때문에 대명률직해에 속전할 수 있는 요건을 법률로 정해 놓았다. 크게 속전의 공평성을 위해 문·무관 등 사회적 신분이 있는 자, 혹서기와 혹한기에 형벌을 선고받은 자, 양성하는데 장기간이 소요되는 숙련기술자, 부녀자와 70세 이상 노인 및 15세 이하 소년 등 사회적 약자, 범죄자가 양친을 봉양해야 하거나 사망하여 상중인 자는 속전이 가능하도록 하여 유교적 사회질서가 붕괴되는 것을 막았다. 이러한 속전의 기준은 대명률직해와 흠휼전칙(欽恤典則)에도 상세하게 규정이 되어 있었다.[64]

또 속전제도와 관련하여, 예컨대 음주 중 상해치사사건은 교형에 해당되지만 속전을 징수하여 피해자의 집에 급부하게 하거나 흉년으로 인해 속전징수가 어려울 때에는 과실로 인한 수속자들에게 가을까지 징수기한을 연장시켜주는 등 형벌집행에 있어 애민정신이 구현되고 있었음을 알 수 있다.[65]

5) 명예형

조선시대의 금고(禁錮)는, 오늘날 사상범, 정치범, 확신범 등이나 과실범과 같이 비파렴치범에게 그의 명예를 존중해 주는 관점에서 노역에 복무하지 않게 하면서 구금시설에 구치하는 형벌인 금고와 한자는 같으나 그 내용은 다르다.

즉 조선시대의 금고는 오늘날의 명예형인 자격상실 내지 자격정지에 해당하는 형벌이다. 조선시대의 금고에는 영구히 관리로서 임용되는 자격이 박탈되는 종신금고(終身禁錮)와 죄의 경중에 따라 금고 기간이 정해져 있는 연한금고(年限禁錮) 두 가지가 있었다.[66]

---

63) 김성돈, 앞의 논문(2008), 293면.
64) 이창한, 앞의 논문, 213면.
65) 김성돈, 앞의 논문(2008), 293면.
66) 이창한, 앞의 논문, 213면; 이순길/김용준, 앞의 책, 144면.

6) 부가형

조선시대의 형벌에는 앞에서 살펴본, 태형, 장형, 도형, 유형, 사형 등과 같은 주형벌 이외에도 자자(刺字), 몰관(沒官), 피해배상 등 여러 종류의 부가형이 있었다.[67]

자자(刺字)는 신체의 특정 부위에 먹물로 죄명을 새겨 넣는 형벌이다. 자자는 재물에 관한 죄를 범한 자에게 장(杖)·도(徒) 등의 형에 부가하여 과하는 형벌로서 오늘날의 보안처분에 해당한다고 할 수 있다. 자자는 범죄와 장물의 종류, 절취의 방법에 따라 그 글자를 달리하였다. 자자형을 받은 자는 범인대장에 기재되어 감시인물이 되었다.

부가형 중 일정한 범죄에 대하여는 범죄인의 형사적 처벌 이외에도 범죄인의 가족, 재산을 관에 몰수하는 몰관(沒官)을 부과하였다. 반역 등 강상사건을 범한 자의 모든 재산을 몰수하고 집을 폐가로 만들었으며, 가족을 노비로 만들었다. 몰관에는 몰수, 적몰 및 추징이 있었는데, 몰수는 부정품 또는 범죄에 사용된 물건을 관에서 몰수하는 것으로 모두 죄가 있는 장물 및 금지된 물건을 관청에 귀속시켰다. 적몰은 일체의 가족, 재산을 전부 관에서 몰수하는 것을 말한다. 추징은 만약 장물로 범죄 한 경우에는 원래의 장물이 현존하는 경우 관물(官物)은 관청에, 사물(私物)은 주인에게 돌려주는데, 이때 몰수될 장물 중에서 이미 사용, 소비한 부분을 다시 관에 몰수하는 것을 말한다.

피해배상은 가해자의 재산을 강제로 징수하여 피해자에게 피해를 배상하는 제도이다. 피해배상이 오늘날과 같이 신청을 통해 이루어지는 것이 아니라 필요적으로 되어 있다. 피해배상이 이루어질 수 있는 범죄의 한 예로 과실치사나 과실치상을 야기한 자는 각각 투구치사상죄(鬪毆致死傷罪)에 준하여 형률에 따라 속전을 받아 피해자에게 주게 하였다.[68]

7) 법외형(法外刑)

조선시대에는 대명률에 규정되어 있는 법정형 이외에 단근형(斷筋刑), 사사(賜死), 사자(死者)에 대한 형집행 등이 시행되었다.

67) 김범식, 앞의 논문, 175면; 안성훈/김성돈, 앞의 보고서, 209면.
68) 김범식, 앞의 논문, 176면 이하; 안성훈/김성돈, 앞의 보고서, 209면 이하.

먼저 단근형(斷筋刑)은 범인의 좌각부(左脚部)의 힘줄을 끊어내는 형벌이다. 단근형은 비방자 또는 허언자에 대한 단설형(斷舌刑), 간음자에 대한 궁형(宮刑), 강도에 대한 양수절단형과 같이 죄를 범할 때 사용한 신체의 일부에 직접 해악을 가하는 반영형(反映刑)적 사상을 표현한 형벌이다. 이러한 단근형의 존재를 대명률에서는 찾아볼 수 없지만, 실록에 조선 전기부터 중기까지 시행되었던 것으로 나타나고 있다.

사사(賜死)는 사형의 일종으로 왕이 내리는 사약을 먹고 자살하게 하는 형벌로 주로 왕족 또는 사대부가 중죄를 범한 경우에 그 체면을 존중하여 극형을 시행하는 대신에 왕이 독약을 하사하는 사형으로 약살(藥殺)이라고도 한다.

또 이미 사망한 자의 죄과를 논하여 생전의 관직을 삭제하는 추탈(追奪)과 사자(死者)에 대하여 다시 형을 집행하는 부관참시(剖棺斬屍) 등이 법외형으로 시행되었다. 이러한 법외형은 참혹한 집행방식과 남형의 폐단을 이유로 조선중기에 이르러서는 엄격히 금지되었다.[69]

---

69) 김범식, 앞의 논문, 177면 이하.

제 3 장 전통적 형벌

형벌은 국가가 범죄에 대한 법률상의 효과로서 범죄자에 대하여 그 책임을 전제로 하여 과하는 법익의 박탈로써, 이를 통해 사회일반인의 법익보호와 범죄자의 사회복귀를 도모하는 공적 제재수단이다.[1] 형벌은 그 종류에 따라 생명형·신체형·자유형·재산형·명예형 등으로 나눌 수 있는데, 그 내용은 사회의 발전과 필요에 의해 변화하게 된다. 즉 고대와 중세에는 동서양을 막론하고 생명형과 신체형이 가장 많이 이용되었고 그 집행방법도 잔인하였다. 그러다가 18세기 계몽주의사상이 '인간의 존엄성'을 일깨워 주면서 점차 생명형과 신체형의 적용범위를 제한하고, 나아가 제도자체를 폐지하거나 완화하는 경향을 보이는 한편, 그 잔혹성을 제거하기 시작하여 차츰 자유형 중심의 형벌체계로 바뀌어 오늘날 많은 국가의 형벌이 자유형을 중심으로 운영되고 있다.

이하에서 이러한 전통적인 형벌 중 현재 우리 형법에 남아 있는 형벌의 주요 쟁점을 중심으로 간략하게 살펴보도록 한다.

1) 이재상/장영민/강동범, 형법총론 제9판, 박영사, 2017, 557면; 김수길, "자유형제도에 관한 연구", 제행논총 제5권, 제주대학교 행정대학원, 1997, 51면.

제 1 절 생명형

1. 사형제도의 변천과정

1) 사형의 개념

사형(Todesstrafe, Capital Punishment, Penality of Death)이라 함은 국가의 형벌권에 의하여 범죄인의 생명을 인위적으로 박탈하는 것을 말한다. 범죄인의 생명을 박탈하는 형벌이기 때문에 생명형이라고 불리기도 하고 또는 형벌 중에서 성질상 가장 중한 것이기 때문에 극형이라고 불리기도 한다.[2] 사형은 잔인한 방법이지만 국가자체의 질서유지를 위하여 간단하고 최소한의 노력으로 형벌적 효과를 거둘 수 있는 방법이라고 보고 있다.[3]

사형제도는 인류가 공동체 사회를 이루고 살면서부터 시작된 가장 무거우면서도 동·서양을 막론하고 널리 사용하였던 형벌제도이다. 가장 오래된 성문법전으로 일컬어지고 있는 함무라비법전에도 사형에 대한 규정이 담겨 있었다. 따라서 사형제도의 역사는 인류역사와 그 궤적을 같이 하고 있다고 해도 과언이 아닐 것이다.[4]

사형의 본질에 대해서는 복수설, 위하설, 그리고 영구격리설 등을 들 수 있다. 복수설은 국가의 체제가 갖추어지기 전인 원시사회에 있어서 형벌의 복수사상에 근거하여, 살인한 자는 살인에 처해야 하는 동해보복의 사상(lex talionis)을 사형의 본질이라고 본다. 이는 객관주의 범죄론자들의 의사자유론에 입각한 관점으로 이해할 수 있다. 이러한 동해보복사상은 함무라비법전과 고조선의 팔조법금에도 잘 나타나 있으나, 국가의 형벌권으로 개인의 법익침해에 대하여 복수를 하여야 하는가라는 점에 대해 비판이 제기될 수 있다.

---

2) 조현욱, “로마시대의 사형제도에 관한 연구”, 비교법학 제23집, 부산외국어대학교 비교법연구소, 2012, 135면; 김인선, “우리나라 사형제도의 역사적 고찰과 그 위헌성 여부”, 비교법학 제2집, 전주대학교 비교법학연구소, 2002, 2면.

3) 김남일, “사형제도에 관한 연구”, 지역개발연구 제8집, 군산대학교 지역개발연구소, 1996, 3면.

4) 조현욱, 앞의 논문, 133면.

위하설은 사형의 본질을 범죄인 또는 일반사회인을 위협함으로써 사회를 범죄로부터 구출한다는 것에 두고 있다. 위하설은 일반예방주의자들에 의해 주장되는 것으로, 사형이 극악한 흉악범을 방지하는데 유용하게 작용을 한다는 적극설과 일반적으로 기대한 만큼 그 위하력이 크지 않다는 소극설로 나뉘고 있는데, 사실 위협이 범죄방지에 어느 정도 유효한가에 대해서는 의문시되고 있다.

영구격리설은 사형의 본질을 사회방위에 의해 장래 범죄가능성을 가진 자를 영구히 격리시키는데 있다고 보는 견해로, 오늘날 다수가 취하고 있는 견해라고 볼 수 있다.[5]

2) 사형제도의 역사

(1) 서양의 사형제도

형벌의 역사는 사형의 역사라고 할 만큼 사형은 인류의 역사와 함께 해온 역사상 가장 오래된 형벌중 하나이다.[6] 사형의 기원은 고대 그리스 및 로마시대를 포함하여 기원전 18세기 함무라비 법전시대까지 거슬러 올라간다. 고대의 형벌형태는 대체로 피해자의 개인적 복수 하에 사형벌(私刑罰)이 남용되는 예가 많았으며, 이것은 개인의 복수와 사회방위의 기능을 갖고 있었다. 당시의 형벌 개념은 응보, 위하, 복수의 목적 하에 존엄한 생명형이나 신체형이 공공연하게 잔인한 방법으로 집행되어야 한다고 믿었다. 그러다가 형벌권이 국가로 옮겨져 공형벌(公刑罰)로 전환되면서 사형은 중요한 형벌로 그 기능을 발휘하게 되었다. 특히 중세에는 위하력을 중시한 나머지 그 집행방법이 공개적이고 잔인했을 뿐만 아니라, 경미한 범죄에 대해서도 사형을 인정하여 남용되었다.[7]

로마시대의 사형제도가 원시적 복수의 단계를 어느 정도 탈피한 점에 대해서는 일정부분 그 의미를 부여할 수 있다. 그러나 이 시대에 있어 형벌은 전제정권의 보호수단으로서의 사형이 그 주요한 수단으로 광범위하게 적용되었으며, 그 집행방법도 매우 잔인하였음을 알 수 있다. 특히 공화정에서 전제군주정

---

5) 김남일, 앞의 논문, 3면; 조현욱, 앞의 논문, 136면.

6) 이재상/장영민/강동범, 앞의 책, 572면.

7) 김남일, 앞의 논문, 18면. 예를 들면, 영국의 엘리자베스 1세 시대에 89,000명에게 사형이 집행되었다고 한다.

으로의 이행과정에서 보이는 사형범죄의 증가는 전제왕권의 보호라는 입장에서 정치적 반대자를 제거하는 수단으로서 그 필요성이 증대되었던 결과라고 할 수 있다.[8] 로마법제 하에서의 사형은 일반적 위협 내지 복수개념 하에서 잔인한 집행방법으로 계속 집행되면서 16세기경 가톨릭의 최고 권력 하에서 중세에 극에 달하였다.[9]

물론 고대 그리스 및 로마시대에도 사형폐지에 대한 논의가 없었던 것은 아니다. 그러나 중세시대에는 사형의 잔혹성에 대해 인식하면서도 르네상스시대에 그로티우스(H. Grotius), 홉스(T. Hobbes), 존 로크(John Locke) 등과 같은 많은 철학자들은 사형의 합법성을 옹호하였다. 특히 그로티우스, 홉스, 존 로크 등은 성서와 기독교 관습을 기초로 전쟁의 합법성을 정당화하기 위한 수단으로 사형제도의 도입을 적극 지지하였다.[10]

이후 중상주의와 더불어 성장된 시민계급의 국가정책에 대한 반발로 잔혹한 사형집행방법에 대한 회의(懷疑)가 나타나게 되었다. 특히 17~18세기 계몽사상의 발전은 형사법영역에서 중세의 죄형전단주의에서 탈피하여 죄형법정주의라는 근대 형법의 기본이념을 정착시키는 발화제가 되었으며, 행형제도의 인도적 개선 등 큰 변화를 가져왔다. 이에 따라 과거의 비인도적 처형방법인 생명형과 (신)체형은 주로 자유형으로 개편되는 등 형벌사적인 측면에서도 일대 전환기를 맞이하게 되었다. 이때부터 형법은 점차로 사형의 적용범위를 제한하게 되었으며 그 집행방법도 잔혹성을 제거하게 되었다.[11]

비록 계몽주의시대에 들어서면서 사형제도에 대한 일부 폐지론이 등장하였지만, 몽테스키외(Montesquieu)가 사형을 완전히 폐지하기 보다는 살인, 살인미수, 재산에 관한 범죄 등에 대해서만 제한적으로 사형을 부과할 것을 주장하는 등 여전히 사형폐지에 대한 실질적인 논의는 이루어지지 않았다. 19세기에 들어오면서 벤담(J. Bentham), 로밀리(S. Romilly) 등과 같은 대표적인 인물이 사

---

8) 조현욱, 앞의 논문, 153면.

9) 김남일, 앞의 논문, 18면.

10) William A. Schebas, Abolition of Death Penalty in International Law, 3rd. Edition, Cambridge, 2002, p.4(이세련, "사형폐지에 관한 국제법적 고찰과 정책적 지향점", 홍익법학 제14권 제2호, 홍익대학교 법학연구소, 2013, 629면에서 재인용).

11) 김남일, 앞의 논문, 18면 이하.

형폐지를 적극적으로 주장함으로써 사형폐지에 대한 본격적인 논의가 시작되었다.[12]

제1차 세계대전 이후 유럽에서 등장한 전체주의는 사형제도의 부활을 가져왔다. 또 제2차 세계대전을 통해 전쟁의 잔혹함을 다시 경험한 국제사회는 전쟁범죄의 처벌에 있어 거의 모든 국가가 강경한 입장을 유지하게 되었고, 따라서 사형제도의 존치가 지지되게 되었다.

(2) 우리나라의 사형제도

우리나라도 고조선의 팔조법금에서부터 조선시대의 경국대전에 이르기까지 형률에서 사형에 관한 규정을 찾아 볼 수 있다. 비록 고대법에 대한 사료가 많지는 않지만, 고조선의 팔조법금에는 "相殺以當時償殺, 相傷以穀償, 相盜者男沒入爲基家奴, 女子爲婢, 欲自贖者, 人五拾萬"라고 하여 살인자에 대하여 사형에 처하도록 하는 규정을 두고 있었다. 당시의 사형제도는 불완전하지만 공형벌(公刑罰)이었으며, 기록상 살인, 간통, 투기 등이 사형에 해당하는 범죄로 나타나고, 고대사회 공통의 동해보복(Talion)사상에 입각하여 일반적으로 엄격한 형벌제도였다고 할 수 있다.[13]

삼국시대의 형제(刑制)는 대체로 중국의 형제를 모방하여 사회질서를 유지하면서 백성을 통치했던 시대라고 할 수 있다. 삼국이 부족국가에서 고대국가의 체제를 형성하면서 형사제도에도 상당한 발전이 이루어졌다. 먼저 고구려의 경우 제6대 태조왕시대부터 고대국가의 체제를 갖추게 되면서 형법 역시 준엄하게 바뀌어, 엄격한 법률제도가 시행되었다. 당시 사형에 해당하는 범죄로 모반자(謀反者)뿐만 아니라 반역자, 군형법으로 성을 지키다가 적에게 항복하고, 전진에 임하여 패배한 자는 참형(斬刑)에 처하는 수성항적(守成降敵), 임진패배죄(臨陣敗北罪)가 있었으며, 살인, 강도, 강간 범죄자 등도 사형에 처하였다. 백제의 사형제도는 당률(唐律)의 영향을 받아 고구려와 비슷했다. 백제의 형률을 보면 모반, 퇴군 및 살인자는 참형에 처하였다. 신라의 사형제도도 초기에는 고대국가의 특색을 보여주고 있지만, 법흥왕 7년에 율령을 반포하고 근대적 법률

12) 이세련, 앞의 논문, 629면.

13) 김인선, 앞의 논문, 3면 이하; 정봉휘, "한국형벌제도의 사적고찰 －체계화를 위한 시도로서－", 논문집 제7집, 성균관대학교, 1962, 166면.

의 형태를 갖춘 것으로 보인다. 삼국시대의 사형이 비록 종래의 사형벌(私刑罰)에서 공형벌(公刑罰)로 바뀌면서 체계화 되었지만, 고대 서구형벌법과 같이, 국가적인 사법 확립에 지나치게 편중한 나머지 형률이 위협적이고 잔혹했던 것으로 평가된다.[14)]

고려왕조 역시 당의 영향을 받아, 당률을 채택하여 고려왕조의 실정에 맞도록 성안한 형률을 만들어 시행하였다. 당시 사형의 방법으로는 교(絞)와 참(斬)의 두 가지가 법정형으로 고정되어 있었으며, 모두 속동(贖銅) 1백근(白斤)으로 대신할 수 있었다. 고려시대 사형에 해당하는 범죄로는 왕실의 권위 및 국가질서를 침해하는 행위와 가부장적 가족질서를 침해하는 행위가 대종을 이루고 있었다. 즉 모반, 대역의 죄를 범한자는 모두 참하고, 범죄자의 아버지와 16세 이상의 자는 모두 교수형에 처하였다. 고려시대에는 많은 범죄에 대해 사형을 규정하고 있기는 하였지만, 형벌제도는 비교적 합리적인 균형을 지켜왔고, 민권에 대한 최소한의 보장이 왕권에 의해 취해졌던 것으로 평가된다.

조선시대에는 중국의 대명률(大明律)과 우리 고유형법을 조선왕조 실정에 맞게 수정·보완하여 시행하였다. 중국의 대명률은 조선왕조 전체 기간을 통하여 기본적인 형사법의 역할을 하였다. 특히 명률은 조선형법의 보통형법의 지위 그리고 대명률을 모방하여 제정한 경국대전(經國大典)과 대전회통(大典會通) 등 조선 형법은 특별법의 지위에 있었다고 할 수 있다. 사형이 부과되는 범죄로는 왕권·왕실권위에 대한 침해와 가부장적 가족질서를 파괴하는 행위를 들 수 있다. 이는 조선왕조가 왕을 중심으로 한 관료적 중앙집권국가이며, 유교사상에 입각한 가부장적 가족제도를 기반으로 한 계급사회였음을 보여준다.[15)]

조선시대에 주로 사용된 사형집행방법으로는 교형(絞刑), 참형(斬刑), 능지처사형(陵遲處死刑), 효수(梟首), 기시(棄市) 등이 있었고, 왕명으로 독약을 마시게 하여 죽이는 사사(賜死)가 있었다. 이러한 사형제도는 갑오경장 때에 이르러 1894년 12월 27일 칙령 제30호에 의해 참형과 능지처사형은 폐지되고, 일반사형은 교수형, 군사사형은 총살형으로 정한 이후 현재까지 동일한 사형집행방법

14) 김인선, 앞의 논문, 4면 이하; 오도기, "한국형법사", 형사법강좌 I 형법총론(상), 한국형사법학회, 1981, 16면; 정봉휘, 앞의 논문, 171면 이하.

15) 김인선, 앞의 논문, 8면 이하.

이 이어져 오고 있다.[16)]

1953년 3월 19일 법률 제293호로 제정·공포된 현행 형법은 군국주의적 성격이 강하게 작용했던 일본의 개정형법 가안을 무분별하게 답습한 결과 사형에 관한 규정이 많았다. 최근에 와서도 특별법의 제정 등을 통해 오히려 사형범죄의 종류가 증가되어, 외국에서 사형범죄의 종류와 범위가 계속 축소 내지 폐지되어가는 경향과 차이를 보여주고 있다.[17)]

2. 사형존폐에 관한 국제적 논의

1) 세계인권선언과 시민적·정치적 권리에 대한 국제규약

20세기 들어와 각국의 법제도에서 사형제도 폐지가 뚜렷한 흐름이라는데 이론의 여지가 없을 것이다. 20세기 초에는 사형제도를 폐지한 국가가 소수에 불과하였지만, 2차 세계대전 이후 인권운동을 통해 21세기에 들어와서는 전세계 3분의 2가 사형제도를 법적으로 또는 실질적으로 폐지[18)]하고 있다.[19)]

유엔총회(United Nations General Assembly)가 1948년 파리에서 '세계인권선언(Universal Declaration of Human Rights: UDHR)'을 선포한 이후, 인간의 존엄성을 증진시키기 위하여 사형제도를 폐지하는 것이 바람직하다고 강력하게 권고해 옴으로써 국제인권규범 차원에서 사형폐지는 대세가 되고 있다. 특히 세계인권선언 제5조에서 누구도 "잔인하고 비인간적이거나 모욕적인 형사제재(cruel, inhuman or degrading treatment or punishment)"를 받아서는 안 된다고 선언하고 있다.[20)]

---

16) 조현욱, 앞의 논문, 156면; 김인선, 앞의 논문, 10면.

17) 김인선, 앞의 논문, 12면.

18) 독일에서는 나치시대 사형의 남용에 대한 반성에서 1949년 기본법(Grundgesetz) 제102조에 따라 사형이 폐지되었다(Jarass/Pieroth, GG, 11.Aufl., Art. 102). 그러나 싱가포르와 같은 나라는 모살이나 마약범죄에 대해 의무적 사형제도를 유지하면서 사형폐지를 요구하는 국제인권규범은 "잘못된 보편성의 주장에 기초한 강권정책"이라고 비난하고, 사형문제는 인권문제가 아니라 "형사사법의 문제, 그리고 각 나라의 주권적 관할권의 문제"라고 하여 사형폐지를 거부하고 있다(조국, "사형폐지 소론", 형사정책 제20권 제1호, 한국형사정책학회, 2008, 311면).

19) Hodgkinson, "Capital punishment: improve it or remove it?", Capital Punishment Strategies for Abolition, Cambridge University Press, 2004, p.1.

1966년 유엔총회는 사형제도와 관련하여 좀 더 구체적인 요건을 규정한 '시민적·정치적 권리에 관한 국제규약(International Convention on Civil and Political Rights: ICCPR)'을 채택하였다. 동 규약의 제6조 제2항에 "사형제도를 폐지하지 않은 국가에 있어서는 사형의 선고는 범죄시에 효력이 있는 법률에 따라 오직 가장 심각한 범죄에 대해서만 선고되어야 한다"고 명시하고 있다.[21] 여기에서 '가장 심각한 범죄'가 무엇인지에 대하여 구체적으로 명시하고 있지 않아 이는 각 사회의 문화적, 종교적, 정치적 가치관에 따라 다르게 해석될 수 있으나, '자유권규약위원회(United Nations Human Rights Committee: UNHRC)' 및 '유엔 경제사회위원회(United Nations Economic and Social Council: ECOSOC)'[22] 등에서 사형은 예외적인 수단을 의미한다고 보아 엄격하게 해석되어야 하는 것으로 선언하고 있다.[23]

2) 제2선택의정서와 유엔총회 결의안

사형폐지에 관한 국제규범으로서 1989년 12월 유엔총회에서 채택된 '사형폐지를 위한 시민적·정치적 권리에 관한 국제규약 제2선택의정서(Second Optional Protocol to the International Covenant on Civil and Political Rights, aiming at the abolition of the death penalty)'[24]는 사형의 폐지가 인간의 존엄향상과 인권발전에 기여한다고 선언하고 있다. 이 의정서는 사형폐지의 당위성을 선언한 1966년 '시민적·정치적 권리에 관한 국제규약(ICCPR)' 제6조에 근거하여 사형폐지를 위한 모든 조치를 생명권을 누릴 수 있는 방향으로의 진전으로 이해하고 사형폐지를 위한 국제사회의 노력을 촉구하고 있다.[25]

즉 'ICCPR에 대한 제2선택의정서'는 사형폐지운동에 대한 국제적인 규약을

---

20) http://www.un.org/en/universal-declaration-human-rights: 2016. 1. 9. 최종검색. 조국, 앞의 논문, 307면 이하.

21) http://www.ohchr.org/en/professionalinterest/pages/ccpr.aspx: 2016. 1. 9. 최종검색.

22) 1984년 유엔 경제사회위원회는 '사형에 직면한 사람들의 권리보호를 보장하기 위한 안전조치(Safeguards guaranteeing protection of the rights of those facing the death penalty)'를 채택한 바 있다.

23) 조국, 앞의 논문, 308면.

24) http://www.ohchr.org/EN/ProfessionalInterest/Pages/2ndOPCCPR.aspx: 2016. 1. 9. 최종검색.

25) 강석구/김한균, 사형제도의 합리적 축소정비방안, 연구총서 05-31, 한국형사정책연구원, 2005, 22면.

강화하는 것을 목적으로, ICCPR에서 '가장 심각한 범죄'의 경우에 예외적으로 허용하고 있던 사형도 삭제함으로써 사형제도의 폐지를 규정하고, 다만 "전시에 있어서 군사적인 본질을 지닌 가장 심각한 범죄가 전쟁기간 중 범해진 경우 이와 관련하여서만" 사형제도를 유지할 수 있도록 하고 있다.[26]

그 이후로도 유엔총회에서는 사형을 제한하고 사형대상 범죄의 수를 줄임으로써 사형에 직면한 사람들의 권리를 보호하라고 각 국가에 촉구하기 위하여 '사형집행에 대한 유예(Moratorium on the use of the death penalty)'결의안을 2007년 12월,[27] 2008년 12월,[28] 2010년 12월,[29] 2012년 12월,[30] 2014년 12월[31]에 계속적으로 채택한 바 있다.[32]

3) 사형제도의 세계적 현황

국제엠네스티가 발표한 2014 전세계 사형현황 연례보고서에 따르면,[33] 지난 2014년 한 해 동안 놀랄 만큼 많은 국가들이 테러, 범죄 또는 불안정한 국내 상황과 관련된 안보 위협문제에 대응하기 위해 사형제도를 운용했다고 한다. 그 결과, 2014년 전세계적으로 최소 2,466건 이상의 사형이 선고됨으로써 사형선고는 2013년 1,925건에 비해 약 28%가 증가하였다.[34]

비록 이집트와 나이지리아에서 내전과 정치적 혼란으로 대규모 사형선고가 이루어진 부정적인 모습[35]도 있었지만, 다른 한편에서 긍정적으로 평가되는 것은 [그림 1-3-1]에서 보는 바와 같이 다수의 국가가 사형폐지를 위한 적극적인 조치를 취하면서, 사형집행건수는 607건으로 2013년 778건의 집행에 비해

---

26) 조국, 앞의 논문, 309면.
27) A/RES/62/149.
28) A/RES/63/168.
29) A/RES/65/206.
30) A/RES/67/176.
31) A/RES/69/186.
32) http://www.ohchr.org/EN/Issues/DeathPenalty/Pages/DPIndex.aspx: 2016. 1. 9. 최종검색.
33) https://amnesty.or.kr/10803: 2017. 8. 26. 최종검색.
34) 나이지리아는 2014년 659건의 사형선고로 2013년 141건에 비해 500건 이상 급증하였다. 이집트도 2014년 최소 509명에게 사형을 선고해, 2013년보다 400건이 증가하였다.
35) 이에 대해 살릴 셰티(Salil Shetty) 국제엠네스티 사무총장은 "2014년은 안보와 치안에 대한 위협을 막겠다는 취지로 사형제도를 악용하는 현상이 극명히 드러났던 한 해였다"고 평가하고 있다.

서 약 22% 감소[36]하였다.[37]

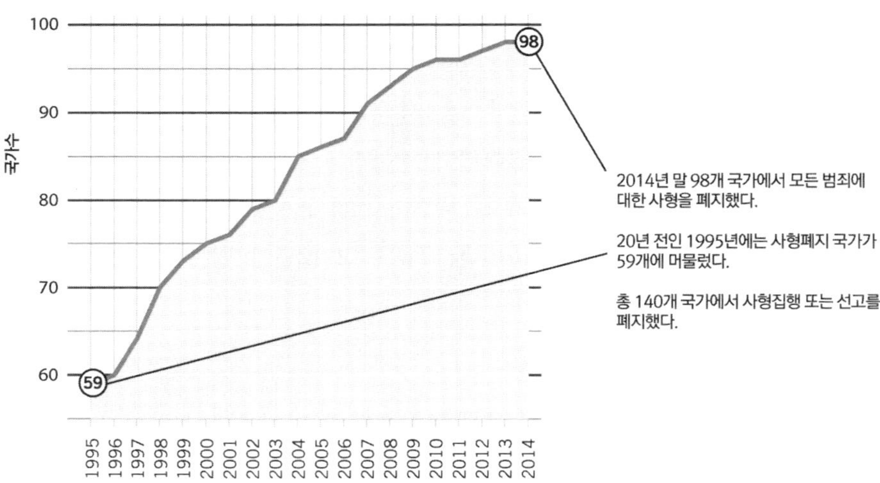

[그림 1-3-1] 사형집행 경향분석(1995~2014): 사형제도 폐지 국가[38]

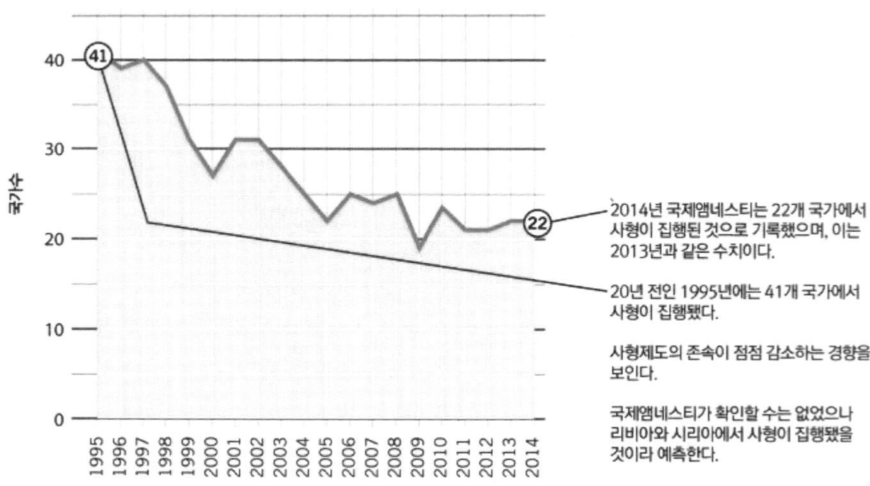

[그림 1-3-2] 사형집행 경향분석(1995~2014): 사형집행 국가[39]

36) 본 통계는 중국을 제외한 통계이다.

37) http://amnesty.or.kr/10803: 2016. 1. 9. 최종검색.

38) 국제엠네스티 2015년 4월 발표자료(http://amnesty.or.kr/10803: 2016. 1. 9. 최종검색).

39) 국제엠네스티 2015년 4월 발표자료(http://amnesty.or.kr/10803: 2016. 1. 9. 최종검색).

2014년 사형을 집행한 것으로 알려진 국가는 [그림 1-3-2]에서 보는 바와 같이, 22개국으로 2013년과 동일하고, 그 중 사형을 가장 많이 집행한 5개 국가에는 중국을 비롯하여 이란, 사우디아라비아, 이라크, 미국이 포함된 것으로 보고되었다.40)

2016년 세계 사형집행 건수는 중국을 제외하고, 1,032건으로 2015년보다 37% 감소하였다. 2016년 최다 사형집행국은 [그림 1-3-3]에서 보는 바와 같이, 중국, 이란, 사우디아라비아, 이라크, 파키스탄 순으로 나타나고 있는데, 특히 미국은 2006년 이후 처음으로 사형집행 상위 5개국에서 벗어나 1991년 이래 최저 기록을 보여주고 있다.41)

사형이 선고된 범죄에는 강도, 마약관련범죄, 경제범죄와 같이 치명적이지 않은 범죄도 포함되었고, 심지어 간통, 배교 등과 같은 범죄로 간주해서는 안 되는 행위에 대해서도 사형이 선고되었다. 또 많은 국가에서 정치적 범죄라는

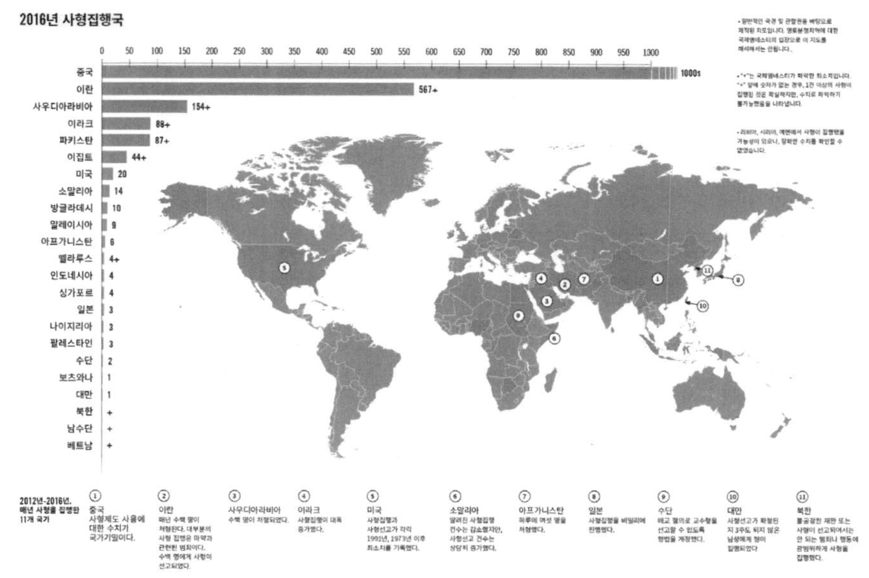

[그림 1-3-3] 지역별 분석42)

40) http://amnesty.or.kr/10803 : 2016. 1. 9. 최종검색.
41) https://amnesty.or.kr/19833: 2017. 7. 1. 최종검색.
42) https://amnesty.or.kr/19833: 2017. 7. 1. 최종검색.

모호한 표현을 이용해 반대세력을 사형에 처하였다.

4) 사형대상범죄

세계 각국의 사형대상범죄규정 현황에 대해 정확한 자료는 현재 존재하지 않다고 한다. 유엔의 현황조사에 대해 다수의 국가들이 비협조적인 상황에서, 일부 국가들은 사형대상범죄의 범위를 오히려 확대하고 있다.

'시민적·정치적 권리에 관한 국제규약(ICCPR)' 제6조 2항에 따르면 사형제도를 존치하고 있는 국가의 경우, 사형선고는 죄의 정도가 가장 중한 범죄(most serious crimes)에 한하여 행위시법에 의해서만 부과될 수 있다. 이에 대하여 유엔경제사회이사회는 1984년 5월 '사형수의 권리보장기준(Safeguards guaranteeing protection of the rights of those facing the death penalty)' 결의안을 통해 이를 보다 상세히 규정하였다. 즉 사형은 죄의 정도가 가장 중한 범죄에 한하여 부과되어야 하며, 해당 범죄의 범위는 치명적 혹은 극히 중한 결과를 가져온 고의범죄(intentional crimes with lethal or other extremely grave consequences)에 한정된다.[43]

3. 우리나라에서 사형제도에 대한 전망

1) 사형제도에 관한 변화상황

우리나라는 1997년 12월 30일 23명의 사형수에 대하여 사형을 집행한 이후, 더 이상 사형을 집행하지 않음으로써 2007년 12월 30일 이후로 '사실상 사형폐지국'의 대열에 들어섰다.[44] 이러한 변화의 출발점으로 1987년 6월 항쟁을 전환점으로 한국이 민주주의 국가의 길을 걸어왔고, 그 안에서 사형제도 자체에 대한 비판적 인식도 사회 전체에 확산되었던 것에서 찾을 수 있다.[45]

그것이 2008년 2월 이명박 정부가 출범하면서 분위기는 변화하였다. 이명박

---

43) 강석구/김한균, 앞의 보고서, 71면.

44) 이러한 배경에는 1989년 조직된 '사형폐지운동협의회'의 활동과 2001년 6개 종교단체(천주교, 불교 조계종, 원불교, 천도교, 유교(성균관), 한국민족종교협의회)가 결성한 '사형제도 폐지를 위한 범종교 연합'의 활동이 주요한 역할을 하였다고 한다(조국, 앞의 논문, 302면).

45) 조국, 앞의 논문, 301면 이하.

전 대통령은 후보시절 “사형제도는 범죄 예방이라는 국가적 의무를 감안할 때 유지되어야 한다”는 입장을 견지하면서, 다만 “사형제를 선고할 수 있는 죄목이 지나치게 많은 점은 형법 개정을 통해 고쳐야”하고, “극형 선고는 인명 살상이나 반인륜적 범죄 등으로 제한할 필요가 있다”는 단서를 달기는 하였지만, 사형제도가 유지되어야 한다는 입장[46]을 표명한 바 있다. 더욱이 2008년 이후 발생한 흉악한 범죄로 인하여 사형을 집행해야 한다는 목소리가 높아졌고, 그와 함께 사형집행을 개시하겠다는 정책변화가 나타나기도 하였다.

이러한 분위기는 박근혜 정부에서도 이어졌다. 박근혜 전 대통령은 2012년 9월 새누리당 대통령 후보시절 기자간담회에서 “사형제가 좋다는 것은 아니지만 이런(나주 초등생 성폭행사건) 끔찍한 일에 대해 ‘그러면 (흉악범) 너도 죽을 수 있다’는 것은 있어야 한다고 본다”[47]며 사형제도를 찬성하는 입장을 밝힌바 있다.

그러나 문재인대통령은 2017년 4월 대통령 후보시절 TV토론에서 “사형이 억지력이 없다는 것이 증명되고 있다. 사형제도는 흉악범 억제 효과 없다”[48]고 하여 사형제도 폐지에 대한 입장을 밝힌바 있어, 이전 정부와는 다른 정책이 이루어질 수 있을 것으로 본다.

2) 사형폐지법안의 계속적 발의

2000년에 들어온 이후로, 제16대 국회에서 2001년 사형폐지에관한특별법안(의안번호: 161085), 제17대 국회에서 2004년 사형폐지에관한특별법안(의안번호: 171129), 제18대 국회에서 2008년 사형폐지에 관한 특별법안(의안번호: 1800928) 및 2009년 사형폐지에 관한 특별법안(의안번호: 1806259), 2010년 사형폐지에 관한 특별법안(의안번호: 1809976), 제19대 국회에서 2015년 사형 폐지에 관한 특별법안(의안번호: 1915958) 등 벌써 6차례에 걸쳐 사형폐지를 위한 법안이 발의되었으나 그 뜻을 이루지 못하였다. 더욱이 2015년 19대 국회에서 과반수가 넘는 172명의 의원이 공동 발의했던 사형폐지법안도 법사위를 통과하지 못한 채,

---

46) http://legacy.h21.hani.co.kr/section-021046000/2007/10/021046000200710180681020.html: 2016. 1. 8. 최종검색.

47) http://www.hani.co.kr/arti/politics/politics_general/550219.html: 2017. 8. 26. 최종검색.

48) http://news.hankyung.com/article/2017042579257: 2017. 8. 26. 최종검색.

〈표 1-3-1〉 사형확정인원 현황(1998~2012)[49]

연도	확정인원	감형	병사 등	미집행 인원
1998	4	2	–	40
1999	4	5	–	39
2000	9	2	–	46
2001	8	–	–	54
2002	2	4	–	52
2003	5	–	–	57
2004	2	–	–	59
2005	3	–	–	62
2006	2	–	1	63
2007	3	–	2(자살)	64
2008	–	6	–	58
2009	3	–	4(자살2)	57
2010	2	–	–	59
2011	–	–	1(자살)	58
2012	0	–	–	58

19대 국회임기가 만료됨으로써 자동 폐기되었다.[50]

3) 사형제도에 대한 헌법적합성 판단의 변화

대법원은 1963년 사형제도에 대하여 처음으로 판시하면서, 사형제도의 정당성에 대해 이론적으로는 유보적인 태도를 취하면서도 현실적으로는 아직 불가피하다는 태도를 보이고 있다. 즉 "헌법 제9조(현행 헌법 제10조)에는 모든 국민은 신체의 자유를 가진다. 법률에 의하지 아니하고는 체포·구금·수색·심문·

49) 법무부 홈페이지 행정자료실 통계(신양균, "사형확정자의 처우", 법조 통권 제670호, 법조협회, 2012, 153면에서 재인용).

50) 2016년에 출발한 20대 국회에서 사형 집행 중단 20년 행사를 2017년 10월 10일 세계 사형폐지의 날에 맞춰 열기로 하면서, 다시금 사형폐지에 대한 법안마련이 기대되고 있기도 하다(http://www.catholicnews.co.kr/news/articleView.html?idxno=18071: 2017. 7. 1. 최종검색).

처벌과 강제노역을 받지 아니한다라고 규정함으로써 처벌에 관한 규정을 법률에 위임하였을 뿐 그 처벌의 종류를 제한바 없을 뿐 아니라 헌법 제28조 제2항(현행 헌법 제37조 제2항)은 국민의 모든 자유와 권리는 질서를 유지하고 공공복리를 위하여 필요한 경우에 한하여 법률로써 제한한다고 규정함으로서 질서유지와 공공복리를 위해서는 법으로써 자유와 권리를 제한할 수 있음을 헌법이 허용하였으므로 현재 우리나라의 실정과 국민의 도덕적 감정 등을 고려하여 국가의 형사상 정책으로서 질서유지와 공공복리를 위하여 형법, 군형법 등에 사형이라는 처벌의 종류를 규정하였다 하여도 이것을 헌법에 위반된 조문이라고 할 수 없"다고 판시[51]하였고, 그 이후의 판결에서도 사형제도는 헌법에 위배되지 않는다고 판시하고 있다.[52] 대법원은 사형제도의 폐지에 관한 입법자의 결단이 아직 이뤄지지 않았고 헌법재판소 또한 사형제도가 헌법에 위반되지 않는다고 선고한 이상, 법을 적용하는 법원으로서는 법정 최고형으로 사형이 규정되어 있는 범죄에 대하여 최고형을 선고할 필요가 있다고 판단되는 경우 사형을 선고하는 것은 불가피한 선택[53]이라고 하여 아직 사형에 대한 큰 변화를 보여주고 있지는 않다.[54]

헌법재판소는 1996년 11월 사형의 위헌성여부에 대한 최초의 헌법재판에서 7대2로 합헌의견이 압도적 다수를 차지하였으나, 2010년 2월 사형제도에 대한 헌법재판[55]에서는 과거의 헌법재판소 입장이 변경된 것은 아니지만, 5대4로 위헌의견이 차지하는 비중이 높아지는 고무적인 결과가 나타나 향후의 입법적 추진에 대한 가능성을 열어 놓고 있다.[56] 합헌의견은 사형제도가 헌법 제37조 제2항의 생명권을 침해하지 않고, 인간의 존엄과 가치를 규정한 헌법 제10조에 위반되지도 않는다고 판단하였다. 그러나 위헌의견은 "사형제도는 인간의 존엄과 가치를 천명하고 생명권을 보장하는 우리 헌법 체계에서는 입법목적 달성을

---

51) 대법원 1963. 2. 28. 선고 62도241 판결.

52) 대법원 1990. 4. 24. 선고 90도319 판결; 대법원 1991. 2. 26. 선고 90도2906 판결.

53) 대법원 2016. 2. 19. 선고 2015도12980 전원합의체 판결. 동 판결에서 4명의 반대의견이 존재한다.

54) 이덕인, "사형제도의 어제와 오늘, 그리고 미래 전망", 입법과 정책 제7권 제2호, 국회입법조사처, 2015, 260면.

55) 헌법재판소 2010. 2. 25. 자 2008헌가23 결정.

56) 이덕인, 앞의 논문, 269면 이하.

위한 적합한 수단으로 인정할 수 없고, 사형제도를 통하여 확보하고자 하는 형벌로서의 기능을 대체할 만한 가석방 없는 무기자유형 등의 수단을 고려할 수 있으므로 피해의 최소성 원칙에도 어긋나며, 사형 당시에는 사형을 통해 보호하려는 타인의 생명권이나 중대한 법익은 이미 그 침해가 종료되어 범죄인의 생명이나 신체를 박탈해야 할 긴급성이나 불가피성이 없고 사형을 통해 달성하려는 공익에 비하여 사형으로 인하여 침해되는 사익의 비중이 훨씬 크므로 법익의 균형성도 인정되지 아니한다. 또한 사형제도는 이미 중대 범죄가 종료되어 상당 기간이 지난 후 체포되어 수감 중인, 한 인간의 생명을 일정한 절차에 따라 빼앗는 것을 전제로 하므로, 생명에 대한 법적 평가가 필요한 예외적인 경우라고 볼 수 없어 생명권의 본질적 내용을 침해하고, 신체의 자유의 본질적 내용까지도 침해한다"고 판시하고 있다. 이러한 2010년 결정은 확립된 판례라기보다는 차후 헌법재판소가 유사사건에서 출발점으로 삼아야 할 하나의 선례로서 작용할 것으로 평가된다.[57)]

4) 대체형벌을 통한 사형폐지에 대한 논의

우리 학계에서는 2000년대에 들어오면서 대체형벌을 통한 사형폐지를 주장하는 견해가 활발하게 전개되고 있다. 독일은 1949년 사형을 폐지하고 30년간 가석방 없는 종신형을 시행하다가, 1978년 연방헌법재판소의 결정[58)]을 계기로 15년 형집행 이후 가석방이 가능하도록 법을 개정하였다. 중국 형법은 사형선고시 2년간의 집행을 유예하고 유예기간 중 개전의 정을 관찰하여 재판에 의해 15년 이상 20년 이하의 유기징역으로 형을 감경하는 제도를 두고 있다.[59)]

우리나라에서도 2004년 사법개혁을 추진하면서 사형의 대체방안으로 감형 또는 가석방이 없는 절대적 종신형이 논의된 바 있으나, 그 도입에 있어서 헌법상 인간의 존엄규정, 행복추구권 등과 충돌하는 위헌 여부의 검토가 필요하다는 선에서 일단락되었다. 그와 함께 두 차례의 '국가인권정책기본계획'에서도

57) 김선택, "인간으로서의 존엄과 가치, 생명권, 사형제도 – 헌재 1996. 11. 28. 95헌바1, 형법 제250조 등 위헌소원–", 헌법재판 주요선례연구 I, 헌법재판소 헌법재판연구원, 2012, 16면.

58) BVerfGE 45, 187 – Lebenslange Freiheitsstrafe.

59) 조국, 앞의 논문, 320면; 박홍규, "사형제도 폐지의 법학적 논리", 사형제도의 이론과 실제, 1989, 124면.

사형폐지가 언급되었고, 법무부도 형사법개정 특별분과위원회를 통하여 대체형벌의 도입 여부를 검토하기로 하였으나 별다른 논의를 진행하지 않았다.[60)]

학계에서는 사형폐지에 반대하는 견해가 없는 것은 아니지만, 대부분 사형폐지를 지지하면서 그에 따른 대체형벌의 방식과 관련하여 다양한 견해들이 제시되고 있다.[61)] 이처럼 사형폐지라는 대원칙에는 동의하지만, 그 절충과정이 필요하다는 점에서 사형을 대체할 수 있는 형벌체계의 정비는 필요하다고 본다. 그런 점에서 국민의 법감정을 고려할 때, 처음부터 상대적 종신형제도를 도입하는 것은 쉽지 않을 것으로 보인다. 그렇다면 독일의 예를 참고하여, 우선 사형의 폐지에 대해 가석방 없는 절대적 종신형제도를 도입하여 시행하면서 차후에 상대적 종신형제도의 도입을 순차적으로 검토하는 것도 하나의 방안이 될 수 있을 것이다.

제 2 절 자유형

고대와 중세에는 동서양을 막론하고 형벌로 생명형과 신체형이 가장 많이 이용되었으나, 18세기 서구 계몽주의 사상이 '인간의 존엄성'을 일깨워 주면서 점차 사형과 신체형의 적용범위를 제한하고 나아가 제도자체를 폐지 또는 완화하는 경향을 보였다. 또 한편에서는 사형과 신체형의 잔혹성을 제거하기 시작하면서 차츰 자유형 중심의 형벌체계로 바뀌어, 지금은 모든 국가의 형벌이 자유형을 중심으로 운영되고 있다.[62)]

1. 자유형제도의 형벌사적 의미

1) 개 념

자유형이란 광의로는 범죄인의 사회생활상의 자유권을 박탈 내지 제한하

60) 이덕인, 앞의 논문, 270면 이하.

61) 그에 대한 구체적인 내용은 이덕인, 앞의 논문, 271면 참조.

62) 김수길, "벌금형제도에 관한 소고", 제행논총 제6집, 제주대학교 행정대학원, 1998, 61면.

는 형벌로서 국외추방, 유형, 주거지제한, 구금형 등을 모두 포함하는 의미로 사용되나, 협의로는 신체의 구금을 통하여 신체적 자유를 박탈하는 것을 내용으로 하는 형벌이다.[63] 자유형이라는 개념 자체는 법전상의 개념이 아니다. 다만, 형벌이 집행될 때 박탈되는 법익을 기준으로 자유가 박탈되는 형벌을 지칭하는 개념으로, 현행 형법상 자유형에는 징역, 금고, 구류가 포함된다.[64]

자유형을 형벌로 인정하게 된 이유에는, 첫째로 범죄인을 사회생활로부터 격리시켜 그 자유를 박탈함으로써 법적 해악으로서의 징벌성을 충족시키고, 둘째로 범죄인에 대하여 원칙적으로 노동을 강제함으로써 범죄인을 개선·교화하여 질서 있는 국민생활에 적응하도록 이끌고, 셋째로 범죄인의 자유를 구속함으로써 그 장래의 범죄적 위험행위에 대해서 사회를 방위하려는 점에 있다고 한다.[65]

2) 자유형제도의 연혁

이러한 자유형제도가 국가형벌의 한 종류로 확립된 것은 그렇게 오래된 일은 아니다. 역사적으로 볼 때, "감옥은 구치(Dentention)를 위해서만 이용되어야지 처벌을 위하여 이용되어서는 안된다"는 로마법상의 원칙에 따라 중세까지 감옥은 주로 수사나 재판절차를 진행하기 위한 인신확보 수단 또는 벌금형의 집행을 위하여 신체를 일시적으로 감금해 두는 시설이었을 뿐 근대적인 자유형과 같이 독자적인 형벌수단은 아니었다.[66]

범죄인의 교화·개선을 목적으로 하는 근대적 자유형이 처음 제도상 발전하기 시작한 것은 16세기경부터라고 할 수 있다. 당시 유럽사회는 급격한 사회적 변화에 따라 유럽전체에 빈민, 부랑자, 창녀 등과 같은 사회적인 국외자의 무리가 생기게 되었고, 이들을 수용하여 장기간 교정과 직업보도(職業輔導) 등을 실시할 시설의 필요성을 느끼게 되었다. 이에 국가는 그들 각자를 위해 만들어진 작업소로 그들을 격리시킴으로써 그들에 대한 통제권을 행사하는 시도를

---

63) 김수길, 앞의 논문(1997), 52면.

64) 김성돈, 자유형제도의 개선방안, 연구총서 94-17, 한국형사정책연구원, 1994, 13면.

65) 김성돈, 앞의 보고서, 15면, 김수길, 앞의 논문(1997), 53면.

66) 김수길, 앞의 논문(1997), 53면 이하; 이승현, 형사법개정연구(IV) 자유형제도의 정비방안, 연구총서 09-25-01, 한국형사정책연구원, 2009, 21면.

하였다.[67] 이러한 시설이 1555년 런던에 최초로 마련되었고, 잇달아 1595년과 1597년에 암스테르담에서 남자와 여자를 위한 징역소(Zuchthaus) 및 베짜는 집(Spinnhaus)이 세워졌다. 재판도중에 죄인의 구금을 통한 자유박탈이 중세나 그 이전에는 오로지 신체적인 고통을 주는 데 이용되었다면, 징역소는 강제노동 등과 같은 프로그램을 마련하여 죄인들에 대한 교육적·개선적 영향력을 발휘하였다. 이는 형사사법 역사에 결정적인 전환점을 만들어 내었다.[68]

그러나 징역소제도를 통해 모처럼 싹텄던 자유형제도의 교육적·개선적 특징이 17세기 중엽이후 18세기까지 전통적인 위치를 차지하였던 응보사상의 영향을 받아 후퇴되었고, 형벌은 응보로서의 해악·고통이라는 의식이 증대되었다. 이때 응보형주의의 행형제도에 대하여 영국의 존 하워드(Howard)의 감옥개량운동을 통해 현대적 의미의 행형시설로서 교도소제도의 발전을 이룩하게 되었고, 18세기말부터는 미국을 비롯하여 국제적인 감옥개량운동이 전개됨으로써 현대적인 자유형제도가 확립되기 시작하였다.[69]

3) 우리나라 자유형제도의 연혁

우리나라에서도 근대 이전까지는 다른 형의 집행을 위하여 구금이 이루어졌을 뿐 독자적인 형벌로서의 자유형 개념이 확립되지는 않았다. 그러다가 우리나라에서 근대적 의미의 자유형제도가 시행된 것은 1894년 최초의 행형법인 감옥규정이 제정되면서부터였다. 1895년 법률 제6호로 징역처단례(懲役處斷例)가 공포됨으로써 고려시대부터 형벌의 근간을 이루고 있었던 도형(徒刑)제도를 폐지하고, 우리나라 최초의 징역제도가 채용되었다. 그리고 1911년 조선 총독부령 제19조인 조선형사법령에 의하여 일본의 신형법이 우리나라에 적용되면서 현대적 의미의 자유형제도가 시행된 것으로 볼 수 있다.[70]

우리나라 자유형제도의 전개과정을 살펴보면, 먼저 고려시대의 도형은 당나라의 제도를 원용하여 도입된 제도로, 도형 기간 동안 어느 일정한 장소에서 구금하고 속동(贖銅)과 장형(杖刑)으로 대신할 수 있는 형벌이었다. 또 도형과

67) 김수길, 앞의 논문(1997), 54면.
68) 김성돈, 앞의 보고서, 25면.
69) 김수길, 앞의 논문(1997), 54면 이하.
70) 김성돈, 앞의 보고서, 25면; 이승현, 앞의 보고서, 22면.

함께 유형(流刑)도 오늘날의 자유형과 유사한 형벌의 종류로 고려형법에 정착되어 있었다. 유형은 사형 다음으로 중한 형벌로 일정한 형기가 없이 오늘날의 무기자유형에 해당하는 형벌이라고 할 수 있다.[71)]

조선시대에 명률은 조선형법의 보통형법으로서의 지위에 있었다고 할 수 있다. 따라서 조선시대 형벌의 종류는 대명률의 규정에 의한 태형, 장형, 도형, 유형, 사형의 5형이 기본이었다. 특히 조선시대부터는 고려시대에 비해 도형, 유형 등의 자유형이 확대되었다. 조선시대의 도형은 도형 기간 동안 관아에 구금하면서 일정한 노역에 종사시키는 방법으로 운용되었다.[72)] 유형은 중죄를 범한 자에 대하여 사형까지는 집행하지 않는 대신 먼 지방으로 귀양을 보내어 죽을 때까지 고향으로 돌아오지 못하게 하는 형벌로, 도형과 같이 노역을 부과하지는 않았다.[73)]

1894년 갑오경장으로 사법제도가 개편되면서 형벌제도의 개혁이 뒤따라 근대 자유형제도로 전환하는 계기가 마련되었다. 즉 조선시대의 기본 형벌이었던 태형, 장형, 도형, 유형, 사형의 5형 중 장형을 폐지하고 도형은 징역형으로 바꾸고 유형은 정치범에 한해서 적용하도록 하였으며, 징역형을 받은 자는 감옥서에서 노역에 종사하도록 하여, 오늘날의 징역과 거의 유사한 제도가 마련되었다. 그러나 당시 혼돈스러운 정세로 인해 그러한 시책이 일관되게 추진되지는 못하였다. 따라서 1896년 아관파천 이후 일본의 간섭에서 벗어나 다시 주권을 행사할 수 있게 된 광무시대부터 실제로 근대 자유형이 확립된 시기라고 할 수 있다. 이 시기에 형벌의 기초가 되는 형률명례(刑律名例)를 제정하여 수형자의 개선을 목적으로 하는 처우개념이 도입되어, 이를 실제로 보장하기 위해 행형관계법규들이 제정되었다.[74)]

1905년 4월 29일 법률 제2호로 형법대전(刑法大全)이 제정되면서, 종래 시행되어 오던 대전회통의 형전 및 대명률과 갑오경장 이후 제정된 형률명례 등을 모두 폐지하고 형률관계의 법률을 일원화시키게 되었다. 형법대전은 형벌을

71) 김성돈, 앞의 보고서, 26면.

72) 조선시대에는 경국대전, 형전을 비롯한 대명률직해, 속대전 등 모든 형사법에 도형에 관한 규정을 두어 이를 더욱 구체화하였다.

73) 김성돈, 앞의 보고서, 27면 이하.

74) 김성돈, 앞의 보고서, 30면 이하; 이승현, 앞의 보고서, 22면.

사형(死刑), 유형(流刑), 역형(役刑), 금옥형(禁獄刑), 태형(笞刑)으로 구분하였는데, 특히 자유형에 해당하는 형벌로 종래의 유형과 역형(役刑)[75] 이외에도 금옥형(禁獄刑)[76]을 신설하였다.[77]

1911년 조선총독부령 제10호인 조선형사령에 의하여 일본의 형법이 우리나라에 적용되었다. 우리나라에 의용된 일본형법은 1907년에 제정·공포된 것으로서 1871년 독일제국형법의 영향을 많이 받은 것이었다. 이는 1945년 해방과 더불어 미군정 때에도 그대로 효력을 발휘하였고, 정부수립 후에도 구헌법 제100조에 의하여 의용이 계속되었다. 휴전직후 국회에서 서둘러 제정된 우리 형법이 1953년 9월 18일 공포되었고 그해 10월 3일에 시행되었다.[78]

2. 자유형제도의 본질, 목적과 기본원칙

1) 자유형제도의 본질과 목적

자유형의 본질은 범죄자가 범한 유책한 범행을 근거로 공권력에 의해 범죄자에게 가한 신체적 자유박탈을 통한 법적 반가치 판단이다. 이러한 자유형은 신체적 자유박탈이라는 인간이 참기 어려운 고통을 수단으로 이용하여 인간의 사회생활에서 본질적으로 중요한 법익을 보호하고 법질서를 확립하게 한다. 따라서 자유형이 잠재적인 범인을 예방하고, 범인을 사회로부터 격리하는 역할을 하는 것은 자유형의 본질로부터 나오나, 자유형의 그 같은 고통이 범죄자를 개선·교화할 수 있다는 가정은 자유형의 본질과는 직접적인 연관이 있을 수 없다.[79]

종래의 응보사상에 따르면 형벌은 이성적 판단을 할 수 있는 자유의지를 갖고 있는 자가 하지 말았어야 할 행위를 범하였기 때문에 그에 합당한 벌을 받아야 된다는 사고에 기초하고 있다. 따라서 형벌로서 자유형도 그것이 법익의

75) 역형은 죄수를 감옥에 감금하여 역에 복무하게 하는 것으로 대부분 태형이 병과되었다.
76) 금옥형은 태형 이상의 죄를 범한 자에 대해 부과하여 죄수를 감옥에 구금하나 역에 복무케 하지 않는 것으로 오늘날 자유형의 일종인 금고형에 해당한다.
77) 김성돈, 앞의 보고서, 32면 이하.
78) 김성돈, 앞의 보고서, 33면 이하.
79) 허일태, "자유형제도의 문제와 개선방향에 관한 연구", 형사정책 제5호, 한국형사정책학회, 1990, 53면 이하.

보호나 범죄의 예방 내지 범인의 재사회화라는 목적을 충분히 고려한 것이라기보다는, 오히려 비난받을 짓을 한 자에 대하여 자유형을 통해 1차적으로 그 만큼의 고통을 가해야 한다는 사상에 근거하고 있다. 이러한 응보사상아래에서는 자유형을 통해 수형자를 어떻게 교육하여 재사회화를 실현할 것인가에 대한 고려보다는 행위자가 범한 범죄에 대하여 그 책임을 어떻게 상쇄시킬 것인가에 더 주된 관심을 갖게 되는 것은 어쩌면 당연한 결론이라고 할 수 있다.

오늘날에는 이러한 응보사상과 더불어 예방사상의 통합을 시도하는 입장도 존재한다. 그들의 견해에 따르면, 형벌의 목적은 과거의 범죄행위를 비난함으로써 장래의 범죄예방에 기여해야 한다는 것이다. 그런가하면 응보적 관점을 완전히 배제하면서 책임은 형벌의 성립과 한계적 기능을 제시해줄 뿐이고 오직 일반예방과 특별예방적 관점에서 형벌을 이해해야 한다는 입장도 존재한다. 여하튼 순수한 응보적 관점뿐만 아니라 그 밖의 관점들에서도 기본적으로 자유형을 올바르게 집행하기만 하면, 사회는 법적 평화를 달성할 수 있고 수형자의 개선 내지 사회복귀가 이루어질 수 있다는 점을 전제로 하고 있다.[80)]

물론 현실에서는 자유형의 재사회화이념이 제대로 기능하지 않는다는 비판이 제기되기도 하지만, 자유형을 응보적 관점보다 교육적 관점에 중점을 두고 집행할 때, 자유형의 폐해가 개선될 수 있다는 점에서 자유형의 목적을 수형자의 재사회화를 위한 교육형에 두는 것이 필요하다.

2) 자유형제도의 기본원리

자유형은 그 자체가 내포하고 있는 불가피한 이유로 수형자 개인의 자유를 박탈하고 그로 인한 고통이 수형자 자신뿐만 아니라, 그 가족에게도 영향을 미치게 된다. 더욱이 현실에서 자유형의 집행과정은 수형자에 대한 최저한의 인간다운 생활을 위협하고 있을 뿐만 아니라 자유형으로 인한 역기능이 적지 않다. 따라서 자유형의 집행과정에서 자유형 본래의 목적을 실현하기 위하여 어떤 수단이라도 사용될 수 있다고 해서는 안 될 것이다. 오히려 자유형의 집행은 다음과 같은 형사정책적 기본원리에 따른 제한을 받아야 될 것으로 본다.[81)]

첫째로 자유형이 당해 수형자의 삶의 터전을 초토화시키는 강력한 효과를

---

80) 허일태, 앞의 논문(1990), 54면.

81) 허일태, 앞의 논문(1990), 57면 이하.

갖는 형벌이라는 점에서, 자유형은 행위자가 사회생활에서 본질적으로 중요한 법익을 심하게 침해한 경우를 제외하고는 행사되어서는 안 되며, 가능한 한 보다 경미한 다른 제재수단을 사용하는 것이 검토되어져야 한다. 형벌의 목적이 형벌을 통해서 인간의 자유롭고 평화스런 삶을 확장·유지하는데 있는 것이라면, 인간이 인간답게 살기 위하여 인간의 자유를 극도로 파괴하는 자유형이 필요하다고 하여 무제한으로 사용하는 것은 형벌의 목적으로서 자유형의 취지에 모순된다고 할 것이다.

둘째로 인간의 존엄은 헌법상 보장하고 있는 것이므로 인간성을 근본적으로 파괴하는 잔악하고 고통스러운 자유형은 배제되어야 하며, 수형자에 대한 비인간적 대우도 배제되어야 할 것이다. 비록 자유형을 불가피하게 부과할 경우라도 인간존중의 차원에서 자유형으로 인하여 인간의 존엄이 본질적으로 침해되는 상황은 배척되어야 할 것이다. 이러한 인간존중의 관점에서 수형자의 기본권 보장과 인간다운 생활을 할 수 있도록 교도소시설이 개선되어야 할 것이고 그 운영도 민주화되어야 할 것이다. 또 수형자가 퇴소 후에 원만하게 사회에 복귀할 수 있도록 능력을 길러주어야 할 것이다.

셋째로 인간의 자유로운 삶을 확보하기 위해서 자유형도 책임주의에 의한 제한을 받아야 할 것이다. 형벌이 책임원칙에 입각하지 않고 일벌백계의 형식으로 국가의 지나친 일반예방사상에 이끌려 책임 이상의 형벌을 부과하거나, 반대로 사회에 큰 해악을 끼친 범죄나 범죄인에 대하여 재사회화를 위한 형벌의 필요성이 전혀 없다는 이유로 불가벌 결정을 내린다면, 이는 책임에 상응하지 않는 형벌이 될 것이다. 또 국민일반이 지킬 수 없거나 예견할 수 없는 행위를 준수하지 않았다고 해서 처벌하게 되면, 이 또한 책임에 상응한 형벌이라고 볼 수 없다. 이처럼 책임주의에 부합하지 않은 형벌을 부과하게 되면, 국민일반에 대한 자유의 확보가 어렵게 될 뿐만 아니라 형벌의 자의적인 적용으로 인한 준법정신의 해이(解弛)가 수반되게 될 것이다.[82]

3) 대체수단을 통한 자유형제도의 변화

종래 형벌의 목적은 크게 두 가지의 관점에서 전개되어 왔다. 그 하나는 범

---

82) 허일태, 앞의 논문(1990), 58면 이하.

죄를 범한 행위자에게 그 책임에 부응하는 형벌을 부과하는 것이고, 다른 하나는 행위자가 장래에 범죄를 범하지 않도록 형벌을 부과하는 것이다. 전자가 과거 발생한 범죄에 대한 책임의 관점에서 부과되는 것이라면, 후자는 장래에 대한 범죄예방의 관점에서 부과되는 것이다. 전통적인 형법은 책임형법으로서 형벌을 부과함에 있어 책임에만 초점을 두고 있었다면, 오늘날에는 형벌을 부과함에 있어 책임과 예방을 모두 고려하는 예방형법으로의 전환이라는 형사정책적 방향에 반론을 제기하기는 어려울 것이다.[83)]

특히 범죄인의 사회복귀를 통한 범죄예방이라는 형사정책의 방향은 "국가의 강제적 개입의 객관적 완화"를 내용으로 하고 있다. 근대형법이래 형벌의 역사는 형벌완화의 역사라고 할 수 있다. 그 과정에서 근대형법의 출발과 함께 신체와 생명에 대해 직접 가해진 중세의 잔혹한 형벌에 대신하여 자유형이 자리잡게 되었다. 그 후 19세기 말 20세기 초 교정처우 내지 재사회화를 위한 노력과 연계되었고, 이를 위해 자유형은 유예제도와 결합되어 집행되었다. 그리고 오늘날에는 보호관찰 등 사회내처우 등으로 대체되고 있다. 오늘날 형사정책에서 인도주의적 관점의 강화는 자유형의 폐지 또는 자유형을 의미 있는 형벌로 대체하는 방안을 통해 나타난다.[84)]

인도주의적 관점에서 형법의 보충성 등은 인간에게 가장 고통을 주는 자유박탈적 형사제재수단의 활용빈도를 가능한 한 축소하는 형사정책적 방향을 요구하고 있다. 이러한 형사정책적 고려는 단기 자유형의 폐지 내지 축소와 함께 경미범죄에 대한 형법적 사회통제수단으로 벌금형을 제시하고 있다.[85)]

3. 자유형제도의 개선방안에 관한 논의

1) 자유형의 단일화

우리 형법은 제정이후 현재까지 자유형을 징역, 금고, 구류로 구분하고 있다. 징역과 금고의 차이는 강제노역의 부과여부에 있고, 구류는 기간에서 차이

---

83) 김성돈, 앞의 보고서, 49면 이하.

84) 김성돈, 앞의 보고서, 51면 이하.

85) 김성돈, 앞의 보고서, 59면 이하.

를 갖고 있다. 이러한 3가지 유형의 자유형을 단일화해야 한다는 논의는 이미 오래전부터 있어 왔다.[86] 자유형의 목적이 비단 책임에 따른 응보에만 있는 것이 아니고, 범죄자의 재사회화에도 있다고 본다면, 노역의 유무에 따른 징역과 금고의 구분은 필요 없다고 할 것이다.

물론 형벌의 목적은 범죄자의 재사회화에 있는 것이 아니라 책임의 상쇄라는 응보에 있다고 보는 입장도 있고, 정치범이나 과실범과 같은 비파렴치범에 대해서는 강제노동을 부과하지 않음으로써 범죄인의 명예감정을 존중해주는 것이 필요하다고 보는 입장도 있으며, 형벌의 다양화라는 관점에서 여전히 징역과 금고의 구분이 필요하다고 보는 입장도 존재한다.

그러나 오늘날 형사정책의 방향이 응보를 목적으로 하는 책임형법에서 특별예방 내지 일반예방의 목적을 실현하고자 하는 예방형법으로 전환하고 있음을 무시할 수 없다. 또 파렴치성이라는 상대적인 개념을 기준으로 징역과 금고를 구분하는 것은 적절하지 않다. 또 실제로 징역형은 파렴치범, 금고형은 비파렴치범에게 반드시 부과되는 것도 아니며, 오히려 금고형을 부과 받은 경우에도 노역을 신청하는 경우가 많다는 점에서 양자를 구분하는 의미는 감소한다. 더욱이 형벌의 다양화는 자유형에 대한 유예제도 내지 사회내처우의 다양화 등을 통해 달성될 수 있는 부분이다.[87] 따라서 징역형과 금고형을 구분하지 않고 자유형으로 단일화하는 방안을 모색할 필요가 있다. 구류도 단기 자유형의 폐해를 고려할 때, 폐지하는 방안을 모색할 필요가 있다.

2) 단기 자유형의 대체방안

단기 자유형은 형기가 짧은 자유형을 통칭하는 개념으로 단기의 개념은 국가마다 다르다. 우리의 경우에도 단기를 3개월로 보는 견해, 6개월로 보는 견해, 9개월로 보는 견해 등 다양하지만, 6개월로 보는 견해가 일반적이라고 할 수 있다. 단기 자유형의 문제는 형기가 짧기 때문에 재사회화라는 형벌의 목적을 달성하기 보다는 낙인 효과 내지 범죄악풍의 감염 등과 같은 부작용이 많고 오히

86) 자유형의 단일화논의는 징역과 금고의 구별만을 폐지하자는 부분적 단일화 논의와 구류를 폐지하고 징역과 금고의 구분을 없애자는 완전 단일화 논의로 나눌 수 있다(김성돈, 앞의 보고서, 71면).

87) 김성돈, 앞의 보고서, 71면 이하; 이승현, 앞의 보고서, 128면 이하.

려 탈사회화를 야기한다는 것이다. 그래서 이미 오래전부터 단기 자유형의 폐지가 주장되고 있다.

이에 대해 비록 단기 자유형의 폐해가 존재하지만, 완전히 폐지하는 것은 아직 이르다고 보면서 그 존치를 주장하는 견해도 있다. 즉 단기 자유형의 형기가 짧기 때문에 형벌효과를 달성하기 어려울 수도 있지만, 형기가 짧기 때문에 덜 해롭다고 주장한다. 더욱이 여가를 중시하는 서구 복지국가에서는 개인의 행동의 자유가 높은 가치를 갖게 되면서 단기간의 자유박탈이라고 하더라도 충분히 형벌효과를 달성할 수 있다고 본다. 또 징역형이나 금고형을 부과할 수 없는 경미한 사안의 경우에 1개월 미만의 구류를 통해 해결함으로써 낙인에서 벗어날 수 있다고 보기도 한다.[88)]

결국 단기 자유형의 폐지여부는 형벌목적의 달성가능성과 대체수단의 확보가능성에 달려 있다고 할 수 있다. 실무적으로 단기 자유형을 완전히 폐지하는 것이 어렵다면, 적어도 제한적으로 단기 자유형을 부과할 수 있는 방안을 모색할 필요가 있다. 예컨대 단기 자유형이 아닌 다른 제재수단으로는 형벌효과를 기대할 수 없는 경우, 그리고 단기 자유형이 법질서 보호를 위해 불가피하게 필요한 경우로만 단기자유형을 제한하는 방안을 고려해 볼 수 있을 것이다.[89)] 그와 함께 단기 자유형을 벌금형으로 전환하는 방안도 고려해 볼 수 있을 것이다.[90)] 다만, 현재와 같이 총액벌금형제도를 유지하고 있는 상황에서는 단기 자유형을 벌금형으로 대체하는 것이 자칫 경제적 능력에 따라 형벌에서 벗어날 수 있는 가능성을 제공할 수 있다는 점에서 또 다른 문제를 야기할 수도 있다. 따라서 단기 자유형의 폐해를 줄이기 위하여 자유형을 벌금형으로 전환하는 것은 범죄자의 책임과 경제적 능력을 고려하여 벌금액을 산정하는 일수벌금제도의 도입을 전제로 이루어지는 것이 필요하다.[91)]

3) 부정기형제도에 대한 검토

부정기형은 재판에서 형의 선고시 자유형의 기간을 확정하지 않고 형의 집

88) 김성돈, 앞의 보고서, 92면 이하; 이승현, 앞의 보고서, 76면 이하.
89) 김성돈, 앞의 보고서, 112면.
90) 자유형의 벌금형으로의 전환은 비단 단기 자유형의 경우에만 해당하기 보다는 자유형의 대체수단으로 제시되고 있다.
91) 이승현, 앞의 보고서, 130면.

행 상황, 즉 수형자의 행형성적에 따라 사후적으로 형의 집행종료를 결정하고, 그 때에 형의 기간이 정해지는 것을 말한다. 부정기형은 재판에서 그 형기를 일정한 장기(상한)와 단기(하한)로 정하여 선고하는 상대적 부정기형과 전혀 형기를 정하지 않고 선고하는 절대적 부정기형의 두 가지로 나뉜다.[92)]

형기의 상대적 또는 절대적 부정기형제도는 교육형론, 개선형론, 목적형론 등과 같은 근대 교정주의 행형개념에 그 이론적 근거를 두고 있다. 그러나 부정기형 중 절대적 부정기형은 죄형법정주의 원칙에 반하는 제도로서 수형자의 형기를 영구히 미확정상태에 두게 되므로 인권보호의 관점에서 수용될 수 없다. 이는 범죄자를 하나의 범죄병 환자라고 생각하고, 치료·개선의 관점에서 범죄병의 치료를 위해서는 다른 정신병과 마찬가지로 그 기간을 확정할 수 없다는 이유로 그 필요성을 강조하지만, 이는 과학적으로 입증된 것이 아니다.[93)]

그에 반해 상대적 부정기형제도는 그러한 문제점이 적고, 책임형량의 결정은 상대적일 수밖에 없는 것이고, 또 그 확정도 곤란한 것이므로 일정 범위 내에서 형기의 상한과 하한을 선고하는 것은 이론적으로 용납될 수 있다고 한다. 상대적 부정기형제도는 수형자에 대한 개선목적달성에 적합한 방법이라고 할 수 있다. 위험한 범죄자나 상습적 누범자에 대하여 장기간 구금이 확보되기 때문에 그들로부터 사회를 방위할 수 있고, 형의 불균형이 시정될 수 있는 장점을 갖고 있다. 특히 초범자나 범죄성이 계속되지 않는 자에게는 수형기간을 단축할 수 있고, 스스로의 노력을 통해 석방기일을 앞당길 수 있다. 반대로 사회복귀를 기대할 수 없는 자에 대해서는 교정시설에 계속 구금함으로써 처우효과를 기할 수 있다는 점에서 개선의욕을 촉진하는 등 수형기간을 처우의 진도에 따라 결정될 수 있게 하는 것은 사회나 수형자 모두에 대해 이익이 된다고 할 수 있다.[94)]

다만, 상대적 부정기형제도가 형사정책적으로 설득력을 얻어 채택되기 위해서는 교정시설이 수형자를 교화·개선할 수 있도록 인적·물적 설비의 철저한 확충·보완이 선행되어야 할 것이므로 범죄원인에 대한 과학적 탐구와 각 범죄

92) 김수길, 앞의 논문(1997), 71면. 우리 형법은 정기형을 원칙으로 하고 있고, 소년법에 의하여 소년에 대해서만 상대적 부정기형을 인정하고 있다.

93) 김수길, 앞의 논문(1997), 73면; 김성돈, 앞의 보고서, 86면 이하.

94) 김수길, 앞의 논문(1997), 73면; 김성돈, 앞의 보고서, 89면 이하.

인의 범죄원인에 상응한 처우의 개별화를 위한 교정전문가의 확보 등 관련 기반이 먼저 구축되어야 할 것이다.[95)]

제 3 절 재산형

재산형은 자유형과 같이 시설에 구금하지 않고 사회내에서 정상적인 생활을 하게 하면서 부과하는 형벌이라는 점에서 사회내제재라고 부르기도 한다.[96)] 우리 형법 제41조에는 재산형으로 벌금, 과료, 몰수를 규정하고 있다. 여기에서 벌금과 과료를 재산형으로 보는 데는 이견이 없지만, 몰수를 재산형(협의의 형벌)의 하나로 볼 것인지, 아니면 보안처분의 하나로 볼 것인지에 대해서는 견해가 나뉜다.[97)] 과료는 자유형의 구류와 같이, 경미한 범죄에 대해 적은 금액을 부과하는 재산형이라는 점에서 벌금과 구별되는데, 자유형에 관한 논의에서 자유형의 단일화를 위해 구류의 폐지가 주장되는 것과 같이, 재산형에 관한 논의에서도 과료의 폐지를 주장하는 견해가 많다. 따라서 재산형과 관련한 논의는 벌금형으로 집중되는 경향이 있다.

벌금형은 범죄인에 대하여 일정한 금액의 지불의무를 강제적으로 부담하게 하는 것을 내용으로 하는 형벌이다. 벌금형은 단기 자유형의 집행에서 발생하는 폐해를 없애고 국가의 교정비용도 절감할 수 있으며, 오판의 경우에도 회복이 용이할 뿐만 아니라 자본주의 사회에서 재산의 박탈은 상당한 위하력을 가질 수 있다는 장점을 갖고 있다. 더욱이 최근에는 모든 형벌 중 가장 높은 비중을 차지하고 있어 사실상 주형의 지위를 차지하고 있다고 해도 과언이 아닐

---

95) 현재 우리 행형실무의 인적 구성 내지 물적 설비가 미흡하다는 점에서 성인범에 대한 상대적 부정기형제도를 채택할 단계는 아니라고 한다(김성돈, 앞의 보고서, 91면).

96) 윤해성, 형사법개정연구(IV) 재산형제도의 정비방안, 연구총서 09-25-02, 한국형사정책연구원, 2009, 19면 이하.

97) 몰수는 범죄반복의 방지나 범죄에 의한 이익 금지를 목적으로 범죄행위와 관련된 재산을 박탈하는 것으로, 원칙적으로 다른 형에 부가하여 과하는 부가형이다. 스위스 형법이나 이탈리아 형법에서는 몰수를 대물적 보안처분으로 규정하고 있다(이재상/장영민/강동범, 앞의 책, 585면 이하).

것이다.[98]

우리나라에서 벌금형제도는 제정형법에 규정된 이후 큰 변화 없이 유지되어 오다가, 계속되는 제도개선의 필요성에 대한 주장이 최근 법률에 일부 반영된 것으로 본다. 그러나 아직 미흡한 면에 대한 개선의 목소리가 이어지고 있는 상황이다.

1. 벌금형제도의 형벌사적 의미

범죄인의 신체를 일정기간 시설 내에 구금하여 범죄로부터 사회를 방위하고 교정교화를 통해 재사회화하도록 하는 자유형은 그 집행과정에서 많은 결함이 나타났다. 특히 단기자유형의 경우 형벌효과보다는 집행에 수반되는 유해한 효과가 더 크다는 것이 인식되기 시작하면서 자유형에 대신하는 형벌이 요구되어 결국 벌금형의 적용이 확장되기에 이르렀다. 자유형에 대한 보완책으로 출발한 벌금형은 오늘날 자유형에 이어 제2의 주형으로서 그 형사정책적 의의를 갖게 되었다.[99]

벌금형은 형벌을 금전으로 환산하여 과하는 것으로 신체적 자유를 박탈하는 자유형과는 대조를 이루는 형벌이다. 즉 자유형과 같이 신체를 일정장소에 구금하는 대신에 벌금의 납부에 의하여 범죄인에게 금전적 고통과 기회상실 등 경제적 부자유를 줌으로써 범죄행위를 처벌하고, 장차 법질서에 적합한 행위를 하도록 하는 것에 목적이 있다. 따라서 벌금형의 본질은 국가가 범죄인에게 일정금액의 지불을 명하고 그 한도 내에서 범죄인의 재산적 이익을 박탈하는 것에 있다.[100]

범죄행위에 대한 제재로서의 벌금형은 고대에서부터 존재하였으나 주로 배상금 내지 속죄금형식인 사형적(私刑的) 배상제도 또는 부가형으로 사용되는데 불과하였다.[101] 즉 로마의 12동판법의 배상(Poena), 고대 게르만법의 속죄금

98) 서효원, “벌금형 집행의 현황과 과제”, 교정연구 제26권 제4호, 한국교정학회, 2017, 259면.
99) 김수길, 앞의 논문(1998), 62면.
100) 이병기/신의기, 벌금형의 운용과 집행의 효율성 제고방안, 연구총서 93-19, 한국형사정책연구원, 1994, 17면; 윤해성, 앞의 보고서, 20면.
101) 이병기/신의기, 앞의 보고서, 14면.

(Busse)과 같이 공형벌이 아닌 사인간의 배상제도로서의 성격을 띤 것이었고, 국가는 피해배상금을 받아 주거나 그 지급을 명하는 정도에 그쳤다. 그것이 서양에서 점차 국가가 가해자에 대해 피해자에 대한 배상금의 지급을 강제함과 동시에 배상금의 일부를 재판대금 혹은 평화교환의 대가로 왕이나 국가에 귀속시키는 사례가 늘어나게 되었다. 그리고 12세기경부터는 피해자의 몫보다 왕의 몫이 많아지게 되었다. 이러한 과정을 거쳐 마침내 왕이 배상금의 전액을 차지하기에 이르러 배상제도는 피해배상이 아닌 공형벌로서 그 성격이 바뀌기 시작하였다.[102)]

벌금형은 화폐경제의 발달로 금전적 가치가 생활에 있어 가장 중요한 가치로 등장하면서 개인에 대한 금전적 이익의 박탈이 자유의 박탈 못지않은 불편과 불이익을 가져오는 것으로 인식되면서 점차 독자적인 형벌로서 자리매김하기에 이르렀다. 특히 19세기 이후 기존 형벌의 중심이었던 생명형과 신체형을 대신하여 자유형이 중심적인 형벌로 되었지만, 단기자유형의 폐해가 인식되기 시작하면서 그 대체제도로서 급속하게 발전하게 되어 오늘날의 벌금형제도로 정착하게 되었다.[103)]

특히 산업혁명에 따른 자본주의의 발달은 경제의 대규모화를 가져와, 법인이 경제·사회활동의 중심으로 등장하면서 법인에 의한 범죄행위가 발생하게 됨에 따라 법인에 대한 제재의 필요성이 높아지게 되었다. 그러나 자유형으로는 법인에 대한 제재를 효과적으로 할 수 없을 뿐만 아니라, 범죄의 급격한 증가로 인하여 자유형의 단점을 보완할 필요가 발생하였다. 이러한 단점을 보완하기 위하여 국가형벌권을 금전으로 표시하여 행사하는 재산형이 주요 형벌로 된 것이다.[104)]

우리나라의 경우에도 고조선의 팔조법금에 범죄행위에 대하여 곡물로 배상하는 제도가 있었으며, 부여에서도 배상제도를 두고 있는 등 고대부터 배상제도가 존재하였다. 그것이 고려시대에 중국의 당률이 의용(依用)되면서 도입된 '속동(贖銅)'에서부터 사적 배상의 성격을 벗어나 공형벌인 벌금형으로 바뀌기

102) 김수길, 앞의 논문(1998), 63면; 이병기/신의기, 앞의 보고서, 17면; 오영근/진희권, 벌금형의 과태료 전환방향에 관한 연구, 연구총서 94-33, 한국형사정책연구원, 1994, 17면.
103) 김수길, 앞의 논문(1998), 63면.
104) 이병기/신의기, 앞의 보고서, 13면.

시작하였다.[105] 조선시대의 형법인 대명률(大明律)에서는 벌금이 속전제(贖錢制)라고 하여 주형(主刑)이라기보다는 5개 주형의 환형방법(換刑方法)으로 인정되었다. 우리나라에서 벌금형이 주형으로 시행된 것은 한일합방 후에 일본형법이 적용되면서부터라고 할 수 있다.[106]

이처럼 재산형 특히 벌금형은 자유형의 보조적인 수단으로 출발하였으나 과실범 등과 같이 자유형을 부과하기에 적합하지 않은 범죄가 늘어나면서 재산형의 중요성이 날로 높아져 오늘날 가장 널리 사용되는 형벌로 자리매김하게 되었다.

2. 벌금형제도의 현대적 의미

1) 벌금형의 법적 의미

벌금형이 형벌에서 중요한 의미를 갖게 된 계기는 근대학파의 단기자유형 반대운동에서 찾을 수 있다. 현대에는 비단 단기자유형에 그치지 않고, 일반적인 자유형에 대해 사회복귀효과가 의문시되면서 벌금형의 확대적용이 주장되고 있다. 따라서 19세기에는 벌금형이 금전적 성격을 갖는 범죄와 관련하여 주로 과해졌으나, 오늘날에는 교통범죄에서부터 강도 등 중죄에 이르기까지 널리 부과되는 형벌로 변화되었다. 이처럼 현대 형벌체계상 형벌의 중점이 자유형에서 벌금형으로 옮겨가고 있는데, 이는 18세기에 생명형·신체형에서 자유형으로 형벌의 중점이 이동한 것에 못지않은 중요성을 갖고 있다.[107]

우리나라에서 제1심 공판사건 종국처리인원에서 벌금형이 차지하는 비율이 1990년대 말 10%대에서 2000년대로 넘어오면서 20%대로, 2004년 이후에는 30%대로 증가하였다.[108] 최근 10년 동안 처리된 공판사건의 처리 내용을 살펴보면, <표 1-3-2>에서 보는 바와 같이, 벌금형의 비율이 가장 높고, 그 다음이 집행유예 그리고 정기형 순으로 나타나고 있다.

---

105) 이병기/신의기, 앞의 보고서, 18면.

106) 김수길, 앞의 논문(1998), 63면.

107) 이병기/신의기, 앞의 보고서, 18면.

108) 법무연수원, 2007 범죄백서, 2007, 218면 참조. 2012년에는 무죄비율이 21%로 급격하게 증가하면서 상대적으로 벌금형과 유기형의 비율이 상당히 낮아졌다.

〈표 1-3-2〉 최근 10년 동안 제1심 공판사건 중 유기형 및 벌금형에 대한 현황(%)

구분		2006	2007	2008	2009	2010	2011	2012	2013	2014	2015
계		212,791 (100)	241,486 (100)	268,572 (100)	281,495 (100)	277,400 (100)	278,169 (100)	287,883 (100)	260,155 (100)	267,077 (100)	257,984 (100)
유기형[109]	계	102,200 (48.0)	119,433 (49.5)	127,494 (47.5)	130,892 (46.5)	114,458 (41.3)	104,543 (37.6)	102,490 (35.6)	108,492 (41.7)	125,417 (47.0)	133,111 (51.6)
	정기	36,931 (17.4)	41,547 (17.2)	44,269 (16.5)	47,274 (16.8)	43,436 (15.7)	42,154 (15.2)	41,062 (14.3)	44,207 (17.0)	51,108 (19.1)	55,459 (21.5)
	집유	64,577 (30.3)	77,215 (32.0)	82,694 (30.8)	83,031 (29.5)	70,519 (25.4)	61,891 (22.2)	60,624 (21.1)	63,609 (24.5)	73,675 (27.6)	77,022 (29.9)
벌금		79,853 (37.5)	82,452 (34.1)	96,110 (35.8)	102,294 (36.3)	96,071 (34.6)	85,449 (30.7)	85,264 (29.6)	81,442 (31.3)	85,606 (32.1)	78,283 (30.3)

자료: 법무연수원, 2016 범죄백서, 2017, 327면 재구성.

벌금형은 자유형으로 처벌하기 적합하지 않은 경미하고 대량으로 발생하는 범죄에 대하여 많은 선고가 이루어지고 있다. 벌금형과 자유형은 그 이념과 대상범죄가 다르다는 점에서 한계가 있기는 하지만 벌금형이 단기 자유형의 대체제도로 제시되고 있다. 따라서 현실적으로 자유형으로 처벌하기 적합하지 않은 범죄가 많은 한 벌금형의 증가추세는 계속 이어질 것으로 본다.[110]

2) 벌금형의 형사정책적 의미

현대의 벌금형은 자유형 다음으로 제2의 주형으로서 위치를 차지하고 있다. 이러한 벌금형에 대한 형사정책적 의의를 살펴보면, 첫째로 범죄인을 시설에 구금하지 않고 사회생활을 정상적으로 유지하게 할 수 있다는 것이다. 둘째로 자본주의 경제체제에서 금전적 이익박탈은 자유형 못지않은 고통과 위화 효과를 발휘하는 형벌이라는 것이다. 셋째로 과실범은 고의가 없기 때문에 비난가능성이 적고, 이들에게 자유형은 형벌효과보다는 오히려 구금을 통한 범죄에의 악풍을 주는 경우가 많은데, 벌금형은 오늘날 급증하는 경미한 과실범에 대

109) 유기형에는 징역 및 금고에 대한 정기형, 부정기형, 집행유예가 포함되는데, 부정기형은 비율이 높지 않아 생략하였다.

110) 이병기/신의기, 앞의 보고서, 19면.

한 효과적인 형벌수단이라고 할 수 있다. 넷째로 오판의 경우에 사형이 집행된 경우뿐만 아니라 자유형이 집행된 경우에도 박탈된 생명과 지나간 시간을 회복할 수 없는 것에 비해, 벌금형은 금전적 보상에 의해 완전한 회복이 가능하다는 것이다. 다섯째로 자유형의 집행에 따른 시설과 인력의 투입이 필요 없기 때문에 벌금형은 형집행 비용의 절감에 도움이 된다. 여섯째로 벌금형은 직접 국고수입을 증대시키게 되고, 이를 범죄예방대책 수립 및 시행 등에 사용할 수 있게 된다는 형사정책적 의미를 갖고 있다.[111)]

벌금형이 이처럼 형사정책적으로 중요한 형벌수단이기는 하나 그 이면에 문제점을 갖고 있기도 하다. 첫째로 벌금형은 원칙적으로 범죄를 기준으로 일정한 금액이 정해지므로 우리 현행 형법에서와 같이 범죄인의 경제 상태를 고려하지 않고 동일금액의 벌금이 선고되는 총액벌금제의 경우에 범죄자의 경제능력에 따라 형벌효과를 기대하기 어렵다. 둘째로 경제적 능력이 없는 범죄자에게 벌금액이 과중한 경우에는 그의 사회적 기반을 박탈하는 결과를 초래하여 결국 노역장유치로 돌아가기 때문에 단기자유형의 선고와 마찬가지의 결과를 가져오게 된다. 셋째로 벌금형은 그 집행으로 범죄자 자신뿐만 아니라 그 가족까지 경제적 고통을 받게 만들고, 그 집행과정에서 벌금형의 일신전속성이 엄격하게 지켜지지 않는 경우에는 형벌로서 효과를 기대할 수 없게 된다. 넷째로 범죄인을 시설에 구금하지 않는 것으로 범죄인의 정상적인 사회생활에는 도움이 될 것이지만, 범죄자 격리를 통해 얻을 수 있는 사회보호적 기능은 자유형에 비해 벌금형에서는 떨어질 수 있다.[112)]

3. 벌금형제도의 개선방안에 관한 논의

1) 벌금형에 대한 경제적 불평등성 해소 방안

벌금형은 다양한 형사정책적 장점을 갖고 있지만, 그에 못지않게 단점도 갖고 있는데, 벌금형의 집행을 통해 나타날 수 있는 가장 큰 문제는 경제적 불평등성이다. 더욱이 현재와 같은 총액벌금형제도는 경제적 강자에게는 위하력

111) 김수길, 앞의 논문(1998), 64면 이하.

112) 김수길, 앞의 논문(1998), 65면 이하.

이 약한 반면, 경제적 약자에게는 가혹한 형벌이 될 수 있다. 특히 벌금을 납부할 능력이 없어 노역장에 유치된다면, 단기 자유형의 폐해를 차단하기 위해 그 대체방안으로 제안된 벌금형이 다시 단기 자유형으로 되돌아가는 문제가 발생한다.[113)]

과거 벌금형 집행상황을 살펴보면, 고액 벌금형이 선고되는 비율이 상당히 낮음에도 불구하고 벌금형 집행에서 노역장유치가 차지하는 금액의 비중은 높게 나타나고 있다. 이는 고액 벌금형 중 다수가 노역장유치로 집행되고 있는 것을 추론케 한다.[114)] 지난 2010년 우리사회에서 발생된 소위 '황제노역'[115)]을 통해 이러한 사실이 확인된 면도 있다. 결국 이러한 황제노역 문제를 해소하기 위해 2014년 개정 형법 제70조 제2항에 "선고하는 벌금이 1억 원 이상 5억 원 미만인 경우에는 300일 이상, 5억 원 이상 50억 원 미만인 경우에는 500일 이상, 50억 원 이상인 경우에는 1,000일 이상의 유치기간을 정하여야 한다"고 하여 노역장유치의 최소 일수를 신설하였다.[116)]

또 경제적 약자에게 벌금액이 과중한 경우에 노역장유치를 통해 자유형으로 환원되는 문제를 해결하기 위하여 벌금형에 대한 노역장유치를 사회봉사로 대체하는 제도가 2009년 9월 '벌금미납자의 사회봉사 집행에 관한 특례법'의 제정을 통해 도입되었다. 즉 벌금미납자에 대한 노역장유치를 통해 경제적 불평등이 형벌의 불평등으로 이어지는 소위 '벌금형의 징역형화'를 초래하지 않도록 노역장유치의 대안으로 사회봉사제도를 도입한 것이다.[117)]

---

113) 이에 벌금 납부 능력이 부족한 서민의 경우에는 벌금을 납부하지 못해 노역장유치가 될 것을 우려하여 자유형의 집행유예 판결을 구하는 사례도 적지 않다고 한다(서효원, 앞의 논문, 265면).

114) 서효원, 앞의 논문, 264면.

115) 2010년 1월 21일 항소심 판결에서 허○○ 전 그룹 회장에게 징역 2년6월에 집행유예 4년, 벌금 254억원이 선고되었지만, 벌금을 30일안에 납부하지 않아 환형유치금액 일당 5억 원이 책정되어 50일만 노역하면 254억원의 벌금이 탕감되게 됨으로써 통상 5만원으로 계산되는 일반인에 비해 1만 배에 이르는 '황제노역'이라는 논란이 야기된 바 있다.

116) 개정 형법에 따르더라도 대부분의 벌금형 납부의무자의 경우에 1일 10만원으로 환산되는데 반해, 일부 고액 벌금형 납부의무자의 경우에는 1일 100만원 또는 500만원으로 환산되므로 여전히 '황제노역' 논란은 계속될 것이라는 점에서 고액 벌금형 납부의무자에 대해 원칙에 따라 벌금형을 집행하고 노역장유치를 최소화하는 방안검토가 필요하다는 견해도 있다(서효원, 앞의 논문, 271면).

117) 한영수, "벌금미납자의 사회봉사 집행의 현황과 발전방안", 형사정책연구 제26권 제3호,

그러나 이것만으로 충분하지 않다고 보아, 벌금형의 집행으로 인한 범죄자 가족까지 겪게 되는 경제적 고통의 문제를 해결하기 위하여 오래전부터 벌금형의 분납·연납제도 및 벌금형에 대한 집행유예제도의 도입도 주장되었다. 과거 벌금형에 대한 선고유예는 인정되면서 집행유예는 인정되지 않았다. 이에 벌금형보다 무거운 자유형에 대해서도 집행유예가 허용되면서 그 보다 가벼운 벌금형에 집행유예제도가 허용되지 않는 것은 불합리하다는 비판이 제기되었다. 실무에서도 벌금형을 유예할 필요가 있는 경우에 선고유예를 할 수밖에 없는 상황을 문제로 제기하였다.[118] 이에 2016년 형법개정을 통하여 벌금형에 대한 집행유예가 제62조 제1항에 신설되면서 2018년부터 시행되게 되었다.

또 경제적 능력이 부족한 서민들의 노역장유치집행을 최소화하기 위하여 벌금형의 분납·연납을 종래 실무 차원에서 '재산형 등에 관한 검찰 집행사무규칙' 제12조에 근거하여 실시해왔다.[119] 벌금형의 분납·연납제도는 형사정책적으로도 바람직한 제도로 법무부령으로 시행하기 보다는 법률에 근거 조항을 마련하는 것이 필요하다고 보아, 지난 2016년 형사소송법의 개정을 통해 벌금형의 분납·연납에 대한 근거 조항을 제477조 제6항에 마련함으로써 법적 근거를 갖게 되었다.[120]

2) 총액벌금제에서 일수벌금제로 전환 필요성

이상에서와 같이, 벌금형에 대한 경제적 불평등성 문제를 해소할 수 있는 일부 제도가 마련되었다. 그러나 오래전부터 형을 선고받는 사람의 재산 상태에 따라 효과가 달라질 수 있는 불평등성이 발생한다는 비판을 받아 왔던 총액벌금제에 대한 변화는 아직 이루어지지 않고 있다.

현재 우리나라가 채택하고 있는 총액벌금제는 경제적 약자에게는 범죄행

한국형사정책연구원, 2015, 94면.

118) 서효원, 앞의 논문, 265면.

119) 서효원, 앞의 논문, 272면.

120) 형사소송법 제477조 제6항에 벌금형의 신용카드 납부 규정도 신설되었다. 다만, 벌금 납부의무자가 신용카드로 벌금을 납부한 후 카드대금을 정상적으로 지급하지 않는 경우, 사실상 신용카드회사가 벌금을 대납하며 부실채권을 인수하고 벌금 납부자에 대해서는 노역장유치도 할 수 없는 결과가 초래될 수도 있어, 이러한 문제가 발생하지 않도록 제도운영이 필요하다는 견해가 제시된다(서효원, 앞의 논문, 274면).

위에 따른 책임의 양보다 큰 부담을 주는 형벌작용이 이루어지고, 경제적 강자에게는 책임의 양보다도 적은 부담을 주는 형벌작용이 이루어짐으로써 실효적인 형벌효과를 기대하기 어렵다. 결국 벌금을 납부하지 못하면 노역장에 유치되게 되는데, 경제적 강자는 이를 면할 수 있는 반면, 경제적 약자는 노역장유치를 집행 받게 되어 경제적 강자는 죗값을 금전으로 지불하고 경제적 약자는 몸으로 지불할 수밖에 없는 결과가 된다는 비판을 받게 된다.[121]

따라서 범죄인의 경제 상태를 고려하지 않고 동일금액의 벌금을 선고함에 따른 문제를 해결하기 위해 총액벌금제에서 일수벌금제로 변경될 필요가 있다. 범죄자의 책임에 따라 벌금을 일수로 정하고 행위자의 경제력에 따라 1일의 벌금액을 정하는 일수벌금제를 통해 총액벌금제의 단점인 형벌효과의 불평등을 해소하고 배분적 정의가 실현될 수 있을 것으로 본다. 더불어 노역장유치를 통한 대체자유형으로의 전환을 차단할 수 있는 효과를 기대해볼 수 있을 것으로 본다.[122]

제 4 절 명예형

1. 명예형제도의 형벌사적 의미

1) 명예형의 의의

명예형(Ehrenstrafe)이란 수형자의 명예감정을 손상시키거나(치욕형 또는 견책형) 또는 시민으로서 일반적으로 자유롭게 누릴 수 있는 권리를 제한하거나 박탈하는 형벌(자격형)을 통칭하는 말이다. 명예형은 중세부터 19세기까지 세계 각국에서 널리 이용되었던 형벌이다. 19세기 초까지 명예형은 주로 치욕형을 의미하였다.[123] 그러나 우리나라를 비롯한 현대 국가는 치욕형을 인정하지 않

121) 이병기/신의기, 앞의 보고서, 55면 이하.

122) 다만, 이를 위해서는 정확한 소득 파악이 이루어질 수 있는 방안 등 일수벌금제와 관련하여 발생할 수 있는 다양한 현실적인 문제를 해결할 수 있는 방안도 함께 모색될 필요가 있다(서효원, 앞의 논문, 276면 이하).

123) 지광준, 앞의 책, 185면.

고 있다. 다만 일정한 권리를 제한 내지 박탈하는 자격형을 인정하고 있다.[124] 그 이유는 범죄인은 스스로 명예로운 시민이기를 포기한 불명예스러운 자이고, 따라서 사회에서 차별을 받아도 당연하다는 관념이 아직 자리 잡고 있기 때문이라고 본다. 이에 범죄인에게 부과되는 명예형은 당연한 형벌로 인식되어 왔다.[125]

그러나 형벌목적 중 하나를 범죄인의 재사회화에 두고 있는 작금의 형사정책적 방향을 고려한다면, 명예형이라는 형벌의 정당성에 의문을 제기하지 않을 수 없다. 그 이유는 자격형을 통해 범죄인을 불명예자로 낙인찍은 후에 다시 범죄인을 명예가 있는 시민으로 재사회화한다는 것은 서로 배치된다고 볼 수 있기 때문이다.[126] 이에 최근에는 우리나라에서도 명예형(자격형)을 형벌에서 삭제하자는 의견이 제시되고 있다.[127]

2) 중세 유럽의 명예형

19세기 이전에 존재하였던 명예형은 많은 사람들 앞에서 치욕을 주어 사회적 명예를 침해하는 치욕형 방식으로 집행되었다. 예컨대 18세기 유럽에서 타인에 대하여 악의적인 비방(die üble Nachrede)을 하거나 음담(Zotenreißerei)을 이야기한 사람 등에 대하여 [그림 1-3-4]에서 보는 것과 같은 “치욕가면(Schandmaske)”을 씌워 [그림 1-3-5]에서 보는 것과 같이 대중들 앞에서 조롱당하게 하는 방식으로 명예형벌을 집행하였다.

명예는 모든 시대에 높고 민감한 자산(Gut)이었다. 게르만시대에 전쟁터에서 도망가거나 소위 질투행위를 하는 것은 명예롭지 못한 것이었다. 5세기에서 9세기 사이 프랑크시대(die fränkische Zeit)에는 모욕적이고 굴욕적인 처벌이 상대적으로 드물었다. 그 이후에 사형과 함께 신체형이 등장하면서 독자적인

---

124) 프랑스 형법에는 명예형이 경죄의 형벌의 종류로 규정되어 있으나, 독일, 스위스, 중국 등 일부 국가의 형법에서는 명예형(자격형)을 형벌의 하나로 규정하기보다 형벌의 부수효과 내지 부가형으로 규정하고 있다(형법개정연구회, 형사법개정연구(IV) 형법총책 개정안: 죄수·형벌 분야, 연구총서 09-25-05, 한국형사정책연구원, 2009, 99면 이하 참조).

125) 서보학, “명예형의 제문제”, 형사법연구 제22호 특집호, 한국형사법학회, 2004, 426면.

126) 서보학, 앞의 논문, 426면.

127) 형법개정연구회, 앞의 보고서, 98면. 그 구체적인 방법론에 있어서는 몇 가지 의견으로 나눠지고 있다.

자료 : Justiz in alter Zeit, Mittelalterliches Kriminalmuseum in Rothenburg, 1989, S. 459.

[그림 1-3-4] 중세의 치욕가면

자료: Justiz in alter Zeit, Mittelalterliches Kriminalmuseum in Rothenburg, 1989, S. 464.

[그림 1-3-5] 중세의 명예형

명예형도 발전되었다. 범죄자의 인격을 말살하는 모든 형벌, 즉 사형, 신체형(Leibesstrafe), 평화상실(Friedlosigkeit) 그리고 추방(Acht)은 당연히 명예형도 동시에 있었다. 독일의 카롤리나 시대에 특정 형벌은 분명하게 불명예스러운 것이었다. 특히 중세에는 명예형과 관련하여 그 집행방법이 앞의 그림에서 알 수 있는 바와 같이, 상당히 독창적이었다. 이러한 명예형이 그러나 중세시대에만 제한적으로 존재했던 것은 아니고, 19세기까지도 그러한 독특한 명예형이 존재했던 것으로 나타나고 있다.[128)]

2. 현대적 명예형에 관한 논의

1) 명예형의 법정책적 기능

오늘날에도 우리나라를 비롯하여 여러 국가에서 형벌 내지 부가형으로 일정한 권리 내지 자격의 박탈이라는 방식으로 명예형제도를 인정하고 있는데, 그 이유는 명예형의 법정책적 기능에서 찾아볼 수 있다.

첫 번째 기능으로 민주정체의 순수성 보호를 들 수 있다. 명예형은 수형자의 일정한 자격 내지 권리를 박탈·제한함으로써 궁극적으로는 그의 명예를 박탈하는 기능을 갖고 있다. 명예형이 인정되고 있는 배경에는 범죄인에 대한 사회의 적대적 차별화 사상이 뒷받침되어 있다는 사실을 부인할 수 없다. 다시 말해 범죄인은 자신의 범죄행위와 사회에 끼친 해악에 대한 벌로서 자유 또는 재산을 박탈당하는 것만으로는 부족하고 일정기간 시민으로서 당연히 누릴 수 있는 명예 내지 권리를 박탈당하는 불이익을 감수해야 한다는 것이다. 다른 한편, 사회는 악성에 물든 범죄인들에게 영원히 또는 일정기간 각종 선거권 및 피선거권, 공직취임자격등과 같은 민주질서 형성 및 공직생활에 참여할 수 있는 기회를 봉쇄함으로써 민주정체의 순수성을 보호하고 국가기능에 대한 시민의 신뢰를 확보해야할 의무를 지고 있는데, 이러한 목적 달성을 위해 효과적인 수단이 바로 명예형이라는 것이다. 다시 말해 명예형제도는 범죄인에 대한 적대적인 차별화 사상을 바탕에 깔고 "국가, 국가기관 그리고 국가(기관)의 기능 보호" 또는 "국가 공적 부분의 순수성 보호"에 본래의 법정책적인 기능이 있다는 것이다.[129)]

두 번째 기능으로 형선고에 따른 법적 부수효과의 통일적 규율과 적용을

---

128) Justiz in alter Zeit, Mittelalterliches Kriminalmuseum in Rothenburg, 1989, S. 335.

129) 서보학, 앞의 논문, 431면. 독일에서도 중범죄(Verbrechen)를 범한 자에 대해서는 필요적으로 자격상실이 부과되고 나머지는 주로 국가적 법익을 해하는 범죄에 대하여 자격정지를 병과할 수 있도록 되어 있다는 점에서 중범죄인과 공안사범에 대한 독일 입법자들의 적대적 경계심을 엿볼 수 있다.

들 수 있다. 우리나라와 독일 모두 명예형을 형법전에 규정해 놓고 있다. 물론 개별 특별형법 등에 자격형이 규정되어 있기는 하지만, 이는 명예형이 형법전에 형의 일종 또는 형의 부수효과로서 규정되어 있는 것을 전제로 한 것이다. 이처럼 공직취임자격, 선거권 및 피선거권의 제한 내지 박탈이라는 명예형을 형법전에 규정하고 있는 이유는 형법전의 일반규정을 통해 형선고에 따른 법적 부수효과를 통일적·일률적으로 규율하려는데 있다. 만약 다양한 법률에 형의 선고에 따른 권리 내지 자격의 제한 규정을 흩어놓게 되면 입법 및 실제 적용에 있어서 전체적인 통일성과 일관성을 유지하기가 어렵게 되고 규범수범자인 일반시민의 입장에서도 법효과에 대한 명확한 인식이 어렵게 되는 단점이 발생하게 된다. 따라서 형의 선고에 따라 시민의 어떤 권리가 어떤 조건하에서 박탈 내지 제한되는지를 형법전에 일반조항으로 규정함으로써 전체적인 법규범의 통일성을 기할 수 있고, 법효과에 대한 인식이 수월해지는 장점을 갖게 되는 것이다.[130]

2) 형사제재로서 명예형의 필요성 여부

명예형제도가 위에서 언급한 바와 같은 법정책적 기능을 갖고 있다고 하더라도, 현대 형사정책의 근간을 이루고 있는 재사회화 사상과 정면으로 배치될 뿐만 아니라 민주적 기본질서에도 합치하지 않는다는 점에서 그 존치여부에 대한 논란이 제기된다.

현대의 법치국가에 있어서 국가 형벌의 본질적인 목적은 범행에 대한 응보나 일반예방에 있는 것이 아니라 범죄인의 개선·교화를 통해 사회에 복귀시키는데 있다. 이러한 요청은 범죄인이 사회로부터 추방되어야 할 적대적인 존재가 아니라 우리 사회가 품고 가야할 구성원이라는 현대 법치국가의 밑바탕에 깔려있는 인간관에서 나오는 당연한 요청이다. 따라서 합리적인 형사정책은 국가 형사제재의 마련과 운용에 있어 범죄인의 재사회화에 가장 큰 역점을 두고 있는 것이 사실이다. 그런데 명예형은 이러한 재사회화사상과 정면충돌을 일으키는 형사제재라고 하지 않을 수 없다. 명예형의 가장 큰 문제점은 범죄인이 자신의 범행에 대한 형을 집행 받고 난 후에도 정상적인 시민으로 복귀하지 못하

130) 서보학, 앞의 논문, 432면.

고 일정한 자격과 권리가 제한된 상태로 복귀할 수밖에 없다는 것이다. 형의 집행이 종료된 후에도 계속 따라 다니는 이러한 제한이 당사자에게 그의 행위에 대한 정당한 제재 또는 일정기간 자숙할 것을 요구하는 근신처분으로 받아들여지기보다는 전력 있는 자신에 대한 사회의 차별과 배척으로 받아들일 것은 자명한 일이다. 그런 점에서 명예형은 전과자에 대한 사회의 차별을 제도화한 재사회화에 반하는 형사제재라고 하지 않을 수 없다.[131]

명예형이라는 형사제재를 통해 일률적으로 공직 또는 공적인 업무의 취임자격을 박탈 또는 제한받게 되는 것은 일반 형법에 규율하기 보다는 오히려 개별 관계법령에서 규율하고 해당관서의 자율적인 판단에 맡기는 것이 바람직하다는 견해도 제기된다. 같은 맥락에서 현행 공직선거 및 선거부정방지법은 각종 주요 선거에 출마하는 후보자들의 피선자격을 따로 규정해 놓고 있다. 따라서 형법에 따로 피선자격을 제한하는 제재조항을 둘 필요는 없다고 한다.[132]

세계관의 다원주의를 바탕으로 하는 자유민주주의 국가에서는 어떠한 사상, 어떠한 과거 전력을 가진 사람이라 할지라도 선거에 자유로운 참여를 통한 자유민주주의 질서 형성에 참여할 권리를 갖고 있다. 따라서 범법행위의 전력을 이유로 국가가 이를 부인하는 것은 스스로 자유민주주의 원칙을 부정하는 결과가 되기 때문에 자격형을 통해 범법자의 선거권을 박탈하는 것도 자유민주주의 국가에서는 받아들일 수 없는 제도이다. 범법자라고 할지라도 스스로 판단하고 결정할 수 있는 정신능력·판단능력을 갖고 있는 한 투표에 참가할 수 있는 권리가 보장되어야 한다. 더욱이 범죄자의 조속한 사회복귀는 배척과 차별을 통해서는 이루어 질 수 없다. 사회가 그를 용납하고 받아들여 함께 자유민주사회 형성에 동참시킬 때, 가능한 일이다. 범죄인의 재사회화를 위해 노력하는 현대의 형법은 범죄인을 더 이상 차별 받는 불명예인 내지 주변인으로 사회에서 방출할 것이 아니라, 범죄인이 자신의 책임에 상응하는 처벌을 받음으로써 이제는 떳떳하고 명예로운, 최소한 차별받지 않는 정상적인 시민으로 사회에 복귀할 수 있도록 노력해야 할 것이다.[133]

---

131) 서보학, 앞의 논문, 438면 이하.
132) 서보학, 앞의 논문, 439면 이하.
133) 서보학, 앞의 논문, 442면 이하.

3. 한국 사회의 변화와 자격형제도의 관계

우리 형법상 명예형, 즉 자격형으로는 자격상실과 자격정지의 두 가지가 규정되어 있다(형법 제41조). 자격상실은 일정한 형의 선고가 있으면 그 형의 효력으로서 당연히 일정한 자격이 상실되는 것을 의미하고, 자격정지는 일정기간 동안 일정한 자격의 전부 또는 일부를 정지시키는 것을 의미한다. 우리 형법상 자격정지는 형의 부수효과, 선택형 또는 병과형으로 규정되어 있다. 자격상실 내지 자격정지가 우리 형법에 도입된 배경에는 일본형법[134] 가안의 영향이 있었다.[135]

이에 일본 형법가안이 마련된 과정을 살펴보면, 1921년 일본 정부는 1907년에 제정·시행된 일본 형법을 일본 사회에 맞도록 고치려는 개정작업을 진행하였다. 그에 따라 1927년 일본 형법개정예비초안이 만들어졌고, 그 안에 처음으로 자격상실과 자격정지에 대한 규정을 두고 있었다. 이후 일본에서는 형법개정작업을 담당하기 위하여 '형법 및 감옥법개정조사위원회'가 구성되어 형법개정예비초안을 참고로 독자적인 초안을 만들기로 하고 그 기초 작업을 '형법기초위원회'에 일임하였다. 이에 1931년에 총칙부분의 조문이 마련되고, 1939년 각칙조문이 완성되었으나 총칙조문과 각칙조문의 여러 곳에서 본위원회의 의견이 일치하지 않아 나중에 최종안을 결정하기로 하고 우선 1940년에 '개정형법가안'이 공표되었다. 그런데 일본이 전시체제로 들어가면서 위원회가 해산되어 결국 일본의 개정형법가안은 '가안'으로 남게 되었다.[136]

형법기초위원회가 명예형과 관련하여 본위원회에 제시한 조문과 입법취지를 살펴보면, 자격상실과 자격정지에 대한 입법이유의 설명에 당시 일본 사회의 특성이 반영되어 있다는 점이 주목된다. 즉 형법기초위원회는 입법이유서에 "자격상실 및 자격정지는 명예형이므로 상당한 지위, 신분 있는 자에 대하여는

134) 현행 일본 형법 제9조 형의 종류에 사형, 징역, 금고, 벌금, 구류 및 과료를 주형으로 하고 몰수를 부가형으로 규정하고 있을 뿐 명예형을 규정하고 있지는 않다(형법개정연구회, 앞의 보고서, 104면).

135) 이승호, "형사제재의 다양화와 형법의 기능", 형사법연구 제24권 제3호, 한국형사법학회, 2012, 64면; 신동운, "자격상실과 자격정지 형의 존폐에 대하여", 법학 제47권 제4호, 서울대학교 법학연구소, 2006, 206면 이하.

136) 신동운, 앞의 논문(2006), 206면 이하.

도의적 견지에서 감옥에 구금하여 행형에 다액의 비용을 지출하는 것을 피할 수 있는 장점이 있다. 이것이 본안에서 주형으로 채용한 까닭이다"라고 적고 있다.[137)]

이를 통해 자격상실과 자격정지는 '상당한 지위, 신분 있는 자'를 위하여 새로이 마련된 명예형이라는 것을 알 수 있다. 1930년대 일본 사회를 바탕으로 살펴볼 때, 이는 일본 사회 및 재계의 유력인사들에 대한 배려책으로 구상되었다고 해석될 수 있다. 특히 형법기초위원회는 자격상실과 자격정지를 징역이나 금고와 같은 자유형의 연장선상에서 파악하고 있다. 따라서 자격상실과 자격정지는 벌금보다는 중한 형벌로 인식하고 있는 것으로 보인다. 더 주목할 점은 자격상실과 자격정지를 독립된 형벌로 규정하면서 동시에 자유형에 자격형을 자동부과하거나 자유형을 자격형으로 대체하는 방식으로 기존의 징역이나 금고와 유기적으로 결합시키고 있다는 것이다. 그러나 이러한 형법기초위원회의 초안에 대해 본위원회의 반론이 제기되어 자격형은 기본적으로 독자적 병과형, 예외적으로 대체형을 내용으로 하는 수정안이 마련되었다.[138)]

우리나라에서 1945년 광복과 함께 3년간 미군정이 실시되었고, 미군정 말기인 1948년 법제편찬위원회에서 형법기초요강을 공표하였다. 당시 마련된 형법기초요강의 총칙을 보면, 제7장에 형의 종류를 제시하면서 주형으로 사형, 징역, 금고, 구류, 벌금, 과료를, 그리고 부가형으로 몰수, 자격상실, 거주제한을 예정하고 있었다. 그리고 법제편찬위원회 총회에서 논의 끝에 종전의 형벌 종류에 따르기로 결정되었다. 이처럼 법제편찬위원회 단계에서는 자격상실이나 자격정지에 관한 뚜렷한 문제의식이 보이지 않았다.

1948년 대한민국이 출범하면서 법제편찬위원회는 해산되고 법전편찬위원회가 새롭게 출범하였다. 1949년 법전편찬위원회의 형법초안에서도 자격상실과 자격정지가 형벌의 종류로 명시되어 있었다. 어떻게 자격상실과 자격정지가 형벌에 포함되었는지에 대한 구체적인 기록은 전해지지 않지만, 법전편찬위원회는 일본의 개정형법가안을 보다 더 충실하게 참조하였던 것으로 보고 있다.[139)]

137) 신동운, 앞의 논문(2006), 210면 이하.

138) 자격형과 관련하여 본위원회가 의결한 조문은 대체로 형법기초위원회초안의 조문과 같다. 구체적인 내용은 신동운, 앞의 논문(2006), 210면 이하.

139) 신동운, 앞의 논문(2006), 213면 이하.

다만, 일본 개정형법가안의 자격상실 및 자격정지에 관한 내용과 우리 법전편찬위원회초안의 자격상실 및 자격정지에 관한 내용에서는 공통점과 차이점을 살펴볼 수 있다. 자격상실과 자격정지를 통하여 제한하려는 자격의 내용과 범위는 두 초안에서 유사한 것으로 보인다. 다만, 일본 개정형법가안 제36조 제4호에 규정된 '친권자, 후견인, 후견감독인, 보좌인, 친족회원 및 재산관리인으로 되는 자격'은 우리 법전편찬위원회초안에서는 제외되었다.[140] 또 자격정지를 자격상실에 준하는 것으로 보고 있는 것도 두 초안에서 유사하지만, 법전편찬위원회초안에서는 기간제한과 대상축소의 가능성을 인정한 것과 일본 개정형법가안에서는 '정상에 따라 특정한 자격에 한하여 이를 정지하게 할 수 있다'는 단서조항을 두고 있는 차이가 있다. 특히 일본 개정형법가안은 자격상실에 독자적 성격을 부여하면서 그 내용을 규정하고 있지만, 법전편찬위원회초안은 자격상실이라는 주형이 독자적으로 선고될 수 있는 가능성을 두고 있지 않고, 또 일본 개정형법가안은 징역이나 금고를 자격상실이나 자격정지로 대체할 수 있는 가능성을 열어두고 있지만, 법전편찬위원회초안은 징역·금고와 자격상실·자격정지 사이의 대체가능성에 관해 아무런 규정을 두고 있지 않다는 차이가 있다.[141]

법전편찬위원회가 결의한 형법초안은 정부에 제출되었고, 정부는 이를 정부원안으로 국회에 제출하여 국회에서 법제사법위원회가 정부원안을 검토하여 법사위수정안을 작성하였다. 일본의 경우에는 '상당한 지위, 신분 있는 자에 대해 도의적 견지'에서 마련된 것이 자격상실과 자격정지임에 반하여, 우리의 경우에는 지금까지 형벌에 일반적으로 부수되어 있던 자격제한의 효과를 독립한 형벌로 규정하였다고 할 수 있다. 그런 점에서 징역이나 금고에 부수하는 효과를 굳이 주형으로 형법전에 규정할 필요가 있겠는가 하는 반론이 제기되었고, 자격상실과 자격정지라는 형벌을 전면적으로 삭제하는 수정안이 제출되기도 하였으나,[142] 자격상실과 자격정지에 관한 총칙조문들은 정부원안 그대로 통과되

140) 이는 일본의 가족법에 기초한 자격제한이 한국의 경우에 적절하지 않다고 판단하였기 때문인 것으로 분석되고 있다(신동운, 앞의 논문(2006), 216면.

141) 신동운, 앞의 논문(2006), 215면 이하.

142) 공무원법, 선거법, 병역법 등 각종의 모든 법률에 자격제한과 관련된 규정들이 존재하는 점, 자격형에 대한 형벌로서 위하력을 인정하기 어렵다는 점 등을 이유로 형법총칙에 주

었다. 결국 일본의 경우에는 자격상실이나 자격정지가 애당초 고위 관리나 정치인 또는 제계 인사들에 대하여 징역이나 금고를 대체하는 형벌로 생각되었다면, 우리의 경우에는 징역이나 금고를 받게 되면 공무원의 임용 등에서 각종의 자격제한이 따라오게 되는데, 이러한 자격제한을 별도로 형벌로 규정해 두자는 것이 자격상실이나 자격정지의 입법취지라고 할 수 있다.[143]

이와 같은 과정을 통해 우리 형법에 자격상실과 자격정지가 형벌의 일종, 즉 주형으로 들어오게 되었는데, 이는 계수사(繼受史)적 관점에서 우리 형법에 영향을 미치고 있는 독일 형법이나 일본 형법에서 찾아볼 수 없는 우리 형법만의 특색이라고 할 수 있다.[144] 이러한 자격형에 대해서는 그 존치가 필요한 것인가에 대하여 의문이 제기되고 있다. 자격상실과 자격정지는 외국의 입법례나 형사실무에서 검증되거나 효용성을 인정받은 형벌형식이 아니라 동양적 계급사회의 잔재를 남기고 있던 1920~1930년대의 일본 사회를 배경으로 시도된 입법적 실험을 이론적 검토 없이 수용한 것으로 평가되고 있기 때문이다. 더욱이 자격상실과 자격정지라는 명예형은 범죄인에 대한 적대적 차별성을 그 밑바탕에 깔고 범죄인에게 불명예자라는 낙인을 찍기 위해 도입된 제도라는 점에서 형벌에서 삭제하자는 주장이 제기되고 있다.[145]

형으로 자격형을 규정하는 것을 반대하였다. 그에 대한 구체적인 내용은 신동운, 앞의 논문(2006) 222면 이하 참조.

143) 신동운, 앞의 논문(2006), 217면 이하.

144) 신동운, 앞의 논문(2006), 227면 이하. 사실 자격상실은 사형, 무기징역 또는 무기금고에 자동적으로 따라붙는 형벌로 규정되어 있고 독자적인 법정형으로 규정한 조문이 없다는 점에서 부수효과에 지나지 않게 되어 있음에도 형법 제41조 형벌에 자격상실을 주형으로 규정하고 있다.

145) 신동운, 앞의 논문(2006), 234면; 서보학, 앞의 논문(2004), 443면.

제 2 부

대체형벌

제 1 장 대체형벌 일반론

제 1 절 대체형벌의 등장배경

전통적인 형벌론의 관점에서 본다면, 형벌의 본질과 기능은 범죄에 대한 정당한 응보에 있다고 본다. 따라서 형벌은 책임에 대한 응보로서의 의미를 가질 뿐이며, 인간이 다른 목적을 위한 수단으로 취급되어서는 안 된다고 할 것이다. 무엇보다도 근대의 형법사상은 국가형벌권의 최소 사용을 지향하였다. 죄형법정주의를 통해 자의적인 형벌권의 실행을 배척하면서 형법은 다른 방법이 없을 때 보충적으로 사용되는 최후수단으로 자리매김 되었고, 그에 따른 형벌의 모습도 복잡하지 않았다.[1)]

그러던 것이 19세기 실증주의 학파에 의하여 인간의 행위에 대한 자연과학적 해명이 가능하게 되면서, 형벌의 목적에 범죄예방이라는 개념이 들어오게 되었다. 그러나 형벌의 목적에서 범죄예방적 의미를 강조하는 경우에도 일반적으로 형벌에 관하여 책임주의가 적용된다는 것은 인정되고 있었다.

형벌은 이처럼 책임원칙에 입각하므로 형벌을 부과하기 위해서는 반드시 책임이 전제되어야 하고 또 책임의 양을 넘어서 형벌을 부과할 수 없다. 그러나 20세기에 들어오면서 급격한 사회구조의 변화는 이른바 형법의 전환기를 초래하게 되었다. 그 결과 나타난 현대 형법의 특징은 범죄인의 사회복귀를 효율적

1) 이승호, 앞의 논문(2012), 63면.

으로 달성하기 위하여 형법상의 제재를 합리적·합목적적으로 재편성하는데 있었다고 할 수 있다.[2)]

이러한 변화의 하나로 책임원칙에 의해 한계를 갖고 있는 전통적 형벌만으로 달성할 수 없는 법익보호과제의 실행이라는 현실적인 이유에서 보안처분의 필요성이 제기되게 되었다.[3)] 즉 보안처분은 형벌에 의하여 해결될 수 없는 (재범)위험성이 존재하는 경우에 사회보호 내지 사회방위를 위해 추가적인 제재가 필요하다는 근대학파의 예방적 형법사고의 입장에서 형벌을 보완하는 제재로써 그 필요성이 제기된 것이다.[4)]

1. 상습범에 대한 처벌

이러한 보안처분의 필요성이 제기되는 첫 번째 이유는 상습범에 대한 처벌의 한계에서 출발한다. 응보적 책임형벌만으로는 사회의 변화에 따른 범죄의 다양화 내지 누범과 상습범의 격증에 대한 대처에 한계가 있다는 현실적인 문제가 발생하였다. 이러한 현실적인 상황에 근거하여 상습범에 대한 적절한 대응이 필요하다는 부분에는 대부분 공감하고 있는 것으로 보인다. 그래서 각국의 형사제도에 따라 차이는 있어도, 많은 나라에서 나름대로의 방식으로 상습범에 대한 대응방안을 모색하고 있다.

일반적으로 상습범에 대한 대응방식은 크게 세 가지로 나눌 수 있다. 형벌을 가중하는 방안, 부정기형을 부과하는 방안 그리고 보안처분(특히 보호감호)을 부과하는 방안[5)]이 그것이다. 우리의 형법체계는 누범에 대해서는 형법 제35조

2) 김혜정, "보안처분제도의 개선방안", 형사법연구 제22호, 2004, 474면 이하.

3) 우리사회에서 형벌의 한계론, 교정주의, 사회방위론을 중심으로 보안처분론이 '이데올로기화'되었다고 비판하는 견해로 이승호, "보안처분 이데올로기 비판 －교정주의, 사회방위론, 형벌한계론에 대한 비판－", 법학연구 제7권 제1호, 충북대학교 법학연구소, 1995, 67면 이하.

4) 따라서 종래 범죄에 대한 법률효과로서 형벌(Strafe)이라는 개념은 위법한 행위를 범한 행위자에 대하여 책임을 상쇄하고(또는 상쇄하거나) 범죄를 예방하기 위하여 법적인 손실을 부담시키는 국가적 처분의 총체(Streng, Strafrechtliche Sanktionen Die Strafzumessung und ihre Grundlagen, 2. Auflage, 2002, S. 1)를 의미하는 형사제재(strafrechtliche Sanktionen)로 바뀌게 되었다.

5) 상습범에 대한 대응방안으로 형벌가중보다는 보안처분으로 해결하여야 한다는 견해로 원

에 누범가중의 일반규정을 두고 있고, 상습범에 대해서는 개별 범죄와 관련하여 형법각칙 내지 형사특별법에 가중처벌규정을 두고 있다. 특히 상습범에 대하여는 형벌가중과 함께 (구)사회보호법[6] 제5조에 의거하여 보호감호[7]를 부과함으로써 (재범)위험성 요소를 이중으로 평가하는 문제점이 있다는 비판을 받아왔다. 그러나 상습범에게 단순히 형벌을 가중하는 것도 행위책임을 원칙으로 하는 우리 형법의 원칙에 부합하지 않는다는 비판에서 자유로울 수는 없다고 본다. 이러한 이유에서 상습범에 대하여 적절히 대처할 수 있는 대응방안으로 어떤 것이 가능할 것인지, 어떤 것이 바람직 할 것인지 등에 대한 논의가 요구된다.[8]

상습범죄자들에 대하여 지금까지 적용되어 온 세 가지의 대응방안과 관련하여 다른 나라에서는 어떤 제재수단을 채택하고 있는지 살펴보면, 우선 독일의 경우에는 상습범에 대한 대응방안으로 보안처분제도를 유지하고 있다. 독일에서도 보안처분제도 중 보안감호(Sicherungsverwahrung)와 관련하여 그 시행 초기에는 지나친 선고요건의 완화 등과 같은 많은 문제점으로 비판을 받아왔다. 그러나 독일 형법에서 1969년 상습범 가중처벌규정을 폐지하고 1986년 누범 가중처벌규정을 폐지함으로써 형벌은 책임원칙에 입각하고, 보안처분은 위험성에 근거하여 부과하는 이원주의로 자리를 잡았다. 물론 이러한 독일에서도 '보안감호에 대한 폐지주장'[9]이 없는 것은 아니다. 그러나 아직까지는 보안감호제도를 포기하기보다는 그 요건을 개선하는 방법 등을 통하여 상습범에 대한 대응방안

형식, "상습범과 누범의 가중처벌의 문제", 형사법연구 제22호 특집호, 한국형사법학회, 2004, 566면 이하; 김혜정, 앞의 논문(2004), 474면 이하 참조.

6) 동 법률은 1980년에 제정되어 몇 차례 개정을 거쳐 존치되어 오다가 2005년 폐지되었다. 그에 대한 구체적인 내용은 아래의 제2장 보안처분 참조.

7) 1980년 사회보호법이 제정될 당시 이미 1975년에 제정된 사회안전법이 보안처분이라는 용어를 사용하고 있어, 용어상의 혼동을 피하기 위하여 사회보호법에 보안처분이라는 명칭 대신 보호처분이라는 명칭을 사용하였다. 그러나 이러한 처분이 보호처분이 아니라 보안처분이라는 것에는 이견이 없을 것으로 본다. 따라서 (구)사회보호법상 보호감호도 보안감호로 이해해야 할 것이다(김혜정, "보안처분의 체계적 입법화를 위한 소고", 형사법연구 제25권 제4호, 한국형사법학회, 2013A, 139면 이하)

8) 김혜정, "인격(성격)장애로 인한 상습범죄자의 처우에 관한 검토", 형사정책연구 제16권 제1호, 한국형사정책연구원, 2005A, 197면 이하.

9) Kinzig, Die Sicherungsverwahrung auf dem Prüfstand, 1996, S. 597f. 참조.

으로 보안감호제도를 유지해오고 있다.[10)]

스위스의 경우에도 독일과 같이 보안처분을 통해 상습범에 대처하고 있다. 다만, 스위스의 경우에는 처음부터 형벌집행과 보안처분집행이 실질적인 대체주의원칙에 입각하고 있다는 점에서 독일의 보안처분제도와 차이가 있다. 이러한 스위스에서도 보안감호의 집행초기에는 그 부과요건이 지나치게 확장되어 있어서, 대상자 중의 상당수가 중범죄자이기 보다 오히려 경미한 범죄자들로 이루어져 많은 비판이 제기되었다. 결국 1971년 형법개정을 통해 그 요건을 강화하게 되었다. 그 결과, 지금은 감호선고 건수가 상당히 줄어들었지만, 아직까지 상습범에 대한 대응방안으로 보안처분제도는 유지되고 있다.[11)]

1975년에 보안처분제도를 도입한 오스트리아의 상황도 위에서 언급한 스위스 내지 독일과 크게 다르지 않다. 오스트리아에서도 보안처분의 도입초기에 보안감호 선고를 위한 형식적 요건이 지나치게 넓게 규정되어 있었다. 그 결과, 법관의 재량범위가 매우 넓고 동시에 비례성의 원칙에 반한다는 비판을 받았다. 이에 1987년 개정형법에서 보안감호 선고요건을 강화하였고, 그 결과, 선고건수가 급격하게 줄어들어 1990년 이후에는 해마다 3명 정도만 보안감호에 선고되어 사실상 폐지된 상태가 되었다고 한다. 그러나 역시 보안감호를 통해 상습범에 대처하고 있는 정책을 유지하고 있다.[12)]

영국의 상습범에 대한 대응방안으로, 우선 1908년에서 1948년 사이에는 자유형과 함께 보안처분이 부가적으로 선고됨으로써 이원주의 입장을 취하였다. 그러다가 1948년에서 1965년 사이에는 자유형에 대신하여 보안처분이 부과되면서 독자적인 보안처분만의 선고는 폐지되기에 이르렀다. 그러한 변화의 이유에는 다른 나라에서와 같이, 감호대상자의 범위를 법률적으로 지나치게 광범위하게 규정함으로써 감호대상범위가 명백하지 않고, 그 결과 많은 경우에 제재의 본래 취지에 부합하는 위험한 범죄자를 대상자에 포함하기보다는 오히려 경미한 범죄자를 포함하게 되었다는 것에 많은 비판이 있었기 때문이다. 이에 점차 법관들이 보안처분을 적용하지 않게 되었고, 결국 오늘날 영국에서는 장기자유

10) 김혜정, 앞의 논문(2004), 478면 이하.

11) Kinzig, 앞의 책, 489면 이하; 김혜정, 앞의 논문(2004), 479면.

12) Kinzig, 앞의 책, 489면 이하; 김혜정, 앞의 논문(2004), 479면.

형과 무기자유형으로 보안감호의 기능을 대체하게 되었다. 이러한 장기자유형 내지 무기자유형을 부과하는데 있어서 중요한 판단기준은 무엇보다도 폭력범죄 혹은 성범죄자들을 대상으로 하여 그들에 의한 중한 법익침해로부터 공공의 안전을 보호할 필요성이 있는가 여부에 따라 결정된다고 할 수 있다. 문제는 이러한 행위자의 위험성이 단지 무기자유형의 선고가 고려될 수 있는 중범죄에서만 고려되는 것이 아니고, 통상적인 자유형을 부과할 수 있는 중하지 않은 범죄에 대한 양형에서도 고려되고 있다는 데에 있다.[13)]

미국은 위험한 상습범죄자들에 대하여 형벌의 장기화라는 형벌강화의 방법을 채택하고 있다는 점에서 보안처분을 채택하고 있는 다른 나라들과 근본적인 차이를 갖고 있다. 특히 이러한 강성대응의 한 방식으로 지난 1994년에는 '폭력범죄통제에 관한 법률(Violence Crime Control and Law)'의 제정을 통해 소위 '3진아웃제도(Three strikes and you are Out)'를 시행하게 된 것이다. 3진아웃제도란 범죄자가 세 번째 폭력범죄를 범하게 되면 자동으로 가석방을 허용하지 않는 무기자유형을 선고받게 되는 것이다. 문제는 이러한 형벌가중이 특히 위험한 상습범죄자들뿐만 아니라 모든 유형의 상습범죄자들, 심지어 경미한 범죄를 범한 범죄자들에게까지도 적용되고 있다는 것이다. 이러한 문제는 캘리포니아에서 두 번의 중범죄로 처벌을 받은 자가 피자를 훔친 세 번째 범죄로 인해 무기자유형을 선고받은 예에서도 발견할 수 있다.[14)]

위에서 살펴본 바와 같이, 소위 공공의 안전이라는 관점에서 위험한 상습범죄자들에 대한 대처의 필요성은 부인할 수 없다. 유럽의 일부 국가에서는 상습범에 대한 제재로 보안처분제도의 하나인 보안감호제도를 두고 있으면서 그 적용을 최소화하거나 엄격화하는 입장을 취하고 있다. 또 일부 국가에서는 기존의 보안감호가 담당하던 기능을 형벌강화를 통해 해결하는 경향을 보이고 있다. 특히 일부 국가들에서는 형벌을 강화하거나 부정기형을 부과하는 것에서 한 걸음 더 나아가, 무기자유형을 부과하는 방법으로 대처하는 경향을 발견할 수 있다.[15)]

---

13) Kinzig, 앞의 책, 532면 이하; 김혜정, 앞의 논문(2004), 479면 이하.

14) Kinzig, 앞의 책, 557면 이하; 김혜정, 앞의 논문(2004), 480면.

15) 결국 형벌론과 관련하여 많은 국가에서 형벌일원주의를 택하고 있는 모습을 발견할 수 있다. 그런데 문제는 형벌일원주의를 취하게 되는 경우 형법에서의 책임주의원칙이 형해화될 수 있는 위험을 배제하기 어렵다는 것이다.

그러나 이러한 상습범죄자들에 대하여 단순히 형벌을 장기화하는 것이 효과가 있을 것인가에 대하여는 의문이 제기된다.[16]

2. 책임원칙을 포기할 것인가?

앞에서 살펴본 바와 같이, 위험한 상습범죄자들에 대한 대응방안으로 크게 형벌가중, 부정기형의 부과 및 보안처분제도 등이 언급되고 있다. 그런데 위험한 상습범죄자들에 대하여 형벌을 가중하는 것은 책임요소에 행위자의 위험성을 포함시키는 것으로 행위책임을 근간으로 하는 우리의 현행 형법체계에 합치되지 않는 면이 있다. 이러한 근거를 바탕으로 지난 1992년 형법개정법률안을 마련할 당시 학계에서는 상습범 가중처벌규정의 폐지를 주장한 바 있다.[17] 또 지난 2011년 법무부에서 마련한 형법개정법률안에서는—비록 국회의 임기만료로 폐기되어 형법개정이 이루어지지는 않았지만—각칙에 있는 상습범 가중처벌규정을 모두 삭제한 바 있다.[18]

더욱이 상습범 가중처벌의 취지를 행위자의 위화와 개선을 통하여 장래에 있을 수 있는 범죄로부터 사회를 방위하려는 데에 있다고 한다면, 이러한 목적은 형벌가중이 아닌 보안처분에 의하여 해결되어야 할 과제라고 할 수 있다. 물론 위험한 상습범죄자로부터 사회를 방위하기 위한 제재수단으로 등장한 보호(안)감호[19]와 관련하여서도 비판의 소지가 없는 것은 아니다. 그 결과 지난 2005년에 사회보호법의 폐지를 통해 보호(안)감호제도가 폐지되었지만, 여전히 위험한 상습범에 대한 대응정책이 필요하다는 점에서 지난 2011년 마련된 형법일부개정법률안에 보안처분제도가 도입되었다. 당시 보안처분이 형법전 안으로 들어오게 된 것은 형사제재체계의 근본구조를 바꾸는 결단이 이루어진 것이라

16) 이는 상습범죄자와 인격(성격)장애와의 관계에서 그 이유를 찾아볼 수 있다. 상습범죄자 가운데 의지가 박약한 정신질환자로 범죄를 통제할 의지가 없거나 미약한 자가 많다고 한다(김혜정, 앞의 논문(2004), 485면; 신영철 외, 성격장애로 인한 상습범죄자의 행동교정프로그램 개발을 위한 연구, 법무부 보고서, 2004 참조).

17) 법무부, 형법개정법률안 제안이유서, 형사법개정자료(XIV), 1992, 124면 참조.

18) 의안번호 제1811304호로 2011. 3. 25 제안된 형법 일부개정법률안 참조.

19) 앞에서 언급한 바와 같이, (구)사회보호법상 보호감호는 보안감호로 이해하는 것이 필요하다는 점에서 이하에서는 용어를 병기하도록 한다.

고 할 수 있다. 그러나 여전히 보안처분의 집행방법이 형벌의 집행과 유사하여 이중처벌의 위헌성이 있다는 이유에서 그 도입에 난항을 거듭하다가 동 법률안은 폐기되었다.[20]

그 이후에도 여전히 위험한 상습범죄자들의 재범위험성에 대한 문제를 해결할 수 있는 정책이 필요[21]하다는 점에서 보안감호제도의 (재)도입에 대한 논의가 이어졌고, 그 결과 2015년 '보호수용법안'이 마련되었으나, 이 역시 난항을 거듭하다가 국회의 임기만료로 동 법률안도 폐기되었다.[22]

우리나라에서 상습범죄자에 대한 대응방안으로 계속 제기되고 있는 보호(안)감호제도의 정당성을 부인하는 근거로 언급되는 문제는 이중처벌의 위헌성이다. 보호(안)감호는 재범위험성이라는 추상적이고 모호한 내용을 근거로 형사책임이 종료된 자를 사회로부터 격리시켜 일정 시설 내에 구금하는 것으로 본질적으로 반인권적인 제도라는 것이다. 따라서 인간의 존엄과 가치를 존중하는 헌법의 이념에 반한다고 한다.[23] 이러한 주장의 논거는 우리 형법이 이미 상습범 및 누범에 대하여 형법과 다양한 형사특별법에 가중 처벌하는 규정을 가지고 있어, 법원이 그러한 법률에 근거하여 범죄자의 교육·개선에 부족함이 없는 매우 무거운 형을 선고할 수 있도록 되어 있다는 것이다. 그럼에도 그에 더하여 교육·개선을 명목으로 형벌을 마친 대상자에게 또 다시 장기의 보호(안)감호처분을 집행하는 것은 헌법 제13조 제1항의 이중처벌금지를 위반하는 위헌성이 있고, 그 자체 적법절차에도 위반되는 것이라는 비판을 제기한다.[24] 이러한 견해를 주장하는 입장에서는 특히 보호(안)감호의 집행에 있어서 일반 형벌과 큰

20) 김혜정, "「보호수용법 제정시안」에 대한 소고", 법조 통권 제697호, 법조협회, 2014, 51면.

21) 지난 2007년부터 2011년 사이 출소한 피보호감호자 총 151명(만기출소자 6명) 중 89명이 재범하여 피보호감호자의 재범율이 58.9%로 상당히 높고, 이들 중 82명이 3년 이내에 재범하였다고 한다(승재현, "보호수용법안의 도입배경과 내용", 보호수용 도입 공청회 자료집, 2014. 7. 31, 27면).

22) 의안번호 제1914648호로 2015. 4. 9 제안된 보호수용법안 참조.

23) 유해정, "사회보호법, 왜 인권의 문제인가?", 사회보호법 무엇이 문제인가? 토론회 자료집, 2003. 5. 22, 7면 이하(http://sarangbang.or.kr/kr/ridyn/phpboard/data_detail.php?seqnum=3740&page=26&sortid=4127: 2017. 9. 23. 최종검색).

24) 박찬운, "보호감호제도 왜 폐지되어야 하는가", 사회보호법 무엇이 문제인가? 토론회 자료집, 2003. 5. 22, 47면 이하(http://sarangbang.or.kr/kr/ridyn/phpboard/data_detail.php?seqnum=3740&page=26&sortid=4127: 2017. 9. 23. 최종검색).

차이를 가지고 있지 않다는 점을 부각하면서 형벌과 보안처분은 그 취지와 목적이 무엇이든 간에 집행의 유사성에서 보호(안)감호제도의 정당성을 부인하고 있다.

사실 우리나라에서는 누범에 대한 가중처벌근거와 상습범에 대한 가중처벌 근거가 다르다는 인식 하에[25] 형법 제35조에 누범의 일반적 가중처벌을 규정하고 있을 뿐만 아니라 이와 더불어 형법각칙과 각종 형사특별법에서 상습범을 따로 가중처벌하고 있다. 그러나 위험성과 관련하여 특별예방적 관점에서 상습범과 누범에 대한 형의 가중은 자칫 형벌을 목적형 내지 보안형으로 변화시키는 결과를 가져올 수 있다는 우려에서 벗어날 수 없다.

따라서 상습범 및 누범에 대한 형의 가중이나 부정기형의 도입은 책임주의의 원칙과 형사정책적 고려에 의하여 정당화될 수 없다는 시각에서, 행위책임과는 별도로 행위자의 사회적 위험성으로부터 사회를 방위하기 위한 형사제재가 요구되는 것이고, 그에 대한 적절한 대책으로 형벌 이외의 형사제재수단으로 보안처분이 제시되는 것이다. 즉 엄격한 책임형법에 입각하여 책임에 합당한 형벌만으로 그 목적을 달성할 수 없을 때, 추가적으로 (재범)위험성을 근거로 상습범에 대하여 보호(안)감호를 선고함으로써 문제를 해결하려고 하는 것이다.

책임원칙은 그 의미론적 불확실성 때문에 도그마틱에서 책임개념의 확정을 위하여 별로 기여하는 바가 없고, 또 책임원칙으로부터 국가형벌권의 남용이나 오용을 견제할 수 있는 통제기능이 결론되는 것도 아니므로 책임원칙을 포기할 수 있다는 견해도 있다.[26] 이처럼 오늘날 책임원칙에 관한 논의는 전통적인 책임원칙으로부터 출발하여 예방이론을 바탕으로 하는 책임원칙의 제한을 거쳐 극단적으로는 책임원칙의 포기에 이르는 '패러다임의 전환'을 가져오고 있다.[27]

그러나 전통적인 책임원칙에 대한 패러다임의 변화에도 불구하고 형법상 책임원칙의 형벌제한적 기능을 포기할 수는 없다. 예방이론만을 추구하게 되는

---

25) 판례도 상습범으로 가중처벌하는 경우에도 여기에 추가하여 누범가중을 할 수 있다고 판시하고 있다(대법원 1994. 9. 27. 선고 94도1391 판결 참조).

26) Baurmann, "Schuldlose Dogmatik?", in: Lüderssen/Sack(Hrsg.), Abweichendes Verhalten IV, 1980, S. 196ff. 참조.

27) 그에 대한 자세한 내용은 심재우 편역, 책임형법론－형법상의 책임원칙에 관한 논쟁, 1995 참조.

경우, 국가형벌권의 남용에 구실을 주는 위험이 발생할 수 있기 때문에 책임원칙을 발전적으로 구체화하면서 예방적 고려를 특별히 가미한 책임개념을 정착시키는 것이 필요하다. 그런 점에서 책임에 입각한 형벌과 (재범)위험성에 입각한 보안처분을 구분하는 것이 필요하다.[28)]

제 2 절 대체형벌 도입의 전제

1. 일원주의와 이원주의의 비교

재범위험성이 높은 범죄자들, 특히 상습범에 대한 대응방안으로 보안처분을 적용할 것인가, 형벌을 가중하는 방안 또는 부정기형을 부과하는 방안을 적용할 것인가는 결국 형벌과 보안처분의 차별성에 근거한 이원주의를 택할 것인가 아니면 형벌과 보안처분의 동일성에 근거한 일원주의를 택할 것인가로 나누어지게 될 것이다.

먼저 형벌과 보안처분의 동일성에 근거하여 형벌 또는 보안처분의 어느 하나만을 적용하는 일원주의를 선택하는 경우, 형벌과 보안처분집행의 유사성에 근거한 이중처벌의 논란으로부터 자유로울 수 있는 장점은 있다. 그러나 이 경우, 이미 언급한 바와 같이, 형벌의 기능이 재범위험성에 대응하는 역할에까지 확장되면서 책임주의를 포기하고 "보안형벌"로 변질되는 위험이 나타날 수 있다.[29)]

실제 지난 2010년 형법개정을 통해 법정형의 상한이 15년에서 30년(가중시 50년)으로 상향조정되면서, 우리 형법이 책임원칙을 포기하고 예방형법으로 변질되었다는 비판을 제기하기도 하고,[30)] 또 이미 일원주의 모델을 표방한 것으

28) 김혜정, 앞의 논문(2004), 477면 이하.

29) 일원주의적 형사정책은 재래식 보안형벌을 예방적으로 급충전하여 사회의 새로운 위협에 대응하는 방식으로 결국은 보안형이라는 근대적 옷을 입고 있지만 실제로 그 속은 위하형으로만 채워져 단기적·미봉적 형사정책에 불과하다고 본다(김성돈, "책임형법의 위기와 예방형법의 한계", 형사법연구 제22권 제3호, 한국형사법학회, 2010A, 29면).

30) 김성돈, 앞의 논문(2010A), 4면 이하.

로 보기도 한다.[31] 이처럼 형벌로 일원화되는 경우, 형벌은 보안형벌이라는 중벌(重罰)주의로 가게 될 것이다. 그리고 이러한 중벌주의는 비단 강력범죄뿐만 아니라 모든 범죄로 확대될 수밖에 없는 위험성을 내포하고 있다.

반면 형벌과 보안처분의 차별성에 근거한 형사제재의 이원주의를 선택하는 경우, 전통적인 형벌은 책임원칙에 입각하고 상습범 등의 재범위험성은 보안처분의 영역에 남겨 책임원칙을 고수하면서 책임형벌이 갖는 한계를 보안처분이라는 합목적적 조치를 통해 극복할 수 있을 것이다. 물론 형벌과 보안처분의 관계를 명확하게 하지 않는 경우, 양자의 경계가 모호해지면서 결국 보안처분은 형벌의 연장으로 "간판사기"에 불과하다는 비판으로부터 자유로울 수 없게 된다. 그런 점에서 형벌과 보안처분은 그 선고에서부터 집행에 이르기까지 분명한 차별화 원칙을 고수해야만 할 것이다.[32]

2. 일원주의를 통해 나타날 수 있는 위험성

형벌과 보안처분집행의 동일성에 근거한 이중처벌의 위헌성을 해결하는 방법으로 형벌일원주의를 따르게 되면, 책임과 위험성의 구분이 모호하게 되면서 책임원칙을 배제 내지 약화시키는 결과를 초래하게 되는 문제가 제기된다. 특히 형벌일원주의에 의하게 되면 형사제재로서 형벌과 보안처분은 하나가 되어 형법은 결국 보안형법으로 남게 되는 위험이 따를 수도 있다. 뿐만 아니라 형사정책적인 관점에서 상습범 및 누범에 대한 형사사법 대응으로 가중된 형벌이 효과적인지에 대하여 아직까지 확실한 결과가 있다고 보기도 어렵다.

무엇보다도 보안처분을 포기하고 형벌강화로 선회한 많은 국가들에서 발견할 수 있는 문제는 이러한 형벌강화가 단순히 위험한 상습범죄자들에게 뿐만 아니라 전체 범죄자를 대상으로 적용될 수 있는 가능성을 열어 놓고 있다는 점이다. 따라서 오히려 보안감호를 통한 책임과 위험성의 개념을 구분하는 경우

---

31) 김태명, "최근 우리나라의 중범주의 입법경향에 대한 비판", 형사법연구 제24권 제3호, 한국형사법학회, 2012, 133면.

32) 이와 같은 의미에서 지난 2011년 독일 연방헌법재판소에서 보안감호의 집행을 형벌의 집행과 차별화해야 한다는 헌법상 "차별명령(Abstandgebot)"에 부합한 입법을 요구한 것이라고 본다.

보다도 비례성의 원칙에 더욱 어긋나는 인권침해적인 형벌부과의 가능성이 전체 범죄자를 대상으로 높아져 근본적인 문제의 해결이라고 보기 어려운 부분이 있다. 예컨대 앞에서 살펴본 영국과 미국의 경우, 특히 미국의 경우에 있어서 위험한 상습범에 대한 형법적 처우로 사용되고 있는 형벌가중의 방식이 위험한 상습범죄자들뿐만 아니라 모든 유형의 상습범죄자들, 심지어 경미한 범죄를 저지른 자들에게까지도 적용되는 문제점이 지적되고 있다.

이처럼 형벌일원주의로 가는 경우, 결국 형벌은 책임원칙을 포기하고 보안형벌로 나아갈 수밖에 없고 이 경우 형벌의 장기화는 물론 부정기화의 필요성까지 등장하게 되어 오히려 예방이념에 따른 국가형벌의 남용가능성까지도 열어놓을 수 있는 위험을 부정하기 어렵다. 실질적으로 보호(안)감호의 폐지를 주장하는 입장에서는 이러한 위험한 상습범죄자들에 대하여 현재의 형벌가중을 적용하면 된다고 주장하고 있다. 그러나 상습가중처벌의 근거는 행위책임에 행위자책임까지 함께 판단하여 행위책임만큼의 형벌에 위험성에 해당하는 만큼의 형벌을 가중하자는 판단이다. 이러한 상습가중처벌이야말로 우리 형법이 가지고 있는 책임주의원칙에 반하는 제도라고 할 수 있음에도 이에 대한 비판적인 검토가 부족한 것은 아닌가 생각된다.

이러한 관점에서 형벌은 엄격한 책임적용을 하고 위험성에 대한 부분은 보호(안)감호를 통해서 해결하는 것이 오히려 합리적인 형사정책이라고 본다. 따라서 형벌과 보안처분의 차별성에 근거한 제재의 차별화[33]가 설득력이 있다고 보며 오히려 사고의 전환을 바탕으로 상습가중처벌의 폐지에 대한 논의가 필요하다고 본다.[34]

사회방위의 영역을 보안처분의 몫으로 넘김으로써 형벌의 영역은 오히려 완화될 가능성이 있고, 한 걸음 더 나아가 사형과 같은 극단적인 형벌의 폐지에 무게를 실을 수도 있을 것이다. 따라서 형벌론에 대한 전반적인 재검토가 필요

---

33) 이에 개선 가능한 상습범죄자 또는 범죄인에게는 '교정처우'에 치중한 보호감호처분과 개선이 곤란한 상습범죄자 또는 범죄인에게는 '격리수용'에 치중한 보호감호처분의 이원적 제도운영의 필요성이 제기되기도 한다(임웅, "누범수형자의 효율적 관리방안", 형사정책연구 제3권 제1호, 한국형사정책연구원, 1992, 252면 참조).

34) 김혜정, "현행 보호감호제도에 관한 정책적 조명", 형사정책연구 제14권 제4호, 한국형사정책연구원, 2003B, 145면 이하 참조.

한 시점이라고 본다.[35)]

3. 형사제재 이원주의에 대한 합의도출

우리 형사법체계에서 형사제재의 일원주의를 취할 것인가 이원주의를 취할 것인가는 이미 오래전부터 논의되어 왔다. 앞에서 살펴본 바와 같이, 양 자는 각각의 장단점을 가지고 있어 어느 하나가 정답이라고 말하기는 쉽지 않다. 따라서 우리 형사법체계에서 형사제재의 일원주의가 더 합리적이라고 보아 이를 택할 것인지, 아니면 형사제재의 이원주의가 더 합리적이라고 보아 이를 택할 것인지는 위험한 상습범죄자에 대한 대응을 형벌을 통해서 할 것인지, 아니면 보안처분을 통해서 할 것인지에 대한 형사정책적 검토를 바탕으로 한 입법정책적 결단의 문제라고 생각한다.[36)]

비록 근대형법의 기본원칙인 책임원칙이 앞에서 언급한 바와 같이, 거센 도전[37)]을 받고 있기는 하지만, 우리 형법에서 책임주의원칙을 포기할 수는 없다고 생각된다. 형벌은 책임원칙에 입각하여 선고하고 형벌을 통해 해결될 수 없는 제한된 영역에서 보안처분을 통해 법익보호의 과제를 실현하는 형사제재 이원주의가 바람직하다고 본다.

그런 점에서 지난 1992년 형법개정법률안 및 2011년 형법(총칙) 일부개정법률안이 보안처분을 형법전에 규정하면서 종래 책임원칙에 반한다는 비판을 받아온 상습범 및 누범 가중처벌규정을 삭제[38)]함으로써 형사제재 이원주의로의 방향성을 제시한 것으로 이해될 수 있다.

문제는 이러한 형사제재 이원주의로의 방향성이 지난 2010년 형법개정을 통한 법정형의 상향으로 애매해진 것이다. 법정형이 15년에서 30년으로 두 배 상향된 상황에서는 설사 상습범 가중처벌 규정이 모두 삭제된다고 하더라도 상향된

35) 김혜정, 앞의 논문(2004), 481면 이하.

36) 김혜정, 앞의 논문(2013A), 133면.

37) 책임원칙에 대한 패러다임의 변화로 예방이론을 바탕으로 한 책임원칙의 제한에서 한 걸음 더 나아가 책임원칙을 포기하고 비례성의 원칙에 입각하여 문제를 해결하자는 움직임이 거세다.

38) 1992년 개정법률안에서는 누범 가중처벌에 대한 규정은 유지하고 있었다.

법정형을 통해 그 의미는 여전히 형법전에 남아 있다고 볼 수 있기 때문이다.

법정형이 이렇게 상향되어 있는 상황에서 보호(안)감호를 (재)도입하자는 주장은 설득력을 얻기 어렵다. 따라서 현재의 법정형 상한을 재조정할 필요가 있다. 그렇지 않을 경우, 우리 형법상 형사제재 이원주의에 대한 합의를 도출하는 것은 쉽지 않을 것으로 보이며, 자연히 보안처분에 대한 입법정비는 강한 비판에 직면하게 될 것이다.

앞에서 언급한 바와 같이, 책임원칙의 의미가 불확실하다보니 책임개념을 확정하지도 못하고, 책임원칙을 통해 국가형벌권의 오·남용이 견제된다고 할 수 있는 것도 아니므로 책임원칙을 포기하자는 주장도 제기되고 있고,[39] 최근에는 뇌과학의 발달로 인간의 자유의지를 부정하고 결정론을 신봉하면서 책임형법 폐지를 주장하는 견해도 등장하고 있다.[40] 이러한 주장에 따르면 보안처분과 형벌의 구별은 의미가 없어지게 되어 결국 일원주의를 통한 예방형법으로 갈 수밖에 없을 것이다.

그러나 전통적인 책임원칙에 대한 패러다임의 변화에도 불구하고 형법상 책임원칙의 형벌제한적 기능을 포기할 수는 없다. 법치국가적 제재체계의 유지를 위해서는 행위자의 위험성만을 기초로 제재를 근거지우기 보다는 책임원칙의 정형성을 유지하는 것이 타당하다.[41] 무엇보다도 예방만을 추구하게 되는 경우, 국가형벌권의 남용에 구실을 주는 위험이 발생할 수 있기 때문에 책임원칙을 발전적으로 구체화하면서 책임개념을 정착시키는 것이 필요하다고 본다.

따라서 형벌과 보안처분의 이원주의[42]를 통해 일반적인 중벌주의로 향하지 않고, 실질적인 재범위험성에 초점을 둔 보안처분의 운영을 통해 형법의 책임원칙을 포기하지 않으면서 전통적 형벌이 갖고 있는 예방적 법익보호의 흠결을 보안처분으로 보완하게 함으로써 개별예방적 고려에 기초한 합리적인 형사

39) Baurmann, 앞의 논문, 196면 이하.

40) 김성돈, "뇌과학과 형사책임의 새로운 지평", 형사법연구 제22권 제4호, 한국형사법학회, 2010B, 130면 이하 참조.

41) 김성돈, 앞의 논문(2010B), 143면.

42) 자유형과 자유박탈적 보안처분의 차이점을 사전적 가상의 책임비난전제조건의 충족 여부, 즉 의사자유의 인정여부에 있는 것이 아니라, 사후적 진단영역의 상이성, 즉 행위자 개인에게 경험과학적 차원에서 발견되는 결함의 존재 여부에서 찾기도 한다(김성돈, 앞의 논문(2010B), 147면).

정책을 수립하는 것이 바람직하다고 본다.[43)]

물론 정책적으로 보안처분의 필요성이 인정된다고 하더라도 지나치게 그 목적만 강조되는 경우, 그 대상자의 인권을 침해하는 것은 물론 법치국가원칙마저도 침해될 우려가 있으므로 보안처분은 정형화되어 수행되어야 할 뿐만 아니라 정당한 침해필요성을 바탕으로 보안처분이 적용되어야 할 것이므로 인간의 존엄과 가치는 보안처분의 한계가 되어야 할 것이다.[44)] 이는 우리 보안처분의 모델이 되고 있는 독일의 보안처분에 대한 2009년 및 2011년 유럽인권재판소의 판결 및 2011년 독일 연방헌법재판소의 판결과 그에 따른 2012년 입법을 통해서도 잘 나타나고 있다. 이러한 변화를 바탕으로 발전적인 방향에서 대체형벌로서 보안처분에 대한 검토가 필요하다.

43) 강우예/박학모, 형사법개정연구(IV) 보안처분제도의 정비방안, 연구총서 09-25-04, 한국형사정책연구원, 2009, 23면.

44) Nowakovski, “Zur Rechtstaatlichkeit der vorbeugenden Maßnahmen”, in: Festschrift für Hellwuth von Weber zum 70 Geburtstag, 1963, S. 120.

제 2 장 보안처분

제 1 절 보안처분의 본질

1. 보안처분의 개념

보안처분(Maßregeln der Besserung und Sicherung, Measure of Security)은 일반적으로 행위자의 특별한 위험성에도 불구하고 형벌을 부과할 수 없거나(예컨대 정신장애범죄자) 형벌만으로 그 목적을 달성할 수 없는 경우(예컨대 상습범 또는 알코올·마약류 중독범죄자)에 형벌을 대체하거나 보완하는 형사제재를 말한다. 즉 보안처분이란 형벌과 같이 행위자가 범한 불법에 대하여 책임에 근거한 응보가 아니라, 행위자의 장래 (재범)위험성에 근거하여 범죄자의 개선을 통해 범죄를 예방하고 장래에 대한 위험을 방지하여 사회를 보호하기 위해서 형의 대신 또는 보충으로 부과되는 자유의 박탈 내지 제한을 포함하는 처분이다.

보안처분의 개념은 형벌의 개념보다도 한층 불명확하고 다의적인 것으로 보인다. 즉 보안처분의 개념을 넓게 보면 범죄의 예방·진압을 목적으로 하는 형벌이외의 일체의 강제조치를 모두 포함하지만, 좁게 보면 주로 특별예방의 목적으로 설치된 형벌이외의 형법상의 법효과만을 포함한다.[1] 그런가 하면, 보

1) 박재윤, "우리나라 보안처분제도의 개선방안", 법정논총 제5집, 국민대학교 법학연구소, 1983, 85면.

안처분의 개념을 최광의, 광의, 협의로 분류하는 견해도 있다.[2] 이처럼 보안처분의 개념이 다의적으로 사용되는 것은 우리나라뿐만 아니라 외국에서도 마찬가지라고 생각되는데, 그 이유는 보안처분으로 불리는 것의 종류, 내용이 다양하고 이 제도가 아직 발전 중에 있기 때문이라고 본다.[3] 일반적으로 보안처분이 선고되기 위해서는 크게 두 가지 전제조건이 요구된다. 그 하나는 원인행위로서 범죄행위이고, 다른 하나는 장래에 대한 (재범)위험성이다. 그러나 이러한 전제조건도 보안처분을 어떻게 개념 정의하느냐에 따라 달라질 수 있다.

보안처분이라는 개념은 유럽대륙에서 발달한 것으로, 형벌을 실리적인 면에서 고찰하는 영미에는 그에 상응하는 개념이 없다.[4] 우리가 일반적으로 보안처분이라고 한다면, 행위자의 재범위험성을 방지하기 위하여 특별예방을 목적으로 하는 국가적 처분을 말한다. 범죄에 대하여 형벌을 부과할 때에는 범죄억지효과를 기대하지만 모든 사회적 일탈행위가 형법상의 범죄로 되는 것은 아니다. 형법상의 범죄에 해당되는 경우에도 책임무능력자의 행위에 대해서는 형벌을 부과할 수 없고, 만일 행위자가 한정책임능력자일 때에는 감경된 형벌로써 재범위험성에 제대로 대처할 수 없는 경우가 얼마든지 있을 수 있다. 그러므로 과거의 범죄행위에 대한 응보차원을 넘어서 장래의 재범위험성을 예방하기 위하여 협의의 형벌을 보충해야 할 보안처분의 필요성이 등장한다.[5]

보안처분은 형사제재의 체계 안에서 형벌을 보충함으로써 형벌이 적용될 수 없거나 형벌의 효과를 기대할 수 없는 행위자를 개선·치료하고 이러한 행위자의 위험성으로부터 사회를 보호하기 위한 형사정책적인 필요성에 의하여 생성된 제재이다. 오늘날 형벌 이외에 보안처분이라는 제재수단을 통하여 사회방위를 하는 것은 세계 각국에 일반화되어 있는 현상이라고 볼 수 있다. 이러한 보안처분제도는 각국의 법제에 따라 일반형법전 안에 규정되어 있기도 하고 특별형법전 안에 규정되어 있기도 하나 그것이 하나의 형사제재로서 과해진다는 점에서 형벌체계의 이원화를 바탕으로 하고 있다는 점에서는 같다.

형벌과 보안처분은 사회의 보호라는 동일한 목적을 위한 상이한 수단에 불

2) 김기두, "보안처분에 관한 소고", 법조 제22권 제5호, 법조협회, 1973, 13면.
3) 배종대, 앞의 책(2016), 467면.
4) 김기두, 앞의 논문, 13면.
5) 이재상, 사회보호법론, 경문사, 1981, 12면 이하.

과하다. 따라서 형벌과 보안처분의 구별은 생활현실에서 사실상 쉽지 않다. 그러나 형벌은 책임을 전제로 하고, 보안처분은 장래 (재범)위험성에서 그 정당성의 근거를 찾게 되므로 형벌과 보안처분의 본질적인 차이를 부정할 수는 없다. 다시 말해 형벌과 보안처분은 다 같이 형사상의 제재에 속하지만, 양자는 그 근거에 있어서 차이점을 가지고 있다. 즉 형벌은 책임주의 입장에서 책임을 전제로 하여 책임의 범위를 넘어서지 않게 부과되는데 반해, 보안처분은 행위자의 사회적 위험성을 전제로 하여 특별예방의 관점에서 위험성에 비례하여 부과되어진다. 또 형벌은 행위자가 범한 과거의 범죄를 대상으로 하는 제재임에 반해, 보안처분은 장래에 대한 예방적 성격을 가지는 점에서 구별된다.[6]

형벌은 책임을 요건으로 하고 형량은 책임의 범위를 넘을 수 없으므로 일반예방 또는 특별예방의 목적을 위하여 보다 엄격한 처벌이 요구되는 경우에도 책임의 범위를 넘을 수 없다고 하는 제약을 받고 있다. 또 형벌은 책임무능력자에 대하여는 처음부터 적용될 수 없을 뿐만 아니라 특별한 위험성을 가지고 있는 행위자에 대하여도 위험성이 책임과 일치하지 않는 경우에는 보안과 개선이 필요해도 그 점을 전혀 고려할 수 없게 된다.

그러나 이러한 경우에도 행위자를 사회에 재복귀시키고 행위자에 의하여 위협되는 장래의 범죄로부터 사회를 보호해야 할 형사정책적인 필요성을 결코 부정할 수는 없을 것이다. 보안처분은 바로 형벌의 이러한 제약성에서 출발하여 형벌이 불가능하거나 행위자의 특별한 위험성으로 인하여 형벌에 의하여 목적을 달성할 수 없는 경우에 형벌을 보완하는 성질을 가진 형사제재라고 할 것이다. 따라서 그 법적 성질은 형사제재를 적극적으로 적용하여 범죄자의 개선뿐만 아니라 사회방위라는 목적을 적극적으로 달성하려는 근본 취지를 바탕으로 하고 있다.

보안처분의 유형은 여러 가지로 분류될 수 있다. 먼저 보안처분을 그 대상에 따라 대인적 보안처분과 대물적 보안처분으로 구별할 수 있다. 대인적 보안처분(persönliche sichernde Maßnahmen)이란 사람에 의한 장래의 범죄행위를 방지하기 위하여 특정인에 대하여 선고되는 보안처분을 의미하고, 이는 다시 자유박탈의 정도에 따라 자유박탈적 보안처분(freiheitsentziehende Maßnahmen)[7]과

6) 박재윤, 앞의 논문, 85면 이하.

7) 그 예로 보호(안)감호와 치료감호를 들 수 있다.

자유제한적 보안처분(freiheitsbeschränkende Maßnahmen)[8]으로 구분할 수 있다. 대물적 보안처분(sachliche sichernde Maßnahmen)[9]은 범죄와 그 법익침해의 결과를 방지함을 목적으로 하는 물건에 대한 국가적 예방수단을 의미한다.[10]

2. 보안처분의 역사

보안처분이 서구의 형법사에 처음으로 등장한 것은 19세기 말이라고 할 수 있다. 보안처분은 1893년의 스위스형법예비초안에서 슈토스(Stoos)에 의하여 비로소 제안되었다. 그러나 그 이전에도 보안처분이라는 용어가 존재하지 않았던 것은 아니다. 보안처분이라고 해석될 수 있는 제도를 살펴보면, 일찍이 로마법에서부터 존재하고 있었다.[11] 중세에 이르러 그것이 구체적으로 발전하였고, 그에 따라 보안처분이라는 개념이 역사상 최초로 등장하게 된 것은 1532년부터 1871년까지 독일에서 통용되었던 카롤리나(Carolina)형법전이라고 할 수 있다. 카롤리나형법전은 장래 범죄를 범할 현저한 혐의가 있는 자에 대하여 부정기의 보안구금을 정하고 있었다. 그러나 당시에는 형벌과 보안처분을 명확히 구별하는 사고는 존재하지 않았다. 카롤리나형법전상의 보안감호는 판결 후뿐만 아니라 주로 판결 전에 집행하는 것으로 미결구금의 성격이 강한 것이었다. 따라서 현대적 의미에 있어서의 보안처분이라고 볼 수는 없다.[12]

형벌과 보안처분의 개념을 명백히 구별하고 이원주의의 이념을 학문적으로 설명한 것은 프로이센 일반 Land법의 제정자라고 할 수 있는 클라인(Klein)의 공헌이라 할 수 있다. 즉 18세기말에 이르러 형벌과 보안처분과의 개념적 구별이 문제로 제기됨에 따라 행위자의 범죄적 위험성에 기초하여 보안처분의 이론을 최초로 수립하였던 것이 독일의 형법학자인 클라인이다. 그는 형벌과 보안처분을 명확히 구별하여, 부정기의 보안처분을 과할 권한을 법관에게 부여하

8) 그 예로 운전면허박탈, 직업금지를 들 수 있고, 보호관찰에 대해서는 견해의 대립이 있어, 그에 대해서는 후술한다.

9) 그 예로 몰수, 영업소의 폐쇄, 선행보증 등을 들 수 있다.

10) 이재상, 앞의 책(1981), 13면 이하.

11) 이재석, "보안처분에 관한 연구", 안동대학 논문집 제10권 제1호, 안동대학, 1988, 182면.

12) 박재윤, 앞의 논문, 88면.

여야 한다고 주장하였다. 그는 형벌의 개선적 효과를 강조하면서도 형벌은 행위책임과 비례되어야 하므로, 형벌과 함께 행위자의 위험성을 대상으로 하는 보안처분이 필요하다고 하였다. 그는 형벌과 보안처분의 본질적 차이를 인정하면서도 그 집행방법과 관련하여 형벌을 부과 받아야 할 범죄자도 일정한 보안구금이 필요한 경우에는 형벌집행의 내용으로서 보안구금을 집행하는 것도 가능하여야 한다고 주장하였다. 그의 주장은 1794년 프로이센 일반 Land법을 비롯하여 독일 각 주(州)의 법률에 채택되어, 법관에 의하여 선고되는 부정기의 보안구금이 도입되었다. 그러나 19세기 들어 절대주의에 바탕을 둔 경찰국가가 몰락하고 시민적·자유주의적 법치국가가 형성되면서 포이에르바흐(L. Feuerbach)를 중심으로 하는 죄형법정주의와 응보형사상의 영향으로 1871년 독일제국형법에서 삭제되고 말았다.[13)]

프랑스 대혁명에 의하여 절대주의적인 경찰국가가 몰락하고 시민적·자유주의적 법치국가가 대두함에 따라 19세기에 이르러서는 특별예방에 기초를 둔 보안처분이나 부정기의 보안형벌은 형법으로부터 배제되고 형벌을 범죄행위에 대한 응보로 이해하는 절대적 형벌론이 득세하게 되었다. 그러나 19세기말에 이르러 산업의 발전이 급격한 사회의 구조변화를 초래하자 구성원을 원호적·예방적으로 조종하는 사회국가적 사상이 등장하고, 한편에 있어서는 자연과학의 발달에 따라 인간의 생활기능을 정확히 판단하고 여기에 근거한 특별예방적 조치에 의하여 개별적인 행위자를 개선하고자 하는 시도가 나타나게 되었다. 이 운동의 대표자였던 리스트(F.v. Liszt)는 1883년의 마부르크(Marburg)강령에서 형벌은 심리적 강제나 응보에 의하여 산정된 산물이 아니라 사회생활에서의 발생형태로 파악하고 응보형벌을 행위자에 대하여 특별예방적으로 작용하는 목적형으로 대체하여야 한다고 주장하였다. 그러나 형벌 이외에 특별한 보안처분을 발전시킨 것이 아니라 형벌은 순수한 보안형벌일 수 있고, 범죄에 대한 투쟁으로서의 형벌과 보안처분의 이원주의는 독단에 불과하다고 주장하였다. 즉 형벌과 보안처분의 구별은 불필요하다고 한 것이다.

이러한 리스트의 사상은 이태리의 실증주의학파의 한 사람인 페리(Ferri)에게 계승되었다. 페리는 범죄의 사회적 원인을 중시하여 범죄에 대한 사회방위

---

13) 김기두, 앞의 논문, 13면; 박재윤, 앞의 논문, 88면; 배종대, 앞의 책, 472면.

는 형벌에 의하는 것보다 사회정책을 통해서 이루어져야 한다고 지적하면서 사회적 책임론을 주장하였다. 그는 형벌이외에도 형벌의 대용제도로써 자유형을 대체해야 한다는 형벌대용물사상을 주창하였다. 이러한 그의 사상은 1921년 페리초안에 반영되어 형벌 대신 '제재(Sanction)'라는 말을 사용하여 형벌도 보안처분도 범죄에 대한 사회방위처분이라는 관점에서 형벌과 보안처분의 구별이 없어지고, 부정기형을 내용으로 자유형제도가 정비되었다. 이러한 페리초안은 1922년 소비에트형법전에 영향을 주었다. 또 일원주의 경향은 벨기에의 사회방위법, 그린란드의 범죄법, 스웨덴의 형법에 나타나고 있다.[14]

오늘날의 보안처분이 실현된 것은 슈토스(Stoos)에 의하여 1893년 스위스형법예비초안이라고 할 수 있다. 그는 예비 초안에서 리스트 등의 목적형일원주의와 전통적인 응보형일원주의의 타협을 꾀하여 형벌과 보안처분을 병렬하는 이원주의를 규정한 형법초안을 제시하였다.[15] 즉 형벌의 본질이 응보에 있다 보니, 범죄예방을 위하여 불충분하므로 정신병자의 치료와 상습범·노동기피자·중독자 등을 그 원인에 따라 개선 또는 격리하여 사회에 복귀시키는 것을 목적으로 하는 보안처분을 형법전에 도입하고자 하였다. 슈토스(Stoos)의 보안처분은 자유형 대신 또는 자유형과 함께 범죄에 대하여 투쟁하기 위한 형사정책적 필요에 의하여 생성된 것이라고 할 수 있으며, 고전적인 형벌의 체계를 유지하면서 리스트의 형사정책적 목적을 실현하고자 한 것이다. 이러한 의미에서 리스트가 현대 형사정책의 목표를 제시했다면, 슈토스(Stoos)는 보안처분에 의하여 그 길을 제공하였다고도 할 수 있다. 슈토스(Stoos) 초안은 널리 유럽의 형사입법과 형법사조에 영향을 미쳤는데, 이는 그 후 작성된 독일 기타 국가의 형법초안에 보안처분 규정이 도입된 것을 통해 알 수 있다.[16]

이처럼 보안처분이 입법적으로 자리 잡아 가는 것과 함께, 제2차 세계대전 이전에 이미 형사정책과 관련한 각종 국제회의에서 보안처분 도입에 관한 논의가 자주 등장하였다. 예를 들면 1925년 및 1931년 국제형사학협회 국제회의, 1926년 국제형법학회 회의, 1928년 형법통일에 관한 국제회의, 1927년 형법입법

14) 김기두, 앞의 논문, 14면.
15) 김기두, 앞의 논문, 14면.
16) 박재윤, 앞의 논문, 89면.

에 관한 국제회의, 1900년, 1905년, 1925년, 1930년, 1935년의 국제형법 및 형무회의 등에서 보안처분문제가 다루어지고 채택이 권고되기도 하였다. 제2차 세계대전 이후에도 1950년 국제형법 및 형무회의에서는 과거 위원회에서 준비되었던 보안처분에 관한 각국의 수집된 자료가 보고되었고, 1953년 국제형법학회에서는 형벌과 보안처분의 통일문제가 의제로 다루어졌다. 또 1957년 국제형법학회에서는 형벌 및 보안처분의 양정에 관한 법관의 재량권통제가 의제로 채택되기도 하였다.[17]

3. 보안처분의 기본원리와 정당성

보안처분제도는 공교롭게도 독일과 한국에서 모두 쿠데타의 성격을 띤 정권교체기에 통상적인 국회입법과정을 거치지 않고 각각 내각과 국가보위입법회의에서 제정되었으며, 특히 보안처분의 하나인 보안(호)감호는 독일에서는 나치시절, 한국에서는 제5공화국시절에 남용되었던 부분을 부정하기 어렵다. 그러나 보안처분제도는 독일에서 1913년의 형법초안 이래 형법개정운동의 중요한 목표로 제안되어 온 제도로서, 나치의 산물이 아니라는 점에 공감하고 있는 입장이다.[18] 따라서 보안처분제도 자체에 대한 평가는 제정과정의 문제점보다는 법이론적·형사정책적 관점에서 그 목적과 취지에 중점을 두고 평가하는 것이 필요하다.

1) 기본적 인권

헌법 제12조 제1항은 “누구든지 법률에 의하지 아니하고는 … 보안처분을 받지 아니한다”고 규정하여 보안처분에 대한 헌법상의 근거를 제시하고 있다. 따라서 보안처분은 형벌 등과 마찬가지로 법률에 의할 뿐만 아니라 적정절차에 의하여야 한다는 원칙에 따라 부과되어야 한다. 여기에서 적정절차는 공정한 재판의 원칙과 비례성의 원칙 및 피고인 보호의 원칙을 그 내용으로 한다. 그러나 보안처분에 관하여는 그것이 합목적성의 관점에서 인간의 자유를 제한하는

17) 배종대, 앞의 책(2016), 473면 이하.

18) Gribbohm, “Der Grundsatz der Verhältnismäßigkeit bei den mit Freiheitsentziehung verbundenen Maßregeln der Sicherung und Besserung”, JuS 1967, S. 350.

제도라는 점에서 인간의 존엄과 가치를 규정한 헌법상의 기본권에 관한 규정에 위반되는 것이 아닌가라는 문제가 제기되고 있다.

특히 독일의 보안감호(Sicherungsverwahrung)에 대하여 가장 심각한 비판을 제기한 학자중의 하나인 마이어(Mayer)에 의하면, 보안과 개선을 목적으로 하는 형법상의 보안처분은 인간을 사회적 목적을 위한 수단으로 격하시키는 것이며, 효용성의 관점에 입각한 목적적인 처분은 형법상으로나 행정법상으로나 모두 허용될 수 없으므로 자유로운 인간에 대하여 국가적 강제를 가할 수 있는 합법적인 유일한 수단은 응보사상에 입각한 형벌뿐이라고 하고 있다.[19)]

그러나 보켈만(Bockelmann), 벨첼(Welzel), 메츠거(Mezger) 등은 보안처분의 정당성을 그 대상자의 내적 자유의 흠결에서 구하고 있다. 이에 의하면 인간사회에 있어서의 완전한 자유는 외적 자유를 이성적으로 이용하고 사회생활을 제한할 수 있는 도덕적 자기결정에 의하여 형성된 내적 자유를 가진 자만이 향유할 수 있으며, 이러한 내적 자유가 전혀 불가능하거나 사회적 환경이나 관습 또는 소질에 의하여 불충분한 자는 사회에 대하여 완전한 자유를 청구할 수 없으며, 여기에 보안처분의 정당성이 있다고 한다.

이처럼 보안처분의 정당성은 기본권의 사회적 제약성 내지 기본권의 내재적 한계에서 발견하고자 하는 견해가 유력하며, 또한 타당하다고 볼 수 있다. 노바코프스키(Nowakowski)는 보안처분이 인간을 물건으로 전락시키는 것이 아니라 합목적적인 형사정책상의 제도이며, 보안처분은 바로 이러한 합목적성에 의하여 정당화될 수 있다고 한다. 보안처분이 순수한 목적적 처분이라는 점에서 보안처분은 법질서의 기초가 되고 있고, 법질서에 의하여 보호되는 가치질서와 일치하여야 하며, 인간의 존엄과 가치는 보안처분의 한계가 되어야 한다고 한다.[20)]

2) 죄형법정주의

모든 보안처분의 선고에는 원인행위로서 범죄가 행해진 것이 전제조건이 되므로 원인행위가 없는 예방적 구금은 허용되지 않는다. 즉 “범죄 없으면 보안

---

19) Mayer, “Behandlung der Rezidivisten (gefährlichen Gewohnheitsverbrecher) im deutschen Strafrecht”, ZStW 80, 1968, S. 172.

20) Nowakovski, 앞의 논문, 102면.

처분 없다(ohne Verbrechen, keine Maßregeln)"는 원칙이 적용된다. 보안처분의 적용·선고에 있어서는 형벌의 경우와 같이 "유추해석의 금지"나 "의심스러울 때에는 피고인의 이익으로" 등의 원칙도 적용된다. 다만 소급효금지의 원칙이 보안처분에 관하여도 적용되느냐에 대하여는 견해가 대립되고 있다.

소급효금지원칙이 보안처분에도 적용된다고 보는 긍정설은 동 원칙이 형벌에 대하여만 적용된다고 해석하는 것은 동 원칙의 의의를 오해한 것이라고 하지 않을 수 없고, 행위시에 경미한 형벌이 규정되어 있는 범죄에 대하여 소급하여 보안처분을 적용하는 경우에는 형벌의 소급효를 인정하는 경우 못지않게 개인의 자유가 침해되는 것이므로 소급효금지원칙은 보안처분에 대하여도 적용되어야 한다고 주장하고 있다.

소급효금지원칙이 보안처분에 적용되지 않는다고 보는 부정설은 동 원칙은 실행된 불법에 대한 반작용인 형벌에 대하여만 적용되며, 장래의 재범위험성에 대한 처분인 보안처분에 대하여는 적용되지 않는다고 해석하고 있다. 대법원도 97도703 판결[21]에서 보안처분에는 소급효금지의 원칙이 적용되지 않는

21) 본 판례에는 보안처분에 소급효금지원칙이 적용되는가라는 쟁점과 함께 보호관찰의 법적 성격을 보안처분으로 볼 것인가라는 쟁점이 있다. 본 판례와 관련하여 다양한 판례평석이 제시되고 있는데, 우선 김일수("보안처분과 형벌불소급의 원칙", 법률신문(1997. 9. 1 자), 15면)교수는 집행유예의 부담부조건인 보호관찰이 보안처분의 일종이라는 대법원의 견해에는 동조를 하지만, 그러한 부담부조건인 보호관찰이 보안처분이라고 해서 집행유예제도 자체를 통째로 보안처분으로 몰고가 재판시법을 적용한 법원의 처사는 부당하며, 보안처분에 대해 재판시법을 적용한다는 명시적인 규정이 없는 우리형법에서는 행위시법원칙을 극대화하는 것이 필요하다고 한다.

이에 반해 이재홍("보호관찰과 형벌불소급의 원칙", 형사판례연구 제7집, 한국형사판례연구회, 1999, 18면 이하)판사는 보호관찰은 제3의 독립된 형사제재라고 보는 것이 타당하다고 하면서도, 대법원판례의 입장이 이를 보안처분의 일종으로 보고 있어 일단 이를 전제로 하면서, 피고인에게 실형을 선고하는 것보다는 보호관찰을 붙여 교정의 목적을 충분히 달성할 수 있을 것이라는 관점에서, 보호관찰의 소급적용을 부정하여 실형을 선고하는 것보다는 이를 긍정하여 집행유예를 선고하면서 보호관찰을 붙이는 것이 피고인에게 결과적으로 유리하므로 소급효를 인정하고 있는 대법원판례는 타당하다고 한다.

또 신동운("선고유예·집행유예시의 보호관찰의 법적 성질과 소급효금지의 원칙", 동암 이형국교수 화갑기념논문집, 1998, 815면 이하)교수는 보호관찰의 성격에 대한 견해를 분명하게 밝히고 있지는 않지만, 독일의 일반적인 견해를 언급하면서 적어도 보호관찰을 보안처분으로 보기는 어렵다고 보는 견해와 함께, 따라서 이 경우 여러 가지의 근거를 제시하면서 소급효를 인정하는 것은 타당하지 않다는 입장을 세우고 있다.

그러나 필자("보호관찰과 형벌불소급의 원칙", 형사판례의 연구 I(지송이재상교수화갑기념논문집), 2003, 25면 이하)는 보안처분 성격상 소급효금지의 원칙이 적용될 여지가 없지

다는 입장을 취하고 있다.

보안처분은 대상자의 장래 재범위험성으로부터 사회를 보호하기 위한 제도로 그 부과근거는 재범위험성이다. 이러한 재범위험성의 판단은 행위시가 아닌 재판시가 되어야 할 것이고, 그런 점에서 본다면 보안처분에는 소급효금지의 원칙이 적용될 여지는 없다고 할 것이다.[22]

3) 비례성원칙

보안처분이 정당성을 갖기 위해서는 사회보호목적을 위한 보안처분의 필요성과 함께 그 필요성을 법치국가적으로 제한할 수 있는 정형화원칙이 있어야 한다. 즉 범죄예방 내지 사회보호를 위해 보안처분이 아무리 필요하다고 하더라도 정형화되지 않으면 정당성을 가질 수 없다. 그 이유는 정형화되지 않은 보안처분은 인간을 범죄구축의 단순한 수단 내지 객체로 전락시킬 수 있고, 이는 헌법의 인간존엄에 반하기 때문이다. 이러한 목적을 실현하기 위한 보안처분의 법치국가적 정형화원칙은 비례성원칙이라고 할 수 있다. 형벌과 달리, 책임은 보안처분의 요소에서 제거되고 보안처분을 정당화하는 사유는 장래의 (재범) 위험성으로 대체되기 때문이다.[23]

비례성의 원칙은 보안처분에 있어서 초실정적인 정의의 이념에 대한 궁극적인 표현으로서 보안처분의 지도이념이 되어야 한다. 이러한 의미에서 보안처분은 비례성의 원칙을 통하여 책임형벌의 경우와 마찬가지로 행위와의 관련성을 갖게 된다. 비례성원칙은 보안처분이 합목적적일 뿐만 아니라 위험성에 상응한 것임을 요구하며, 따라서 보안처분의 적용은 기도된 목적과 일치하여야 하고, 그 수단의 선택에 있어서도 사회와 개인에 대하여 가장 경미한 방법을 채택할 것이 요구된다. 비례성의 원칙은 보안처분의 선고에 대해서 뿐만 아니라 선고된 보안처분의 집행과 보안처분을 집행중인 자의 석방에 관한 판단에 있어서도 적용되는 원칙이다.

만, 보호관찰은 보안처분이 아니므로 본 사안에서는 소급효금지의 원칙이 적용되어야 한다는 입장을 취하였다.

22) 그렇다고 보안처분에 관한 입법에 있어 진정소급효까지 인정하는 것을 의미하는 것은 아니다. 그에 대한 구체적인 내용은 김혜정, "형 집행 종료 후의 전자장치 부착명령과 소급효금지원칙과의 관계", 인권과정의 제435호, 2013B, 83면 이하 참조.

23) 배종대, 앞의 책(2016), 470면.

마치 형벌이 책임원칙에 의해 제한을 받듯이, 보안처분은 비례성원칙에 의해 제한을 받아야 한다. 그 제한내용으로는 첫째로 보안처분의 입법내용이 비례성원칙에 합치해야 하고, 둘째로 보안처분법을 해석·적용하는 내용이 또한 비례성원칙에 어긋나지 않아야 한다. 따라서 국가권력이 부과하는 일정한 보안처분(수단)은 한편으로 과거의 원인행위(목적 1)와 다른 한편으로 장래의 중대한 범죄행위(목적 2)를 비교하여 양자가 비례·균형관계를 이룰 수 있는지를 심사하는 것으로 비례성원칙의 내용적 구조가 이루어져야 할 것이다. 만일 양자가 비례성이 없다고 판단되면 그 수단, 즉 보안처분은 정당성을 가질 수 없다.[24]

제 2 절 보안처분 판단의 핵심

1. 보안처분에 있어서 예측(Prognose)

사회를 개개인의 집합체로 이해하고, 그와 함께 개인과 사회사이의 모순을 해결하려고 노력하면 할수록, 사회는 법질서를 침해한 개개인을 단순히 사회로부터 완전히 격리시키기보다는, 오히려 모든 방법을 이용해서 범죄인들을 사회의 구성원으로 재사회화시키고, 사회에서 그들이 새로운 몫을 성취할 수 있도록 노력할 필요가 있다. 이러한 노력은 범죄인이 사회가 요구하는 상식에서 얼마나 떨어져 있는지에 대한 조사와 함께 앞으로 그들이 어떻게 변화될 수 있는가에 대한 예측의 정확성에 좌우된다. 따라서 범죄예측(Kriminalprognose)은 형사법과 관련되는 개인의 행동에 관여하는 모든 학문에서 중심문제로 등장하게 된다. 특히 범죄인의 장래 위법한 행위가능성, 즉 재범위험성에 근거하는 보안처분은 그에 대한 예측을 요구하게 되며, 이러한 예측은 보안처분 선고를 위해서는 결정적이다.

24) 배종대, 앞의 책(2016), 470면 이하.

1) 예측 개념

범죄예측(Kriminalprognose)[25]이란 한 사람 혹은 한 그룹의 장래 범죄적 행동에 대한 학문적으로 뒷받침된 "개연성의 예측(Wahrscheinlichkeits-vorhersage)"으로 이해할 수 있다. 범죄예측은 인간행동의 모든 예측이 그러하듯이 복잡한 사고과정이라고 할 수 있다. 따라서 범죄예측은 단순한 일차적인 개연성에 대한 예언[26]으로 이해될 수 없다. 여기에서 개연성의 개념은 상당히 높은 가능성이라는 일상 언어적 의미가 아니라, "(학문적으로) 근거되어진 개연성"으로 이해된다.

넓은 의미에서의 범죄예측개념에는 범죄학의 개별범주로부터의 예측, 예를 들면 소위 '피해에 대한 예측(Opferprognose)'[27]도 포함될 수 있다. 그러나 형사관련기관에 의한 전체시민에 대한 가능한 범죄효과의 예측은 여기에 속하지 않는다.[28] 왜냐하면 이러한 종류의 예측은 종종 전체적인 사회현상으로서 범죄조정을 위한 범죄사회학적 분석이라는 완전히 다른 분야로 넘어갈 수 있기 때문이다. 따라서 이러한 예측은 오히려 공공의 견해나 입지에 대한 예측으로 설명되어지는 "형사정책적" 예측과 관련될 수 있다. "범죄에 대한 예측(Kriminalitätsprognose)"이란 표현은 이러한 예측에서 더 전문적인 표현이 될 수 있고, 범죄예측(Kriminalprognose)과는 다르게 이해되어 진다.[29] 범죄예측을 형성하기 위해서는 다음과 같은 여러 가지 방법이 사용되고 있다.

2) 예측방법

예측방법과 관련하여, 가장 먼저 좁은 의미에 있어서 직관적 예측을 들 수 있다. 직관적 예측은 정신병리학 또는 정신심리학적 분야에서 교육받지 않은 법관이 범죄인 인격을 자신의 크고 작은 경험을 통해 느낌으로 파악하는 것이

25) "범죄예측"이라는 용어는 대부분 "범죄적", "사회적", "범죄학적" 예측과 동의어로 사용되었다(Göppinger, Kriminologie, 1980, S. 332; Geerds, "Zur kriminellen Prognose", MschrKrim 1960, S. 92 참조).

26) 이 글에서 "예측"이라는 표현이 학문적 근거에 바탕을 둔 것이라면, "예언"이라는 표현은 일상 언어적 표현을 의미한다.

27) Göppinger, 앞의 책, 331면.

28) Leferenz, "Kriminalprognose", in: Handbuch II 1972, 1347면 이하.

29) Göppinger, 앞의 책, 331면.

다. 따라서 이러한 예측판결에 있어서 법관은 자신의 다양하고 개인적인 가치 개념에 근거한다.30) 이러한 관점에서 설문지도 넓은 의미에서의 직관적 예측으로 분류되어질 수 있다. 그 이유는 설사 설문지 속에 포함되어 있는 자료가 “객관적”으로 조사되어졌다고 하더라도, 설문지의 평가는 직관적으로 되기 때문이며, 여기에는 과거의 범죄경력도 어느 정도 포함된다고 한다.31) 이러한 직관적 예측은 외적으로 신뢰성이 없는 것으로 평가된다. 왜냐하면 직관적 예측은 예측을 형성하는 사람의 주관적인 견해, 지식 그리고 경험에 완전히 좌우되기 때문이다.32) 이러한 주관적 판단에 따른 위험성 판단은 학문적인 조사방법으로써 받아들여 질 수 없다.33) 왜냐하면 대상이 되는 당사자에게는 상당한 결과를 초래할 수 있는 예측에 있어 단지 판단자의 개인적인 경험, 즉 주관적인 것으로만 이루어지는 것이 적절한 것인지 생각해봐야 하기 때문이다. 주관적 경험은 체계적으로 구성 된 것이라고 보기도 어렵다. 게다가 모든 요소의 평가와 작업은 개인적인 편견의 영향에서 완전히 벗어나기 어렵다. 결국 직관적 방법은 지나치게 주관적이고 합리적 기준이 빠져있다는 비판에서 벗어날 수 없다.34)

두 번째 예측방법으로 의료적 예측을 들 수 있다. 의료적 예측은 정신과의사 혹은 범죄학적 교육을 받은 심리학자를 통해 개별범죄인에 대한 인격조사에 바탕을 두고,35) 실제적인 관찰 및 검사와 실험의 보조기능을 통해 이루어지는 것을 말한다.36) 그와 함께 일반적으로 사회학범주도 포함되고 신체적 검사뿐만 아니라 의료적 보조검사도 포함된다.37) 이러한 의료적 예측방법에서도 여러 가지 결함이 나타나는데, 무엇보다도 의료적 예측을 수행하는 전문가의 주관적인 평가 가능성을 통제할 수 없는 위험이 있다는 것이다. 또 감정인의 부족한 경험

---

30) Göppinger, 앞의 책, 337면; Leferenz, 앞의 논문, 1353면.

31) Göppinger, 앞의 책, 337면.

32) LK-Hanack, vor § 61, Rn. 112; Göppinger, 앞의 책, 337면; Leferenz, 앞의 논문, 1353면; Kaiser, Kriminologie, 1996, 960면.

33) Kaiser, 앞의 책, 960면 이하; Göppinger, 앞의 책, 337면 참조.

34) Geerds, 앞의 논문, 100면.

35) 따라서 의료적 예측은 경험적(empirisch) 혹은 의료적 개별예측(klinische Individualprognose)으로 표시된다.

36) Göppinger, 앞의 책, 338면; Kaiser, 앞의 책, 962면; Leferenz, 앞의 논문, 1366면; LK-Hanack, vor § 61, Rn. 115.

37) Göppinger, 앞의 책, 338면.

으로 나타날 수 있는 잘못된 해석의 위험도 존재한다.[38] 따라서 의료적 예측은 범죄인에게 책임무능력상태에 대한 의심이 존재하거나, 독일 형사소송법 제81조[39]에 규정된 것과 같이 범죄인의 기본적인 조사를 요구하고 있는 사례에서만 고려되어 질 수 있다.

세 번째 예측방법으로 통계적 예측을 들 수 있다. 통계적 예측과정은 자료결합의 방법에서 의료적 예측과 차이를 보인다.[40] 통계적 예측방법은 예측과 관련된 데이터를 수학적으로 작업하는 모든 것을 의미한다. 따라서 극단적인 경우에는 기계 혹은 단지 필요한 지시를 따를 수 있는 모든 사람이 예측평가를 조사할 수 있다고 한다.[41] 통계적 예측방법에 대해서도 많은 비판이 있는데, 무엇보다도 예측표에 대한 형성이 어렵다는 것이다. 또 통계적 방법은 개개인의 인격에 대하여 개별적으로 접근할 수 없고, 예측표의 작성에 있어서도 특히 중요한 것으로 보이는 몇몇의 요소들을 검토하는 것으로 그 한계가 나타난다. 예를 들어 일반적으로는 드물게 나타나지만 구체적인 사례에서는 본질적인 요소가 될 수 있는 어떤 요소가 통계적 예측에서는 상황에 따라 고려되지 않는 경우가 있게 된다.[42] 이러한 통계적 방법에 대한 또 다른 비판으로는 통계를 통해 단지 통계적 결과만을 기대할 수 있다는 것이다. 따라서 통계로부터 특정 개인의 장래 행동에 대하여 뭔가를 추측할 수 있을 것인가라는 의문이 든다.[43]

마지막으로 통계적 예측방법에서 발전된 것으로 구조적 예측(Strukturprognose)을 들 수 있다. 구조적 예측은 직관적 예측과 통계적 예측 방법을 서로 조화시켜 통상의 예측방법의 결함을 줄이고자 시도한 것이다.[44] 따라서 예를 들어 법관이 먼저 자신의 직관적 예측을 통해 사안을 판단한 후에 예측표에 따라 자신

---

38) Göppinger, 앞의 책, 338면.

39) 독일 형사소송법 제81조 제1항에서는 피의자(Beschuldigte)의 정신상태에 대한 검사를 실시하기 위해, 전문가 혹은 변호인의 청구가 있는 경우, 법원은 피의자를 공공의 정신병원에 보내서 관찰하도록 선고할 수 있다고 규정하고 있다.

40) 이것은 통계적 예측과정이 전적으로 "의료적 표지조사(klinische Merkmalserhebung)"에 기초할 수 있다는 것을 의미한다: Schultz, Zum Problem der Prognose in der Bewährungshilfe, 1975, 70면.

41) Fenn, Kriminalprognose bei jungen Straffälligen, 1981, 17면.

42) Göppinger, 앞의 책, 343면; LK－Hanack, vor § 61, Rn. 116.

43) Geerds, 앞의 논문, 106면; LK－Hanack, vor § 61, Rn. 117.

44) Kaiser, 앞의 책, 966면 이하.

의 예측이 증명되어질 수 있는지 여부를 검토하는 것을 말한다. 그러한 결과, 양 예측에서 현저한 차이가 나타나는 사례는 법관이 전문적으로 교육받고 경험이 있는 전문가에게 의료적 예측을 의뢰한다.[45] 그러나 통계적 예측방법의 한계를 극복하기 위해 나타난 구조적 예측에 있어서는 실용성의 문제가 대두되고 있다. 그 이유는 이러한 구조적 예측방법은 너무 많은 시간이 요구되기 때문에 신속한 재판을 받을 수 없게 하는 문제가 발생하기 때문이다.[46]

3) 예측의 적용범위

형법에 있어서 예측결정은 형벌의 선택 및 형벌의 집행 혹은 조건부 가석방 등을 위해 큰 의미를 갖는다.[47] 즉 형법에 있어서 예측문제는 장래에 대한 반영(Zukunftsprojektionen)과 관련되는 문제이다.[48] 특히 책임에 근거하지 않는 보안처분에 있어서는 범죄인에 대한 위험성예측이 형사제재를 결정하는 중심적 기준이 된다. 그러나 단지 보안처분뿐만 아니라 책임형법체계 안에서도 예측을 요구하고 있다.[49] 예를 들어 독일형법에서도 범죄예측은 넓은 적용범위를 나타내고 있는데, 구체적인 적용사례로 보호관찰부 형의 중지(독일형법 제56조 1항)와 조건부 가석방(독일형법 제57조 1항, 제57a조)을 들 수 있다. 특히 위험성예측에 근거한 독일형법 제61조 이하에 따른 보안처분의 선고와 중지결정은 그 대표적인 사례이다.[50]

45) Göppinger, 앞의 책, 359면.

46) Göppinger, 앞의 책, 359면.

47) 참고로 Kaiser, 앞의 책, 957면 이하; Streng, 앞의 책(2002), 124면 이하; Zipf, "Die Bedeutung der Kriminalprognose im deutschen, österreichischen und schweizerischen Strafrecht", in: Frank/Harrer(Hrsg.), Kriminalprognose, 1992, S. 3f.

48) Streng, "Strafrechtliche Folgenorientierung und Kriminalprognose", in: Dölling(Hrsg.), Die Täter-Individualprognose, 1995, S. 97.

49) 보안처분에서뿐만 아니라 형벌과 관련하여서도 예측문제가 전혀 무관한 것은 아니다. 즉 형법에 있어서 예측결정은 형벌의 선택 및 형벌의 집행 혹은 조건부 가석방 등을 위해 큰 의미를 갖는다. 예를 들어 양형에 있어서도 판결되어질 범죄의 불법과 그와 관련된 책임문제뿐만 아니라 예측의 기초가 되는 특별예방과 일반예방의 관점에서 고려되어져야하는 요소들이 포함되어 있기 때문이다. 또한 보호관찰부 가석방의 경우도, 장래 재범위험성이 가석방의 중요한 요소가 되는 것 등과 같이, 예측이 필요한 요소들을 내포하고 있는 대표적인 경우의 하나라고 할 수 있다. 이처럼 단지 보안처분에서뿐만 아니라 형벌과 관련되어서도 현행 형법에서는 예측이 중요한 문제로 등장하고 있다.

50) 그 밖에도 독일 소년법원법(Jugendgerichtsgesetz) 제5조, 제88조 등에서, 독일 형사소송법

우리나라에서도 범죄예측에 대한 넓은 적용범위를 나타내고 있는데, 예컨대 보호관찰부 집행유예, 가석방, 신상정보공개, 전자장치부착명령 등 — 비록 "긍정적" 예측이냐, "부정적" 예측이냐 라는 차이가 있기는 하지만 — 다양한 형사제재의 결정에서 범죄예측, 즉 재범위험성 예측은 항상 주요한 판단요소로 고려되고 있다. 이러한 범죄예측은 범죄학적 상태에 관한 설명과 관련된다. 왜냐하면 범죄예측은 부분적으로는 범죄인의 재사회화를 고려하면서, 범죄통제 및 범죄예방이라는 과제 안에서 형성되기 때문이다.51)

범죄에측에 관한 한정된 경험지식으로 인하여, 장래에 범죄인이 합법적인 행동을 할 것인가를 기존의 예측방법을 통해서는 충분하게 평가할 수 없다는 비판이 제기된다.52) 따라서 형법에 있어서 범죄예측의 적용범위는 일정범위 안에서 어느 정도 제한되는 것이 요구된다. 즉 다소 불확실한 예측방법은 그때그때 형사제재의 적정성(Geeignetheit)과 필요성(Erforderlichkeit)이라는 다른 기준을 통해서 보충되는 것이 요구된다.53)

4) 예측을 요구하는 법규해석

독일의 Frisch교수는 "소위 예측이 요구되는 법조문들의 이론적 기초"를 정립하려는 시도를 하였다. 그러한 개념을 정립하는데 있어서 Frisch교수는 다양한 개연성정도(Wahrscheinlichkeitsgrad)에 대한 언어적인 구체화 혹은 통계방법을 통한 구체화를 시도하는 대신에, "일반적 기준" 특히 "규범적 준선(normativen Leitlinien)"의 정립을 제시하고 있다. 즉 그러한 기준 내지 규범적 준선에 근거하여, 그때그때 해당되는 규범의 법효과 사이에서 판단하려는 것을 시도하고 있다.

그의 관점에 따르면, 예측이 요구되는 법조문의 적용에 있어서, 장래의 행

(Strafprozessordnung) 제112조a 제1항, 독일 형집행법(Strafvollzugsgesetz) 제7조 제1항, 제11조 등에서도 예측을 필요로 하고 있다.

51) Müller－Dietz, Grundfragen des strafrechtlichen Sanktionensystems, 1979, S. 105; Kaiser, 앞의 책, 958면.

52) 그러나 이러한 예측의 불확실성은 21세기에 들어와 상당히 많은 변화를 보여주고 있다. 그 변화는 정보통신기술(ICT)의 발전을 바탕으로 한 빅데이터를 통해 나타나고 있다. 빅데이터로 더욱 활성화될 수 있는 분야 중 하나로 예측을 들 수 있다. 즉 빅데이터를 통해 미래에 대한 적중률이 높은 예측이 가능해졌다(정소영, "빅데이터의 형사법적 활용에 관한 연구", 법정리뷰 제29집 제2호, 동의대학교 지방자치연구소, 2012, 172면).

53) Frisch, Prognoseentscheidungen im Strafrecht, 1983, .S. 94ff..

동에 대한 예언이 중요한 것이 아니라, 범죄인으로부터 야기되어지는 "위험에 대한 평가"가 문제된다고 한다. 다시 말해, 장래를 겨냥한 예측문제가 아니라, "현재의 위험에 대한 평가(혹은 위험사실관계: gegenwaertige Risikosachverhalte)"가 확실한 형사제재의 선고를 위한 "정당한 기준"이 된다는 것이다.[54]

Frisch교수의 견해에 따르면, 법관은 보안처분 선고를 위해 범죄인의 장래에 대한 위험성문제를 확정해야 하는 것이 아니라, 주어진 사례에서 어느 정도의 위험을 감수하면서 법효과에 대한 결정에 책임질 수 있느냐는 관점에서 검토하여야 한다는 것이다. 즉 현재의 위험사실에 대한 평가가 모든 규범적 요구를 충족하는지가 검토되어야 하고, 이러한 요구가 충족되면 보안처분 선고가 정당화된다고 한다.[55]

이러한 기준점은 범죄인에 대한 재사회화라는 이익과 일반시민의 안전보호라는 이익과 같이 서로 "충돌하는 이익 사이에서의 조화(zur Koordination konfligierender Interessen)"를 이루어야 한다는 것이다. 따라서 기준형성에 있어서, 장래에 일어날 수 있는 범죄행위에 대한 개연성(Wahrscheinlichkeit)이 예측을 좌우하는 것이 아니고, 오히려 "법익의 무게(Gewicht der Güter)"에 따른다고 한다. 따라서 명백하게 작은 법익침해에 대한 형사제재적 구속은 정당화될 수 없다고 한다.[56]

Frisch교수가 예측결정과 관련하여 언급한 "충돌하는 이익 사이에서의 조화"의 관점은 일견 타당하다고 볼 수 있다. 자신에게 유리한 법률결과에 대한 범죄인의 이익은 안전요구라고 하는 일반시민의 이익과 조화를 이루어야만 한다. 일반시민이 자신들의 안전이익과 관련하여 부담해야 하는 위험은, 따라서 경미한 범죄일수록 더 높게 되고, 중한 범죄일수록 더 낮게 된다.[57]

그러나 예측이 요구되는 규범의 해석을 예측 없이 충돌하는 이익 사이에서의 조화로 달성해야 한다는 Frisch교수의 관점에 문제가 없는 것은 아니다. 즉

---

54) Frisch, "Strafrechtliche Prognoseentscheidungen aus rechtswissenschaftlicher Sicht", in: Frisch/Vogt (Hrsg.), Prognoseentscheidungen in der strafrechtlichen Praxis, 1994, S. 75.

55) Frisch, 앞의 논문(1994), 77면.

56) Frisch, 앞의 논문(1994), 96면.

57) Frisch, 앞의 논문(1994), 85면; 참고로 Tröndle/Fischer, § 57, Rn. 6; Sch-Sch-Stree, § 57, Rn. 16; LK-Gribbohm, § 57, Rn. 16; OLG Koblenz, NJW 1981, 1522면.

그에 의해 제안된 “규범적 준선”은 위험사실에 대한 평가를 통해서 이루어지는데, “예측”이라는 개념에 대체된 “현재의 위험사실관계”라는 개념도 실질적으로는 예측형성을 요구하게 된다. 예컨대 어떤 사실관계(예를 들면 범죄인의 인격구조 등)는 단지 그 위험을 야기하는 상황이 장래에 실질적으로 나타날 것이라고 하면, 현재의 위험으로 표현될 수 있는 것이다. 따라서 이러한 위험개념은 장래에 대한 숙고를 포함하지 않을 수 없다.

현재의 위험에 대한 평가를 위해서, Frisch교수는 특히 “법익의 무게”라는 것에 초점을 맞추었다. 더불어 만약 범죄인으로부터 위협되는 위험이 명백히 작은 법익침해라고 한다면, 형사제재는 처음부터 정당화될 수 없다고 한다.[58] 그러나 이러한 원칙의 적용도 역시 예측을 전제로 한다. 왜냐하면 개개의 사례에서 범죄인으로부터 야기되는 위험이 제3자의 법익에 대하여 어떻게 평가될 수 있느냐는 역시 예측에 대한 문제이기 때문이다. 이러한 관계에서 장래에 단지 사소한 법익침해를 야기하는 범죄행위가 기대되는지, 혹은 현재의 범죄는 보다 더 큰 범죄를 위한 시작에 불과한 것인지 여부가 고려되어야 한다. 그런 종류의 판단은 결국 장래에 대한 평가와 다르지 않다. 따라서 특별예방적 이익평가는 범죄인의 장래의 행동에 대한 예측을 통해서 시도될 수 있는 것이다.

2. 보안처분에 있어서 ‘in dubio pro reo’원칙

1) ‘in dubio pro reo’원칙의 의미

‘의심스러운 경우에는 피고인의 이익으로(in dubio pro reo)’원칙은, 예를 들어 형사소송에 있어서 법관이 증거를 어떻게 평가해야 하는가에 관한 원칙이 아니라, 증거평가를 마친 후에 확신을 얻지 못하고 피고인에게 불이익한 판단을 하는 것을 금지하는 규칙이라고 할 수 있다.[59] 법관은 재판을 진행함에 있어

---

58) Frisch 앞의 논문(1994), 96면.

59) 즉 이 원칙은 증거법칙이 아니라 실체형법에 속하는 법원칙 내지 판단법칙이라고 한다(이재상, 형사소송법, 2001, 108면). 독일대법원은 “in dubio pro reo”원칙의 효력은 모든 소송의 전제조건을 위해 똑같이 받아들여지는 것은 아니고 사례에 따라서 단지 결정될 수 있는 것이라고 명확하게 강조하고 있다. 그러나 Roxin교수는 법치국가적 관점에서 소송의 전제조건에 대한 차등적 취급을 거의 허락하지 않기 때문에 이러한 독일대법원의 차별화는 설득력이 적다고 보고 있다(Roxin, Strafverfahrensrecht, 25.Aufl., 1998, S. 108).

서 합리적인 의심을 할 수 없을 정도의 고도의 개연성에 대한 확신을 가지게 하는 증명력을 가진 증거에 의하여 판단하여야 한다. 따라서 이와 같은 증명력을 가진 증거가 없다면 피고인에 대하여 유죄의 의심이 간다는 사정만으로 유죄를 인정해서는 안 된다.[60] 그러나 현실적으로 법원이 범죄사실의 존부와 그 밖의 관련사실을 판단함에 있어서 최선을 다하여 심리를 하였으나 심증형성이 불가능한 경우가 있다. 이 경우에 단지 심증형성 불가능을 이유로 하여 재판을 기피할 수는 없다. 이러한 상황에 대비하는 특별한 기준이 필요한데 이것이 바로 '의심스러운 경우에는 피고인의 이익으로'라는 원칙이다.

법원은 행위자의 범죄사실에 대하여 검사나 피고인이 제출한 증거와 직권으로 조사한 증거를 바탕으로 구성요건 해당성, 위법성 및 책임의 존재, 나아가 처벌조건의 전제를 확인하여야 한다. 그러한 판단에 있어서, 만일 범죄사실의 존부가 불분명하면 법원은 피고인에게 유리하게 판결하여야 한다. 즉 법관이 증거평가를 마친 후에도 그의 자유심증에 따라 확신을 형성하지 못한 때에는 'in dubio pro reo'원칙이라는 판단법칙이 적용된다. 따라서 이 원칙은 법관으로 하여금 증거를 어떻게 평가해야 하는지에 관한 원칙이 아니라, 법관의 종국적인 증거평가 이후에 개입되는 원칙이다.[61] 이러한 'in dubio pro reo'원칙은 증거평가에 있어서 법관의 자유와 서로 대립·충돌하는 것이 아니라, 서로 밀접한 관계를 가지고 있는 원칙이라고 해야 한다. 그런 점에서 'in dubio pro reo'원칙은 단지 법관으로 하여금 결정에 있어 중요한 사실에 대하여 확신을 가질 수 없는 경우에 어떻게 절차를 진행해야 할 것인가에 관한 원칙으로서, 법관이 증거평가를 마친 후에 확신을 얻지 못하고 피고인에게 불이익한 판단을 하는 것을 금지하는 것을 의미한다.[62]

'in dubio pro reo'원칙이 법률에 명문화되어 있는 것은 아니지만,[63] 이론적

60) 대법원 1985. 12. 24. 85도2178; 대법원 1985. 10. 8. 85도1146; 대법원 1997. 7. 25. 97도974; 대법원 2001. 11. 27. 2001도4392 판결 참조.

61) Hoyer, "Der Konflikt zwischen richterlicher Beweiswürdigungsfreiheit und dem Prinzip 'in dubio pro reo'", ZStW, 1993, S. 524.

62) 대법원 1985. 12. 24. 선고 85도2178 판결; BVerfG, MDR 1975, S. 469; BGH, NJW 1988, S. 477.

63) Krey("Grundzüge des Strafverfahrensrechts", JA 1983, S. 237)교수는 이러한 원칙은 법치국가의 영향으로 헌법적 원칙에서 유래한다고 본다. 또한 Roxin(앞의 책(1998), 106면)교수

으로 우리나라 형사소송법 제308조의 자유심증주의와 결합하여 그 법률적 근거를 인정할 수 있다.[64] 책임원칙에 입각하여 판결할 때에 법관이 피고인에게 책임이 있다는 것에 확신이 서지 않는 경우에는 유죄판결을 내릴 수 없고, 법관이 이러한 사실관계와 관련하여 합리적 의심이 존재하는데도 유죄판결을 내린다면 'in dubio pro reo'원칙에 위배되는 것이다.[65] 이러한 'in dubio pro reo'원칙은 법치국가적 기본원칙이라고 할 수 있으며, 독일에서는 19세기 자유심증주의원칙의 도입이후 확실한 관습법으로 자리 잡고 있다.[66]

자유심증주의와 'in dubio pro reo'원칙과의 관계를 요약해보면, 먼저 법관이 증명해야 할 사실의 존재를 확신한 경우에는 유죄판결을 내려야 하며, 만일 그 부존재를 확신한 경우에는 무죄판결을 하여야 한다. 반면 법관이 단지 개연성 판단만을 얻은 상태에서 합리적인 의심이 남아 있는 경우에는 'in dubio pro reo'원칙에 따라 무죄판결을 하여야 한다.

'in dubio pro reo'원칙은 바로 이러한 증명력의 문제와 관련한 원칙으로서, 무죄추정의 원칙이 증명의 단계에서 작용하는 하나의 원칙[67]이라고 볼 수 있다. 'in dubio pro reo'원칙의 핵심내용으로서 무죄추정원칙은 이미 우리나라 헌법 제27조 제4항에서 규정하고 있는 형법의 중요한 형성원칙일 뿐만 아니라, 우리나라 형사소송법 제275조의2에 의해 "피고인은 유죄의 판결이 확정될 때까지는 무죄로 추정된다"는 점에서 중요한 증거법칙이기도 하다.[68] 판례는 "형사소

도 "in dubio pro reo"원칙은 법치국가적 기본원칙을 의미한다고 하며, 이재상(형사소송법, 2001, 108면)교수도 이 원칙은 증거평가를 지배하는 법치국가적 기본원칙이라고 한다.

64) Roxin, 앞의 책(1998), 106면.

65) 독일의 연방헌법재판소의 결정에 따르면, in dubio pro reo원칙은 법관이 의심을 갖는 것에서 본 원칙이 침해되는 것이 아니라, 그러한 의심을 가지고 판결을 함으로써 본 원칙에 위배되는 것이라고 한다(BVerfG, NJW 1988, S. 477).

66) Roxin, 앞의 책(1998), 107면.

67) 우리나라에서 'in dubio pro reo'원칙은 일반적으로 형사소송의 입증단계에서 무죄추정의 원칙과 관련지어 설명되고 있다. 즉 in dubio pro reo원칙을 무죄추정의 원칙의 증명단계에서의 작용으로 보거나(이재상, 앞의 책(2001), 108면) 가장 좁은 의미에서의 무죄추정의 원칙(신동운, 형사소송법 I, 1997, 570면)으로 이해한다.

68) 사람 및 시민의 권리선언 제9조에 의하면 '모든 사람은 범죄자로 선고되기까지는 무죄로 추정되므로, 그 체포가 불가결하다고 판정된 경우라 할지라도 그의 신체를 확실하게 확보할 필요가 없는 그러한 모든 강제조치는 법률에 의해 엄격하게 규제되지 않으면 안 된다'. 제2차 세계대전 이후 1948년에는 국제연합 제3회 총회에서 만장일치로 채택된 세계인권

송법에 있어서는 사실의 인정은 증거에 의하는 것이라 할지라도 그 인정과정에서 증거의 내용 또는 가치의 판단이나 그에 의한 사실의 확정에 의심스러운 점이 있을 경우에는 피고인의 이익에 따른다는 것이 대원칙이라 할 것이다."라고 판시하였다.[69] 즉 피고인에게 유죄판결을 내리기 위해서는 법관은 증거평가에 있어서 합리적 의심이 없을 정도로 확신을 가져야 한다는 것이고, 만약 법관이 증거평가에 있어서 이러한 확신이 없이 합리적 의심이 남아 있는 경우에는 유죄판결을 내릴 수 없고, 이 경우 '의심스러운 경우에는 피고인에게 유리하게'원칙에 따라 무죄가 선고되어야 한다. 왜냐하면 국가 형벌권은 피고인의 자유, 재산뿐만 아니라 생명까지도 박탈할 수 있는 것이므로 다소라도 합리적 의심이 남아있는 경우에 형벌권을 행사하는 것은 피고인에게 치명적인 영향을 미칠 수 있기 때문이다.[70] 결국 'in dubio pro reo'원칙은 만에 하나라도 일어날 수 있는 무고한 자의 처벌을 피하여야 한다는데 근거를 두고 있다.

2) 'in dubio pro reo'원칙을 위한 의심 정도의 상대성

이처럼 'in dubio pro reo'원칙이 나타내는 내용자체에 대해서는 의문의 여지가 없어 보인다. 그러나 구체적인 적용범위와 관련하여서는 항상 논쟁의 여지가 있어왔다.[71] 즉 'in dubio pro reo'원칙의 적용범위와 관련하여서는 상당한 불확실성이 지배하고 있다.[72] 따라서 어느 정도의 의심이 있는 경우가 소위 'in dubio pro reo'원칙에 영향을 미치는가 하는 점이 문제된다. 이 문제에 대하여 이미 학설과 판례를 통해 다양한 기준이 제시된바 있으며, 지금까지 학설 및 판례에 의해서 인정되고 있는 의심의 정도는 개연성을 의미한다.

독일에서는 개연성을 단순한 가능성 이상이면서 우월적인 확실성에 미치

선언 제11조에서 이를 규정했을 뿐만 아니라, 1955년에 채택된 피구금자처우최저기준규칙 제84조제2항에도 명확하게 이 원칙을 선언해두고 있다. 그리고 시민적·정치적 권리에 관한 국제규약 '국제인권규약 B규약' 제14조 제2항도 명확하게 이를 선언하고 있다.

69) 대법원 1968. 2. 20. 67도1432.

70) 신동운, 앞의 책, 571면 참조.

71) Kühne, Strafprozeßrecht, 5.Aufl., 1999, S. 404ff.

72) Bruns, "Richterliche Überzeugung bei "Prognoseentscheidungen" über Sicherungs－ maßregeln. Zugleich ein Beitrag zum Geltungsbereich des Grundsatzes in dubio pro reo", JZ 1958, S. 650; Frisch, "Zum Wesen des Grundsatzes in dubio pro reo", in: Roxin(Hrsg.), Festschrift für H. Henkel, 1974, S. 274; Kühne, 앞의 책, 407면.

지 못하는 정도를 의미하는 것으로 이해한다. 독일의 통설에 의하면, 개연성의 정도를 객관적으로는 확실성에 근접한 개연성을 요하고, 주관적인 의미에서는 이를 법관이 확신해야 할 정도의 것을 요한다. 이에 따르면 법관은 주관적으로 피고인에게 불리한 형벌조건이 존재한다는데 대한 확고한 확신이 있어야 하며, 어떠한 의심도 품어서는 안 된다.[73] 만일 합리적 의심이 있는 경우에는 무죄선고를 하여야 한다. 여기서 합리적 의심이란 어떠한 이유에서든 의심이 존재할 수 있다는 것과 판결을 하는데 객관적으로 충분한 개연성이 없는 경우이다.

우리나라도 합리적 의심 없는 증명 또는 확신의 단계에 이르러야 한다고 보는 입장이 다수설이다.[74] 만일 법원이 범죄사실의 존부에 대한 심리를 다하였음에도 불구하고 피고인의 유죄에 관해 합리적 의심을 남기지 않을 정도의 증명정도에 이르지 않은 경우, 즉 피고인의 범죄사실이 개연적이긴 하지만 여전히 일말의 합리적 의심이라도 남은 경우에 법원은 피고인에게 무죄선고를 하여야 한다.[75]

그러나 이와 같이 확실성에 근접한 개연성과 법관의 확신이라고 하는 공식에 대하여 비판이 없는 것은 아니다. 첫째로 확실성에 근접한 개연성은 항상 객관적인 의심과 동일한 정도로 중요해야 함에도 불구하고 이러한 의심의 강도는 개연성으로부터 확실성에 이르는 모든 단계가 확실한 것이 아니라는 점이다. 둘째로 객관적인 고도의 개연성이 내심의 확실성(그리고 판결선고)으로 바뀌어 가는 과정이 불명확하다는 것이다.

이러한 이유에서 보안처분에는 'in dubio pro reo'원칙이 적용될 수 없다고 보는 견해도 있다. 즉 'in dubio pro reo'원칙은 사실의 확정이 존재하는 경우에만 적합한데, 보안처분의 경우에 있어서 법관은 사실의 확정이 아니라, 예측을 통해 결과적으로 장래의 사건에 대한 필요한 확신을 얻는 것이고, 무엇보다도 위험성예측에는 항상 합리적 의심이 존재하기 때문에 보안처분에는 'in dubio pro reo'원칙이 적용되지 않는다고 한다. 즉 결정적인 장래 재범위험성에 대한 예측은 사실확정의 문제가 아니기 때문에 'in dubio pro reo'원칙이 적용될 수

73) 이 원칙은 판결에 선행한 결정에 대하여도 마찬가지로 동일한 효력을 갖기는 하지만, 이 경우에 그 증명의 정도는 개연성으로 충분하다(Kleinknecht/Meyer/Goßner, § 261, Rn. 27).
74) 이재상, 앞의 책(2001), 472면; 신동운, 앞의 책, 570면; 배종대/이상돈, 형사소송법, 1996, 579면.
75) 대법원 2001. 11. 27. 2001도4391; 대법원 1985. 10. 8. 85도1146 등 참조.

없다고 한다.[76)]

뿐만 아니라 보안처분에 있어 'in dubio pro reo'원칙은 그 의미나 적용범위 그리고 효력의 근거들이 매우 불명확하고, 더욱이 법관이 위험성을 판단하는 데에 필요한 확신과 관련해서 폭넓은 '중간영역(Mittelfeld)'의 경우에 'in dubio pro reo'원칙에 의해 단순히 '그렇다' 또는 '아니다'는 양자택일상황이 계속 전개되어야 한다면, 위험성 판단이 예측문제와 함께 불확실성이 연속되는 문제가 있다는 비판이 제기되기도 한다.[77)]

생각건대, 보안처분에서 'in dubio pro reo'원칙은 증거평가를 마친 후에 확신을 얻지 못하고 피고인에게 불이익한 판단을 하는 것을 금지하는 판단법칙으로, 결국 의심스러운 경우에 법관은 '그렇다' 또는 '아니다'의 양자택일상황이 아니라, 피고인에게 유리하게 판단하여야 하는 것이고, 그것이 동 원칙을 통해 인간존엄의 존중이라는 이념을 실현하고자 하는 무죄추정의 원칙에도 위배되지 않는 것이라고 본다.[78)] 그렇다면, 보안처분에 있어서 예측과 'in dubio pro reo' 원칙과의 관계를 어떻게 보아야 할까?

3. 보안처분에 있어서 예측과 'in dubio pro reo'원칙의 관계

모든 형사사건은 많고 적은 사실관계의 바탕 위에서 판결된다. 이러한 사실관계에 대한 확실한 조사 및 평가 없이 피고인에게 유죄 혹은 무죄의 판결을 내릴 수는 없다. 따라서 이러한 사실관계를 조사하고 판결하는 것은 법관에게 중요하고도 어려운 과제가 되며, 이러한 과제는 인간이 갖고 있는 인식능력의 불완전성으로 인하여 혹은 고의나 과실로 인한 잘못된 증거에 의하여 더욱 어려워진다.[79)]

그러나 많은 사례에 있어서 형사법적 판단은 비단 이와 같은 사실관계의

76) Dreher, StGB, 37. Aufl., vor § 61, Rn. 3; 비교하여 Tröndle/Fischer, vor § 61, Rn. 3.

77) 송문호, "보안처분에 있어서 in dubio pro reo원칙 –김혜정박사와 또 다른 관점에서의 고찰", 비교형사법연구 제4권 제1호, 한국비교형사법학회, 2002, 195면.

78) 김혜정, "보안처분에서 무죄추정원칙의 인정여부", 형사법연구 제19호, 한국형사법학회, 2003A, 265면.

79) 김혜정, "보안처분에 있어서 "in dubio pro reo"원칙의 효력 –독일형법을 중심으로", 비교형사법연구 제2권 제2호, 한국비교형사법학회, 2000A, 158면.

확정뿐만 아니라, 장래에 대한 예측을 요구하기도 한다. 이는 특히 보안처분과 관련하여 잘 나타나고 있다. 왜냐하면 보안처분은 범죄자가 장래에 재범을 할 것이라는 확신이 있을 때에만 선고될 수 있기 때문이다. 즉 보안처분은 장래에 범죄자로부터 야기될 수 있는 위험을 방지하기 위해 필요한 경우에 비례성원칙에 입각하여 범죄자에게 최소한의 형사제재로 선택되어져야만 하기 때문이다.[80] 따라서 법관은 보안처분의 선고에 앞서 범죄자로부터 장래 재범이 예상되는 것뿐만 아니라 최소한의 형사제재로 일반시민에 대한 충분한 보호가 가능한지 여부도 검토하여야 한다.

이에 대하여 보안처분을 운용함에 있어 야기되는 의심스러운 경우들을 'in dubio pro reo'원칙으로 논하기 이전에 법관이 행위자의 위험성을 판단할 때 의심이 생길 수 있는 경우를 최대한 줄여주고 명쾌한 판단근거를 제시할 수 있는 제도적 장치를 보안처분 전과정에 두는 것이 바람직하다고 하면서, 그를 통해 위험성예측에서 가능하면 소위 '중간영역(Mittelfeld)'을 줄이는 작업을 통해 항상 불명확하고 한계가 있는 'in dubio pro reo'원칙의 적용범위의 문제를 해결하여야 한다고 하는 견해가 있다. 또 이러한 관점에서 그 판단근거의 예로써 독일의 Frisch교수의 견해를 제시하고 있다.[81]

그러나 Frisch교수가 예측개념을 대신하여 판단근거로 제시하고 있는 소위 '법익형량에 의한 현재 위험사실에 대한 평가'라는 접근방법도 결국 '현재 위험사실에 대한 평가'라는 부분에서 예측의 개념을 완전히 배제할 수 없다는 문제점을 안고 있다.[82] 물론 보안처분 선고에는 행위자의 장래 재범위험성에 대한 명확한 예측판단이 무엇보다도 중요하고 또 필요하기 때문에 가능한 한 정확한 위험성예측을 하기 위한 노력이 필요하다는 것에는 이론의 여지가 없다. 따라서 입법론적으로 예측판단의 기준을 세워주는 노력 또는 실제적으로 예측판단 방법론의 연구 등은 꾸준히 전개되어야 하는 부분이다. 그러나 위험성예측의

80) 독일에서는 보안처분과 관련하여 독일 형법 제62조에 비례성원칙에 대한 명문의 규정을 두고 있으나, 우리나라는 명문의 규정을 두고 있지 않다. 그러나 일반적으로 헌법적 원리로서 비례성의 원칙은 인정되는 것으로 본다(배종대, "보안처분과 비례성원칙", 법치국가와 형법, 1998, 38면 이하 참조).

81) 송문호, 앞의 논문(2002), 188면 이하 참조.

82) Frisch교수의 견해에 대한 구체적인 비판은 김혜정, "형법 및 보안처분상의 예측 - 독일형법을 중심으로", 형사정책연구 제11권 제4호, 한국형사정책연구원, 2000B, 309면 이하 참조.

불명확성 때문에 'in dubio pro reo'원칙의 적용이 배제되어야 할 합리적인 근거는 없다고 본다. 오히려 그러한 예측의 특성으로 'in dubio pro reo'원칙의 적용이 필요하게 된다.

이처럼 장래에 일어날 사건의 판단이라는 예측과 관련되는 문제에 있어서 합리적 의심을 완전히 배제할 수 없는 경우가 발생한다는 것은 예측의 본질상 어쩔 수 없는 문제이다. 따라서 합리적 의심이 남아 있는 경우에 'in dubio pro reo'원칙의 적용문제가 발생하게 된다.

4. 무죄추정의 원칙과 'in dubio pro reo'원칙과의 관계

'in dubio pro reo'원칙이 가장 좁은 의미에서의 무죄추정의 원칙을 표현하고 있는 것으로 파악된다.[83] 무죄추정이란 단순히 거증책임의 법칙에 그치지 않고 형사절차의 전체를 성격 짓고 지도하는 기본이념으로서 기능 할 수 있다는 데에 중요한 의미가 있다. 무죄추정의 원칙[84]은 증명단계에서 'in dubio pro reo'원칙으로 작용하게 된다.[85] 증명해야 될 사실의 존부가 어느 편으로도 불명확한 경우에는 증명되지 않는 때에 해당하므로 피고인을 무죄로 하여야 한다.

보안처분의 판단기준은 과거의 범죄행위에 대한 책임이 아니라 장래에 나타날 수 있는 재범위험성이라는 특성으로 인해 형벌을 부과하는 일반형사절차에서와 같은 무죄추정원칙의 모습으로 보안처분에 적용되기보다는 '의심스러운 경우에는 피고인에게 유리하게'원칙의 모습으로 적용되는 것으로 보아야 한다. 즉 보안처분의 특성상 실질적인 무죄추정원칙의 내용이 보안처분에서는 'in dubio pro reo'원칙을 통해서 구체화되는 것이라고 말할 수 있다.

합리적인 의심이 없을 정도의 증명이 어떤 것이냐에 대한 논의가 없는 것은 아니지만 법원이 피고인을 유죄로 하기 위한 심증은 합리적인 의심을 용납

83) 신동운, 앞의 책, 570면; 이재상, 앞의 책(2001), 108면.

84) 무죄추정의 원칙은 첫째로 형사절차에 의하여 유죄가 확정될 때까지 피고인에게 범죄사실의 인정과 그에 따른 유죄의 비난을 할 수 없다는 점과 둘째로 형사정차에 따라서 유죄가 확정될 때까지는 그 범죄사실을 근거로 하여 형벌 기타 유죄판결에 기초한 불이익처분을 받지 않는다는 점에 그 의미가 있다.

85) 차용석, "무죄추정법리에 비춰 본 형사절차상의 제문제", 고시연구 1988/7, 213면 참조.

하지 않을 정도의 확신이어야 한다는 데에는 이론이 없다. 결국 판단하는 자가 보통인이라면 누구라도 의심을 품지 않을 정도의 지속적 확신, 개연적 확실성 등을 인정할 것을 요한다.[86] 보안처분에서 법관이 전문감정인의 의견청취 등과 같은 판단자료에 대하여 합리적인 의심이 없을 정도의 확신이 서지 않는 한 보안처분을 선고하는 것은 보안처분의 한계를 설정하는 비례성의 원칙에도 반하는 것이라고 본다.

'in dubio pro reo'원칙의 적용을 통하여 무죄추정의 원칙이 구체적으로 실현되는 경우가 적지 않지만, 'in dubio pro reo'원칙이 무죄추정의 원칙과 동의어라고 말할 수는 없다.[87] 왜냐하면 무죄추정의 원칙은 수사단계에서부터 재판단계 전과정에서 적용되지만, 'in dubio pro reo'원칙은 기본적으로 사실심의 종료단계에서 문제가 될 뿐이며, 이에 대한 예외도 법률에 의해 인정되고 있기 때문이다.[88]

요약하면, 보안처분에서 무죄추정원칙의 적용은 'in dubio pro reo'원칙을 통해서 구체화되는 것이며, 동 원칙은 법관이 증거를 어떻게 평가해야 하는가에 관한 원칙이 아니라, 증거평가를 마친 후에 확신을 얻지 못하고 피고인에게 불이익한 판단을 하는 것을 금지하는 판단법칙으로, 결국 의심스러운 경우에 법관은 '그렇다' 또는 '아니다'의 양자택일이 아니라 피고인에게 유리하게 판단하여야 하는 것이고 그것이 곧 무죄추정원칙에 입각한 결론이라고 본다.[89]

---

86) 김혜정, 앞의 논문(2003A), 367면 이하.

87) 재심청구에 있어서도 'in dubio pro reo'원칙을 인정해야 한다는 견해(신동운, 앞의 책, 576면; 허일태, "무죄추정의 원칙", 공범론과 형사법의 제문제(하권), 정성근교수화갑기념논문집, 1997, 832면 이하)와 보안처분의 가종료 및 가출소에서도 동 원칙을 적용하는 것이 바람직하다는 견해(Nowakovski, 앞의 논문(1963), 116면; 김혜정, 앞의 논문(2000A), 166면 이하)에서도 파악할 수 있다.

88) 허일태, 앞의 논문(1997), 828면.

89) 김혜정, 앞의 논문(2003A), 368면.

제 3 절 유럽인권재판소 결정을 통해본 보안처분의 미래

1. 독일의 보안처분 동향

1) 1998년 형법개정 전후의 동향

독일에서 1933년 '상습범에 관한 법률(Gewohnheitsverbrechergesetz)'을 통해 보안처분제도가 독일 형법에 도입된 이래,[90] 지금까지 많은 변화를 가져왔다. 무엇보다도 초기 독일의 보안감호(Sicherungsverwahrung)는 '위험한 범죄자'를 대상으로 한다는 보안처분의 본래 취지에 부합하지 않게 주로 절도 내지 사기 등 경미한 재산범죄자를 대상으로 하고 있다는 점에서 많은 비판[91]을 받아 왔고, 그로 인해 이후 여러 차례의 법률개정을 통해 보안감호의 형식적 요건을 대폭 강화하면서 보안처분의 대상을 실질적으로 위험한 범죄로 제한하는 등 보안처분을 사회방위를 위한 최후수단으로 삼고자 노력하였다.

그러던 것이 1990년대 말 심각한 사회문제로 등장한 성폭력범죄, 특히 아동을 대상으로 하는 성폭력범죄로 인하여 성폭력범죄 등에 대한 강경 대응의 필요성이 대두되게 되었고, 결국 1998년 '성범죄 및 기타 위험한 범죄와의 투쟁을 위한 법률(Gesetz zur Bekämpfung von Sexualdelikten und anderen gefährlichen Straftaten vom 26. 1. 1998)'에 의해 보안감호의 요건이 완화되는 추세로 돌아서게 되었다.

그 연장선상에서 2002년에는 '유보적 보안감호의 도입을 위한 법률(Gesetz zur Einführung der vorbehaltenen Sicherungsverwahrung vom 21. 8. 2002)'을 통해 독일 형법 제66조a를 신설하여 제66조 제3항에 열거된 특정범죄를 저지른 자에게 형의 선고시점에 법원이 보안감호를 부과하기에는 그 위험성이 확실히 판명되지 않은 경우에 일단 보안감호의 선고를 유보하고 대신에 형의 집행종료가 가까운 시점에 형집행법원에서 위험성 여부를 검토한 다음, 보안감호의 부과여

---

90) Kammeier, Maßregelrecht, 1995, S. 105f..

91) 1958~1961년 사이 전체 보안감호대상자 중 절도가 약 55%, 사기가 약 20%를 차지하고 있었다고 한다(Grünwald, "Sicherungsverwahrung, Arbeitshaus, vorbeugende Verwahrung und Sicherungsaufsicht im Entwurf 1962", ZStW, 1964, S. 643).

부를 결정하도록 하는 '유보적 보안감호제도'를 도입하였다.

그런가 하면 2004년에는 제66조b를 신설하여 형의 선고시점에 법원에서 보안감호를 부과하지 않았다고 하더라도 형의 집행을 종료하는 시점에 형집행법원에서 위험하다고 판단하는 경우에는 사후에 보안감호를 선고할 수 있는 길을 열어주었고, 2004년 독일연방헌법재판소(Bundesverfassungsgericht)[92]는 이러한 보안처분에 대해 인간존엄성원칙에 반하지 않을 뿐만 아니라 완화된 요건의 소급적용까지도 인정하는 입장을 취하였다.[93]

또 2007년에는 '정신병원 및 금단시설 수용의 안전을 위한 법률(Gesetz zur Sicherung der Unterbringung in einem psychiatrischen Krankenhaus und in einer Entziehungsanstalt vom 16. 7. 2007)'[94]의 제정을 통해 보안처분 집행의 대체주의에 대한 유연성을 확보하여 치료감호집행을 통한 치료성과를 향상시키고 시설내 집행이 종료된 자에 대한 사후통제의 강화를 통해 위험한 범죄자로부터 일반시민에 대한 보호를 강화하고자 하였다.[95]

이처럼 독일에서는 — 비록 일부에서 보안감호 폐지에 대한 주장이 있기도 하였지만 — 보안처분을 제한된 영역에서 위험한 범죄자로부터 사회를 보호하기 위한 수단으로 인정하였다.[96]

2) 2009년 유럽인권재판소 판결 이후의 동향

그러나 이러한 독일의 태도에 유럽인권재판소가 제동을 걸어왔다. 2009년 12월 17일 유럽인권재판소(european Court of Human Rights)는 독일에서 1998년 형법 개정을 통해 '피보안감호자가 자신의 습벽으로 인해 피해자에게 정신적 또는 신체적으로 중하게 침해를 주었던 중범죄를 범할 위험이 존재한다고 법원이 판단한 경우' 기간의 제한 없이 보안감호가 가능하고 그 점을 이전의 사건에도 소급해서 적용하는 것은 '유럽인권조약(Convention for the Protection of Human

92) 독일연방헌법재판소 2004. 2. 5 판결(BVerfGE Bd. 109, S. 133) 참조.

93) 김혜정, "독일의 최근 동향을 통해 바라본 우리 보안처분제도의 재조명", 법조 통권 제625호, 법조협회, 2008, 97면 이하.

94) BGBl 2007 I, 1327.

95) Schneider, "Die Reform des Maßregelrechts", NStZ, 2008, S. 68.

96) 독일에서 1998년 형법개정 이후 보안처분에 대한 일련의 변화를 "보안처분의 르네상스"로 표현하기도 한다(강우예/박학모, 앞의 보고서, 29면).

Rights and fundamental Freedoms)' 제7조 및 제5조에 위배된다는 판결을 내렸다. 이에 대해 독일 연방정부가 유럽인권재판소의 판결에 불복하여 제소하였으나 거부되어 2010년 5월 10일에 동 판결은 확정되었다.[97)]

이러한 유럽인권재판소의 판결이 계기가 되어 독일에서는 2010년 '보안감호법의 개정 및 관련 규정에 관한 법률(Gesetz zur Neuordnung des Rechts der Sicherungsverwahrung und zu begleitenden Regelungen vom 22. 12. 2010)'[98)]이 제정되어 2011년 1월 1일부터 시행되었다. 동 법률에 의해 사후적 보안감호의 적용범위는 축소되었지만, 보안감호의 유보에 관해서는 그 적용범위가 확대되었다. 즉 판결 선고 시에 형벌과 함께 명해지는 보안감호의 경우 그 대상범죄는 한정되었지만, 특정범죄에 대해서는 그것을 명할 수 있는 기간이 연장되었다. 이처럼 당시 개정방안은 한편으로 유럽인권재판소 판결을 받아들이면서도 다른 한편에서는 범죄로부터 국민을 보호해야 할 책무도 고려하였다.[99)]

그런데 동 법률이 시행된 지 며칠 지나지 않은 2011년 1월 13일에 유럽인권재판소는 또 다시 독일 형법 제66조b가 규정하는 사후적 보안감호가 유럽인권조약 제5조에 위배된다는 판결을 내렸고, 같은 해 4월 13일에 확정되었다. 동 판결에 따라 독일의 연방헌법재판소는 재차 보안감호 규정의 합헌성 여부에 대한 판단을 하지 않을 수 없게 되었고, 결국 독일 연방헌법재판소도 2011년 5월 4일에 독일 형법상 무기한의 보안감호와 사후적 보안감호에 관한 규정이 헌법에 위배된다는 판결을 내리게 되었다. 그와 함께 입법자에게 2013년 5월 31일까지 헌법상 차별명령에 부합하는 보안감호에 관한 새로운 규정을 마련하도록 하였다. 다만, 새로운 규정이 마련될 때까지는 동 규정이 유효하게 적용된다고 하였다.[100)]

---

97) 이정념, "독일에서의 보안감호에 관한 최근 논의들 −2011년 5월 4일 독일 연방헌법재판소의 결정을 중심으로−", 법조 통권 제660호, 법조협회, 2011, 285면 이하; 김성규, "독일의 보안감호에 관한 규정의 변화와 과제", 법과정책연구 제12집 제1호, 한국법정책학회, 2012, 12면.

98) BGBl 2010 I, 2300.

99) 김성규, 앞의 논문, 249면 이하.

100) BVerfG, 2 BvR 2365/09 vom 4. 5. 2011, Absatz−Nr. (1−178); 김성규, 앞의 논문, 252면 이하.

3) 2011년 독일 연방헌법재판소 판결 이후의 동향

형법상 무기한 보안감호와 사후적 보안감호제도가 헌법에 위배된다는 독일 연방헌법재판소의 2011년 5월 4일 판결에 따라, 연방과 州의 입법자들은 보안감호의 집행을 형벌의 집행과 차별화해야 한다는 헌법상 "차별명령(Abstandsgebot)"에 부합하도록 보안감호제도의 전체 내용을 개선시켜야 하는 과제를 갖게 되었다.

그리고 보안감호제도의 개선을 위해 독일 연방과 주의 입법자들은 보안감호 집행을 형벌집행과 명확하게 차별하여 실행하기 위해 지난 2012년 12월 5일 '보안감호법에서 차별명령에 대한 연방법률의 개정을 위한 법률(Gesetz zur bundes－rechtlichen Umsetzung des Abstandsgebotes im Recht der Sicherungsverwahrung vom 5. Dezember 2012)'[101]을 제정하여 2013년 6월 1일부터 시행하고 있다.[102] 즉 동법률을 통해 독일 형법 제66조c[103]가 신설되었고, 제67조a 제2항 제2문 및 동조 제4항 제2문, 제67조c 제1항, 제67조d 제2항 제2문 등이 수정되었다. 그와 관련하여 소년법원법(Jugendgerichtsgesetz), 형집행법(Strafvollzugsgesetz) 등이 개정되었다.

2. 보안처분의 미래

사실 형벌은 책임에 근거하고 보안처분은 재범위험성에 근거하기 때문에 형벌과 보안처분은 다르다고 하는 형사제재 이원주의를 채택한다고 하더라도, 그 집행에 있어 차이가 없다면 형벌과 보안처분의 차이를 인정하기는 어려울 것이다. 그런 점에서 보안처분의 집행은 당연히 형벌의 집행과 달라야 한다는 "집행차별화"가 요구되고, 실질적으로도 차별화된 처우가 실시되어야 할 것이다.[104]

---

101) BGBl 2012 I, 2425.

102) BT－Dr. 17/9874, S. 1.

103) §66c Ausgestaltung der Unterbringung in der Sicherungsverwahrung und des vorhergehenden Strafvollzugs(선행하는 형집행과 보안감호수용의 형태)에 보안처분집행의 차별원칙을 구체적으로 규정하고 있다.

104) 이는 2011년 독일 연방헌법재판소의 판결에서 헌법상 "차별명령(Abstandgebot)"에 부합하도록 관련 규정을 개정하라는 판결을 통해서도 강조되고 있는 부분이다.

이를 위해 독일 연방헌법재판소는 7가지 보안감호 집행원칙을 제시하고 있다. 보안감호 집행과 관련하여 ① 보안감호는 공공의 안정을 위해서 불가결한 경우에만 명하고(최후수단의 원칙), ② 특히 수용의 장기화에 따라 통상의 처우에 반응하지 않는 대상자를 중심으로 재사회화를 구체화하는 프로그램이 개발될 필요가 있고(개별화 및 집중의 원칙), ③ 동 프로그램이 대상자에게 적극적으로 받아들여질 수 있도록 노력하고(동기화의 원칙), ④ 현행법상 인정되는 분리수용원칙을 고수하고(분리수용의 원칙), ⑤ 기본권에 대한 침해를 최소화하기 위한 집행방식의 완화와 개방처우적 조치가 요구되고(최소화의 원칙), ⑥ 보안감호 집행 중에 대상자의 권리가 효과적으로 보호될 필요가 있고(권리보호 및 원조의 원칙), ⑦ 보안감호의 집행 계속을 위해서는 최소한 매년 그 필요성에 관한 심사가 요구된다(심사의 원칙)고 하는 것이 그것이다.[105)]

이와 관련하여 지난 2012년 독일 형법 개정을 통해 제67조c 제1항(수용의 사후개시)에 "동시에 명하여진 보안처분수용에 앞서 자유형을 집행하고 형집행의 종료에 앞서 요구되는 심사를 한 결과 다음과 같은 경우에 법원은 보호관찰(Bewährung) 조건부 보안처분집행을 유예한다; 유예와 함께 자유제한적 보안처분(Führungsaufsicht)을 개시한다. 1. 보안처분의 목적이 수용을 더 이상 필요로 하지 않거나, 2. 형집행의 전체기간을 보았을 때 형법 제66조c 제1항 제1호와 관련해서 제66조c 제2항의 의미에서 충분한 치료가 수용자에게 제공되지 않았기 때문에 보안감호시설 수용이 비례성원칙에 반하는 경우, 보안감호시설수용이 제1심에서 형집행의 종료에 앞서 1년 미만으로 선고된 경우에는 제1문 제1호에 따른 심사는 필요하지 않다"고 규정하고 있다.[106)]

동 규정이 과거와 달라진 점은 형법 제66조c 제2항[107)]에서, 동조 제1항 제1

---

105) Dessecker, "Die Sicherungsverwahrung in der Rechtsprechung des Bundesverfassungsgerichts", ZIS, 8-9/2011, S.709; 김성규, 앞의 논문, 255면.

106) 독일 (구)형법 제67조c 제1항은 "동시에 명하여진 보안처분수용에 앞서 자유형을 집행한 경우, 법원은 형벌집행의 종료에 앞서 보안처분의 목적이 보안처분수용을 아직도 필요로 하는지 여부를 심사한다. 필요로 하지 않는 경우, 보호관찰 조건부 보안처분수용의 집행을 유예한다; 보안처분유예와 함께 자유제한적 보안처분(Führungsaufsicht)을 개시한다" 고 규정하였다.

107) 독일 형법 제66조c 제2항에 "법원이 판결(제66조)로, 유보(제66조a 제3항) 또는 사후적(제66조b)으로 보안감호수용을 선고하거나 또는 판결에서 보안감호선고를 유예하는(제66조a 제1항 및 제2항) 경우, 행위자에게 제1항 제1호의 의미에 따른 보살핌, 특히 사회

호에 규정된 형벌과 보안처분의 집행차별화원칙에 입각한 보안감호를 집행할 필요가 없도록, 형벌을 집행하는 동안에 충분히 사회적 치료를 제공하도록 요구하고 있다는 것이다. 또한 만약 형벌을 집행하는 동안 재범위험성의 감소를 위한 노력을 하지 않고, 재범위험성을 근거로 보안감호를 집행한다면, 이는 비례성의 원칙에 반한다는 것을 명시하고 있다는 것이다.

다시 말해, 먼저 형벌집행을 통해 행위자의 재범위험성을 개선하기 위해 노력하고, 그렇게 노력했음에도 불구하고 재범위험성이 여전히 남아있다는 것이 중간심사를 통해 밝혀진 경우에만 보안감호를 집행하겠다는 의지를 표명한 것이다. 이는 비록 형벌과 함께 보안처분이 선고되었다고 하더라도 그 집행은 신중히 함으로써 실질적인 이중처벌이 되지 않도록 하겠다는 의지를 표명한 것으로 이해할 수 있다.[108]

형벌과 보안처분은 모두 범죄예방이라는 동일한 목적을 갖고 있는 상이한 수단이다. 비록 형벌을 통해 그 목적을 충분히 달성할 수 없는 경우에 사회보호 내지 사회방위를 위해 추가적으로 보안처분을 부과하더라도 가능하면 그 집행을 최소화하여 비례성의 원칙을 엄격하게 유지하겠다는 것이다. 결국 앞으로 보안처분(특히 보안감호)은 이중처벌이라는 의심을 가능한 해소하는 방향에 초점을 맞추어 실질적으로 집행해나가야 할 것으로 본다. 이것이 미래의 보안처분의 모습이 되어야 할 것이다.

제 4 절 우리 보안처분제도의 현황 그리고 과제

1. 보안처분의 도입과 전개과정

1) 사회보호법 제정 이후

우리나라는 1980년 12월 5일 국가보위입법회의의 의결을 거쳐 그 해 12월

치료적 처치를, 보안감호의 집행(제67조c 제1항 제1문 제1호) 또는 그러한 선고(제66조a 제3항)를 가능한 필요 없게 만들기 위한 목적으로 제공하여야 한다"고 규정하고 있다.

108) 김혜정, 앞의 논문(2014), 72면 이하.

18일 법률 제3286호로 사회보호법을 공포·시행하면서 보안처분제도를 도입하였다. 사회보호법을 통한 보안처분의 도입으로 보다 효과적인 범죄투쟁수단을 갖추게 되었다는 점에서 형사정책의 큰 방향전환을 하게 되었고 또 형사제재체계에 큰 변혁을 초래함으로써 형사사법제도의 발전사에 새로운 기원을 마련했다고 평가되기도 하였다.[109)]

그러나 사회보호법은 제정 당시부터 사소하게는 용어선정의 문제에서부터 크게는 절차적 문제에 이르기까지 많은 비판을 받아 왔다. 즉 사회보호법이 제정될 당시 헌법적 근거를 가지고 있기는 하였으나, 입법과정이 국회가 아니고 국가보위입법회의를 통해서 진행되었다는 점과 그 요건이 지나치게 경직되어 있어 법관의 재량을 인정할 부분이 극히 적었다는 점 등에서 인권침해의 소지가 있다는 비판을 받았다. 특히 보안처분제도 중에서 보호(안)감호제도와 관련하여서는 이중처벌의 위헌성이 있다는 비판이 제기되는 등 상당히 부정적인 시각이 계속되어 왔다. 이에 1989년 3월 25일 법률 제4089호로 전면 개정되고 그 이후로도 여러 차례 개정이 이루어지면서 그 요건이 많이 개선되었다.[110)]

형벌의 효과에 부적합한 범죄인에 대처하기 위해 예로부터 범죄예방이라는 개별예방적 필요성을 충족시키려는 적절한 형법적 제재를 구하려는 노력은 나라와 문화에 따라 다양하게 나타나고 있다.[111)] 우리나라의 경우, 응보적 책임형벌[112)]만으로는 사회의 변화에 따라 심각해져가는 범죄의 다양화 및 누범과 상습범의 급증에 대한 제재수단으로서의 한계를 가지게 되어, 그 결과 형벌제도를 보완하기 위한 보안처분제도의 채택이 크게 요청되고 있던 상황이었다.[113)]

그러나 국가 일반의 안전요구와 더 나아가 범죄인을 개선시켜 재사회화시키는 의무에서 그 정당성을 찾고 있는[114)] 보안처분제도, 그 중에서도 특히 보호(안)감호제도의 정당성과 관련하여서 견해가 대립되었다. 비록 지난 2005년 사

---

109) 박재윤, 앞의 논문, 84면.

110) 김혜정, 앞의 논문(2003B), 145면 이하.

111) 미국의 삼진아웃제도도 하나의 예로 들 수 있을 것이다.

112) 형벌의 의의와 목적에 관하여 여러 가지의 논의가 있지만, 형벌은 응보를 본질로 하며 책임원칙에 따르면서 일반예방의 목적과 특별예방의 목적을 적절하게 조화시켜 나가고 있다(Roxin, Strafrecht AT, Band I, 3.Aufl., 1997, S. 41ff.).

113) 박재윤, 앞의 논문, 84면.

114) Schönke/Schröder/Stree, StGB, Vor §§61ff., Rn. 1−2.

회보호법의 폐지를 통해 보호(안)감호제도는 폐지되었지만, 보호(안)감호제도의 재도입이 거론되고 있는 상황에서 그 논의는 여전히 유효하다.

(1) 보호(안)감호에 대한 정당성 부인론

위험한 행위자로부터 사회를 방위하기 위한 합목적적 강제조치로서 형벌을 보충 또는 대체하기 위한 제재수단으로 등장한 보호(안)감호의 정당성을 부정하면서 비판을 제기하는 대표적 학자로는 독일의 마이어(Mayer)를 들 수 있다. 그는 보안처분은 인간을 목적을 위한 수단으로 격하시키는 것이며, 목적적인 처분은 형법상으로 허용될 수 없고, 인간에 대하여 국가적 강제를 가할 수 있는 합법적인 유일한 수단은 응보사상에 입각한 형벌뿐이라고 한다.[115] 또한 할(Hall)도 보안처분 특히 보안(호)감호는 범죄인을 인간사회에서 추방해야 할 해충으로 보는 것이며, 인간을 개인으로서가 아니라 물건 또는 무용의 자료로 취급하는 것이므로 정당성을 인정 할 수 없다고 한다.[116]

우리나라에서 보호(안)감호제도의 정당성을 부인하는 근거로 항상 제기되는 문제는 이중처벌의 위헌성이다. 보호(안)감호는 재범위험성이라는 추상적이고 모호한 판단을 근거로 형벌집행을 종료한 자를 시설에 구금한다는 점에서 본질적으로 반인권적인 제도라는 것이다. 따라서 보호(안)감호는 인간의 존엄과 가치를 존중하는 헌법의 이념에 반한다고 한다.[117] 더욱이 우리 형법은 형법과 형사특별법 등에서 상습범 및 상습누범에 대한 가중처벌규정을 두고 있어서, 법원이 그러한 법률에 따라 충분히 무거운 형벌을 선고할 수 있음에도 불구하고, 그에 더하여 교육·개선을 명목으로 또다시 장기의 보호(안)감호처분을 집행할 수 있도록 함으로써 헌법 제13조 제1항의 이중처벌금지를 위반하는 위헌성이 있다고 한다.[118] 이처럼 보호감호에 대한 정당성을 부인하는 견해를 주장하

115) Mayer, 앞의 논문(1968), S. 36.

116) 다만, 보안(호)감호와 달리 정신병자 또는 중독자에 대한 보안처분에 대하여는, 사실 중독자 및 정신병자와 상습범죄자를 구별하는 것이 쉽지 않아 남용의 소지가 있을 수 있으므로 그에 대한 신중을 기해야 한다는 경고와 함께, 보안처분이 환자를 위한 원호처분이라는 점이 중점이 되고 그것을 통해서만 단지 안전의 목적이 달성될 때는 그 정당성을 인정하고 있다(Hall, “Sicherungsverwahrung und Sicherungsstrafe”, ZStW 70, 1958, S. 54f.; vgl. Schönke/Schröder/Stree, StGB, § 66, Rn. 3).

117) 유해정, 앞의 논문, 7면 이하.

118) 박찬운, 앞의 논문, 47면 이하.

는 입장에서는 특히 보호(안)감호의 집행이 형벌과 큰 차이가 없다는 점을 부각시킨다. 형벌과 보안처분의 취지와 목적이 무엇이든 간에 그 집행의 유사성으로 인해 보호(안)감호제도의 정당성은 부인된다고 한다.119)

그러나 이러한 이중처벌의 위헌성을 해결하는 방법으로 형벌과 보안처분의 동일성에 근거한 일원주의에 따르게 되면, 앞에서 언급한 바와 같이, 책임과 위험성의 구분이 모호하게 되면서, 책임원칙을 배제 내지 약화시키는 결과를 초래하게 되는 문제가 제기된다. 특히 형벌일원주의에 의하게 되면 형사제재로서 형벌과 보안처분은 하나가 되어 형법은 결국 보안형법으로 남게 되는 위험이 따를 수도 있다.

현대사회의 급격한 공업화·도시화의 결과로 과거에 생각지도 못했던 범죄의 질과 양이 달라진 상황과 함께 최근 한국에서 발생하는 일련의 범죄상황을 살펴볼 때, 심각한 상습범 및 상습누범의 격증 앞에 책임에 상응한 형벌제도만으로 효과적인 대처를 할 수 있다고 보기에는 다소 무리가 있다. 뿐만 아니라 형사정책적인 관점에서 상습범 및 상습누범에 대한 형사사법 대응으로 가중된 형벌이 효과적인 것인지에 대하여는 확실한 결과가 있다고 보기도 어렵다.

사실 의사책임의 관점에서 상습범에 대한 가중책임의 근거를 찾기가 쉽지 않기 때문에, 이러한 문제를 해결해 보기 위하여 메츠거(Mezger)가 생활영위책임(Lebensführungsschuld), 보켈만(Bockelmann)이 생활결정책임(Lebensentschei-dungsschuld), 엥기쉬(Engisch)가 성격책임(Charakterschuld)을 언급했지만, 설득

119) 이러한 관점에서 보호감호제도를 '선택적 무력화 전략'이라고 하는 비판을 제기하기도 한다. 다시 말해, 특정한 범죄를 수행한 자 모두를 무력화시키기에는 국가비용부담이 크기 때문에, 보호감호를 통해 범죄를 거듭하는 습성이 있는 경력범죄자 내지 상습범 등과 같이 특정한 성향을 지니고 있는 자들을 선택적으로 무력화시키는 전략이라고 한다. 무엇보다도 이렇게 선택적 무력화 전략 대상자를 가려내기 위한 재범위험성 판단이 예측의 본질상 항상 오류의 가능성을 내포하고 있는 관계로 이에 대한 인권적·헌법적 문제가 발생할 수밖에 없다고 비판한다. 이와 관련하여 미국에서 비록 '3진 아웃제도'와 같은 '선택적 무력화 전략'이 구사되고 있기는 하지만 그 배경에는 미국사회에서 약물범죄와 강력범죄가 감당할 수 없을 정도로 급증하는 현상과 범죄피해자들의 형사사법시스템에 대한 들 끓는 원성이 존재하기 때문이라고 한다. 이에 반하여 한국에서는 중범죄가 증가하고 있기는 하지만 미국이나 독일처럼 심각하지 않기 때문에 이러한 전략이 필요한 상황은 아니라고 한다(심희기, "현행 보호감호제도의 문제점과 개선방향 –은폐된 무력화 전략과 직관적인 미래예측의 가혹성", 우리나라 보호감호제도의 현황과 개선방향 세미나 자료집, 한국형사정책연구원, 2003. 7. 1, 27면 이하 참조).

력을 확보하지는 못했다고 본다. 오히려 형사제재를 형벌과 보안처분의 이원주의로 운용하는 것이 형사제재 전반을 형사정책적인 관점에서 보다 합리적으로 재구성 할 수 있다는 점에서 의미가 있다고 본다.

(2) 보호(안)감호에 대한 정당성 인정론

보호(안)감호처분을 부정하고 있는 견해와 달리 많은 학자들은 비록 주장하는 근거는 다소 다르더라도, 보호(안)감호처분의 정당성을 인정하고 있다. 특히 노바코브스키(Nowakowski)는 보안처분은 합목적적인 형사정책상의 제도이며, 바로 이러한 합목적성에 의하여 보안처분이 정당화될 수 있다고 한다. 이 점에서 보안처분은 법질서에 의하여 보호되는 가치질서와 일치하여야 하며, 인간의 존엄과 가치는 보안처분의 한계가 되어야 한다다고 한다.[120]

슈트레(Stree)도 개인의 자유권은 사회적 구속성을 내포하고 있다고 보면서, 그러한 자유를 범죄를 통해서 남용하였고 또 앞으로 남용할 가능성이 있다면, 사회가 법질서를 유지하기 위해서 보안처분을 통해 장래 남용을 예방하려고 하는 것은 인간의 존엄과 가치를 침해하는 것이 아니라고 보고 있다.[121]

앞에서 언급한 것과 같이 책임주의 원칙에 입각한 현행 형법에서 형벌은 책임의 범주를 초과하지 않는 범위에서 부과할 수 있는 것이기 때문에 그러한 형벌을 부과할 수 없거나, 상습범 및 상습누범과 같이 형벌의 효과를 기대할 수 없으나 위험성으로 인해 그에 대한 제재를 포기할 수 없는 경우에 보안처분을 통하여 통제하는 것은 합리적·합목적적인 형사정책이라고 할 수 있다.[122]

물론 이러한 제재가 장래에 가능한 법익침해로부터 일반시민의 안전을 보호하기 위해 정당화된다고 하더라도, 만약 일반인의 안전이익과 범죄인의 자유이익 사이에 충돌이 생기는 경우에는, 범죄인이 법질서를 침해할 확실한 장래

---

120) Nowakowski, 앞의 논문(1963), S. 102.

121) Schönke/Schröder/Stree, StGB, § 66, Rn. 3.

122) 물론 형벌과 보안처분을 차별하여 보호감호처분의 정당성을 인정하는 입장이 비판을 받지 않는 것은 아니다. 형벌과 보호감호처분이 함께 선고된 행위자는 동일한 판결에서 일면에서는 의사자유가 인정되어 그 죗값으로 형벌을 치러야 하고, 타면에서는 위험성을 근거로 보호감호시설에 수용되어야 하기 때문에, 한쪽에서는 행위자를 비결정론적 관점에서 의사자유를 지닌 주체로 바라보면서 동시에 다른 한쪽으로는 행위자를 결정론적 관점에서 의사자유를 잃어버린 주체로 바라보는 모순을 보여주고 있다는 비판도 있다(Eisenberg, Strafe und freiheitsentziehende Massnahme, 1967, S. 7 참조).

위험성이 있는 경우에만, 범죄인 자신의 자유가 침해될 수 있다고 본다. 다시 말해, 일반시민 역시 범죄인에게 확실한 위험성이 있는 경우에만 안전보장을 위하여 범죄인에 대한 처분을 요구할 수 있는 권리를 가진다.[123] 이는 형법적 혹은 형사소송법적 규율의 불명확성·불확실성은 피고인의 부담으로 돌리지 않고 국가의 부담으로 돌리는 것이 이성적 정책의 하나이기 때문이다.[124]

이처럼 법익교량적 관점에서 그리고 기본권의 내재적 제약의 한계를 벗어나지 않는 범위에서는 보호(안)감호처분의 정당성을 부정하기 어렵다고 본다. 한 사람의 자유가 타인의 자유와 안전을 침해할 개연성이 있고, 타인의 자유와 안전의 보호가 전체적으로 보아 침해자의 자유박탈에 비해 훨씬 중요한 의미를 가질 만큼 긴박한 사정이 있는 경우라면 침해의 위험원이 되는 그 한 사람의 자유박탈을 자유형의 (책임)한계를 넘어 확장하는 보호(안)감호처분은 정당성을 지닐 수 있기 때문이다.[125] 문제는 그 피처분자의 자유박탈이 사회의 안전을 위한 최후수단으로서, 제한적이고도 엄밀한 법정조건에서 신중하게 수행되어야 한다는 것이고, 이러한 보호(안)감호의 선고에는 당연히 헌법적 원칙으로서의 비례성의 원칙[126]과 보충성의 원칙[127]에 입각한 제약이 따른다는 것은 재론의 여지가 없다.[128]

---

123) 김혜정, 앞의 논문(2000A), 166면.

124) 이상돈, 형법의 근대성과 대화이론, 홍문사, 1994 참조.

125) 심재우, "보안처분제도에 관한 고찰", 법학논집 제22집, 고려대학교, 1984, 156면 이하 참조.

126) 비례성원칙은 보안처분이 합목적적일 뿐만 아니라 위험성에 상응한 것임을 요구하며, 또 보안처분의 적용은 기도된 목적과 일치하여야 하고 그 수단의 선택에 있어서도 사회와 개인에 대하여 가장 완화된 방법을 채택할 것을 요구한다. 따라서 만약 경미한 범죄에 대하여 무거운 보호감호를 선고하는 것은 비례성의 원칙에 의하여 허용되지 않는다. 즉 보호감호의 적용에 관하여 보호감호에 의한 침해의 정도와 행위자의 위험성이 상호 정당한 상관관계에 있을 것을 필요로 한다. 이러한 비례성의 원칙은 보호감호의 선고에 대하여 뿐만 아니라 선고된 보호감호의 가출소 내지 집행면제의 판단에 있어서도 적용되어야 한다.

127) 보충성의 원칙에 따라 더 경미한 처분으로도 행위자의 위험성으로부터 사회를 충분히 방위할 수 있다면 중한 보호감호를 부과할 수 없다. 문제는 보충성의 원칙이 보호감호에 대한 대체선고를 통해 적용되어야 하는가 아니면 보호감호의 집행유예를 통하여서만 적용되어야 하는가에 있다. 독일에서는 보충성의 원칙은 완전한 대체선고를 통해서 적용하는 것보다 단지 그 집행유예를 통해서만 적용하는 것이 형사정책적으로 더 합리적이라고 판단하고 있다(LK－Hanack, Vor § 61, Rn. 60).

128) 그러나 이와 함께 가벼운 처분에 대한 적정성과 처분의 실행가능성에 대한 문제 또한 해

2) 사회보호법 폐지 이후

2000대 들어와서는 청송보호감호소에 수감되어 있던 피보호감호자들이 사회보호법의 폐지 및 보호감호대상자의 처우개선을 요구하며 단식투쟁을 벌임으로써 사회적으로 상당한 주목을 받게 되었고, 이를 계기로 보호(안)감호제도 및 운영상의 문제점을 이유로 사회보호법 폐지운동이 활발하게 전개되었다. 이러한 상황에 힘입어 2003년 3월 11일 민주사회를 위한 변호사모임과 인권운동사랑방, 참여연대 등 22개 민간단체가 사회보호법문제와 관련하여 최초의 민간단체연대기구인 '사회보호법 폐지를 위한 공동대책위원회'를 구성하여 같은 해 6월 17일에는 피보호감호자 616명의 명의로 사회보호법상 보호감호제도에 대한 헌법소원을 제기하였고, 같은 해 9월에는 서상섭 국회의원의 대표발의로 사회보호법폐지법률안이 국회에 제출되기도 하였다.[129)]

이에 사회보호법의 개선존치를 주장하는 법무부에서도 보호(안)감호제도에 쏟아진 비판을 일부 수용하여 2003년 8월 1,600여명에 이르렀던 피보호감호자 중에 위험성이 중하지 않은 재산범죄자를 중심으로 대대적인 가출소를 실시하여 2004년 6월 현재 약 250여명의 피보호감호자만이 청송보호감호소에 수감되어 있는 상황에서 보안처분제도 중 보호(안)감호와 관련하여서는 폐지를 주장하는 입장과 개선존치를 주장하는 입장의 팽팽한 대립이 있었다. 그러나 사회보호법폐지를 주장하던 국회와 사회보호법의 개선존치를 주장하던 법무부가 의견대립에 종지부를 찍고, 사회보호법을 폐지하는 것으로 합의를 이루어, 결국 2005년 사회보호법은 폐지되었다. 다만, 치료감호는 존치의 필요성이 인정되어 치료감호법을 통해 현재까지 유지되고 있다.[130)]

결되어야만 한다. 이러한 경우에 비례성원칙이 단순히 기본원칙으로 항상 적용될 수 있다고 의미하는 것은 아니다. 왜냐하면 적용될 수 있는 처분이 범죄자에게 가벼우면서도, 무거운 처분의 경우와 같은 정도로 위험을 제거할 수 있는 적정하고 의미 있는 처분이 되어야만 하기 때문이다(Stree, In dubio pro reo, 1962, 98면 참조).

129) 김혜정, 앞의 논문(2003B), 146면.

130) 김혜정, 앞의 논문(2004), 475면.

2. 우리 보안처분(특히 보호감호)의 향후 과제

1) 형사제재 이원주의를 위한 법률정비

우리 형사법체계에서 형벌제도가 발전하기 위해서는, 먼저 우리 형법이 형사제재의 일원주의를 택할 것인가 아니면 형사제재의 이원주의를 택할 것인가에 대하여 형사정책적 검토를 바탕으로 입법정책적 결단을 할 필요가 있다.

비록 전통적인 책임원칙에 대한 패러다임의 변화와 보안처분에 대한 다양한 비판이 제기됨에도 불구하고 책임원칙이 유지되는 것은 필요하다. 무엇보다도 보안처분제도에 대한 반대의 목소리에도 불구하고 주목해야 할 점은 보안처분을 통한 개별예방사상 내지 특별예방사상은 인본주의와 합리성의 한 단면으로서 형법에 받아들여졌으며 너무 성급하게 포기해서는 안 된다는 점이다. 이러한 측면에서 독일에서도 보안처분에 대한 위기의 목소리가 높아지긴 했지만[131] 오늘날 여전히 명맥을 유지하고 있으면서, 보안처분의 포기보다는 형식적 요건들을 강화해 나가고, 적용범위를 꼭 필요한 경우로 줄이면서, 형벌과의 집행을 차별화하는 모습을 보여주고 있다.

앞에서 살펴본 바와 같이 보안처분제도는 상습 및 상습누범에 대한 합목적적인 형사정책상의 제도로서 그 정당성을 인정받을 수 있을 것이다. 또한 위험한 범죄자로부터 사회를 보호할 현실적 필요성도 인정받을 수 있을 것이다. 다만, 우리의 형법체계가 위험한 상습범에 대해 책임에 따른 형벌과 함께 범죄를 상습적으로 범한다는 위험성에 따른 형벌가중을 받게 하고 거기에 부가해서 다시 한 번 위험성에 근거하여 보안처분을 받게 한다면, 당연히 이중처벌의 비난을 피하기 어려울 것이다.

따라서 이러한 문제를 해결하기 위해서는 무엇보다도 형벌과 보안처분의 관계를 명확하게 정리하여, 형벌에는 엄격한 책임을 적용하고 장래 재범위험성에 대한 것은 보안처분을 통해서 해결하는 형사제재 이원주의에 대한 합의도출이 선행되어야 할 것으로 본다. 물론 책임개념을 구성하는 내용이 예방적 고려를 가미한 책임개념으로 바뀔 필요성은 있다고 하여도, 형벌은 행위책임에 입

131) 독일에서도 '보안처분 위기론(Krise der Zweispurigeit)'이 공공연하게 거론되고 있다(송문호, "사회보호법상 보호감호에 대한 비판적 고찰", 형사법연구 제13호, 한국형사법학회, 2000, 290면 참조).

각한 책임원칙에 철저하고, 위험성 판단은 보안처분의 몫으로 넘김으로써 보다 명확한 형사제재체계를 확립하는 것이 바람직하다. 즉 상습·상습누범에 대한 형벌가중규정은 과감히 폐지하고, 그 대신 소위 범죄성향을 지닌 위험한 상습범으로부터 일반시민을 보호하기 위한 보안처분제도를 최후의 형법수단으로 활용하는 것이 바람직할 것이다.

그런 점에서 본다면, 지난 2011년 형법개정법률안은 보안처분을 형법전에 규정하면서 종래 책임원칙에 반한다는 비판을 받아온 상습범 및 누범 가중처벌규정을 삭제함으로써 형사제재 이원주의에로의 방향성을 제시한 것으로 이해된다.

그런데 문제는 지난 2010년 형법개정을 통해 법정형을 15년에서 30년으로 두 배 상향함으로써 지금의 형벌은 책임에 대한 응보에 더하여 행위자의 재범위험성까지 포함하고 있는 것으로 이미 보안형벌화 되었다고 할 수 있다는 것이다.[132] 결국 상습범 가중처벌규정을 삭제한다고 하더라도 여전히 형벌 안에 위험성이 내포되어 있어 이중처벌이라는 비난으로부터 자유로울 수 없다는 것이다. 따라서 상습범 가중처벌 규정의 삭제뿐만 아니라 30년으로 지나치게 상향된 법정형의 상한을 재조정할 필요가 있다. 그렇지 않을 경우, 우리 형법상 형사제재 이원주의에 대한 합의 도출은 결코 쉽지 않을 것이다.[133]

2) 명칭정리를 통한 보안처분의 색깔 찾기

1980년 (구)사회보호법이 제정되면서 우리 형사법제에 보안처분이 도입되었지만, 사회보호법이 제정될 당시 이미 1975년에 제정된 사회안전법에서 보안처분이라는 용어를 사용하고 있어, 용어상의 혼동을 피하기 위하여 사회보호법에 보안처분이라는 명칭 대신 보호처분이라는 명칭을 사용하였다. 그러나 이러한 처분이 보호처분이 아니라 보안처분이라는 것에는 이견이 없을 것이다.

문제는 이러한 명칭의 모호성이 예컨대 미국의 Probation을 모델로 하는 보호관찰 내지 소년법상 보호처분 등과의 구분을 어렵게 만듦으로써[134] 이러한 보호처분들이 비교적 대상범죄를 넓게 확대하는 것과 마찬가지로 보안처분의

132) 이에 우리 형사제재가 일원주의로 전환한 것으로 보아야 한다는 주장도 제기된다(김태명, 앞의 논문(2012), 133면.

133) 김혜정 앞의 논문(2013A) 138면 이하.

134) 박재윤, 앞의 논문, 34면.

대상도 확대될 수 있는 위험성을 내포하게 되었다.

더욱이 20세기에 들어오면서 형벌목적이 전통적인 응보적 관점에서 치료·개선 중심의 교정적 관점으로 변화하게 되었고, 보안처분에서도 특별예방적 관점에서 당연히 치료·개선이 강조되지 않을 수 없게 되었다. 따라서 보안처분에서의 치료·개선이 강조되는 것은 보호처분이기 때문에 요구되는 것이 아니라, 현대적 형벌목적의 반영이라고 해야 할 것이다.

그렇다면 이제는 "보안처분"을 "보호처분"이라는 명칭으로 미화함으로써 마치 보안처분이 그 대상자를 보호하기 위한 처분인 것으로 오해할 수 있는 부분을 불식시킬 필요가 있다. 즉 보안처분은 장래 재범위험성이 높은 범죄자로부터 "사회방위" 내지 "사회보호"를 위한 처분으로 보안처분의 주목적은 "보안"에 있는 것이고, 다만 특별예방적 관점에서 보안처분대상자가 장래 재범하지 않도록 구체적·개별적 목적에서 치료·개선이 요구되는 것이라는 점을 분명히 해야 할 것이다.[135]

그런 점에서 지난 2011년 형법(총칙) 일부개정법률안[136]에서 (구)사회보호법상 "보호처분"을 "보안처분"으로 개칭해서 규정했던 것은 바람직하다고 생각되지만, 보안처분의 종류에 있어 여전히 (구)사회보호법상 "보호감호"를 "보호수용"이라고 칭하고, 자유제한적 보안처분에 보호관찰이라는 명칭을 유지하고 있었던 것은 적절하지 않았다고 생각된다. 따라서 앞으로 보안처분제도를 재도입하게 될 때, 올바른 명칭정리가 필요하다고 본다.[137]

3) 보안처분의 유형정리를 통한 이중처벌의 방지

보안처분은 주지하는 바와 같이, 자유박탈적 보안처분과 자유제한적 보안처분으로 나누어진다. 자유박탈적 보안처분은 일반적으로 위험한 상습범죄자들에 대한 보안감호와 정신장애범죄자 등에 대한 치료감호로 나눌 수 있다. 비록 보안감호의 경우에 그 집행이 형벌과 구별되기 쉽지 않다는 이유에서 형벌의 연장으로 "간판사기"가 아니냐는 비판이 제기되고 있지만, 보안감호와 치료감

135) 같은 견해로 강우예/박학모, 앞의 보고서, 39면.

136) 법무부, 형법(총칙)일부개정법률안 제안 이유서, 2011. 4, 87면.

137) 같은 견해로 박학모, "보안처분제도의 재구성을 위한 성찰과 제언", 보호관찰 제14권 제1호, 한국보호관찰학회, 2014, 19면 이하 참조.

호를 자유박탈적 보안처분의 유형으로 보는데 이견은 없을 것이다.

문제는 자유제한적 보안처분과 관련하여서 앞에서 언급한 바와 같이, 종래 보안처분이라는 명칭이 보호처분으로 칭해지는 등 그 모호성으로 인해 그 유형을 판단하는데 견해가 대립되고 있다. 현재 다수견해에 따르면 집행유예 및 가석방 등에 부가되는 보호관찰도 자유제한적 보안처분으로 분류되고 있다. 그러나 자유제한적 보안처분과 같은 "경성제재"와 미국의 Probation에서 유래한 보호관찰과 같은 "연성제재"[138]는 구별할 필요가 있다.[139] 왜냐하면 미국의 Probation을 모델로 하고 있는 보호관찰[140]과 독일의 Führungsaufsicht를 모델로 하고 있는 자유제한적 보안처분은 <표 2-2-1>에서 보는 바와 같은 차이가 있다고 보기 때문이다.

보호관찰은 집행유예의 경우처럼 형집행의 전부를 유예[141]하거나 가석방의 경우처럼 형집행의 일부를 유예[142]하면서 부과하는 완화적 관점에서의 연성제재라면, 자유제한적 보안처분은 형집행의 유예 없이, 즉 징역형의 집행을 종료한 경우[143]에도 그 위험성으로 인해 추가적으로 부과하는 강화적 관점에서의

---

138) 이승호, 앞의 논문(2012), 83면.

139) 독일 형법에서는 제68조 이하의 자유제한적 보안처분은 "Führungsaufsicht"라고 칭하고, 제56조 이하의 형벌의 전부(우리의 집행유예) 또는 일부(우리의 가석방)를 유예하면서 부과하는 미국식 Probation은 "Bewährung" 또는 "Bewährungshilfe"라고 칭함으로써 구분하고 있다.

140) 보호관찰의 법적 성격과 관련하여 우리나라에서는 보안처분의 일종으로 보는 견해, 변형된 형벌집행으로 보는 견해, 제3의 독립제재로 보는 견해 등으로 나뉘어 있다(박상기/손동권/이순래, 형사정책 제11판, 2010, 309면 참조). 독일은 Bewährungshilfe(보호관찰)를 형벌도 아니고 보안처분도 아닌 것으로 보고 있다(Sturm, "Die Strafrechtsreform", JZ 1970, S. 84).

141) <집행유예(예컨대 형법 제62조의2 및 전자장치부착법 제28조 이하)의 경우>

선고된 전체 刑		시설내 집행	보호관찰		총 집행된 형(제재)
형 벌	→	전부 유예		+	=

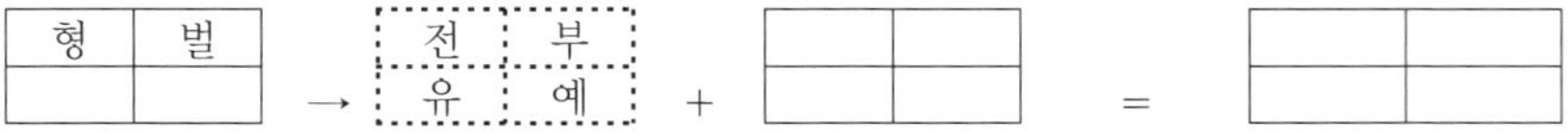

142) <가석방(예컨대 형법 제73조의2 및 전자장치부착법 제22조 이하)의 경우>

선고된 전체 刑		시설내 집행	보호관찰		총 집행된 형(제재)
형 벌	→	유예		+	=

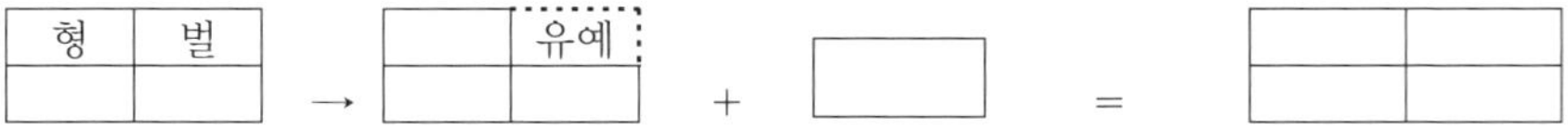

143) <자유제한적 보안처분(예컨대 전자장치부착법 제21조의2 이하)의 경우>

선고된 전체 刑			시설내 집행	자유제한적 보안처분		총 집행된 형(제재)
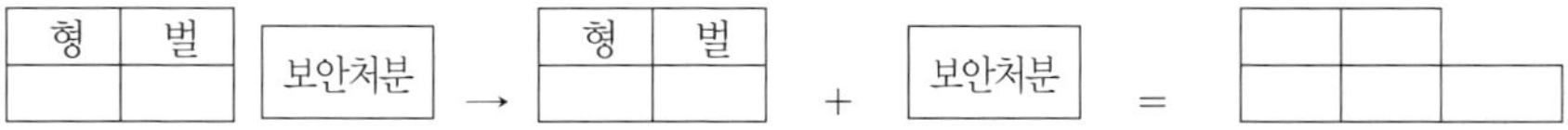 형 벌	보안처분	→	형 벌	보안처분	+	=

〈표 2-2-1〉 보호관찰과 자유제한적 보안처분의 차이

구 분	(미국식) 보호관찰 (Probation, Bewährungshilfe)	자유제한적 보안처분 (Führungsaufsicht)
제재의 성격	연성제재	경성제재
처분의 성격	보호처분	보안처분
형벌과의 관계	형벌의 대체제재	형벌에 대한 추가(보완)제재
형벌의 집행 여부	일부 혹은 전부 집행유예	집행 완료
위험성예측의 판단	"긍정적" 예측의 요구	"부정적" 예측의 요구
대상범죄의 범위	확대가능	축소필요
죄형법정주의와의 관계	총론 규정으로 충족	총론 및 각론 규정의 필요
현행 규정	형법 제62조의2, 제73조의2, 전자장치부착법 제22조, 제28조 등	전자장치부착법 제21조의2 등

경성제재라는 점에서 분명한 차이를 나타내고 있다.144)

무엇보다도 경성제제의 부과를 주장하는 경우는 강력범죄를 염두에 두는 반면, 연성제재의 부과를 주장하는 경우는 일상의 범죄를 염두에 두고 있다. 따라서 강력범죄를 대상으로 하는 제재와 일상적인 범죄를 처리하는 제재방안은 별개로 구축될 필요가 있고, 이를 통해 사회내에서 집행되는 제재와 관련하여 지금까지의 단선적 관점을 벗어내고 다원적인 틀을 지향하면서 대상범죄의 유형에 따라 상이한 대책을 통해 형법의 기능을 복합적으로 구축할 필요가 있다.145)

이러한 제재성격의 구분은 그 대상범죄의 범위를 정하는데 중요한 기준이 될 것이다. 즉 경성제재로서 자유제한적 보안처분의 대상범죄는 사회방위를 위

144) 같은 견해로 강우예/박학모, 앞의 보고서, 40면. 다만, 동보고서의 83면 이하에는 다른 견해를 밝히고 있다. 필자는 자유제한적 보안처분에 해당하는 제재가 과거에는 없었다가, 지난 2012년 12월 18일 개정 전자장치부착법 '제2장의2 제21조의2 이하'에 비로소 신설되었다고 본다.

145) 이승호, 앞의 논문(2012), 83면.

해 필요 최소한의 강력범죄로 제한되어야 할 것이고, 연성제재로서 보호관찰의 대상범죄는 단기자유형의 폐해 등 자유박탈의 역기능을 극복하기 위해 가능한 대상범죄를 넓히는 것이 필요할 것이다.

4) 보안처분의 선고 및 중지에 있어 'in dubio pro reo'원칙의 확립

보안처분은 소위 장래 재범위험성을 근거로 책임의 정도를 넘어서 개인의 자유를 침해하는 제재이다. 보안처분의 정당성은 결국 장래 재범위험성에 대한 확실한 예측에 좌우될 수밖에 없으므로 이러한 위험성예측을 가능한 확실하게 하는 것이 필요하다.

그런데 보안처분의 선고여부를 결정하는 범죄자의 장래 재범위험성, 즉 위험성예측(Gefährlichkeitsprognose)은 예측의 본질상 항상 불확실성을 내포할 수밖에 없다. 무엇보다도 법관이 재범위험성에 대한 신뢰할만한 근거와 확실한 인식을 갖는다는 것이 그리 쉽지만은 않다. 따라서 법관은 장래 재범위험성에 대해 합리적인 의심이 남아있는 경우에는 '의심스러운 경우에는 피고인에게 유리하게(in dubio pro reo)'원칙에 입각하여 결정해야 할 것이고, 이것이 보안처분에 있어 무죄추정원칙에 입각한 결론이라고 본다.[146)]

보안처분이 적용되는 과정은 형벌을 확정하는 절차보다 본질적으로 훨씬 불명확하며 자의적일 수 있으므로, 재범위험성에 대한 확신이 없는 경우에는 동원칙의 적용이 요구되는 것이다. 이는 보안처분은 장래에 범죄자로부터 야기될 수 있는 위험을 방지하기 위해 필요한 경우에 비례성원칙에 입각하여 범죄자에게 최소한의 형사제재로 선택되어져야만 하기 때문이다. 따라서 법관은 보안처분의 선고에 앞서 범죄자로부터 장래 재범이 예상되는 것뿐만 아니라 최소한의 형사제재로 일반시민에 대한 충분한 보호가 가능한지 여부도 검토하여야 할 것이다.

이러한 'in dubio pro reo'원칙은 비단 보안처분의 선고에서 뿐만 아니라 보안처분의 집행을 중지(유예)하는 경우에도 적용되어야 할 것이다. 즉 형벌과 함께 보안처분이 선고된 경우라고 하더라도 형벌의 집행을 종료하고 보안처분의 집행에 앞서 대상자의 재범위험성을 다시 판단(중간심사)하여 재범위험성 판단

146) 보안처분에서 무죄추정원칙의 적용은 'in dubio pro reo'원칙을 통해서 구체화된다고 본다. 그에 대한 구체적인 내용은 김혜정, 앞의 논문(2003A), 362면 이하.

에 합리적인 의심이 남아 있다면 'in dubio pro reo원칙'에 따라 보안처분은 집행되지 않아야 한다는 것이다.[147] 왜냐하면 보안처분 선고의 근거가 되었던 재범위험성이 존재하지 않는다면, 보안처분 선고 자체는 이미 그 법적 근거를 상실한 것이고, 이런 경우에도 보안처분을 집행하는 것은 법치국가원칙의 관점에서 부당한 자유제한이 될 뿐만 아니라 비례성의 원칙에도 반한다고 할 것이기 때문이다. 이를 위해 형벌과 함께 보안처분이 병과 되고 형벌이 먼저 집행되는 경우에는 보안처분의 집행에 앞서 다시 재범위험성을 평가하는 중간심사가 반드시 시행되어야 할 것이다.

5) 재범위험성 평가의 실질화

이처럼 보안처분의 선고를 위해서는 대상자에게 장래 재범위험성이 전제되어야 하고, 또 보안처분이 선고된 경우라고 하더라도 형벌이 먼저 집행되는 경우에는 보안처분을 집행하기에 앞서 재범위험성에 대한 평가가 다시 이루어져야 한다. 이러한 재범위험성 평가를 위해서는 전문가 집단의 객관적인 평가가 전제되어야 할 것이다. 무엇보다도 이러한 재범위험성 평가는 위험성예측이라는 개념을 통해 알 수 있는 바와 같이, 불확실성을 내포하고 있기 때문에 보다 신뢰할 수 있는 재범위험성 평가가 보안처분에 있어 중요한 전제가 되어야 할 것이다.

문제는 재범위험성에 대한 신뢰할만한 과학적 판단이 가능할 것인가이다. 사실 종래 재범위험성이라는 불명확한 개념에 의존하여 자유를 박탈하는 보안처분의 정당성에 대하여 많은 비판이 제기되어 왔다. 그러나 작금의 상황은 비단 보안처분에서만 "재범위험성"판단을 요구하는 것이 아니라, 보호관찰부 집행유예, 가석방, 전자장치부착명령 등 — 비록 "긍정적" 예측이냐, "부정적" 예측이냐라는 차이가 있기는 하지만 — 다양한 형사제재의 결정에서 재범위험성은 항상 주요한 판단요소로 고려되는 만큼, 제재의 선택과 결정에서 재범위험성이라는 평가요소를 제외하기 보다는 보다 신뢰할 수 있는 평가도구를 개발하는 노력[148]이

147) 이에 대해 독일의 전통적인 견해에 따르면 'in dubio contra rem(의심스러운 경우에는 피고인의 부담으로'원칙에 입각하여 판단하여야 한다고 한다(Stree, 앞의 책, 106면 이하; Bruns, 앞의 논문(1958), 651면).

148) 이러한 노력의 일환으로 지난 2010년 한국판 위험성평가도구 "KORAS-G(Korean Offender Risk Assessment-General)"가 개발되었고, KORAS-G의 재범예측타당도를 확인해 본 결과, 만족할만한 수준의 재범예측 정확률을 지니고 있는 것으로 분석되고 있으나 아직

더 중요할 것이다.[149)]

이러한 재범위험성 평가에는 비단 전문적인 평가도구에 의한 평가뿐만 아니라 대상자의 생활환경 등 포괄적인 평가가 요구된다는 점에서 양형자료조사의 실질화도 함께 요구된다. 그런 점에서 양형자료조사에 대한 기본규정을 형사소송법에 마련하고, 양형자료조사인력을 충원하는 등 양형자료조사를 활성화하기 위한 노력도 더불어 요구된다.

6) 보안처분 집행의 차별화

형사제재의 이원주의에 입각하여 형벌과 보안처분이 함께 선고된다고 하더라도, 그 집행에 있어서 보안처분의 집행을 먼저하고 그 기간을 형벌에 산입하는 대체주의를 취할 것인지, 형벌과 보안처분을 모두 집행하는 병과주의를 취할 것인지에 대하여는 검토가 요구된다. 일반적으로 치료감호에 대하여는 대체주의를 취하고 있지만, (구)사회보호법상 보호(안)감호에 대하여는 병과주의를 취하였다.

독일에서 보안처분은 그 집행과 관련하여 원칙적으로 형벌에 앞서 보안처분을 집행하는 대체주의를 취하고 있다.[150)] 그러면서 예외적으로 보안감호의 경우에는 형벌을 먼저 집행한 후에 보안감호를 집행하도록 하면서 법원이 그 집행순서를 변경할 수 없을 뿐만 아니라 형의 일부집행 후에 보안감호를 집행하는 것조차도 허용하지 않음으로써 보안감호와 관련하여서는 엄격한 병과주의를 취하고 있다.[151)]

그런가하면, 종래 치료감호에 대한 대체주의와 관련하여서도 보안처분의 치료성과를 향상시키고 위험한 범죄로부터 일반시민에 대한 보호를 개선하겠다는 목적으로 지난 2007년 '정신병원 및 금단시설 수용의 안전을 위한 법률'의 제정을 통해 치료감호의 집행에 있어 대체주의방식에 대한 유연성을 확보[152)]하고

미완성의 단계로 앞으로도 끊임없는 연구의 필요성이 제기되고 있다(이수정/고려진, "한국판 위험성평가도구, KORAS-G (Korean Offender Risk Assessment-General) 타당도 연구", 한국범죄학 제5권 제2호, 2011, 251면 이하).

149) 최근 미국의 LA에서는 빅데이터를 활용해 범죄를 예측할 수 있는 프로그램을 개발하여 운영하고 있고, 그 결과 범죄율이 13% 감소하였다고 한다(BBC제작, 「미래 경쟁력의 핵심, 빅 데이터(The Age of Big Data)」, 2013(KBS 2014. 1. 5 방송) 참조).

150) Schönke/Schröder/Stree, StGB, 27.Aufl., §67, Rn. 2.

151) Schönke/Schröder/Stree, StGB, 27.Aufl., §67, Rn. 11.

152) 치료감호의 기간보다 장기의 형벌을 선고하는 경우, 치료감호를 먼저 집행하고 그 기간

있다.[153]

이러한 집행차별화를 위해 보안처분 대상자의 치료·개선이 강조된다고 하더라도 그로 인해서 보안처분의 성격이 보호처분으로 바뀌는 것이라고 할 수는 없을 것이다. 비록 치료·개선이 강조된다고 하더라도 형벌에 추가하여 처벌한다는 보안처분이 갖고 있는 강성제재로서의 성격과 그에 따라 대상범죄를 강력범죄로 제한함으로써 형사제재로서 최후수단성이 강조되어야 하기 때문이다.

다만, 보안처분은 특별예방이론에 따라 대상자에 대한 개별처우를 통해 재범위험성을 최소화시켜 대상자를 재사회화시킬 수 있는 구체적인 프로그램의 마련이 요구되는 것이고, 그 중심에는 의료적 관점이든 심리적 관점이든 치료처우(프로그램)가 항상 논의되고 있다.

생각건대 보안처분도 궁극적으로 범죄예방이라는 형벌과 같은 목적에서 출발한다는 점에서 그 집행은 무의미한 중첩처벌이 되는 것을 방지할 수 있는 대체주의를 원칙으로 하되, 각 처분의 목적 달성에 보다 적합한 예외규정을 마련하는 방안이 바람직할 것으로 본다. 그런 점에서 앞에서 언급한 바와 같이, 독일 형법에서 보안감호에 앞서 형벌을 집행하면서 재범위험성을 개선하기 위한 노력이 없었다면, 형집행 종료 후에 설사 범죄자에게 재범위험성이 남아 있다고 하더라도 보안감호를 집행할 수 없다고 하여 의미 없는 중복 집행을 지양하려는 노력은 참고할 필요가 있다. 또 치료감호의 경우 무엇보다도 치료목적을 달성하는 것이 중요하다고 할 것이므로 치료목적을 달성하기 위한 독일의 유연성 확보방안도 우리에게 시사하는 바가 크다고 생각된다.[154]

을 형기에 산입하더라도 추가로 형벌을 집행해야 되는 상황이 발생하여 금단시설에서 획득한 치료효과를 상실하게 되는 위험이 발생하는 문제를 해결하기 위해, 예컨대 치료감호 대상자가 5년의 자유형과 금단시설수용을 선고 받은 경우, 3년을 초과하는 2년 기간의 2/3에 해당하는 기간의 형을 먼저 집행하고 다음에 보안처분(금단시설수용)을 2년(독일 형법 제67조d 제1항) 집행함으로써 금단시설수용의 종료와 함께 가석방요건(독일 형법 제57조 제1항)이 충족되어 가석방이 가능하도록 하고 있다. 이러한 판단의 또 다른 중요한 요인 중 하나는 1일 80유로가 요구되는 교정비용에 비해 1일 240유로가 요구되는 보안처분비용의 부담을 감소하고자 하는 목적이 있는 것으로 분석되고 있다(김혜정, 앞의 논문(2008), 100면 이하).

153) Schneider, 앞의 논문, 68면.

154) 김혜정, 앞의 논문(2013A), 147면 이하.

제 3 장 재사회화형 사회내처우

제 1 절 서 론

'사회내처우'란 '시설내처우'에 대립되는 개념으로, 행위자를 일정한 시설 안에 구금하지 않고 사회 안에서 자유로운 생활을 영위하도록 하면서 일정기간 지도와 감독을 받게 하는 제도를 의미한다. '사회내처우'라는 용어는 원래 일본의 학자들이 주로 영미법계에서 발전된 probation이나 parole을 도입하면서 이를 보호관찰이라 번역하고 이의 상위개념으로 기존의 갱생보호 등을 포괄하여 범죄자를 사회내에서 처우한다는 뜻으로 만들어낸 말을 국내에 도입하여 사용하고 있는 것으로 보고 있다.[1)]

학계와 실무에서 '사회내처우'라는 용어를 일반적으로 사용하고 있지만, 사회내처우라는 개념을 이해할 때 구체적으로 어느 범주까지 포함할 것인가와 관련하여서는 광의로 이해하는 경우와 협의로 이해하는 경우로 나뉘는 부분이 있다.[2)] 그러나 일반적으로 사회내처우는 보호관찰을 중심으로 사회봉사·수강명령 등 자유를 박탈하지 않는 처우개념으로 이해할 수 있을 것이다.

1) 유석원, "미국의 사회내처우에 관한 연구 －한국의 형사사법에 대한 정책적 시사점－", 저스티스 통권 제70호, 2002, 211면.

2) 그에 대한 내용은 이승호, "우리 나라 사회내처우의 역사적 전개와 향후 발전방향", 형사정책 제8호, 1996, 91면 이하; 이진국, "형사제재체계 내에서의 사회내처우제도", 형사법연구 제22호 특집호, 2004A, 519면 이하 참조.

이러한 사회내처우가 등장하게 된 배경에는 그 동안 시설내처우가 야기했던 범죄자의 탈사회화를 통한 재범방지의 실패라는 문제점과 한계가 부각되면서, 이러한 문제를 극복해 낼 수 있다는 기대가 담겨져 있다. 물론 형사제재로써 시설내처우의 지위와 중요성이 부정되는 것은 아니지만 범죄자의 처우는 가능한 한 폐쇄적인 시설을 쓰지 않고 사회내에서 행하는 것이 바람직한 것이라는 인식이 강화되면서 형사정책의 동향은 시설내처우에서 사회내처우로 무게중심이 옮겨가는 추세를 보여 왔다.[3] 따라서 초기 사회내처우는 시설내처우에 비해 처우강도에 있어서는 약한 만큼, 처우대상을 광범위하게 포섭할 수 있다는 특징을 지니고 있었다. 그러나 이는 바꾸어 생각하면, 사회내처우의 느슨한 처우강도가 필요 이상 강조될 경우에 범죄예방은 실패할 수 있고, 처우대상의 광범위성이 특별히 선호될 경우에 사회전체가 범죄통제의 망 속에 갇혀 일반인의 인권이 심각하게 침해될 수 있는 문제점을 안고 있다.[4] 그럼에도 불구하고 "오늘날 보호관찰은 현대적이고 인간적인 형사정책의 필수불가결한 기둥이 되었다"[5]라고 표현될 만큼 보호관찰을 중심으로 한 사회내처우는 형사정책적으로 중요한 의미를 차지하고 있다.

사회내처우가 이처럼 현대 형사정책의 중심이 될 수 있었던 것은 20세기 범죄자처우이념의 중심이 '사회복귀사상'에 있었던 것에서 찾을 수 있다. 이는 단지 형벌목적이 응보에서 개선교육으로 이동해온 것뿐만 아니라 형사정책적인 측면에서도 '의료모델' 또는 '사회복귀모델'로 그 중심이 변화되었던 것에서 연유한다.

그러던 것이 1970년대에 접어들면서 서구, 특히 미국에서 범죄가 급증하고 그에 따라 교정시설은 과밀수용에 이르게 되어 형사정책이 위기에 빠지는 상황이 발생되었다. 특히 20세기 들어 범죄자처우이념의 중심이 되었던 사회복귀모델이 생각보다 고비용이면서 범죄예방에는 다소 미약하다는 평가가 이루어졌

---

3) 김재희, "수강명령제도의 형사제재로서의 역할에 대한 소고", 성균관법학 제25권 제1호, 2013, 109면.

4) 이승호, 앞의 논문(1996), 90면 참조.

5) 이 말은 독일 바이에른州 보호관찰 50주년 기념식에서 뮌헨 대학의 하인쯔 쉐흐(Heinz Schöch) 교수가 한 말이라고 한다(위르겐 무츠, "독일 형사사법 시스템에서의 보호관찰의 역할", 보호관찰 제9권 제2호, 한국보호관찰학회, 2009, 151면 참조).

다. 이에 원래의 사회내처우에 형벌적 요소를 가미하는 형태로 사회내처우의 모습이 변화[6]하게 되었다.

이러한 변화는 범죄자처우를 '의료모델(medical model)'에서 '정의모델(혹은 공정모델: justice model)'로 변화시키면서, 과거 의료모델에서 재범률을 얼마나 낮게 할 것인가 하는 효율의 문제에 중점을 두었던 것과는 달리, 범죄자를 얼마나 공평하게 처우하는가의 문제에 중점을 두게 되었다. 그 과정에서 의료모델과 함께한 부정기형은 폐지되고 선별된 범죄자만을 구금하는 선별적 무능력화 정책이 대두되었다. 그런데 선별된 중한 범죄자군을 오랜 기간 구금하게 되는 과정에서 과밀수용의 문제는 여전히 발생하게 되었고, 결국 과밀수용의 문제는 가석방을 통해 해결할 수밖에 없게 되었다. 그 과정에서 가석방을 통하여 위험한 범죄자를 사회에 내보낸다는 일반시민으로부터의 비판을 받게 되었다. 이러한 문제를 해결하기 위해 고안된 것이 보호관찰에 야간외출금지명령을 추가하고, 보호관찰에 전자감독을 추가하고, 보호관찰에 가택구금을 추가하는 등 보호관찰을 활용한 감시체제의 강화, 즉 집중감독 보호관찰을 새로운 사회내처우 방법으로 도입하게 된 것이다.[7]

이러한 미국에서의 사회내처우에 대한 정책적 변화는 우리와 결코 무관하지 않다. 우리의 사회내처우제도 역시 언젠가부터 일반보호관찰에 머무르지 않고, 보호관찰에 외출제한음성감독을 추가하는 등 보다 강화된 사회내처우 방안이 마련되어 그 비중이 점차 증가하고 있는 모습을 발견할 수 있기 때문이다.[8]

---

6) 이를 "사회내처우에서 사회내제재"로의 변화라고 표현하기도 한다(김용준, "우리나라의 21세기 사회 내 처우의 전망", 교정연구 제14호, 2002, 31면 참조). 그런데 사회내제재가 시설내제재에 대립되는 개념으로 사회내처우와 유사한 개념으로 사용되고 있으나, 양자는 동일하지 않은 것으로 이해되고 있다. 즉 사회내제재는 검찰이나 법원이 구체적 양형과정에서 피고인에게 부과하는 제재의 일종으로서(이진국, "사회내제재의 가치와 개편", 형사정책연구 제15권 제2호, 2004B, 6면 참조), 그 주된 내용이 사회내처우로 되어 있는 것으로 이해된다(한영수, "사회내제재의 실효성 확보방안에 관한 연구", 형사정책연구 제18권 제3호, 2007, 442면 참조).

7) 김용준, 앞의 논문, 29면 이하 및 38면 이하 참조.

8) 현재 실시되고 있는 집중보호관찰의 실시 추이를 살펴보면, 2005년 8,602면에서 2006년 14,044면, 2007년 16,580명, 2008년 20, 361명, 2009년 22,684명으로 꾸준히 증가하고 있다. 또한 보호관찰에 부가되는 외출제한명령도 2005년 2,857명, 2006년 5,337명, 2007년 6,229명, 208년 8,293명, 2009년 9,930명으로 해마다 그 접수 추이가 증가하고 있다(법무부, 2010 범죄예방정책 통계연보 창간호, 2011, 108, 110면 참조).

특히 아동대상 성폭력범죄의 증가를 이유로 2008년부터 '특정 성폭력범죄자에 대한 전자장치 부착에 관한 법률[9](이하 '전자장치부착법'이라 한다)'에 따라 도입된 전자감독은 종래 사회내처우의 특징으로 언급되었던 처우강도의 느슨함과 대상범위의 광범위성과 연결되기에 부적절한 모습을 보여주고 있다.

제 2 절 보호관찰

1. 보호관찰의 본질

1) 개념 및 역사

보호관찰제도(Probation, Parole, Bewährungshilfe)[10]란 범죄자의 자유를 박탈하지 않고 사회 안에서 생활하게 하면서 보호관찰관을 통하여 보호관찰 대상자에게 주어진 준수사항의 이행 여부를 감독하고, 지도와 원호를 통하여 보호관찰 대상자를 개선·교육함으로써 재범을 방지하고, 보호관찰 기간이 종료되면 원만하게 사회에 복귀할 수 있도록 돕기 위한 제도이다. 즉 보호관찰제도는 형벌 또는 보안처분의 집행에서 석방된 자에 대하여 구속에서 자유에로의 전환을 용이하게 함으로써 재범의 위험을 방지한다. 또 보호관찰 대상자를 합법적인 생활에 적응시키기 위하여 보호관찰관이 보호관찰 대상자에 대하여 원호적 지도를 함으로써 교정시설에 수용되지 않은 범죄인에 대해 자유상태에서 생활형성을 원호하고 감독하는 제도라고 할 수 있다. 이러한 보호관찰 개념에 따르면, 보호관찰관은 개별적 상담자(case worker)로서 범죄인을 보호·감독하는 역할을

9) 동 법률은 2012년 '특정 범죄자에 대한 보호관찰 및 전자장치 부착 등에 관한 법률'로 법률명이 변경되었다.

10) 보호관찰이 창안된 미국에서 보호관찰을 의미하는 용어로는 'Probation'(보호관찰부 형의 집행유예)과 'Parole(보호관찰부 가석방)' 두 가지가 있다. 일반적으로 보호관찰이라고 할 때, Probation을 의미한다고 할 수 있다(배종대, 앞의 책, 410면). 그러나 일본에서 보호관찰을 Probation과 Parole을 포함하는 개념으로 사용하였고 우리나라에서도 그 용어를 받아들여 우리가 보호관찰이라고 하면 양자를 포함하는 것으로 이해된다(이형섭, "한국보호관찰제도의 최근동향과 발전방향", 보호관찰 제2호, 한국보호관찰학회, 2002, 119면).

수행하게 된다.[11]

역사적으로 살펴볼 때, 근대적 의미의 보호관찰(Probation)은 19세기에 들어와 미국의 금주협회 회원이던 민간자원봉사자인 어거스투스(John Augustus)에 의해 창안되어 각국의 실정에 따라 발전된 것이라고 할 수 있다. 그는 보스턴의 한 제화공으로 1841년 금주운동에 참여하여 알코올중독자를 선도하겠다는 약속으로 보석허가를 받아낸 후 일생동안 총 1,946명의 범죄자를 선도한 성과를 거두었다. 당시 그의 활동에 의하여 대상자의 심사, 선택, 감독이나 법원에 대한 보고서의 작성 등과 같은 오늘날의 보호관찰제도의 골격이 갖추어지게 되었다. 이에 따라 미국 매사추세츠州가 'Probation'이라는 용어를 공식적으로 사용하여 보호관찰법률을 제정함으로써 현대적 의미의 보호관찰제도를 확립하게 되었다. 이러한 보호관찰법의 입법은 곧이어 미국 내로 확산되게 되었고, 다른 나라에도 영향을 끼치게 되었다.[12]

우리나라에서 보호관찰을 채택한 것은 1958년 소년법(법률 제489호)의 제정 및 1963년 개정 소년법에서 비롯되었다고 할 수 있다. 그러나 당시의 보호관찰처분은 진정한 의미의 보호관찰제도라고 보기 어렵다고 본다. 그 이유는 보호관찰제도의 본질적 요소인 '케이스 워크(case work)'적인 감독·원호 등이 뒤따르지 않았기 때문이다.[13] 뿐만 아니라 이 규정을 구체화하는 세부규정이 마련되지 못하였기 때문에 현실적으로 비행소년의 재범을 막는데 도움이 되지 못하였다.[14]

그 후 1975년 법률 제2769호로 사회안전법이 제정되면서, 그 안에 국가의 존립을 위태롭게 하는 반국가사범으로부터 국가의 안전을 유지하기 위해 보호관찰처분을 규정하게 되었다. 그러나 그 성격 역시 사회내처우의 본래적 의미를 갖는 보호관찰이라기보다는 순수한 보안처분적 성격을 많이 갖고 있었다. 그러다가 1989년에 사회안전법이 폐지되고 대신에 보안관찰법이 제정되면서,

11) 김혜정, "법적 성질의 재고찰을 통한 보호관찰의 형사정책적 지위정립", 형사정책 제13권 제2호, 한국형사정책학회, 2001, 119면 이하.

12) 배종대, 앞의 책(2016), 410면.

13) 신창언, "보호관찰제도에 관한 연구 –미국과 일본의 제도를 중심으로–", 저스티스 제14권 제1호, 한국법학원, 1977, 155면.

14) 최인섭/진수명/김영진, 소년보호관찰의 평가와 효율성분석 –서울보호관찰소를 중심으로–, 연구총서 92–19, 한국형사정책연구원, 1992, 33면.

기존의 사회안전법 상의 다양한 처분들은 보안관찰이라는 한 종류의 처분만으로 규정되게 되었다. 보안관찰은, 형벌은 형벌대로 부과되고 그 다음에 누적적으로 다시 부과되는, 즉 형벌과는 별개로 독자적으로 부과되는 처분이다. 따라서 보안관찰에는 사회내처우로서의 보호관찰의 본래적 성격인 "형벌대용적 성격"이 없다.15)

또 1980년 법률 제3286호로 사회보호법이 제정·공포되면서 보안처분의 한 종류로서 보호관찰이 규정되고 있다. 그러나 사회보호법 상 보호관찰의 법적 성격을 무엇으로 인식해야 하는지, 즉 여기에서의 보호관찰의 법적 성격을 자유제한적 보안처분으로 인식할 수 있는지는 의문스럽다. 왜냐하면 이 경우 보안처분의 가종료 및 가출소에 대한 조건으로 부과되는 것으로 사회내처우로서 가지는 특성인 "형벌(내지 보안처분)대용적인 성격"을 내포하고 있기 때문이다.16)

이상과 같은 법제와는 달리 실무적인 보호관찰 도입과정을 살펴보면, 1978년 광주지방검찰청에서 소년범죄자에 대한 선도조건부 기소유예제도를 창설하여 실시한 결과, 그 반응이 매우 좋다고 판단되어, 1981년 1월 20일 법무부 훈령 제88호로서 소년선도보호지침을 마련하고, 이를 전국적으로 확대 실시하였다. 이 제도는 우리나라 특유의 비행소년 선도보호대책으로서 그 내용은 보호관찰과 유사하지만 본질적 의미의 보호관찰과는 다른 '유사한 보호관찰'이라고 할 수 있다. 또 법무부에서는 1983년 1월 보호관찰 시험실시지침을 마련하여 부산지방검찰청관내에서 보호관찰을 시범적으로 실시하다가, 다음 해인 1984년 3월부터 전국적으로 확대·실시하였다. 그러나 1989년 보호관찰법이 제정되기 이전에 실시된 보호관찰제도는 변형된 형태로 운영되어 왔다고 할 수 있다.17) 따라서 우리나라 법제상 진정한 의미에서의 보호관찰제도가 도입된 것은 1989년 7월 1일부터 시행된 보호관찰법에 의해서라고 할 수 있다. 다만 이 법률은 소년

15) 더욱이 보안관찰처분은 '보안관찰처분심의위원회'의 의결을 거쳐 법무부장관이 결정하는 것으로 사법처분이 아니다.

16) 그러나 다른 한편에서는 이것이 누범자, 심신장애자 등 범죄 위험성이 짙은 자들을 대상으로 실시되고 있다는 점에서 범죄의 위험성이 적고 경미한 범죄인을 대상으로 하는 본래적 의미의 보호관찰과는 거리가 있다고 보기도 한다(이태언, 보호관찰 등에 관한 법률론, 세종출판사, 1998, 83면 참조).

17) 최인섭/진수명/김영진, 앞의 보고서, 34면.

범죄자를 주된 대상으로 삼고 있었다.

초기에 보호관찰을 규정한 법률에서는 — 사회안전법과 사회보호법을 제외하고는 — 소년범죄자를 대상으로 한 보호관찰만을 규정하고 있었다면, 성인범죄자에 대한 보호관찰은 1994년에 '성폭력범죄의처벌및피해자보호등에관한법률'이 제정되면서 성폭력범죄자에 대하여 실시되었다. 그리고 1995년 1월에 보호관찰법이 '보호관찰등에관한법률(이하 '보호관찰법'이라 한다)'로 명칭을 바꾸어 종래 갱생보호제도를 동 법에 수용함으로써 보호관찰제도에 관한 기본법으로 자리를 잡게 되었다. 그와 함께 1995년 12월 형법이 일부 개정되면서 경과규정에 의해 1997년 1월부터 성인범에까지 보호관찰제도가 확장됨으로써 1996년 12월 12일 보호관찰법은 법률 제5178호로 다시 한 번 전면 개정되었다. 그 결과 보호관찰제도가 성인범에까지 전면적으로 확대 실시되게 되었다.

이처럼 보호관찰제도가 우리나라에 도입되는 과정은 통일되지 못한 비교적 다양한 법률을 통하여 약간씩 다른 색채를 띠고 도입됨으로써, 지금까지도 다의적으로 해석될 수 있는 여지를 남겨두고 있다.[18)]

2) 법적 성격

보호관찰제도는 일반적으로 형을 유예하는 조건으로 부과되는 보호관찰(Probation)과 가석방의 조건으로 부과되는 보호관찰(parole)의 두 종류로 나눌 수 있으나, 양자가 통합되어 사용되는 것이 보편적이다.[19)] 이 제도는 전통적으로 크게 두 기능으로 나눌 수 있는데, 첫째는 보호관찰관이 대상자에 대한 개별적인 상담자로서 범죄자를 보호·감독하는 기능이고, 둘째로는 보호관찰관이 사회자원의 활용자의 입장에서 범죄자의 개선·교육을 위해 사회단체와 관련을 맺으면서 원호하는 일에 역점을 두는 기능이다.

처음부터 Probation과 Parole은 그 연혁적인 면이나 활용의 면이 전혀 달랐었기 때문에 양 제도를 결합한 보호관찰제도의 법적 성격을 어떻게 파악할 것

18) 김혜정, 앞의 논문(2001), 114면 이하.

19) 이태언, 앞의 책, 11면; Probation은 법원의 선고라는 점과 수용의 결과가 아니고 그 대체처분이란 점에서 Parole과 구별된다. 즉 Parole은 가석방위원회라는 행정기구에서 내리는 결정이고 또 수용의 결과로서 가하는 처분이기 때문이다. 그러나 그 밖의 점에서는 Probation과 Parole은 같기 때문에 우리나라에서 보호관찰이라는 사회내처우에는 양자를 포함한 것으로 이해하고 있다.

인가 하는 문제는 쉬운 일이 아니다. 그렇기 때문에 이 제도는 그 용어의 정의만큼이나 그 법적 성격도 다의적일 수밖에 없다. 게다가 미국에서는 1948년 이후 Probation order를 범죄자가 정신질환적 상황에서 범행한 경우에도 실시하여 왔기 때문에 대륙법계에 있어서의 보안처분과 같은 취지로 실시되고 있는 부분도 있다고 볼 수 있다.[20]

독일에서도 보호관찰(Bewährung)제도를 광범위하고 다의적으로 이해하면서, 다음과 같이 적용하고 있다. 첫째로 형의 집행유예나 가석방에 수반되는 보호관찰(독일 형법 제56조,[21] 제57조[22]), 둘째로 보안처분을 선고와 동시에 또는 사후에 집행유예하거나 보안처분의 가종료 및 가출소를 받은 경우에 적용되는 보호관찰(독일 형법 제67b조,[23] 제67c조,[24] 제67d조[25]) 등으로 나누어 볼 수 있다.

우리나라 형법 제62조의2의 1항에는 "형의 집행유예를 하는 경우에는 보호관찰을 받을 것을 명하거나 사회봉사 또는 수강을 명할 수 있다"라고 하고, 제73조의2의 제2항에서는 가석방의 경우 의무적인 보호관찰을 규정하고 있다. 이러한 규정에 근거한 우리나라 보호관찰의 법적 성격에 관하여는 첫째로 보호관찰이 보안처분의 한 형태라고 하는 견해,[26] 둘째로 형벌 집행의 변형된 형식이라고 하는 견해,[27] 셋째로 독립된 제재수단이라고 하는 견해[28] 등으로 크게 나누어 살펴볼 수 있다.[29]

---

20) 이태언, 앞의 책, 13면.

21) §56 Strafaussetzung(형의 유예)

22) §57 Aussetzung des Strafrestes bei zeitiger Freiheitsstrafe(유기자유형의 가석방)

23) §67b Aussetzung zugleich mit der Anordnung(수용명령과 동시에 유예)

24) §67c Späterer Beginn der Unterbringung(수용명령의 사후개시)

25) §67d Dauer der Unterbringung(수용의 기간)

26) 이재상/장영민/강동범, 앞의 책, 648면.

27) 신진규, "보호관찰제도 도입의 기본방향", 청소년범죄연구 제6집, 1988, 12면; 차용석, "보호관찰제도의 효율적 시행방안", 청소년범죄연구 제7집, 1989, 10면 참조.

28) 오영근, "보호관찰제도의 활성화방안", 형사정책 제1권, 1986, 200면; 박형남, "사회봉사명령제도의 적정한 운용방안", 사회봉사·보호관찰제도 해설, 법원행정처, 1997, 14면 이하; 이재홍, 앞의 논문, 18면 이하 참조.

29) 이와 관련하여 손동권교수는 우리나라에서 보호관찰은 형법, 소년법, (구)사회보호법 및 현행 치료감호법 등 다양한 법률에 그 입법취지와 성립배경이 서로 달라 보호관찰의 법적 성격을 하나로 정의하는 것은 불가능하고 무의미하다는 점에서 각 보호관찰의 법적 성격을 달리보아야 한다고 한다(박상기/손동권/이순래, 앞의 책, 310면 이하 참조).

(1) 보안처분의 일종으로서 보호관찰

첫째로 보호관찰을 보안처분의 일종이라고 보는 견해를 들 수 있다.[30] 이 견해에 의하면, 보호관찰의 형사정책적 목적이 행위자의 개선이라는 특별예방적 목적에 있다는 점에서 범죄의 특별예방을 목적으로 하는 자유형의 집행종료 후의 자유제한적 보안처분과 큰 차이가 없다고 한다. 또한 보호관찰은 형의 집행유예제도의 본질적이고 불가결한 구성요소가 아니고, 오늘날 대륙법계에 있어서의 조건부판결이 집행유예와 가석방에 의한 경고와 보호관찰로 결합된 것이며, 집행유예와 가석방이 특수한 자유형의 변형이라고 한다면, 보호관찰은 보안처분의 성격을 가진다고 해석함이 타당하기 때문이라고 한다.[31] 다만 보안처분제도의 목적은 책임무능력자에 대한 사회방위처분이지만, 보호관찰제도는 범죄자의 갱생보호를 목적으로 하기 때문에 양자는 구별된다고 한다.[32]

(2) 자유형의 변형으로서 보호관찰

둘째로 보호관찰을 자유형의 변형(Modifikation der Freiheitstrafe) 또는 형집행의 변형(Modifikation der Vollstreckung)으로 보는 견해를 들 수 있다. 이 견해에 의하면, 보호관찰은 준수해야 될 일정한 사항을 제시하고 이의 시행을 지도·감독하고 보호·원호함으로써 재사회화하게 하려는 것으로, 준수사항을 위반하게 되면 집행유예나 가석방을 취소하거나 재구금하게 되는데, 그렇지 않은 경우에도 보호관찰의 기간을 잔형기간과 일치하게끔 하고 있으므로 형벌과 보안처분제도와는 깊은 관계가 있으며, 또 범죄가 발생한 것을 전제로 하여 부과되므로 시설내처우와 자유로운 상태와의 중간 단계적 형식으로 파악될 수 있기 때문에 결국 자유형의 변형이라고 말할 수 있다고 한다.[33]

(3) 제3의 독립된 제재로서 보호관찰

셋째로 보호관찰을 제3의 독립된 제재수단으로 보는 견해를 들 수 있다.[34]

---

30) Schmidt, “Reform des Strafvollzugs”, ZStW 1952, S. 7.

31) 이재상, 앞의 책(1981), 176면.

32) 박상기/손동권/이순래, 앞의 책, 309면.

33) 신진규, 앞의 논문, 11면 이하; 박상기/손동권/이순래, 앞의 책, 309면.

34) 보안처분과 보조적 성격으로 형벌의 성격을 동시에 지니고 있는 형법상 제3의 별도의 제재로 보는 견해도 동 견해에 속하는 것으로 볼 수 있다는 견해도 있다. 그에 대한 구체적인 내용은 박상기/손동권/이순래, 앞의 책, 309면 이하 참조.

이 견해에 의하면, 만약 보호관찰제도를 단순히 자유형의 변형으로 본다면, 이는 본래적 의미의 보호관찰제도라고 할 수 없을 것이며, 또 보호관찰에 의해 자유형이 변형되는 것이 아니라 전혀 내용이 다른 제도로 대체되는 것이라고 보아야 하기 때문에 보호관찰제도를 형벌도 보안처분도 아닌 제3의 형법적 제재방법으로 보아야 한다는 것이다. 이는 범죄자를 사회 안에서 처우함으로써 시설 안에 수용하는 경우 나타날 수 있는 단기자유형의 폐단을 회피할 수 있고 또 범죄자를 장래 재범의 위험으로부터 보호함으로써 재사회화를 실현하는데 현실적으로 최선의 방법이라고 볼 수 있기 때문에 자유형의 변형도 보안처분의 하나도 아닌 제3의 제재라고 말할 수 있다는 것이다.[35] 보호관찰은 비록 외형상으로는 형의 유예나 가석방의 조건으로 행하여지지만 그 본래적 성격이 형의 유예의 조건이 아니고, 범죄자에 대한 "독립한 처우방법"이라고 한다.[36]

(4) 소 결

형벌은 범죄에 대한 처벌인 데 비하여, 보호관찰은 형벌과 같이 처벌성이 있는 제재라고 하기는 어려우므로 형벌과 같이 보기는 어렵다. 다른 한편, 보안처분은 사회방위를 위하여 감호·거세 등 피고인에 대한 직접적인 자유의 제한을 가하는 것인 데 비하여, 보호관찰은 사회방위보다는 보호관찰 대상자의 개선과 교육을 통한 사회복귀라는 측면에 중점을 두고 보호를 위한 관찰위주로 하는 것이므로 일반적인 보안처분과 동일시하는 것에도 역시 문제가 있다. 특히 형벌과 보안처분은 독립적으로 부과되고 자유의 박탈 내지 제한을 내용으로 하는 데 비하여, 보호관찰은 독립적으로 부과되기보다는 형벌의 유예 또는 가석방, 그리고 보안처분의 가종료·가출소를 전제로 '형벌 및 보안처분에 대용하는 성격'으로 부과되는 것이다. 그 내용이나 처벌의 정도에 있어서도 상당한 차이를 나타내고 있어, 보호관찰은 형벌도 아니고 보안처분도 아닌 제3의 독립된 제재라고 보는 것이 타당하다.[37]

---

35) Bruns, "Rechtsgrundlage und Zulässigkeitsgrenzen strafrichterlicher Auflagen und Weisungen", GA, 1959, S. 200.

36) 미국의 Model Penal Code 6.02(3)b도 "독립한 처분"으로 규정하고 있고, 1948년의 영국의 형사사법법도 "형의 선고에 갈음하여" 보호관찰명령을 발할 수 있는 것으로 하고 있다고 한다(차용석, 앞의 논문(1989), 8면).

37) 같은 견해로는 이재홍, 앞의 논문, 22면 이하 참조.

독일형법학의 이론에 의하면 보호관찰과 보안처분을 구별하면서, 다만 보호관찰이 보안처분의 기능을 담당하는 것이 허용되는가 하는 문제가 논란이 되고 있다. 예컨대 약물중독자에게 보호관찰의 준수사항으로 중독자치료시설에 입원할 것을 명하는 것이 허용될 수 있겠는가 하는 문제가 그 좋은 예이다. 그러나 이러한 경우에도 독일형법은 피고인의 동의를 요하도록 함으로써 보호관찰과 보안처분의 분명한 구별을 꾀하고 있다(독일형법 제56c조 제3항 참조).

비록 현실에 있어서는 제도의 도입과정이나 발전과정에서 두 제도가 혼합적으로 교류되고, 더구나 위에서 언급한 것과 같이 사회안전법과 사회보호법의 제정과정에서 용어상의 혼동을 가져온 데에서도 구별의 어려움을 초래하고 있어 명확한 구별이 어려운 일이라고 할 수 있다. 그러나 현대사회에 있어서 범죄원인이 다양한 것처럼 그 대책에 있어서도 다양성이 요구되는 것이므로 범죄자의 성향이나 범죄의 질에 따라 어떤 경우는 형벌로, 어떤 경우는 보안처분의 방법으로, 또 경우에 따라서는 형벌과 완전한 자유와의 중간 단계로서 사회내처우의 하나인 보호관찰처분으로 다양화되어야 한다고 볼 때, 보호관찰제도를 독립된 제3의 처분이라고 보는 것이 타당할 것이다.[38)]

3) 보호관찰의 유형

보호관찰은 현재 사회내처우의 가장 대표적인 제도라고 할 수 있다. 이러한 보호관찰의 유형은 보호관찰제도를 시행하고 있는 나라마다 다양한 운용방식을 나타내고 있다. 더욱이 보호관찰 프로그램은 현재도 계속 변화되고 있는 상황이고, 이러한 변화는 우리나라도 예외는 아니라고 본다. 이에 우리 보호관찰의 모델이 되고 있는 미국을 중심으로 보호관찰 유형을 간략하게 살펴보도록 한다.

(1) 일반보호관찰(Standard Probation Supervision)

보호관찰 유형으로 가장 먼저 들 수 있는 것은 일반보호관찰이다. 여기에서 "일반적"이라는 의미는 보호관찰을 운용하고 있는 나라와 지역에 따라 차이가 있다. 따라서 일반보호관찰에 대하여 일목요연하게 정의하기는 어렵지만, 일반보호관찰은 가장 기본적인 보호관찰이라는 점에서 그 준수사항의 내용은 상

38) 김혜정, 앞의 논문(2001), 123면 이하.

당한 공통점이 존재하고 있다. 한 예로 미국 텍사스주(州)의 일반 보호관찰규칙을 살펴보면 아래와 같다.

1) 주법령이나 다른 주 또는 미국의 법률을 위반하는 범죄를 저지르지 않는다.
2) 유해한 습관을 버린다.
3) 존경받지 못할 해로운 성격의 사람이나 장소를 피한다.
4) 보호관찰관의 지시에 따른다.
5) 자신의 집이나 그밖의 장소에 보호관찰관의 방문을 허용한다.
6) 가능한한 안정된 고용하에서 성실히 일한다.
7) 지정된 공간을 벗어나지 않는다.
8) 자신에게 부과된 벌금과 법정비용을 지불하고 법원이 선고한 배상액을 지불한다.
9) 자신의 부양가족을 돕는다.
10) 지역사회 프로그램에 참여한다.
11) 재판에서 자신을 변호한 사람에게 검찰이 미리 지불한 돈을 변상한다.
12) 지역사회 시설내에서 구금상태의 감독속에 머무르고 그 시설의 모든 규칙과 준수사항을 따르고, 자신의 수입중 일부를 시설측에 숙박 및 시설 사용비로 지불한다.
13) 지역사회 시설내에 구금되어 있는 동안 수입의 일부를 부양가족에게 생계비로 지불한다.
14) 자신의 범죄의 직접적인 결과로 피해자에게 발생한 재산상의 손실이나 의료비용으로 수입의 일부를 피해자에게 지불한다.

일반보호관찰의 경우에는 보호관찰관 한 사람이 담당해야할 보호관찰 대상자의 수가 상당히 많은 편이다. 따라서 보호관찰관은 매월 50명 이상의 보호관찰 대상자를 감독하고 있다고 한다.[39] 일반보호관찰은 대상자의 집이나 작업장으로 보호관찰관이 주별 또는 월별 방문하거나 대상자가 보호관찰소로 방문하여 상담을 받고, 이러한 접촉은 전화를 통해서도 이루어진다.

일반보호관찰의 특징은 보호관찰 대상자에게 부과되는 감독수준이 상대적으로 낮다는 것이다. 범죄자의 행동에 대한 통제는 최소한으로 유지된다. 미국

39) 일반보호관찰에서 보호관찰관이 담당하는 대상자 수는 지역마다 차이가 있지만, 평균 50명~100명 사이인 것으로 나타나고 있다(김혜정/황만성, 선진 각국의 보호관찰조직 및 인력의 운용실태에 관한 연구, 2003년도 법무부 용역과제, 한국형사정책연구원, 2003, 75면 이하 참조).

의 경우, 중죄인이 구금 대신에 보호관찰을 받는 숫자가 매년 늘어나고 있다. 그러나 일반보호관찰의 경우에는 중범죄자들보다는 위험이 적은 범죄자들이 최소한의 감독을 받는 것으로 운영되는 것이 일반적이다.[40]

(2) 집중감독 보호관찰(Intensive Supervised Probation: ISP)

집중감독(혹은 밀착감시) 보호관찰이라고 할 때, 일반보호관찰에서와 마찬가지로 전문가들 사이에서 "집중감독"의 의미에 대하여 합의된 바는 없다. 이는 상대적인 개념으로, 일반보호관찰보다는 감독의 강도가 높고, 구금에 비해서는 강도가 낮은 것으로 이해된다. 집중감독 보호관찰은 보호관찰대상자의 활동에 대해 보다 세밀한 감독을 통해 제재의 강도를 높이는 것이라고 정의할 수 있다. 즉 보호관찰 대상자와의 접촉을 늘리고, 대상자에 대한 통행금지 시간을 지정하는 등 강도 높은 감독을 실시함으로써 대상자의 욕구와 문제점을 보다 정확히 파악하고, 이에 알맞은 지도·감독 및 원호를 실시하여 재범을 방지하고자 하는 보호관찰 프로그램이다. 집중감독 보호관찰은, 일반보호관찰의 제재강도가 상대적으로 낮아 진정한 의미의 처벌이 아니라고 보는 일반인의 정서를 상당히 완화시킬 수 있는 측면이 있다. 즉 사법부가 "범죄에 대해 관대하다"는 느낌을 주지 않으면서 범죄자를 사회내에서 처우할 수 있는 기회를 제공한다고 할 수 있다.[41]

집중감독 보호관찰이라고 할 수 있는 최초의 사례는 1984년 미국 일리노이州에서 시작되었다. 1984년 이전의 일리노이州에서는 집중감독 보호관찰프로그램 없이 일반보호관찰만 존재했다. 1983년 당시 주지사는 교도소 과밀화를 완화하고 효과적인 보호관찰의 감독과 통제를 위하여 주정부 차원에서 집중감독 프로그램을 실시할 수 있도록 특별위원회를 구성하였다. 특별위원회를 통해 집중감독센터가 만들어져 시범적으로 750명의 범죄자들이 집중감독 보호관찰을 받게 되었다. 이러한 집중감독 보호관찰 프로그램에 소요된 비용은 주교도소에서 750명의 범죄자를 구금하는데 소요되었을 비용에 비하여 상당히 저렴한 것으로 나타났다.

---

40) 최인섭/진수명, 보호관찰제도의 성인범 확대실시를 위한 예비연구, 연구총서 95-32, 한국형사정책연구원, 1995, 42면 이하.

41) 최인섭/진수명, 앞의 보고서, 45면.

일리노이州에서 1983년 12월 9일 '주단위의 보호관찰체계를 만들기 위한 법률'이 통과되었고, 집중감독 보호관찰을 개발하고 감독하기 위하여 주법원의 행정처에 보호관찰국이 마련되었다. 이 프로그램은 폭력범죄, 약물범죄 그리고 누범을 제외한 모든 범죄자들을 대상으로 하였다. 일정한 선별과정을 통해 프로그램에 적합한 대상자를 선발하였고, 이를 위해 개인관련 배경정보와 판결전 조사보고서를 활용하였다. 사회에 심각한 위험을 주지 않으면서 일반보호관찰에 적합하지 않은 범죄자들이 집중감독 보호관찰프로그램에 적합한 것으로 나타났다. 1984년 6월부터 1985년 9월 사이에 444명의 범죄자들이 집중감독 보호관찰프로그램에 참여하였고, 그 결과 긍정적인 결과를 도출하였다.[42)]

(3) 충격보호관찰(Shock Probation)과 병영훈련(Boot Camp)

충격보호관찰은 1960년대 중반부터 보호관찰 형벌(Probation Sanction)로 등장한 프로그램 중의 하나이다. 충격보호관찰은 특정의 범죄자에게 일정기간의 격리구금을 선고하고 30일에서 120일 기간 동안의 복역을 하게 한 후, 선고법원의 판사에게 재소환하여 보호관찰을 재선고(re-sentenced)하는 것을 말한다. 즉 충격보호관찰은 범죄자가 짧은 기간 동안 구치소나 교도소에 구금되어 있다가 다른 보호관찰프로그램으로 석방되는 형태의 보호관찰프로그램이다. 이러한 충격보호관찰은 단기간의 구금에 대한 충격을 통해 대상자의 장래 재범에 대한 억제를 의도한 것이다. 판결 선고시에 범죄자는 단기복역(shock incarceration)에 처해진다는 사실을 알지 못한다. 따라서 이러한 판결은 구금 중 예상 밖의 석방의 결과 지역사회내로 복귀하게 되는 것이므로 뜻밖의 기쁨을 초래하게 된다.[43)]

충격보호관찰의 목적은 범죄자에게 고립과 교도소생활의 고충 그리고 정서적 어려움을 가르쳐 주고, 수용의 경험을 통해 교도소 생활의 엄격함을 체험하도록 개인에게 "충격"을 주는 것에 있다. 또 구금이 짧기 때문에 장기적인 교도소생활을 통한 구금의 폐해에 물들지 않으면서도 범죄자로 하여금 자신의 범죄의 심각성을 일깨워줄 수 있다. 그리고 구금을 통해 잠시나마 사회에 대하여

42) 최인섭/진수명, 앞의 보고서, 43면 이하.

43) 충격보호관찰은 범죄자를 실제로 구금하기 때문에 엄밀한 의미에서 완전한 보호관찰이라고 말할 수는 없다고 보기도 한다(최인섭/진수명, 앞의 보고서, 52면).

안전을 제공할 수 있다는 것이다.

충격보호관찰의 기본전제는 구금의 "충격"을 통해 범죄자로 하여금 장래 범죄행위에 가담하지 않도록 만드는 것이다. 따라서 충격보호관찰프로그램은 억제와 재통합이라는 두 가지 중심 주제를 갖고 있다. 1964년부터 미국 오하이오州에서 충격보호관찰프로그램을 도입해서 실행하고 있는데, 재범율을 감소시키는 등 긍정적인 결과가 도출되었다고 한다. 이에 미국 내의 다른 주에서도 충격보호관찰프로그램을 도입하게 되었다고 한다. 물론 충격보호관찰이 별 효과가 없다는 비판이 제기되기도 한다.[44)]

충격보호관찰의 한 형태로 병영훈련은 교도소수용 대신에 군대와 같은 환경에 구금시키는 프로그램이다. 충격보호관찰과 병영훈련과의 차이는 충격보호관찰이 범죄자에게 군대와 같은 엄한 훈련에 참여하는 것을 선고하지 않고 구치소 구금만 선고하는 것이라면, 병영훈련프로그램은 재소자의 행동을 통제하기 위하여 군대와 같은 엄한 규율과 훈련을 실시하는 프로그램을 제공한다는 것에 차이가 있다. 병영훈련교육을 성공적으로 마친 대상자는 감독강도가 높지 않은 지역사회시설로 이관되게 된다. 병영훈련의 경우, 대상자들이 엄격한 훈련에 참여한다는 점에서 보호관찰이 범죄자에게 적절한 처벌이 될 수 없다는 일반인의 인식에 전환을 가져오는 긍정적인 효과를 나타낸다. 이러한 병영훈련은 구금을 단축시킴으로써 교정비용을 절감하고, 교도소의 과밀화를 완화할 수 있는 것으로 보고 있다. 이러한 병영훈련은 구금의 경험이 없으면서 덜 심각한 비폭력적인 범죄로 기소되었지만 교도소에 구금될 만한 범죄를 저지른 청소년들을 대상으로 한다.[45)]

(4) 지역사회 감독프로그램(Community-Based Supervision)

지역사회 감독프로그램은 1965년 캘리포니아州에서 처음으로 시도되었다. 비록 미국 내 모든 주는 아니지만, 많은 주(州)에서 일반 보호관찰프로그램의 대안으로 활용하고 있다. 지역사회 감독프로그램은 다이버전, 재판전 석방, 중간처우시설, 배상 및 지역사회 봉사 등을 포함하여 보호관찰대상자에 대한 다양한 치료, 원호, 감독을 포함하는 매우 포괄적인 프로그램이다. 지역사회 감독

44) 최인섭/진수명, 앞의 보고서, 52면 이하.
45) 최인섭/진수명, 앞의 보고서, 54면 이하.

프로그램의 주목적은 범죄자들이 지역사회로 통합될 수 있도록 원조를 제공하는 것이다. 더불어 교도소 과밀화문제를 완화시킬 수 있다.

지역사회 감독프로그램은 일반적으로 기존의 일반보호관찰의 요소 외에 전문인력과 자원봉사자들이 제공하는 직업알선 그리고 필요한 경우에 심리치료사, 의료인, 사회사업가 등의 전문인력 서비스를 제공한다. 범죄자들이 개인적인 문제로 도움을 받으려 할 때, 언제든지 활용할 수 있도록 24시간 활용 가능한 전문 상담원을 활용하는 곳도 있다. 지역사회 보호관찰프로그램들은 지역에 따라서는 전문인력과 제공되는 서비스수준에 차이가 있다.

지역사회 감독프로그램은 공공기관에 의해 운영될 뿐만 아니라 사적으로 운영될 수도 있다. 지역사회 감독프로그램이 보다 성공적인 효과를 거두기 위해서는 지역사회주민들이 이러한 프로그램에 대해 이해하고, 지역주민들과 관계 공무원으로 구성된 위원회를 통해 운영함으로써 형사사법기관과 지역사회관계를 증진시킬 수 있도록 노력하는 것이 상당히 중요하다고 한다.[46]

(5) 가택구금(Home Confinement, House Arrest)

가택구금은 통행금지가 지난 저녁시간과 주말동안에 범죄자의 주거지에 강제로 구금시키는 방법을 이용하는 중간적인 처우방식이다. 가택구금은 교도소나 구치소에 구금시키는 방법에 대한 대안으로, 1971년 미국 미주리州의 세인트루이스에서 처음으로 시작되었다.

미국연방정부는 1986년에 법원의 보호관찰활동에 가택구금을 포함시키는 실험적인 프로그램을 승인하였다. 구금에 대한 대안으로 가택구금이 급격하게 확산되고 있는 요인으로 전문가들은 정치적 환경의 변화와 기술의 발전이라는 두 가지를 제시하였다. 정치적 환경의 변화는 일반적으로 교정정책에 있어 재활에 대한 관심으로부터 범죄통제에 대한 관심으로의 철학적 변화를 수반한다. 또 기술의 발전은 전자발신기와 같은 장비들이 보호관찰관으로 하여금 범죄자를 보다 쉽게 감독할 수 있고, 특정 시점에 범죄자들의 위치를 파악할 수 있도록 만들고 있다.

한 예로 플로리다에서 1983년 교정개혁법에 따라 주로 교도소과밀화를 완

---

46) 최인섭/진수명, 앞의 보고서, 46면 이하.

화하기 위한 수단으로 가택구금을 도입하였다. 가택구금 보호관찰프로그램의 대상 범죄자들은 보통 재범의 위험은 낮지만 교도소에 구금될 범죄를 저지른 사람들이었다. 이러한 가택구금은 범죄자가 직장을 잃지 않고, 정기적인 감독을 받으며, 지역사회에 봉사하고 피해자에게 보상하는 것에 주안점을 두고 있다. 또 이러한 프로그램에 소요되는 비용은 범죄자들 스스로 지불하도록 하고 있다.

가택구금의 형태는 지역에 따라 다양하게 나타난다. 일반적으로 보호관찰 대상자는 자신들의 거주지나 허용된 이동거리 내에서만 이동할 수 있도록 제약을 받는다. 또 범죄자는 특정한 통금시간을 지켜야 하고 통금시간 동안에 보호관찰관과의 접촉을 허용해야 한다. 이러한 접촉은 대면접촉 또는 전화를 통한 접촉으로 이루어진다. 가택구금은 다른 프로그램과 비교했을 때, 처벌지향적인 지역사회통제프로그램이라고 할 수 있다. 이는 범죄자의 책임감을 고양시키기 위해 마련되었으며 일정 부분 재활을 위한 장점도 포함하고 있다.

가택구금에 대해서는 그 평가가 상당히 엇갈리는 편이다. 일부 전문가들은 가택구금이 에이즈와 같은 심각한 질병을 가진 범죄자들이나 임신한 여성범죄자들에게 적절한 처벌이라고 본다. 그런가 하면 가택구금은 처벌이 아니라고 주장하는 견해도 있다. 또 가택구금이 일부 범죄자들에게는 비합리적인 제한이 될 수 있다거나, 가택구금 상태에서 범죄자의 프라이버시를 침해할 수도 있다는 주장이 제기되기도 한다.[47]

4) 보호관찰제도의 기능과 장·단점

보호관찰제도는 시설내처우가 갖는 비효율성·비인도성·낙인효과와 같은 문제점을 해소하고 범죄자를 효과적으로 사회 복귀시키는데 주안점을 두고 있다. 보호관찰은 개인의 자유는 보장하면서 범죄의 위험요소는 경감시킬 수 있고, 이를 통해 대상자의 효과적인 재사회화를 꾀할 수 있다는 장점을 갖고 있다. 또 보호관찰에서는 교도소에서 불가능한 다양한 프로그램을 실시할 수 있다는 장점도 갖고 있다.[48] 더불어 보호관찰제도는 다양한 기능을 수행하고 있다.

보호관찰의 기능으로 가장 먼저 재활기능을 들 수 있다. 일반적으로 범죄자에게 보호관찰이 선고될 때 일반 준수사항 내지 특별 준수사항이 함께 부과

47) 최인섭/진수명, 앞의 보고서, 49면 이하.
48) 배종대, 앞의 책(2016), 411면 이하.

된다. 이러한 준수사항은 범죄자가 갖고 있는 예컨대 불법적인 행위, 음주나 약물복용 습벽과 같은 문제점을 치료·개선하기 위한 내용으로 구성된다. 보호관찰 대상자에게 필요한 개별화된 준수사항을 통해 대상자를 재활시킬 수 있도록 운영된다. 보호관찰이 갖는 이러한 재활기능은 약물이나 알코올중독자 또는 병원에서 치료를 받아야 하는 범죄자들에게서 분명하게 나타난다.[49]

보호관찰은 장래 범죄행동에 대한 억제기능을 갖고 있다. 물론 이에 대해서 반대의 주장이 없는 것은 아니다. 일부 연구자들 중에는 보호관찰이 범죄를 통제하는 기능을 발휘하지 못한다고 하는 견해도 있다. 그러나 보호관찰 기간 중에 사소한 위반행위를 통해 보호관찰이 취소되고 시설내 구금이 된다는 점에서 구금에 대한 두려움을 갖고 있는 대상자에게 어느 정도 억제기능을 수행한다고 보고 있다. 또 비록 보호관찰 기간 동안 새로운 범죄를 범할 가능성을 완전히 통제할 수는 없다고 하더라도 감소의 효과를 기대할 수 있다. 이러한 억제 내지 통제기능은 보호관찰 대상자에 대한 감독수준에 따라 차이가 나타날 수 있는데, 가택구금 내지 최근에 등장한 전자감독을 통한 보호관찰 등으로 범죄통제의 기능이 향상되었다고 본다.[50]

종래 일반 보호관찰을 처벌로 보기 어렵다는 시각이 많았다. 그러나 집중감독 보호관찰, 충격 보호관찰, 가택구금 보호관찰 등 다양한 보호관찰 프로그램을 통해 보호관찰제도가 처벌기능을 수행하는 것으로 보게 되었다. 이처럼 보호관찰의 처벌기능은 보호관찰 기간과 감독의 엄격성, 부과된 준수사항을 통해 나타난다. 그러나 보호관찰의 가장 중요한 기능 중 하나는 재통합기능이라고 할 수 있다. 시설내 구금이 범죄자가 사회로부터 격리시켜 출소 후에 사회에 다시 적응하는데 장애로 작용한다면, 보호관찰은 지속적인 사회생활이 가능하게 함으로써 대상자의 사회복귀를 원활하게 만들어 준다.[51]

보호관찰제도의 이러한 긍정적인 측면에도 불구하고, 보호관찰제도가 시설내처우에 비해서 상대적으로 국가의 교정비용을 절감하는 제도이기는 하지만, 다양한 보호관찰 프로그램을 위해서는 그 비용 또한 만만치 않고, 보호관찰의

49) 최인섭/진수명, 앞의 보고서, 26면 이하.
50) 최인섭/진수명, 앞의 보고서, 27면 이하.
51) 최인섭/진수명, 앞의 보고서, 28면 이하.

범죄통제 내지 억제기능에 대한 실증적 효과에 대해 의문이 제기되기도 한다. 또 보호관찰의 재사회화 명분이 오히려 사회통제를 강화하는 수단이 될 수 있다는 비판적인 견해도 제기된다.[52]

2. 보호관찰과 자유제한적 보안처분의 차별성에 대한 검토

미국에서 발전된 보호관찰(Probation)은 영국과 유럽의 대륙법계 대부분의 국가에까지 보급되었고, 우리나라를 비롯한 아시아 국가들도 받아들였다. 비록 그 대상이나 기간, 종류나 집행방법에 다소 차이를 보이고 있으나, 현재 세계 대부분의 국가가 보호관찰을 시행하고 있다. 그러나 영미의 형사사법체계와 대륙법계의 형사사법체계의 차이로 인해, 미국에서 발전한 보호관찰(Probation)제도와 대륙법계에서 발전한 자유제한적 보안처분제도는 구별이 쉽지 않다.

1) 목적상의 차별성

보안처분이란 18세기말 이래 유럽대륙에서 사회방위를 목적으로 생성된 개념으로 형벌이외에 형벌을 대체 또는 보충하기 위한 것으로, 범죄행위를 원인으로 하여 행위자의 위험성을 방지하기 위하여 자유의 박탈 또는 제한을 내용으로 하는 처분을 말한다. 따라서 보안처분의 존재이유는 범죄로부터의 사회방위 및 범죄인의 사회복귀라는 두 가지 점으로 나누어 생각할 수 있다. 그리고 그 특징으로는 범죄인의 재범위험성이 존속하는 동안 계속 구속할 수 있다는 것이다.

그런데 보호관찰의 법적 성격과 관련하여 판례를 비롯하여 학계에서 보안처분의 일종으로 보는 견해가 지배적이다.[53] 그러나 이는 오히려 보안처분과 보호관찰의 목적에 대한 혼동을 초래하였다고 본다. 그 이유는, 첫째로 보호관찰은 주로 범죄인보호를 목적으로 미국과 영국에서 생성된 제도임에 반하여, 보안처분은 사회방위를 목적으로 유럽대륙에서 비롯되었다는 점에서 발생사적 그리고 목적상 그 차이가 뚜렷하다. 둘째로 목적과 관련하여 내용 면에 있어서도 보호관찰은 범죄인에게 사회 안에서의 자유를 부여하는 사회내처우로써 처

52) 배종대, 앞의 책(2016), 412면.
53) 대법원 1997. 6. 13. 선고 97도703 판결; 대법원 2010. 9. 30. 선고 2010도6403 판결 등.

벌을 완화하는데 대하여, 보안처분은—비록 자유제한적 보안처분도 있지만—일정한 시설에 수용하는 시설내처우를 원칙으로 하며 일반적으로 형을 가중하는 등 질적인 차이가 있기 때문이다.

보호관찰제도의 한 형태인 Probation은 처음부터 범죄자를 교정시설에 수용하는 것을 회피하기 위하여 법관이 형의 선고 또는 집행을 유예하면서 보호관찰에 부과하는 것이다. 한편 Parole은 시설수용기간 만료 전에 가석방하고 그 가석방 기간 중 보호관찰을 부과하는 것이다. 따라서 양자의 바탕에는 가능하면 벌을 주지 않겠다는 생각, 즉 형벌을 대신하는 제재라는 인식이 기초가 된다고 할 수 있다. 이처럼 보호관찰은 그 본래적 취지가 제재를 회피 내지 완화하고자 하는 것에서 출발했다면, 보안처분은 제재를 가하는 것이라고 할 수 있다. 즉 보호관찰제도는 자유제한적 보안처분, 예를 들어 독일의 Führungsaufsicht와 같이 엄격한 감시·감독이 아니라, 어디까지나 범죄인의 입장에서 그가 재범을 하지 않게끔 지도·원호하는 것을 기본성격으로 하고 있다. 따라서 보호관찰과 자유제한적 보안처분은 그 목적을 달리하고 있다고 하지 않을 수 없다.[54]

물론 보호관찰과 보안처분이 장래 재범위험성이라는 개념에 근거한다는 점에서는 일면 같은 맥락에서 생각할 수 있는 부분도 있다. 그러나 양자의 위험성에 대한 시각에는 분명한 차이가 있다. 보안처분의 경우는 사회방위라는 목적 하에 재범위험성이 보안처분의 선고를 위한 하나의 전제조건으로, 즉 부정적 예측(negative Prognose)이 보안처분 선고의 근거가 되어 당사자에게 불리하게 작용한다. 반면에 보호관찰의 경우는 비록 재범위험성이 인정된다고 하더라도 개선·교육을 통하여 재범을 방지할 수 있다는 긍정적 예측하에 지도·관찰한다는 차이를 가지고 있다. 즉 보안처분은 책임무능력 등의 이유로 형을 부과할 수 없을 때 혹은 형벌만으로는 그 목적을 달성할 수 없을 때, 형벌의 이러한 제약성을 극복하기 위하여 재범위험성에 근거하여 형벌을 보완하기 위하여 보안처분을 부과하지만, 보호관찰은 형을 부과할 수는 있으나 사회내처우가 재사회화에 더 효과적이라고 보일 때, 범죄자를 보호·감독하면서 개선·교육하기 위하여 형을 유예하면서 부과하는 처분으로 그 차이가 있다. 즉 보호관찰은 형을 대신하여 형의 완화 조건으로 이를 시행하는 것이며, 형에 추가하거나 더 불리

54) 신진규, 앞의 논문, 10면 참조.

한 처우로 부과하는 것이 아닌 점에서 역시 보안처분과 구분된다.

그렇더라도 보호관찰은 그러한 조건이 붙지 않는 경우에 비하여 피고인에게 불리한 점이 있다는 것은 분명한 사실이다. 보호관찰을 선고받으면 피고인은 다소 행동의 자유를 제약받게 되기 때문이다. 그렇지만, 그 행동의 제약 내지 불리함이란 피고인이 나쁜 습관을 버리고 선한 생활을 하여야 한다는 도덕적 원칙과 그에 따르는 다소의 행동기준의 부과 정도로서 대상자와 사회 모두를 위하여 유익하거나 교육적인 것이어서 형벌적 성격을 갖고 있다고 보기는 어렵고, 그러한 불리함의 정도도 형벌적 성격이 있는 것에 준하는 것이라고 볼 수 없다. 이처럼 보안처분과 보호관찰은 그 목적과 지향하는 바에서 현저한 차별성을 나타내고 있다.[55)]

2) 독일 형법상 Bewährungshilfe와 Führungsaufsicht의 차별성을 통한 고찰

독일형법에서는 자유제한적 보안처분(Führungsaufsicht)과 사회내처우로서의 보호관찰(Bewährungshilfe)을 분명하게 구별하고 있는 것으로 보인다. 독일형법을 살펴보면, 독일 형법 제67b조, 제67c조 및 제67d조에 규정된 공통적인 내용으로, 보안처분을 선고하는 목적이 보호관찰(Bewährungshilfe)을 조건으로 보안처분의 집행을 유예하는 경우에도 달성될 수 있다고 기대되는 경우에는 보안처분의 집행을 유예하도록 하고 있다. 이와 같은 맥락에서 우리나라 (구)사회보호법 제10조에도 "피보호감호자가 가출소한 때 또는 병과된 형의 집행 중 가석방된 후 그 가석방이 취소되거나 실효됨이 없이 잔형기를 경과한 때", "치료감호가 가종료된 때 또는 피치료감호자가 치료감호시설 외에서의 치료를 위하여 친족에게 위탁된 때"에는 보호관찰을 부과할 수 있다고 규정하고 있다. 이는 형법 제62조의2 제1항에 "형의 집행을 유예하는 경우에는 보호관찰을 명할 수 있다"고 규정한 것과 형법 제73조의2 제2항에 "가석방된 자는 가석방기간 중 보호관찰을 받는다"고 규정하고 있는 것과 같은 맥락에서 이해해야 한다.[56)] 즉 위

55) 김혜정, 앞의 논문(2001), 124면 이하.

56) 참고로 독일 형법 제56조 제1항에는 "법원은 1년 이하의 자유형을 선고하는 경우 형의 선고 자체로써 위하의 목적을 달성하고 형집행의 효과 없이도 형의 선고를 받은 자가 장래 재범하지 아니할 것으로 기대할 수 있는 때에는 보호관찰을 조건으로 형의 집행을 유예한

의 세 가지 경우 모두에 있어서 중한 형사제재를 완화하는 관점에서, 형벌 및 보안처분의 전부 또는 일부를 집행하지 않는 조건으로 보호관찰을 부과하는 것이다. 따라서 이 경우의 보호관찰은 전부 또는 일부의 형사제재를 집행하지 않는 것을 전제로 한, 형벌도 보안처분도 아닌 독립된 제재로 보는 것이 타당하다고 할 것이다.

이에 대하여 자유제한적 보안처분으로 독일 형법은 제68조에서 제68g조에 걸쳐 행장감독[57](Führungsaufsicht)에 대한 내용을 규정하고 있다. 즉 독일 형법 제68조 제1항에는 "법률이 행장감독을 특별히 규정하고 있는 범죄로 인하여 6개월 이상의 자유형을 선고받은 때에는 법원은 재범의 위험이 있는 경우 형에 부가하여 행장감독을 명할 수 있다"고 규정하고 있다. 즉 독일 형법상 자유제한적 보안처분인 행장감독(Führungsaufsicht)은 형기를 종료했음에도 불구하고 재범위험성이 존재하는 대상자를 일정기간 사회 안에서 그 행동을 감독하여 사회를 재범위험에서 보호하는데 그 목적을 두고 있다. 따라서 이는 우리나라 보안관찰법(구 사회안전법)과 같은 맥락에서 이해할 수 있을 것이다. 보안관찰법 제1조에는 "이 법은 특정범죄를 범한 자에 대하여 재범의 위험성을 예방하고 건전한 사회복귀를 촉진하기 위하여 보안관찰처분을 함으로써 국가의 안전과 사회의 안녕을 유지함을 목적으로 한다"라고 규정하고 있어 그 내용이 자유제한적 보안처분의 내용을 담고 있는 것이라고 볼 수 있기 때문이다. 실질적으로 (구)사회안전법은 우리나라가 처하여 있는 특수한 정치적 사정으로 말미암아 정치범으로부터 국가의 존립과 안전을 보호하려는 목적으로 제정된 보안처분적 내용을 담고 있는 처분이라고 할 수도 있기 때문이다.

그런 점에서 (구)사회보호법 제10조에 규정되어 있는 보안처분의 가출소 및 가퇴원의 조건으로 부과되는 보호관찰을 자유제한적 보안처분이라고 보는 것에는 문제가 있다. 이는 (구)사회보호법 제10조에 규정된 요건에 따른다면, 대

다"라고 규정하고 있고, 제57조 제1항에는 "법원은 (다음 각 호의 요건을 모두 충족하는 경우) 보호관찰을 조건으로 유기자유형의 잔형의 집행을 유예한다"라고 규정하고 있다.

57) Führungsaufsicht를 "행상감독"으로 번역하기도 한다. 그러나 "행상(行狀)"의 사전적 의미는 단순한 "하는 짓이나 태도"라면, "행장(行狀)"의 사전적 의미는 "경찰은 동네 사람들에게도 은밀히 김 선생의 행장과 사상에 대해 묻고 다녔다"는 예문을 통해 알 수 있듯이 "몸가짐과 품행을 통틀어 이르는 말"로 그 의미가 포괄적이라는 점에서 본 저서에서는 "행장감독"으로 번역하기로 한다(국립국어원 표준국어대사전, Daum 및 Naver 사전 참조).

상자가 제재완화적 요건을 충족하여 자유박탈적 보안처분에서 가퇴원 혹은 가출소된 상태에서 또다시 자유제한적 보안처분을 적용하는 결과가 되므로 이중처벌이라는 비판을 면할 수 없기 때문이다. 또한 보안처분을 가종료한다는 것은 형벌의 가석방의 경우와 마찬가지로 무거운 형사제재를 가하지 않아도 충분히 그 목적을 달성할 수 있다고 보이는 대상자에게 사회에 원활하게 복귀할 수 있도록 원호한다는 의미를 담고 있다고 할 것이다. 따라서 오히려 (구)사회보호법 제10조 규정에 의한 보호관찰은 영미식의 본래적 의미에서의 보호관찰로 이해하여 당사자들이 사회에 재적응하는 것을 원조하는 관점에서 개선·교육시키는 사회내처우로 이해하는 것이 올바르다고 본다. 다시 말해서 자유제한적 보안처분(예를 들면 우리나라 보안관찰법 상의 보안관찰, 독일 형법의 Führungsaufsicht)과 영미에서 출발한 보호관찰(Bewährung)과는 분명한 차이가 있다는 것이다. 즉 독일 형법에서 경찰감시적 관찰에 해당하는 것을 “Führungsaufsicht”라 하여 상습범·누범자에 대한 만기출소 후의 행장을 감독하는 방법으로 규정하고, 미국의 Probation제도를 도입한 보호관찰은 “Bewährungshilfe”라고 하여 양자를 분명하게 구분하고 있는 것과 마찬가지로 우리나라의 경우에도 보안처분의 가종료 및 가출소의 조건으로 부과되는 보호관찰은 자유제한적 보안처분과 구분하여 생각할 필요가 있다고 하겠다.[58)]

3) 운영상의 차별성

우리나라 실무에서의 보호관찰제도는 미국의 Probation과 Parole제도에서 유래하는 것이며, 그 경우의 보호관찰은 경찰감시적인 것이 아니고 사회복지가(social worker)의 입장에서 지도와 원호의 처우를 행하는 것으로 자유제한적 보안처분과 그 차이점은 분명하다고 할 것이다. 그런데 (구)사회안전법과 같은 법률에서 이미 보호관찰이라는 용어가 먼저 사용되면서 그 법적 성격에 혼동을 가져올 수 있는 계기[59)]가 마련되어 실무에서 올바른 운영을 하는데 많은 장애를 만들었던 것으로 보인다. 따라서 형벌을 유예하는 경우 혹은 보안처분을 가종료하는 경우, 제3의 독립된 제재로서 보호관찰을 적용함으로써 범죄자의 재사회화를 도와준다는 보호관찰의 목적을 지향하는 것이 지금까지 다의적으로

58) 신진규, 앞의 논문, 주11 참조.

59) 같은 견해로 신진규, 앞의 논문, 19면 참조.

적용되었던 보호관찰에 대하여 본래의 취지에 따른 일관성을 찾게 하는 것이고, 보호관찰을 실시하는 형사정책적 요구에 부합하는 것이라고 본다. 따라서 우리나라 보호관찰법에 규정되어 있는 보호관찰은 사회내처우의 한 형태인 영미식의 보호관찰로 이해하고 독일의 보호관찰(Bewährungshilfe)과 같은 것으로 바라보아야 할 것이다.

무엇보다도 보호관찰에는 형벌대체적 내지 대용적 효과가 인정되어야 한다. 따라서 독일의 행장감독(Führungsaufsicht)과 같이 이미 형의 집행을 마친 자에게 추가적으로 관찰을 부과하는 것과 영미식 보호관찰을 동일시하는 것은 적절하지 못하다.[60] 보호관찰을 부과하려면 마땅히 다른 종류의 형을 일부라도 집행하지 않고 남겨야 하며, 그 남은 공간이 있어야 비로소 보호관찰이 실행될 수 있는 것이다.

이는 우리나라 보호관찰 실무에서 실시하고 있는 내용과 일치하고 있다. 즉 우리나라 실무에서는 영미식 보호관찰제도에 입각하여 — 특히 소년 보호관찰 대상자에 대하여는 — 보호관찰을 운영하고 있는 것으로 보인다. 비록 영미식의 보호관찰도 자유제한적 보안처분인 행장감독도 결국 보호관찰관들의 통제와 감독을 통해서 이루어질 수밖에 없다는 점에서는 실무상 양제도의 구별이 어려운 부분도 있다고 할 것이지만, 우리나라 실무에서는 영미식의 보호관찰제도를 실시하고 있으므로, 운영상으로도 이를 자유제한적 보안처분과 구분하는 것이 필요하다.[61]

이와 같이 보호관찰의 법적 성격을 규명하고 그 형사정책적 지위를 확립하기 위해서는 무엇보다도 보호관찰의 심사와 결정은 사법부에서 하는 것이 필요하다. 그런데 종래 우리나라에서는 보호관찰을 보안처분의 일종으로 파악하면서 그 심사와 결정을 행정기관이 하여야 한다는 주장이 있었고, 또한 우리의 현행 법체계도 가석방 및 가퇴원부 보호관찰이라든지 보안관찰법상의 보안관찰은 법무부소속의 위원회가 심사와 결정을 담당하고 있는 실정이다.[62] 인신의 자유

60) 이승호, 앞의 논문(1996), 114면 참조.

61) 김혜정, 앞의 논문(2001), 128면 이하.

62) 물론 가석방 내지 가퇴원부 보호관찰의 경우 미국에서는 그것을 형벌의 일종으로 보면서도 행정위원회에서 그것의 결정과 취소를 담당하도록 하고 있다. 그리고 이와 관련하여 종래 우리나라에서 보호관찰에 관하여 미국식의 모델을 따르자는 사람들은 보호관찰을

를 제약하는 문제는 사법판단으로 맡기는 것이 필요할 것으로 보아 향후 개선되어야 할 문제라고 본다.

3. 우리 보호관찰의 현황 및 향후 과제

1) 보호관찰의 현황

우리나라 보호관찰법은 다음과 같은 입법 특징을 지니고 있다.[63] 첫째로 보호관찰법은 복지법적인 성격과 행정법적인 성격을 동시에 가진다는 것이다. 보호관찰법 제1조 목적에서 "죄를 지은 사람으로서 재범 방지를 위하여 보호관찰, 사회봉사, 수강(受講) 및 갱생보호(更生保護) 등 체계적인 사회 내 처우가 필요하다고 인정되는 사람을 지도하고 보살피며 도움으로써 건전한 사회 복귀를 촉진하고, 효율적인 범죄예방 활동을 전개함으로써 개인 및 공공의 복지를 증진함과 아울러 사회를 보호함을 목적으로 한다"고 하여 복지법의 입장을 명확히 하고 있다. 그리고 동법 제2장에 보호관찰기관의 설치와 보호관찰 행정업무 처리에 관한 사항도 명문으로 규정하고 있어 행정법적인 성격도 가지고 있다고 할 수 있다. 둘째로 실체법과 절차법적인 성격을 함께 가지고 있다. 보호관찰법은 법의 목적, 보호관찰대상자, 운영기준 등에 있어서 실체법이 지니는 정적인 측면과 법적 안정성을 기반으로 하는 윤리적인 측면을 같이 가지고 있다. 또한 이 법에 규정되어 있는 보호관찰대상자의 선정, 보호관찰실시, 보호관찰 대상자에 대한 구인, 유치 등의 절차에 관한 규정들은 일반 절차법이 지니는 동적인 과정을 필요로 하는 합목적성 내지 기술성을 갖는 것이라고 할 수 있다.

이러한 보호관찰은 우리나라에 도입된 이후, 지속적인 증가추세를 보여주고 있다. 특히 보호관찰 대상자가 성인범까지로 확대된 이후, 보호관찰 대상자가 급증하는 추세를 보여주고 있으며,[64] 또 성인 보호관찰 대상자가 소년 대상자보다 월등히 많아지고 있다. 2013년 통계를 살펴보면, <표 2-3-1>에서 보는

자유형의 대체수단으로 인정하는 대신 행정위원회를 결정기관으로 하면 된다고 주장해왔다(신진규, 앞의 논문, 11면, 22면).

63) 이무웅, 보호관찰제도론, 풍남, 1991, 141~145면.

64) 1996년 보호관찰 대상자가 28,906면에서 2001년 45,032명으로 55.8%가 증가하였다(이형섭, 앞의 논문(2002), 129면 참조).

〈표 2-3-1〉 보호관찰기간 중 재범율 현황

연도	소년			성인		
	실시인원	재범자	재범율	실시인원	재범자	재범율
2005	31,569	2,954	9.4	46,831	2,937	6.3
2006	34,189	2,755	8.1	53,058	2,306	4.3
2007	36,235	3,311	9.1	52,316	2,392	4.6
2008	39,901	3,598	9.0	53,373	2,429	4.6
2009	44,255	5,014	11.3	54,706	2,496	4.6
2010	49,137	5,186	10.6	52,787	2,146	4.1
2011	47,323	5,378	11.4	50,740	2,060	4.1
2012	47,574	5,690	12.0	50,312	2,046	4.1
2013	44,970	5,013	11.2	51,604	2,316	4.5

자료: 2010 범죄예방정책 통계연보 및 2014 범죄예방정책 통계연보, 재구성.

바와 같이, 소년 보호관찰 비율은 46.6%, 성인 보호관찰 비율은 53.4%로 성인비율이 높은 것을 알 수 있다.[65] 이처럼 보호관찰의 추이변화 중 하나로 소년범 중심에서 성인범 중심으로의 변화를 들 수 있다.[66] 보호관찰기간 중 재범율 현황을 살펴보면, 성인범에 비해 소년범의 재범율이 높은 것으로 나타나고 있다.

2) 우리 보호관찰의 과제

형사정책방향에서 세계적인 추세는 교정에 의한 시설내처우보다 보호관찰에 의한 사회내처우로 그 무게중심이 옮겨지는 전망이다. 한국의 보호관찰은 서구의 보호관찰에 비하면 아직 일천하지만, 일본을 비롯한 동아시아의 다른 나라들보다는 다양한 보호관찰제도를 적극적으로 도입하여 시행하고 있다.

보호관찰제도는 시설내 구금함으로써 발생하는 폐해를 방지하면서 범죄자의 사회복귀 내지 복지 지향적 이념을 바탕으로 운영되어 왔다. 그러나 최근에 등장하는 다양한 형태의 보호관찰 내지 보호관찰에 부가되는 강력한 감독수단

65) 보호관찰, 사회봉사, 수강을 모두 포함하는 경우에는 소년 실시사건 37.5%, 성인 실시사건 65.5%로 나타나 그 차이는 더 커진다(2014년도 범죄예방정책 통계연보, 22면).

66) 이형섭, 앞의 논문(2002), 131면.

으로 인해 오로지 사회복귀 내지 복지 지향적 이념만을 추구하는 데 많은 어려움을 갖고 있다. 한 예로 최근 전자감독 등 보호관찰 대상자에 대한 감독기능이 강화되는 모습을 보여주고 있다. 그러나 보호관찰에서 원호기능과 통제기능이 절연되어 있는 기능이라고 볼 수 없다. 대상자의 개별적인 문제를 파악해서 적절한 준수사항을 부과하고 그 이행여부를 감독함으로써 궁극적으로 대상자의 원만한 사회복귀를 달성할 수 있을 것이라고 본다. 따라서 앞으로는 보호관찰에 통제와 원조를 효과적으로 융합할 수 있는 방향으로 나아가는 것이 필요할 것으로 보인다.[67]

더욱이 보호관찰을 통해 재범율을 감소시키고 효과적인 재사회화를 위해서는 약물사범, 성폭력사범 등 보호관찰 대상자에 적절한 치료프로그램 및 집중감독 프로그램과 같은 대상자의 개별적 특성에 따른 전문성 있는 프로그램의 개발이 중요하다고 할 것이다.[68] 다양하고 전문적인 보호관찰 프로그램 개발을 통해 한국형 보호관찰모형을 발전시켜 나가는 노력이 필요하다.

3) 사회내처우의 활성화를 통한 재범방지의 지향

앞에서 살펴본 바와 같이, 우리의 보호관찰도 초기의 느슨한 처우방식에서 최근에 도입된 제재적 요소를 통해 강화된 새로운 사회내처우의 증가추세가 두드러지게 나타나고 있다. 그럼에도 우리 형사사법은 여전히 사회복귀를 이념으로 하고 범죄자의 재사회화를 위한 개선교육과 이를 통한 재범방지를 본질적인 과제로 삼고 있다고 생각된다. 그 이유는 사회내처우를 통한 재범방지가 시설내처우를 통한 경우보다는 더 성공적일 수 있다고 보기 때문이다.

이는 자유형과 재범율의 상관관계를 알 수 있는 수형자의 입소경력에 대한 통계를 살펴봄으로써도 짐작할 수 있는데, 지난 2000년부터 2009년 사이 교도소에 수감된 자들 중에 이미 한번 이상 자유형을 선고받은 경험이 있는 자들이 평균 53.3%를 유지하고 있다. 이러한 결과는 자유형의 이념인 구금을 통한 재사회화가 많은 부분 실패하고 있을 뿐만 아니라 시설내처우에 투자되는 고비용에 비해 개선효과는 현저히 떨어진다는 비효율성을 단적으로 보여주는 것이라고

67) 이형재, "한국 보호관찰제도의 발전과 향후 과제", 보호관찰 제12권 제2호, 한국보호관찰학회, 2012, 193면 이하 참조.

68) 이형섭, 앞의 논문(2002), 149면.

할 수 있다.[69]

그에 비해 보호관찰 대상자의 보호관찰기간 중 재범율은 성인의 경우 2005년 6.3%였던 것에서 2006년 4.3%로 감소하여 2009년까지 4.6%를 유지하여 상당히 낮은 비율로 나타나고 있다. 물론 재범율을 단순 비교하여 그 차이에 의미를 두는 것이 적절하지 않을 수도 있다. 그러나 적어도 경미범죄 내지 중간정도의 중한 범죄영역에서는 시설내처우의 폐해를 회피하고 국가형벌권을 보다 인도주의적으로 구성하기 위한 사회내처우가 범죄예방에 더 효과가 있을 수 있다는 점에서 사회내처우의 활성화를 통한 재범방지를 지향할 필요성이 제시된다.

다만, 미국에서 1975년을 기점으로 종래 의료모델을 통한 사회복귀라는 형벌목적에서 공정모델을 통한 응보, 억제라는 형벌목적을 강조함으로써 1975년 이전에는 사회내처우가 사회복귀를 표방한 범죄자의 개선갱생을 원조하는 시스템이었던 것에서 1975년 이후 집중감독 보호관찰과 같은 재범을 범할 위험성이 있는 범죄자를 어떻게 감시하고 국민의 안전을 어떻게 확보할 것인가를 목적으로 하는 특별한 감시시스템으로 변화한 것과 같이,[70] 우리사회에서도 사회내처우가 표방하는 목표가 범죄자의 원활한 사회복귀, 즉 재사회화에서 재범을 범할 위험성이 있는 범죄자를 어떻게 감시하고 국민의 안전을 어떻게 확보할 것인가를 목적으로 하는 특별 감시시스템으로 변화되는 것은 아닌가 검토해 볼 필요가 있다.

시설내구금의 한계와 전통적인 사회내처우의 한계를 극복하기 위해서는 기존의 사회내처우 수단들을 다양화할 필요가 있을 것이지만, 그러한 다양화가 지나친 제재위주로 변화되는 것은 부적절하다고 본다. 무엇보다도 형사정책의 궁극적인 목적이 범죄의 발생을 사전에 예방하거나 사후에 통제함으로써 궁극적으로 재범을 방지하는데 있다고 한다면, 이러한 재범의 방지에는 당연히 범죄자의 재사회화가 중요한 내용의 하나로 자리매김 되어야 할 것으로 보기 때문에 현재 우리가 실시하고 있는 다양한 사회내처우에 대한 형사정책적 기능에 대한 고민이 필요하다.

69) 이진국, 앞의 논문(2004A), 522면.

70) 김용준, 앞의 논문, 32면 이하 참조.

제 3 절 사회봉사명령

1. 사회봉사명령의 본질

1) 개념 및 역사

사회봉사명령이란 유죄가 인정된 범죄자에 대하여 교도소 등에 구금하는 대신에 일상적인 사회생활을 영위하게 하면서 일정한 시간 동안 사회에 유익한 근로봉사를 하도록 명하는 제도이다.[71]

사회봉사명령은 우리나라에서 1989년 보호관찰법 제정을 통하여 보호관찰제도 및 수강명령제도와 함께 소년보호사건에 대하여 도입되었다. 그 시행결과 소년범의 재범 및 비행방지에 효과가 크다는 긍정적인 평가에 힘입어, 1997년부터는 성인범에게까지 확대·시행되었다.[72] 사회봉사명령은 보호관찰이나 수강명령에 비하여 그 활용도가 특히 성인범에 대하여 높고[73] 사회봉사명령대상자의 재범율은 보호관찰대상자의 재범율에 비하여 상당히 낮은 것으로 평가되고 있다.[74]

이러한 사회봉사명령의 현대적 기원은 1972년 영국의 형사사법법(Criminal Justice Act)이 독립처분으로서의 사회봉사명령제도를 규정한 것에서 보고 있으며[75] 이로부터 오늘날의 사회봉사는 자유박탈의 선고나 집행을 대체하기 위한 목적으로 범죄인의 동의하에 자발적으로 행해지는 것으로 이해되고 있다.[76]

---

71) 법무부, 2006년 사회봉사명령·수강명령 집행분석집, 2007, 3면 참조; 최준혁, "사회봉사명령으로서의 거액의 기부?", 형사정책 제20권 제1호, 한국형사정책학회, 2008, 378면 참조.

72) 이밖에 '성폭력범죄의 처벌 및 피해자보호 등에 관한 법률' 제16조 및 '가정폭력범죄의 처벌 등에 관한 특례법' 제40조에도 사회봉사명령에 대한 규정을 두고 있다.

73) 김경, "사회봉사명령 등 사회내처우의 실효성 확보방안", 2003 양형실무위원회, 2004, 205면 참조.

74) 사회봉사명령대상자의 재범율은 1997년 1.6%에서 1998년 3.2%로 증가하였다가, 2000년 2.7%, 2001년 2.2%로 감소하여 보호관찰대상자의 재범율보다 낮게 나타나고 있다고 한다(문정민, "사회내처우의 현황과 개선방안 –사회봉사명령제도를 중심으로–", 교정연구 제17호, 한국교정학회, 2002, 83면 참조).

75) 우리나라 사회봉사명령제도의 도입에 있어서도 영국의 제도가 참고된 것으로 보고 있다(오영근, "사회봉사명령제도와 그 문제점", 형사정책연구 제2권 제3호, 한국형사정책연구원, 1991, 각주 4번 참조).

76) 오영근, 앞의 논문(1991), 255면 이하 참조; 김주영, "미국의 벌금미납자에 대한 사회봉사

사회봉사명령은 각국의 형사사법체계와 관련하여 다양한 형태로 운용되고 있어 그 형벌적 이념에 있어서는 다소 차이가 있는 것으로 보이지만, 사회봉사명령은 다음과 같은 이념을 담고 있다고 할 수 있다.[77]

첫째, 사회봉사명령은 행위자에게 그의 행위로 인한 불법에 대한 상징적인 사회적 원상회복을 가능하게 하고, 이런 방법으로 법평화의 재건에 기여한다. 이로써 사회봉사명령은 개별적인 원상회복이 가능하지 않거나 충분하지 않은 경우에 행위자·피해자 조정에 대한 중요한 보충수단이 될 수 있다.

둘째, 사회봉사명령은 지역사회에 기초한 사회내처우로서 범죄투쟁과 자유형의 부정적인 효과를 회피하기 위한 수단이며, 벌금형과 자유형보다 더욱 더 다양한 형벌목적의 실현에 기여할 수 있다. 사회봉사명령은 보호관찰이 그렇듯이 단기자유형에 대한 구조적인 대안이 될 수 있고, 한편으로 지역사회에 대한 배상을 이념으로 하는 제재로서의 성격을 갖기도 한다.

셋째, 기본적으로 사회봉사명령은 실형과 형의 유예 사이의 영역에 놓여 있는 중간제재로서 성격을 갖는다. 즉 사회봉사명령은 실형 아니면 유예라고 하는 양극단에서 자유제한적인 요소를 갖는 보호관찰과 사회봉사명령을 선택적·병합적으로 부과함으로써 법관의 양형상의 어려움이 많이 해소될 수 있는 것으로 평가되고 있다.[78]

이러한 사회봉사명령의 형벌적 이념을 바탕으로 사회봉사명령에 대하여 다음과 같은 기능을 기대할 수 있다. 첫째로 사회봉사명령은 대상자의 여가시간을 박탈함으로써 형벌적 요소가 존재하기 때문에 범죄인에 대한 처벌기능을 수행한다. 둘째로 범죄인 스스로 노동을 통해 범죄로 인해 침해를 받은 사회에 공헌함으로써 그 침해를 전보한다는 점에서 사회에 대한 배상을 통해 어느 정도의 응보적 기능도 수행한다. 셋째로 사회봉사명령은 자신의 무책임한 행동에 대해 보상하고 싶어 하는 범죄인들을 위한 범죄행위에 대한 속죄수단으로서의

명령제도 –텍사스주 형사절차법(Texas Code of Criminal Procedure)을 중심으로–", 최신외국법제정보, 2009–4, 29면 이하 참조.

77) 박미숙, "형사제재로서 사회봉사명령의 의의와 전망", 형사법연구 제17호, 한국형사법학회, 2002, 94면 이하.

78) 이영란, "사회봉사명령의 양형과 효과에 관한 경험적 연구", 형사정책 제12권 제1호, 한국형사정책학회, 2000, 26면.

기능도 수행한다. 넷째로 사회봉사명령을 통해 범죄인의 사회적 책임감이 증진되고 건전한 근로습관을 회복할 수 있다는 점에서 범죄인의 사회복귀에 긍정적인 기능을 수행한다. 이처럼 사회봉사명령이 담고 있는 다양한 기대효과(혹은 그 목표)의 우선순위를 명확하게 하여 그에 따른 사회봉사명령의 법적 성격을 분명히 하는 것이 성공적인 사회봉사명령의 집행에 영향을 줄 것으로 본다.[79]

2) 법적 성격

사회봉사명령은, 앞에서 언급한 바와 같이, 이를 시행하는 나라마다 보여주는 다른 모습의 형벌체계, 행형 실무 및 사회문화적 상황으로 인하여 그 운영실태에서 차이가 나타나고 있고, 그 개념도 아직 통일되어 있지 않다.[80] 따라서 사회봉사명령의 법적 성격에 대하여도 이를 보안처분으로 볼 것인가 아니면 독립된 (새로운) 제재수단으로 볼 것인가 등으로 견해가 나뉘고 있다.

사회봉사명령을 보안처분의 하나로 보는 입장[81]은 사회봉사명령은 집행유예나 소년법의 보호관찰처분의 부가처분으로서의 성격을 가지고 있으므로 형벌로서의 성격보다는 범죄자의 사회복귀나 재범방지를 목적으로 하고 있다는 점을 그 이유로 들고 있다.[82] 또 사회봉사명령은 보호관찰과 동격의 법적 지위를 가지고 있는 제도인데, 우리 법원이 보호관찰을 자유제한적 보안처분으로 보고 있다면[83] 사회봉사명령 역시 같은 관점으로 이해해야 한다는 데에서 그 이유를 찾고 있다.[84]

이에 대해 사회봉사명령이 비록 피고인의 노동의지를 일깨워 줌으로써 사회복귀를 용이하게 하여 장래의 재범방지를 목적으로 한다는 점에서 보안처분의 성격을 일부 가지고 있기는 하지만, 대상자의 여가시간을 박탈한다는 점에서 형벌적 요소가 존재하고 사회봉사명령을 부가함에 있어 피고인의 성행 및 재범가능성과 함께 죄질 등도 중요한 고려요소가 된다는 점에서 제3의 독립적 제재로서의 성격이 강하다고 보는 견해도 있다.[85]

---

79) 오영근, 앞의 논문(1991), 266면 이하 참조.
80) 김주영, 앞의 논문, 29면 이하 참조.
81) 이영란, 앞의 논문, 28면.
82) 김경, 앞의 논문, 208면 참조.
83) 대법원 1997. 6. 13. 선고 97도703 판결.
84) 박미숙, 앞의 논문, 97면 참조.
85) 김경, 앞의 논문, 209면 참조.

생각건대 보호관찰의 법적 성격에 대하여도 아직까지 많은 논란이 제기되고 있는 것과 같은 맥락에서, 형법상 보호관찰과 동등한 지위에 놓여 있다고 할 수 있는 사회봉사명령의 법적 성격에 대하여도 아직 많은 논란이 제기될 것으로 본다. 사회봉사명령은 형법상 형의 집행유예에 따른 조건으로 노동을 부과함으로써 행위불법에 대한 보상으로서의 성격을 가지고 있다. 이처럼 부가조건으로서의 사회봉사명령은 형사제재로서의 성격을 갖고 있다고 할 수 있다. 그런 점에서 사회봉사명령을 조건으로 하는 집행유예는 자유형의 변형 또는 대체수단으로서 형사제재적인 성격을 가지는 것을 부인할 수 없다.[86] 결국 사회봉사명령은 노동을 통해 개별 교화적 기능과 재사회화의 기능을 추구하려는 면이 있다고 할 수도 있지만, 그보다는 여가시간의 박탈과 노동의 부과를 통해 불법에 대한 응보라는 전통적인 형벌의 색채를 담고 있는 제3의 독립된 제재로 보는 것이 타당할 것이다.

독일의 경우에도 우리나라처럼 보호관찰부 집행유예에 있어서 소위 의무사항(Auflagen)으로 사회봉사명령(Gemeinnützige Leistungen, Gemeinnützige Arbeiten)이 규정되어 있고, 그 법적 성격에 대하여는 보안처분이 아닌 형벌유사처분으로 보는 것이 지배적인 입장이다.[87] 다만, 우리 대법원이 보호관찰을 보안처분의 일종으로 보고 있는 것을 바탕으로, 독일 보호관찰(Bewährungshilfe)의 의무사항(Auflagen)[88]으로 부과되는 사회봉사명령(Gemeinnützige Leistungen)도 보안처분의 성격을 갖는 것으로 보고 있으나, 독일 형법은 보호관찰(Bewährungshilfe)과 자유제한적 보안처분(Führungsaufsicht)을 구분하고 있을 뿐만 아니라,[89] 사회봉사명령(Gemeinnützige Leistungen)은 과거에 대한 응보를 위하여 부과되는 형벌과 유

86) 김영환/오영근/조준현/최병각, 사회봉사명령제도에 관한 비교법적 연구, 연구총서 91-03, 한국형사정책연구원, 1991, 154면; 이경재/최석윤, “한국의 사회봉사명령제도”, 형사정책연구 제8권 제4호, 한국형사정책연구원, 1997, 196면 이하; 박미숙, 앞의 논문(2002), 97면.

87) Sch/Sch/Stree, StGB, 27.Aufl., 2006, §56b, Rn. 2.

88) 독일의 보호관찰 준수사항은 우리와 달리, 독일 형법 제56조b에는 과거의 범죄에 대한 속죄 내지 응보의 관점에서 주어지는 과거지향적·처벌적 성격을 가진 Auflagen(의무사항), 독일 형법 제56조c에는 재사회화 및 범죄예방을 위한 미래지향적 금지 또는 명령의 예방적 성격을 가진 Weisungen(준수사항)으로 나뉘어 규정되어 있다(진수명/김혜정, 각국의 보호관찰 대상자 준수사항에 관한 연구, 법무부 용역과제, 한국형사정책연구원, 2001, 164면 이하 참조).

89) 독일 형법 제56조 이하 및 제68조 이하 참조

사한 제재로 파악되는 의무사항(Auflagen)의 내용에 포함될 뿐, 행위자의 장래 재범방지 내지 재사회화를 위하여 부과되는 (제재로서의 성격을 갖지 않는) 준수사항(Weisungen)의 내용에는 포함되어 있지 않다는 점[90]을 살펴볼 때, 사회봉사명령이 보안처분적 제재성격도 갖고 있는 것으로 이해하는 것은 적절하지 않다.

2. 사회봉사명령의 형사정책적 의미와 제 문제

최근 다양한 사회내처우 중에서도 그 외연이 확장되고 있는 것으로 사회봉사명령을 들 수 있다. 지금까지 사회내처우의 대표적인 형태로 보호관찰을 들 수 있었다면, 최근에는 이러한 보호관찰보다도 종래 보호관찰의 부가처분으로 인식되어 왔던 사회봉사명령이 사회내처우로서 더욱 광범위하게 자리매김하고 있는 것으로 보이기 때문이다.[91] 사회봉사명령은 보호관찰이 출발한 1989년 소년에 대하여 121건으로 시작하여 1995년에는 7,363건으로 증가하였고, 1997년 성인범으로 확대되면서 급격하게 증가하여 2000년에는 45,026건이었던 것이 2005년 39,709건, 2006년 35,886건으로 다소 감소하였으나 2009년 48,902건으로 다시 증가되면서 확고한 사회내처우의 중심제도로 발전하고 있다.[92] 게다가 지난 2009년 9월부터 '벌금 미납자의 사회봉사 집행에 관한 특례법(이하 '벌금미납자사회봉사특례법'이라 한다)'에 따라 사회봉사명령이 벌금미납자에 대한 노역장유치를 대체하는 제재로까지 발전함으로써 명실상부하게 시설내구금을 대체하는 형사제재의 하나로 변화하고 있는 모습이다.

무엇보다도 사회봉사명령은 앞으로 그 활용이 더욱 확장될 것으로 보인다. 이처럼 최근 형사정책적으로 의미가 중요해지는 사회봉사명령의 보다 실효적인 운영을 위해서는 몇 가지 짚고 넘어갈 문제가 있다.

---

90) 따라서 의무사항(Auflagen)은 보호관찰(Bewährungshilfe)에는 부과되지만, 자유제한적 보안처분(Führungsaufsicht)에는 부과되지 않는다. 독일 형법 제56조b, 제56조c 및 제68조b 참조.

91) 미국에서는 구금형에 대한 유력한 대안으로서 사회봉사명령을 적극적으로 활용하는 세계적인 추세와 달리, 다른 중간처우들에 비해 상대적으로 사회봉사명령의 활용도가 적다고 한다(김주영, 앞의 논문, 30면 참조)

92) 법무부, 2006년 사회봉사명령·수강명령 집행분석집, 2007, 9면 참조.

1) 형사정책적 의미

우리나라에서 사회봉사명령제도가 형사제재체계에 들어온 것은 그리 오래된 일이 아니다. 사회봉사명령은 앞에서 언급한 바와 같이, 시설내구금의 폐해를 없애기 위하여 사회내처우로 도입되었다. 이러한 사회봉사명령은 근로가 무보수이고 의무적이라는 점에서 처벌적 요소를 내포하고 있으며, 범죄에 의하여 발생한 피해를 범죄자로 하여금 근로를 제공하게 함으로써 사회에 유익하게 한다는 배상적 요소가 있을 뿐만 아니라 사회봉사라는 근로의 과정에서 보호관찰관이나 자원봉사자들과 함께 중요한 시간을 보냄으로써 얻어질 수 있는 유익한 영향 등의 형사정책적 의미를 담고 있다.[93] 그러나 사회봉사명령을 도입한 많은 나라들의 직접적인 형사정책적 동기에는 단기 자유형의 폐해를 차단하고 더 나아가 과밀수용을 방지할 수 있다는 점이 크게 작용했다는 점을 부인할 수 없을 것이다.[94]

우리나라에서 사회봉사명령을 실시해본 결과, 대상자들이 사회봉사명령을 통해 지역사회를 위해 기여하고, 자기 자신을 돌아보는 계기가 되고, 또 자신감을 회복했다는 점에서 비록 사회봉사 자체는 힘들지만 유익하다고 생각하고 있는 것으로 나타나고 있다. 또 대상자들은 사회봉사명령제도가 더 활성화되어야 한다고 생각하고 있고, 자신에게 부과된 봉사시간도 대체로 적정한 것으로 생각한다고 하여 사회봉사명령제도가 그 대상자들로부터 긍정적인 평가를 받고 있음을 보여주고 있다.[95] 이처럼 사회봉사명령제도는 근로를 통하여 사회적 책임감을 고취시킴으로써 건전한 시민으로서 사회에 복귀할 수 있는 재사회화 기능을 충분히 담당하고 있다는 점에서 확대시행에 대한 형사정책적 의미는 충분히 내포하고 있다고 생각된다. 그러나 사회봉사명령제도도 보호관찰프로그램과 마찬가지로 다양한 프로그램 개발이 필요할 것으로 보인다.

2) 사회봉사명령의 독립제재로서 기능문제

사회봉사명령이 보호관찰과 더불어 도입된 이래 보호관찰과 사회봉사명령

---

93) 문정민, 앞의 논문, 65면 이하.

94) 김혜정, “사회내처우의 형사정책적 기능에 관한 소고 –사회봉사명령제도를 중심으로–”, 보호관찰 제11권 제1호, 한국보호관찰학회, 2011B, 140면 이하.

95) 이영란, 앞의 논문, 46면 이하.

의 관계를 어떻게 파악해야 할 것인가에 대하여 문제가 되어 왔다. 종래 소년법상의 사회봉사명령은 소년의 사회복귀이념을 최우선으로 하는 보호관찰처분과 동시에 부과되므로 보호관찰의 부가처분으로서만 사회봉사명령을 과할 수 있는 것으로 되어 있었다. 그러나 다른 감독이 필요하지 않고 사회봉사명령만을 통해서도 사회복귀효과가 기대되는 소년에 대해서는 굳이 보호관찰에 부가하여 사회봉사명령을 부과할 필요가 없다는 점[96]에서 2007년 소년법에서 사회봉사명령을 독립적으로 선고하는 것이 가능하게 개정되었다.

한편 형법 제62조의2 제1항의 해석과 관련하여, 보호관찰과 사회봉사명령 및 수강명령을 동시에 명할 수 있느냐에 대하여 해석상 견해가 대립[97]되어 왔다. 이와 관련하여 대법원은 동 규정은 보호관찰과 사회봉사를 각각 독립하여 명할 수도 있고, 동시에 명할 수도 있다고 해석함이 상당하다고 판시[98]하고 있다.[99]

사회봉사명령과 보호관찰을 반드시 결합시킬 필요가 없다고 보는 입장에서는 다음과 같은 이유를 들고 있다. 첫째로 보호관찰에서는 원칙적으로 범죄인에게 부족한 것을 해결하기 위한 개별적 상담이 강조되는데 반해, 사회봉사명령에서는 범죄인이 무엇으로 봉사할 수 있는가에 중점을 둔다는 것이다. 둘째로 보호관찰에서의 상담은 주로 사무실이나 가정에서 이루어지는 반면, 사회봉사는 오히려 외부사회에서 이루어지고 있다는 것이다. 셋째로 보호관찰과 사회봉사명령 모두 범죄인의 사회복귀라는 동일한 목적을 갖고 있지만, 그에 대한 평가기준은 보호관찰의 경우에는 장기적이고 추상적인 것인데 반해, 사회봉사명령의 경우에는 단기적이고 구체적인 기준에 따른다는 점에서 차이가 있다고 보고 있다.[100]

---

96) 김영환 외, 앞의 보고서, 197면 참조.

97) 문정민, 앞의 논문, 71면; 이영란, 앞의 논문, 29면 참조.

98) 대법원 1998. 4. 24. 선고 98도98 판결.

99) 이에 대해 현행 형법 제62조의2의 모태가 되는 1992년의 형법개정안 제63조의 입법이유에서 사회봉사명령을 보호관찰과 독립하여 법관이 과하는 것으로 하였다(법무부, 형법개정법률안 제안이유서, 형사법개정자료(XIV), 1992, 80면)고 밝히고 있어 이를 해석하면 보호관찰과 사회봉사 중에 어느 하나만 부과해야 하는 것으로 이해된다는 점에서 대법원판례에 문제를 제기하는 견해도 있다(이진국, 앞의 논문(2004A), 528면 참조).

100) 오영근, "사회봉사명령의 신동향", 교정연구 제35호, 2007, 68면.

사회봉사명령의 이러한 독립제재로서의 기능은 그 동향을 통해서도 나타나고 있다. 다만, 이러한 정책방향이 바람직한 것인지에 대해서는 검토가 필요하다.

3. 우리 사회봉사명령의 현황 및 향후 과제

1) 사회봉사명령 현황

현재 우리사회의 전체 형사제재에서 보호관찰 못지않게 사회봉사명령도 중요하게 자리매김하고 있다는 사실은 분명하다. 현재와 같은 사회봉사명령의 시작은 보호관찰법의 제정과 함께 1989년 7월 1일 소년에 대한 보호관찰, 사회봉사명령, 수강명령이 가능하게 되면서라고 해야 할 것이다. 그러나 앞에서 언급한 바와 같이, 당시 사회봉사명령은 소년만을 대상으로 실시되었다는 점에서 본격적인 시행으로 보기 어려운 면이 있었다. 그것이 1997년 개정 형법의 시행과 함께 성인에 대한 보호관찰, 사회봉사 및 수강명령이 전면 확대 실시되면서 보호관찰을 비롯한 사회봉사명령이 본격적으로 시행되게 되었다.

따라서 1997년을 기점으로 사회봉사명령에 상당히 많은 변화가 이루어졌다. 즉 과거 소년범에 대하여만 실시되던 것에서 1995년 형법 개정을 통하여 대상자 범위가 성인범에게까지 확대되면서, 전체 보호관찰, 사회봉사 및 수강명령 대상자수가 확대실시 이전인 1996년 38,292명에서, 확대 실시된 1997년 70,082명으로 급격하게 증가[101]하고 그러한 증가추세는 계속 이어져 <표 2-3-2>에서 보는 바와 같이 2007년에 10만 명을 넘어서게 되었다. 그리고 2009년에는 161,877명에 이르게 되어 2008년 대비 2009년 23.3% 증가[102]하였다. 전체 대상자 중에 성인이 차지하는 비율도 전면 확대 실시된 1997년 이후 증가하여 2001년에는 보호관찰 대상자 중 성인의 비율이 절반을 넘어 54.3%를 차지하게 되었고, 2013년에는 성인이 전체의 62.5%[103]를 차지하고 있어 보호관찰, 사회봉사명

101) 법무부, 2000년도 보호관찰심사분석, 2001, 9면 참조.

102) 세부적으로 살펴보면, 2008년 대비 2009년 보호관찰분야는 5.1%, 사회봉사명령분야는 3.6%, 수강명령은 18.4%, 성구매자 교육은 증가하였고 새롭게 벌금대체 사회봉사명령이 포함되었다.

103) 법무부, 2014 범죄예방정책 통계연보, 2014, 22면.

〈표 2-3-2〉 보호관찰, 사회봉사명령, 수강명령사건의 연도별 접수[104] 현황 (단위: 건)

연도	총계	보호관찰	사회봉사명령	수강명령	성구매자 교육	벌금대체 사회봉사
2005	92,523	41,730	34,068	13,515	3,210	*
2006	94,946	40,885	30,362	11,158	12,541	*
2007	115,132	46,520	36,728	14,757	17,127	*
2008	131,236	50,715	41,354	19,734	19,433	*
2009	161,877	53,300	42,857	23,374	37,679	4,667
2010	132,429	52,322	36,993	21,641	13,471	7,971
2011	121,188	49,698	36,071	21,986	8,366	4,856
2012	116,860	48,395	35,602	24,265	4,807	3,465
2013	112,878	47,540	34,794	23,013	3,058	4,059

자료: 2010 범죄예방정책 통계연보 및 2014 범죄예방정책 통계연보, 재구성.

〈표 2-3-3〉 사회봉사명령 부과 형태 추이[105] (단위: 명, %)

연도	계	보호관찰부	단독명령
2005	34,386(100.0)	11,342(33.0)	23,044(77.0)
2006	31,226(100.0)	10,353(33.2)	20,873(66.8)
2007	37,323(100.0)	10,994(29.5)	26,329(70.5)
2008	41,039(100.0)	12,951(29.1)	28,088(70.9)
2009	39,890(100.0)	11,088(29.1)	28,802(70.9)
2010	33,771(100.0)	10,320(30.6)	23,451(69.4)
2011	31,436(100.0)	10,462(33.3)	20,974(66.7)
2012	31,509(100.0)	10,330(32.8)	21,179(67.2)
2013	30,725(100.0)	10,066(32.8)	20,659(67.2)

자료: 2010 범죄예방정책 통계연보 및 2014 범죄예방정책 통계연보, 재구성.

104) 접수사건은 당해 연도 신수사건과 이입사건을 합한 것임.

105) 실시사건 기준(보호관찰부과 또는 단독명령 형태로 판결이 가능한 집행유예와 가정보호처분, 성매매보호처분만을 대상으로 집계).

령, 수강명령 등 사회내처우는 이제 성인에 있어 더 중요한 제재로 자리 잡게 되었다.

사회봉사명령의 부과형태 추이를 살펴보면, <표 2-3-3>에서 보는 바와 같이, 2013년 부과된 총 30,725명 중에 사회봉사 단독명령을 부과 받은 경우가 20.659명으로 전체의 67.2%를 차지하여 전체적으로 단독명령 사건이 보호관찰부 사건보다 상당히 높은 비율을 차지하고 있는 것으로 나타나고 있다. 이는 벌금의 대체수단으로 사회봉사명령을 부과할 수 있게 되는 등 사회봉사명령이 단독명령으로 부과될 수 있는 상황이 증가하고 있는 것에서 그 원인을 찾을 수 있다고 본다. 다만, 사회봉사명령을 단독으로 부과하는 경우와 보호관찰과 병과하는 경우의 효과성을 비교하여 보다 실효적인 방향으로 나아가는 것이 필요할 것이다.

2) 독립제재로서의 기능여부

사회봉사명령이 긍정적인 평가를 바탕으로 활발하게 활용된다고 하더라도 그 집행의 실효성이 담보되지 않는다면 아무런 효과를 볼 수 없을 것이다. 그런 점에서 사회봉사명령의 효과적인 이행을 담보하기 위해서는 첫째로 올바른 대상자의 선정이라는 관점에서 가능한 한 노동능력이 있고 자발적인 행위자를 선별하고, 둘째로 성공적인 사회봉사명령의 집행을 위해서 노동이 투입되는 동안에 적절한 원호를 확보함으로써 노동 장애를 극복할 수 있도록 도움을 주고, 셋째로 사회봉사명령의 기피 내지 불응의 경우에 단계화된 제재체계를 마련함으로써 위반에 대하여 적절하고 합리적으로 대응할 수 있도록 하는 것이 필요하다.[106]

사회봉사명령을 독립적으로 부과하는 경우에도 그 집행을 위하여 궁극적으로 보호관찰관의 지도·감독이 필요할 것으로 보인다. 이는 단순히 사회봉사명령을 독립적으로 부과하고 노동의 집행만을 강요한다면, 과연 집행의 실효성을 담보할 수 있을 것인지 또 이를 통한 원활한 사회복귀 목적이 달성될 수 있을 것인지 의문이 들기 때문이다. 오히려 사회봉사명령을 집행하는 동안에 보호관찰관의 적절한 원호가 확보되었을 때, 집행의 실효성이 달성될 수 있지 않

106) 박미숙, 앞의 논문, 103면 참조.

을까 생각된다. 따라서 사회봉사명령을 보호관찰의 부가처분으로 명하되 보호관찰의 집행을 탄력적으로 집행하는 것이 실질적인 사회봉사명령집행의 실효성을 담보하는 것이 아닌가 생각된다. 미국에서도 사회봉사명령이 단기간 구금될 것이 적합한 자들에 대한 중간수준 정도의 처벌로서 활용되기보다는 probation의 준수사항으로 더 많이 이용되고 있다고 한다.[107)]

물론 영국의 사회봉사명령제도와 같이 다양한 차별적 양형을 위하여 독립적인 제재로서 사회봉사명령이 요구될 수도 있다. 그러나 현재 우리나라의 상황에 비추어볼 때, 보호관찰관 수의 절대부족 등으로 사회봉사명령을 독자적으로 집행할 기본적인 여건이 열악하다. 나아가 실무의 여건이 나아지지 않은 채로 사회봉사명령을 독립적인 제재로 실시하는 경우에 사회봉사명령의 제도적 취지를 제대로 살리지 못한 채 단순한 강제노역으로 전락시킬 위험도 존재한다.[108)] 그런 점에서 본다면 사회봉사명령은 현실적으로 독립적인 제재로 시행하기보다는 보호관찰의 준수사항으로 부과되는 경우, 아니면 최소한 보호관찰과 병과 되는 경우가 행위자의 효과적인 재사회화를 위해 형사정책적으로도 더 의미가 있을 것으로 생각된다.[109)]

3) 사회봉사명령의 준수사항문제

사회봉사명령을 독립적인 제재로 활용하는 것이 적절한 것인가는 준수사항의 문제와도 연결하여 생각해 볼 수 있다. 비록 보호관찰법 제62조 제2항에 사회봉사명령 대상자의 준수사항으로 '보호관찰관의 집행에 관한 지시에 따를 것'과 '주거를 이전하거나 1월 이상의 국내외여행을 할 때에는 미리 보호관찰관에게 신고할 것'을 규정하고 있다. 그러나 이러한 준수사항은 동법 제32조에 규정되어 있는 보호관찰 대상자에 대한 준수사항의 일부에 해당하는 내용을 사회봉사명령을 중심으로 달리 표현한 것에 불과한 것으로 이해된다.

이는 사회봉사명령이 과거 보호관찰의 준수사항으로 존재하던 것에서 하나의 독립적인 제재로 자리매김하는 과정에서 나타나는 현상으로 이해될 수 있다. 그런 점에서 본다면, 오히려 종래 보호관찰의 준수사항으로 기능하던 사회

107) 유석원, 앞의 논문, 221면 참조; 김주영, 앞의 논문, 30면 참조.
108) 이진국, 앞의 논문(2004A), 536면 이하 참조.
109) 김혜정, 앞의 논문(2011B), 145면 이하.

봉사명령에 대해 또 다시 준수사항을 부과하는 것이 적절한 것인지 생각해볼 필요가 있다.[110)]

법원은 준수사항의 부과를 통해 보호관찰대상자의 자유를 일정한 범위 내에서 제한하고 있다. 특히 보호관찰의 준수사항은 보호관찰대상자의 재사회화라는 목적을 수행하기 위한 특별예방목적을 가진 처우프로그램에 해당한다. 따라서 준수사항의 내용 자체가 그러한 특별예방목적을 지향하는 구체적인 처우프로그램으로 이루어져야 한다.

이러한 준수사항의 부가는 보호관찰만을 부과했을 때 그 대상자 내지 일반인이 지나치게 완화된 제재라고 생각할 수 있는 부분을 상쇄하는 역할까지도 담당하고 있다. 특히 준수사항위반자에 대한 대응수단을 마련하기 위해서는 준수사항 자체가 대상자의 특성 및 재사회화목표에 걸맞은 수준의 내용으로 변화될 필요가 있다.[111)] 무엇보다도 준수사항에 대한 다양화를 통해 제재의 다양화를 추구할 수 있을 것으로 본다.

이런 점에서 종래 보호관찰의 준수사항이 그와 같은 특별예방적 프로그램이라기보다는 일반적인 생활수칙에 해당하는 내용으로만 이루어져 있다는 문제의식에 근거하여 지난 2009년 개정 보호관찰법 제32조 제3항에 특정시간대의 외출제한, 특정지역·장소의 출입금지, 특정인에 대한 접근금지, 손해회복노력, 거주장소 제한, 음주 내지 약물복용 금지, 약물검사의 수용 등 특별준수사항을 법률에 명시하여 보다 다양한 처우가 가능하도록 규정하고 있다. 물론 이러한 준수사항은 보호관찰관의 지도·감독을 전제로 할 때 원활하게 이루어 질 수 있는 것으로 보호관찰과 함께 이러한 준수사항이 부과되었을 때 그 실효성을 담보할 수 있을 것이다.

따라서 처우의 개별화·다양화를 고려한다면, 오히려 보호관찰을 받을 것을 명하면서 준수사항으로서 사회봉사명령, 수강명령, 치료명령, 피해회복명령, 외출제한명령 등과 같은 다양한 특별예방적 프로그램을 함께 부과할 수 있도록 하는 방안이 바람직 할 것이다. 이러한 준수사항 중 치료명령, 피해회복명령 등

---

110) 김혜정, 앞의 논문(2011B), 147면.

111) 김성돈, "보호관찰의 실효성 확보방안", 형사정책 제18권 제1호, 한국형사정책학회, 2006, 37면 참조.

과 같은 형태의 명령은 기본권 제한적 요소를 가지고 있기 때문에 보호관찰법에 규정하기 보다는 사회봉사·수강명령과 같이 형법에 규정하고 법관이 판결을 선고할 때 함께 명하도록 하는 것이 더 바람직 할 것으로 생각된다.[112] 다만, 벌금미납에 따른 대체형벌로서 사회봉사명령은 독립명령이 불가피할 것으로 본다.

4) 벌금미납에 따른 노역장유치의 대체수단으로서 사회봉사명령

사회봉사명령의 집행이 증가된 것에는 벌금미납에 따른 노역장유치와 무관하지 않다. 벌금도 현행 형사제재의 체계상 형벌의 한 종류에 속하는 것이기 때문에 벌금의 제재효과를 높이기 위해서는 선고된 벌금의 올바른 집행이 전제되어야 한다. 그런데 단기자유형의 폐해방지를 위하여 확대·시행되어 왔던 벌금형의 활용정도에 비하여 벌금형의 집행율이 상당히 저조한 것으로 나타나고 있다. 따라서 벌금미납자에 대한 구금과 노역을 내용으로 하는 노역장유치가 사용되게 되고, 이는 결국 '벌금형의 단기자유형화'라는 역설적인 결과를 초래하게 되어 벌금형의 부과목적을 올바르게 달성할 수 없게 된다.

무엇보다 현재의 노역장유치의 실무는 사실상 징역형과 동일하게 운용되고 있고, 자유형이 부적합하다고 판단되어 벌금형을 선고받았음에도 불구하고 경제력 부족으로 인해 노역장유치로 환형처분되는 것은 불합리하다고 지적되어 왔다.[113] 그리고 이러한 벌금형 부과의 폐단을 극복하기 위한 여러 노력 가운데 벌금미납에 따른 노역장유치의 대체수단으로 사회봉사명령이 도입된 것이다.[114]

독일에서도 형법 제43조에 벌금을 납부할 수 없는 자에게 자유형으로 대체하여 수감시킬 것을 규정하고, 그와 함께 대체자유형의 집행에 있어서 독일 형법시행법률(EGStGB) 제293조 제1항에 사회봉사활동(die freie Arbeit)을 통하여 그 대체자유형의 집행을 회피할 수 있도록 하는 법규명령을 제정할 권한을 각

---

112) 김성돈, 앞의 논문(2006) 39면 참조. 다만, 김성돈교수는 치료명령 등을 보호관찰 하위명령인 준수사항으로 부과하는 것은 적절하지 않고 보호관찰과 같은 위치에서 부과해야 한다고 한다.

113) 오영근, 앞의 논문(2007), 59면 참조.

114) Schall, "Die Sanktionsalternative der gemeinnützigen Arbeit auf Surrogat der Geldstrafe", NStZ 1985, S. 108; 박미숙, 앞의 논문(2002), 105면 이하 참조.

주에 위임함으로써 독일의 각 주(州)는 벌금미납자에 대한 사회봉사명령을 부과할 수 있는 규정을 마련하고 있다.[115)]

미국의 경우도 — 비록 그 활용도가 낮게 평가되는 경우도 있지만 — 텍사스州를 비롯하여 여러 주에서 벌금 미납자에 대한 노역장유치를 사회봉사명령으로 대체할 수 있도록 하고 있다.[116)]

우리나라에서도 지난 2009년 '벌금 미납자의 사회봉사 집행에 관한 특례법' 제정을 통해 사회봉사명령이 노역장유치의 대체수단으로 도입·시행되게 되었다. 이처럼 노역장유치를 사회봉사명령으로 대체함으로써 경제적 능력의 차이로 나타날 수 있는 사법적 불공평성을 완화할 수 있고, 노역장유치가 자유박탈을 통한 처벌이라면 사회봉사명령은 여가시간의 박탈을 통한 처벌이라는 점에서 동일한 처벌기능을 수행하는 것으로 보고 있다. 또 사회봉사명령은 노역장유치와 달리 사회와의 단절이 수반되지 않는다는 점에서 사회내처우를 지향하는 최근의 형사정책적 경향에 부합하는 것으로 보고 있다.[117)]

물론 사회봉사명령은 선고 시부터 실제적으로 강제노동을 포함하고 있는 것이므로 벌금형 보다는 무거운 것이라는 점에서 벌금형을 대체하여 사회봉사명령을 과하는 것은 바람직하지 않다고 보는 견해도 있다.[118)] 그런 점에서 사회봉사명령과 노역장유치의 차이를 명확하게 하기 위해 동법 제1조의 목적에 사회봉사명령이 노역장 유치를 대신한다는 점을 분명히 하고, 사회봉사가 자칫 강제노역적 성격으로 운영되는 것을 방지하기 위해 동법 제12조에 사회봉사 집행 중이라도 언제든지 나머지 벌금을 내고 사회봉사를 면할 수 있도록 규정을 마련하고 있는 점은 적절하다고 평가될 것이다.

다만, 동법에 의하여 사회봉사명령대상자가 급증하게 되는 경우, 이를 감당해야할 보호관찰인력이 충분한가에 대하여도 검토가 필요할 것이다. 벌금미납에 따른 노역장유치 건수를 살펴보면, 2003년 21,104건, 2004년 28,193건,

---

115) 독일 각주의 벌금미납자에 대한 사회봉사명령에 대하여 구체적으로 소개하고 있는 것으로 이재일, "독일의 벌금미납자에 대한 사회봉사제도", 최신 외국법제정보, 2008-9, 12면 이하 참조.

116) 오영근, 앞의 논문(2007), 61면 및 김주영, 앞의 논문, 30면 이하 참조.

117) 김혜정, 앞의 논문(2011B)148면 이하.

118) 오영근, 앞의 논문(1991), 281면 이하 참조.

2005년 32,643건, 2006년 34,019건, 2007년 29,891건으로 2007년 다소 감소한 부분이 있지만, 지속적으로 증가하는 추세에 있다.[119] 이러한 추세라면, 노역장유치에 대신한 사회봉사 신청건수가 증가할 것으로 예견되기 때문이다.

실제 벌금대체 사회봉사 현황을 보면, 2009년 동제도가 시행된 이후 2010년에 156.2%로 급증하는 모습을 보여주었으나, 벌금 환산 기준액이 상대적으로 적고, 노동강도가 높아 2012년에 감소하다가 2013년 일부 법원에서 벌금 환산 기준액을 상향함에 따라 2012년 대비 2013년에 9.0%가 증가하는 추이를 보여주고 있다.[120]

무엇보다도 벌금대체 사회봉사명령은 경제적 불평등으로 인한 '벌금형의 징역형화'를 해소할 수 있다는 점에서 앞으로도 적극적으로 활용되는 것이 기대되고 있다. 그런데 아직까지도 벌금미납으로 사회봉사명령이 아닌 노역장에 유치되는 경우가 많은 것은 개선이 필요한 사항이다. 벌금대체 사회봉사명령이 보다 적극적으로 활용되기 위해서는 사회봉사명령이 노역장유치에 비해 더 큰 부담으로 다가오지 않으면서도 형벌효과는 저하되지 않도록 개선하는 것이 필요하다. 그런 점에서 본다면, 현재 노역장유치 1일을 사회봉사 8시간으로 환산하고 있는 것이 적절한 것인지에 대한 검토가 필요할 것이다. 또 벌금미납의 경우, 대부분 경제적 약자일 것인데, 벌금을 사회봉사명령으로 대체하는 과정에서도 생계유지가 가능하도록 탄력적인 집행이 필요하다. 예컨대 사회봉사명령을 야간이나 주말 또는 휴일을 활용해서 집행함으로써 생계유지에 어려움이 없게 하는 등의 개선방안에 대한 고민이 필요할 것이다.[121]

---

119) 국회법제사법위원회, 공청회 자료집, 2008, 56~57면(최병각, "벌금형, 노역장유치와 사회봉사", 동아법학 제45호, 동아대학교 법학연구소, 2009, 308면에서 재인용).

120) 2014 범죄예방정책 통계연보, 87면 참조.

121) 한영수, 앞의 논문(2007), 89면 이하.

제 4 절 수강명령

1. 수강명령의 본질

1) 개념 및 역사

수강명령(Attendance Center Order)이란 법원이 비교적 죄질이 경미한 범죄의 유죄가 인정된 범죄인이나 비행소년을 교화·개선하기 위하여 교정시설에 구금하는 대신에 일상생활을 영위하게 하면서 일정한 강의나 교육을 받도록 명하는 것을 말한다. 수강명령의 주된 목적으로 경미한 범죄자에 대하여 심성을 개발하고 올바른 가치관을 심어주며, 성행을 교정하여 사회에 정상적으로 복귀할 수 있도록 촉진하는 데에 있다. 이러한 수강명령제도는 시설내처우의 폐단을 줄이고, 교정비용을 절감할 수 있으며, 지역사회의 관심과 협력을 이루어 낼 수 있는 제도라는 장점을 갖고 있다.[122)]

수강명령제도는 사회봉사명령, 보호관찰 등의 사회내처우제도 가운데 가장 최근에 시행 발전되고 있는 제도이다. 우리나라 수강명령제도의 모델이 되었던 영국의 제도를 살펴보면, 수강명령은 두 가지 형태로 존재한다. 첫 번째 형태는 독립처분으로서의 수강명령(Attendance Centre Orders)이다. 이는 비교적 비행성이 약한 범죄자들에 대하여 일정기간동안 Attendance Centre에 참석하여, 강의, 훈련 또는 상담을 받도록 하는 처분을 말한다. 즉 21세 미만의 자가 징역형을 선고할 수 있는 범죄를 범하여 유죄로 인정된 경우에 징역형을 선고하지 않고 24시간 이내의 시간 Attendance Centre에 출석할 것을 명령하는 제도이다.[123)]

두 번째 형태는 보호관찰 조건으로서의 수강명령(Probation (Day) Centre Order)[124)]이다. 영국의 보호관찰명령에는 특정강좌 참석에 관한 준수사항을 명

122) 손동권/최영신, 수강명령프로그램의 운용실태와 개발방향, 연구총서 97-09, 한국형사정책연구원, 1998, 27면.

123) 이병기/노성호, 수강명령제도와 교육내용에 관한 연구, 연구총서 94-05, 한국형사정책연구원, 1995, 29면 이하.

124) 처음의 Day Centre라는 명칭은 센터에서 수행하는 실질적인 활용을 반영하여 직장인들에 대한 야간활동이 증가하는 상황을 반영하여 1991년 형사사법법 제9조 제3항의 개정을 통해 Probation Centre로 개칭되었다.

할 수 있도록 하고 있다. 이는 Attendance Center Order가 독립적인 처분인데 반해, Probation Center Order은 보호관찰에 조건부로 부과하는 것에 차이가 있다. (Day) Center는 통상 일과시간 중 보호관찰 대상자에 대하여 기본적인 사회적응 능력을 향상시켜 재범의 악습으로부터 전환할 수 있도록 필요한 교육과 훈련을 시키는 시설로, 범죄자가 저지른 일의 결과를 납득시키고 그들의 시각을 변화시킬 수 있도록 고안된 프로그램으로 지역과 범죄형태에 따라 편성된다.[125)]

미국에서는 영국의 수강명령제도와 똑같지는 않지만 유사한 프로그램이 실시되고 있다. 미국에서 시행한 수강명령 유사제도로서 두드러진 프로그램은 '주간치료센터(Day Treatment Center)' 또는 '주간집중교육을 위한 소녀모임(GUIDE: Girls Unit for Intensive Daytime Education)'을 들 수 있다. 주간치료센터(Day Treatment Center)는 비행소녀에 대한 프로그램으로 24시간의 구금을 받을 정도의 비행을 저지른 소녀를 대상으로 실시하고 있다. GUIDE는 13세에서 19세까지의 비행소녀에 대해 교육, 집단활동, 상담을 할 목적으로 실시하는 주간처우 프로그램이다.[126)]

뉴질랜드에서는 수강명령제도와 유사한 프로그램으로 보호관찰과 구금의 중간적인 성격을 갖는 정기유치센터(Periodic Detention Center)제도를 실시하고 있다. 1962년 형사사법법의 개정으로 정기유치센터(Periodic Detention Center)제도가 도입되어 처음에는 15세 이상 21세 미만의 범죄자들을 대상으로 실시하였지만, 1966년 법개정을 통해 성인에게도 적용할 수 있게 되면서 성인들을 대상으로 한 센터도 설립되었다.[127)]

독일에서는 수강명령이 독일 형법 제56조c가 규정한 보호관찰부 집행유예(Strafaussetzung zur Bewährung)의 경우에 법원이 내릴 수 있는 준수사항(Weisungen)[128)]의 하나로 부과된다. 독일에서 준수사항은 재범을 범하지 않으려는 피고인의 노력에 도움을 주려는 법원의 명령 또는 금지를 포함하고 있는

125) 이병기/노성호, 앞의 보고서, 44면.

126) 손동권/최영신, 앞의 보고서, 27면.

127) 이병기/노성호, 앞의 보고서, 69면 이하.

128) 독일의 보호관찰 준수사항은 과거지향적이며 처벌적 성격을 가진 Auflagen(의무사항)과 미래지향적 금지 또는 명령의 예방적 처분으로 Weisungen(준수사항)으로 나뉘어 있다. 앞의 각주 88번 참조.

데, 우리나라의 수강명령과 유사한 것은 명령(Gebote)에 해당한다고 볼 수 있다. 이러한 준수사항은 1953년 제3차 형법개정법부터 명문화되었다. 특히 준수사항은 장래에 범죄행위를 하지 않도록 돕기 위한 것이라는 점에서 예컨대 당사자의 동의를 전제로 약물중독치료과정에 들어가게 하는 것과 같이, 범죄자의 재사회화를 위해 필요한 경우에만 선고된다.[129]

2) 법적 성격

수강명령은 보호관찰에 병과 되거나 또는 독립적으로 부과될 수 있으나, 직접 혹은 간접적으로 보호관찰과 관련되어 있으므로 궁극적으로는 보호관찰의 법적 성격과 그 맥을 같이 한다고 볼 수 있다. 따라서 수강명령제도의 법적 성격과 관련하여서도 보호관찰의 경우와 같이, 보안처분으로서의 성격, 형벌집행의 변형으로서의 성격, 독립된 제재수단으로서의 성격으로 나누어진다고 볼 수 있다. 다만, 보호관찰의 내용은 보호관찰관들의 감독과 지원을 받게 하는 비교적 광범위한 내용을 담고 있는 것에 비하여 수강명령은 일정한 장소에 출석하여 일정한 강의를 받게 하는 한정적인 것에서 양자는 차이를 나타내고 있다.[130]

수강명령의 법적 성격을 바라보는 시각에는 먼저 수강명령에는 형벌에 준하는 인신제약적 요소가 있기 때문에 형벌의 일종으로 보는 견해를 들 수 있다.[131] 그런가 하면, 수강명령에 대하여 규정한 각 법률의 입법취지 내지 성립배경이 다르기 때문에 법적 성격을 하나로 규정하기 보다는 개별적 판단이 필요하다는 견해도 있다.[132]

생각건대, 수강명령을 영국에서와 같이 독립명령으로 부과하는 경우도 있지만, 미국이나 독일 등과 같은 나라에서는 수강명령을 독립된 명령이라기보다는 보호관찰의 준수사항으로 운용하고 있다. 이처럼 수강명령이 보호관찰의 준수사항 형태로 운영된다면 특별히 수강명령만의 법적 성격을 규율할 필요는 없을 것으로 본다. 그 이유는 궁극적으로 준수사항으로서의 수강명령보다는 수강

---

129) 손동권/최영신, 앞의 보고서, 31면 이하.

130) 강호성, "수강명령제도의 법적성격에 관한 경험적 연구", 법조 통권 제541호, 법조협회, 2001, 224면; 손동권/최영신, 앞의 보고서, 39면.

131) 박상진, "개정 형법상의 선고유예·집행유예시의 보호관찰 및 수강명령·봉사명령의 법적 성격", 중앙법학 제2호, 중앙법학회, 2000, 393면 이하.

132) 강호성, 앞의 논문(2001), 227면 이하; 손동권/최영신, 앞의 보고서, 41면.

명령이 부과되는 제재의 법적 성격이 오히려 더 의미가 있다고 보기 때문이다. 이렇게 바라볼 때 수강명령을 보다 탄력적이고 효과적으로 운영할 수 있을 것으로 생각된다.[133)]

2. 수강명령의 형사정책적 의미

우리나라에서 수강명령제도는 보호관찰제도의 활성화에 따라 도입되었다. 수강명령은 유죄가 인정된 범죄인을 교화·개선하기 위하여 일정한 강의나 교육을 받도록 명함으로써 ① 대상자의 여가시간을 박탈하고 일정한 교육을 받도록 하는 처벌적 기능, ② 교육을 통하여 사회적 책임감을 배양함으로써 사회와 재통합할 기회를 주는 사회복귀적 기능을 수행한다고 할 수 있다. 그렇다면, 이러한 수강명령은 어떤 형사정책적 의미를 갖고 있는 것인가?

먼저 모든 교육과 재활프로그램은 전통적인 억제이론에서처럼, 합리적 인간이라는 인간관을 가정하고 있는 것으로 보인다. 수강명령은 기본적으로 법적 제재로 부과되지만, 보다 넓은 관점에서 보면, 교육프로그램의 하나로 해석될 수 있다.[134)]

수강명령프로그램은 과거에 범죄행위를 저지른 사람을 대상으로 하기 때문에 개별 프로그램이 가정하고 있는 구체적인 목적이 다르다고 하더라도 모두 궁극적으로는 인간의 행동변화를 목적으로 하고 있다고 할 수 있다. 즉 어떤 경우에는 인간의 이성이나 사고의 변화에, 또 어떤 경우에는 감정의 변화에 초점을 두고, 또 다른 경우에는 행동 자체의 변화에 초점을 두고 있는 등 각각의 경우가 어떤 변화에 일차적인 의의를 두느냐에 차이는 있겠지만, 결국 모두 행동변화에 관심을 두고 있다고 볼 수 있다.[135)]

더욱이 21세기 형사사법제도의 패러다임은 지역사회화, 민영화 또는 민간

133) 그러나 수강명령을 독립적인 제재로 부과하게 된다면, 그 법적 성격은 수강명령을 규정한 각 입법취지를 고려하여 개별적으로 판단하는 것이 더 적절할 것으로 생각된다. 즉 수강명령의 법적 성격을 여러 작용의 가능성을 가진 독립된 형사상 제3의 제재라고 보는 것이 타당하다고 본다(손동권/최영신, 앞의 보고서, 45면).

134) 손동권/최영신, 앞의 보고서, 63면.

135) 손동권/최영신, 앞의 보고서, 63면 이하.

주도 그리고 균형 잡힌 회복적 사법의 실현으로 변화되고 있다. 그런 관점에서 수강명령제도는 지역사회 내에서 다양한 사회자원을 동원하여 처벌적·치료적·교육적 효과를 구현할 수 있는 제도로써 21세기 형사사법 패러다임이 지향하는 가장 근접한 제도라고 평가될 수 있다. 또 수강명령제도는 처벌적 측면보다는 치료와 교육의 측면이 중점이 되는 형사정책 수단이라는 점에서 다른 처분에 비해 범죄예방효과가 크다고 평가되고 있다. 물론 이러한 수강명령제도가 중요한 형사정책적 역할을 수행하기 위해서는 해결해야 할 과제가 많이 남아 있기는 하지만, 수강명령제도를 활성화시키는 문제는 형사정책 패러다임을 새로 구성하는 문제처럼 중요하다고 본다.[136)]

3. 우리 수강명령의 현황 및 향후 과제

1) 수강명령제도의 도입

우리나라에서 수강명령제도는 보호관찰제도의 활성화에 따라 도입[137)]된 것으로 1989년 7월 1일부터 시행된 개정 소년법에서 16세 이상의 소년에 대해서 도입하여 시행하기 시작하였다. 개정 소년법에 의한 수강명령제도는 비행소년을 적절하게 교육시킴으로써 그들의 비행성을 교정하고 재범을 방지하는 등 비행소년에 대해 선도효과를 극대화시키고자 하는 취지로 시작되었다.[138)]

우리나라 수강명령제도를 이해하기 위해서는 먼저 소년법 개정을 위해 법무부가 국회에 제출한 '법률안설명자료'를 살펴볼 필요가 있다. 동 자료에서 소년법 개정내용에 수강명령에 관한 규정을 신설한 이유를 "수강명령이 가벼운 비행을 저지른 소년에 대하여 교통규범, 약물 오·남용으로 인한 해독 등을 강습하거나, 교도소 견학, 전과자 체험담 강의 등을 받도록 함으로써 비행성을 교정하는 제도"이며, "수강명령의 도입으로 비행소년 선도 교화 효과를 극대화"시키는 것이라고 하고 있다. 특히 영국에서 수강명령제도를 활용하여 비행소년 교화에 좋은 효과를 지향하고 있는 것을 참고로 하였다고 한다.[139)]

---

136) 강호성, 앞의 논문(2001), 231면 이하.

137) 손동권/최영신, 앞의 보고서, 23면.

138) 강호성, 앞의 논문(2001), 196면.

139) 이병기/노성호, 앞의 보고서, 22면.

이러한 수강명령의 내용에는 "① 교통법규교육 수강, ② 약물의 오·남용 해독교육 수강, ③ 교도소견학 및 전과자체험담 수강, ④ 극기훈련 및 야영훈련 참가, ⑤ 기타 소년의 비행성 교정에 필요한 교육수강 참가"가 포함된다.

2) 수강명령제도의 확대

1995년 12월 29일 형법의 개정에 따라 보호관찰 등에 관한 조항이 신설되었고, 1997년 1월 1일부터 동법에 따라 집행유예선고시 보호관찰, 사회봉사 및 수강을 명할 수 있도록 하였다. 이로써 종래 소년범죄자에게만 적용되었던 수강명령이 긍정적인 평가를 바탕으로 성인범에게까지 확대되어 전체 형사범죄를 범한 범죄자에게 실시할 수 있게 되었다.

형사범죄자에 대한 수강명령은 주로 약물범죄와 교통범죄를 범한 자에 대해 부과되며, 드물게는 성폭력범죄, 일반폭력범죄, 도박범죄, 강도범죄 및 방화범죄를 범한 자 등에 대하여 부과되기도 한다.[140]

이러한 수강명령의 개념에 대해 법률에 명시적으로 정의되어 있지 않아 아직까지도 개념의 모호성 및 그 목적의 불명료성 등에 대한 문제가 제기되기도 한다. 그러나 일반적으로 수강명령이란 유죄가 인정된 습관성 중독성 범죄자를 교도소 등에 구금하는 대신 자유로운 생활을 허용하면서 일정시간 보호관찰소 또는 보호관찰소가 지정한 전문기관에서 교육을 받도록 명하는 제도라고 정의할 수 있다.[141]

3) 수강명령의 현황

우리의 현행 법제 하에서 수강명령은 보호관찰과 병과 하여 부과되거나 또는 독립적으로 부과될 수 있다. 비록 수강명령을 독립적으로 부과할 수 있으나 수강명령을 실제 집행하는데 있어 보호관찰과 무관할 수 없다는 점에서 수강명령은 직·간접적으로 보호관찰과 관련되어 보호관찰제도와 궁극적으로 맥을 같이 한다고 볼 수 있다. 다만, 보호관찰은 그 내용에 있어 집행유예를 받은 대상자에게 보호관찰관의 감독과 원호를 받게 하는 비교적 광범위한 내용을 담고 있는데 비해, 수강명령은 일정한 장소에 출석하여 일정한 처우적 강의를 받게

140) 강호성, 앞의 논문(2001), 197면.
141) 강호성, 앞의 논문(2001), 228면 이하.

〈표 2-3-4〉 수강명령 부과 형태 현황[142] (단위 : 명, %)

연도	계	보호관찰부	단독명령
2005	12,554(100.0)	5,067(40.4)	7,487(59.6)
2006	10,093(100.0)	4,343(43.0)	5,750(57.0)
2007	12,474(100.0)	4,942(39.6)	7,532(60.4)
2008	14,975(100.0)	6,816(45.5)	8,159(54.5)
2009	13,679(100.0)	5,411(39.6)	8,268(60.4)
2010	12,226(100.0)	4,635(37.9)	7,591(62.1)
2011	12,041(100.0)	4,468(37.1)	7,573(62.9)
2012	14,476(100.0)	5,199(35.9)	9,277(64.1)
2013	16,086(100.0)	5,432(33.8)	10,654(66.2)

자료: 2010 범죄예방정책 통계연보 및 2014 범죄예방정책 통계연보, 재구성.

하는 한정적인 것이라는 점에서 양자는 차이가 있다.[143] 수강명령은 부과형태별로 보면, <표 2-3-4>에서 보는 바와 같이, 2013년의 경우에 보호관찰부 사건이 33.8%, 단독명령 사건이 66.2%로 단독명령의 경우가 월등히 많은 것을 확인할 수 있다.[144]

수강명령의 집행과정을 살펴보면, 실무에서 담당 보호관찰관이 기본적인 수강명령 계획을 세우고, 그 내용에 따라 전문 외부강사들을 활용하여 프로그램을 자체적으로 진행하고 있다.[145] 수강명령의 집행에 있어서 평균 75%는 자체강사에 의해 집행되고, 나머지 25% 정도는 외부강사에 의해 집행되고 있어 자체 집행을 약 3배 정도 더 많이 하고 있는 것으로 나타나고 있다. 참고로 수

142) 실시사건 기준(보호관찰부과 또는 단독명령 형태로 판결이 가능한 집행유예와 가정보호처분, 성매매보호처분만을 대상으로 집계).

143) 손동권/최영신, 앞의 보고서, 39면.

144) 특히 2013년부터 2015년 접수된 분야별 수강명령 사건 수를 살펴보면, 성폭력 분야가 67.9%로 가장 많고 그 다음으로 가정폭력 17.8%, 알코올 8.6%, 약물 5.7% 순으로 나타났다고 한다(강호성/이혜화, “효율적 수강명령집행을 위한 수강집행센터 모델 연구”, 보호관찰 제17권 제1호, 한국보호관찰학회, 2017, 158면).

145) 양중진/정용현, “법교육의 필요성과 보호관찰의 패러다임 전환 –보호관찰소의 법교육 필요성 및 발전방향을 중심으로–”, 보호관찰 제16권 제2호, 한국보호관찰학회, 2016, 28면.

〈표 2-3-5〉 수강명령의 주요 집행 분야

분 야	내 용
성폭력 치료 프로그램	성에 대한 왜곡된 생각 수정, 건강한 성, 자존감 향상 등
가정폭력 치료 프로그램	가정폭력 범죄성 인식, 폭력행위 인정, 재발방지에 대한 교육 등
약물/마약/알코올 치료 프로그램	약물 등의 오남용에 대한 이해 증진, 단약·단주 결심 유도와 강화 등
준법운전 프로그램	바람직한 운전습관, 교통사고 재발방지, 음주운전 예방 등
소년 수강 프로그램	문제 상황 해결하기, 직업체험, 미술치료 등
존스쿨 교육 프로그램	인권감수성 향상과 성매매 관련 그릇된 통념 교정 등
정신심리 및 폭력치료 프로그램	화 다스리기, 의사소통, 신경이완요법, 신뢰감 형성하기 등
도박 치료 프로그램	도박관련 척도와 심리검사, 중독의 원인과 과정에 대한 이해 등
성매매 여성 프로그램	성매매의 위법성, 경제생활 교육, 약물과 알코올 중독 예방 교육 등
보호자 특별 교육	적극적 부모역할의 이해, 바람직한 의사소통기술 이해 등

강명령의 주요 집행 분야를 살펴보면, <표 2-3-5>와 같다.[146]

현재 수강명령집행과 관련하여 <표 2-3-6>에서 보는 바와 같이, 대상자가 증가하고, 집행 분야가 세분화되고 있다. 이에 따라 집행의 전문성·효율성을 제고하기 위해 광역 또는 분소급 기관 집행기능을 통합하고 전문 인력을 배치하여 운영하는 방식으로 '수강집행센터'를 도입·운영하고 있다고 한다.[147]

수강센터는 성폭력·가정폭력·알코올·약물 분야 전문 프로그램에 사내강사를 활용하여 직접 집행함을 원칙으로 하며, 벌금형 이수명령자와 같이 집행기간이 촉박한 경우 등 사내강사만으로 집행이 곤란하다고 판단될 때에는 외부강사를 활용하여 전문 프로그램을 집행한다고 한다.[148]

146) 강호성/이혜화, 앞의 논문, 159면.
147) 양중진/정용현, 앞의 논문, 30면.
148) 강호성/이혜화, 앞의 논문, 160면.

〈표 2-3-6〉 분야별 수강명령 집행 현황(괄호 안은 %)[149]

연도	총계	성폭력 치료	준법 운전	가정폭력 치료	약물 치료	심리 치료	분야 미지정
2010	19,781 (100.0)	746 (3.8)	7,978 (40.3)	655 (3.3)	446 (2.3)	3,336 (16.9)	6,620 (33.4)
2011	19,877 (100.0)	1,537 (7.7)	7,380 (37.1)	459 (2.3)	347 (1.8)	3,041 (15.3)	7,113 (35.8)
2012	21,881 (100.0)	1,945 (8.9)	8,144 (37.2)	431 (2.0)	367 (1.7)	2,933 (13.4)	8,061 (36.8)
2013	21,542 (100.0)	2,511 (11.6)	9,692 (45.0)	808 (3.8)	379 (1.8)	2,570 (11.9)	5,582 (26.0)
2014	25,484 (100.0)	7,399 (29.0)	9,739 (38.2)	1,492 (5.8)	421 (1.7)	1,622 (6.4)	4,811 (18.9)
2015	28,197 (100.0)	8,646 (30.7)	10,671 (37.8)	1,896 (6.7)	403 (1.4)	1,321 (4.7)	5,260 (18.7)

4) 수강명령제도의 향후 과제

(1) 처우의 개별화와 전문인력의 확보

수강명령제도는 해당 대상자의 교화, 개선 및 재범예방을 위하여 필요하고도 적절한 한도 내에서 이루어져야 하며, 대상자의 나이, 경력, 심신상태, 가정환경, 교우관계, 그 밖의 모든 사정을 충분히 고려하여 가장 적합한 방법으로 실시되어야 한다(보호관찰법 제4조). 이처럼 수강명령제도에서는 처우의 개별화가 강조되고 있는 상황이다. 이러한 수강명령의 성패는 처우대상에 대한 과학적이고 면밀한 조사를 통해 필요한 프로그램을 적용하는 것이라고 할 수 있다.[150]

무엇보다도 대상자에 적합한 수강명령이라는 처우의 개별화를 위해서는 전문가의 양적·질적인 확보가 요구된다. 짧은 이수기간 동안 대상자들을 변화시킬 수 있기 위해서는 체계적이고 전문적인 개입전략과 전문적 지식과 많은 경험을 구비한 역량 있는 전문가에 의한 교육이 전제되어야 하기 때문이다. 법

149) 법무부 범죄예방정책국(양중진/정용현, 앞의 논문, 30면에서 재인용).
150) 김재희, 앞의 논문, 127면.

무부에서는 보호관찰공무원을 대상으로 전문교육이수 자격취득을 독려하고, 관련부분의 전문가를 특채하여 일선기관에 배치하고 법무연수원에 전문프로그램을 진행할 사내강사 양성과정을 개설하는 등 전문성향상을 위한 환경을 개선하고 있다.[151]

물론 자체적으로 전문가를 양성하는 것도 중요하고 필요하겠지만, 민간 인프라를 활용하는 것이 무엇보다도 중요하다고 본다. 그런데 앞에서 살펴본 통계에 따르면 수강명령의 집행에 있어 외부강사의 활용비율은 1/3 수준에 머무르고 있다. 물론 법무부는 수강명령 집행의 전문화·체계화·분업화를 위해 2012년 수원보호관찰소에 광역수강센터를 시범운영한 후, 2013년 '수강집행센터 운영지침'을 제정하여 운영시스템을 체계적으로 정비하였다. 그러한 노력의 일환으로 2014년 현재 서울, 대구, 광주, 인천, 대전, 부산 등에 수강집행센터를 도입·운영하고 있다고 한다.[152] 이처럼 법무부 자체적으로 전문성을 상당히 확보하고 있는 상황이다.

그러나 앞에서 언급한 바와 같이, 21세기 형사사법제도의 패러다임은 지역사회화, 민영화 또는 민간주도 그리고 균형 잡힌 회복적 사법의 실현으로 특징지어지고 있다. 그런 점에서 시민참여를 활성화시키는 방향에서의 노력도 더욱 필요하다.

(2) 수강명령에 대한 필요적 보호관찰부과 검토

형법상 수강명령은 보호관찰에 병과하거나 독립적으로 부과할 수 있다. 그런데 재판실무상 앞의 <표 2-3-4>에서 살펴본 바와 같이 수강명령이 보호관찰에 병과 되는 경우보다는 단독으로 수강명령만 부과되는 경우가 더 많은 것으로 나타나고 있다. 수강명령이 처음 도입될 당시만 하더라도 대상자로 하여금 하루 일과 중 일정 시간 교육센터에 출석하여 특정 강의를 의무적으로 수강하도록 하는 일에 초점을 두고 있었다. 그러나 집행유예의 조건으로 수강명령을 부과하게 되면서 수강명령은 단순히 특정 강의 출석의무라는 소극적 의미를 넘어 심성개발 및 훈련을 통한 재범방지와 함께 사회적응 능력의 배양 등 교육과 개선을 위해 보다 적극적인 수단으로 활용되기 시작하였다. 이처럼 적극

151) 김재희, 앞의 논문, 127면 이하.
152) 강호성/이혜화, 앞의 논문, 154면 이하.

적 수단으로 활용하기 위해서는 수강대상자에 대한 관리가 부득이하다는 점에서 이 경우에 수강명령을 보호관찰과 동시에 부과할 필요가 있다고 본다. 그 근거로 첫째로 보호관찰이 기본적 처분이고, 둘째로 수강명령의 집행 실효성 확보를 위한 점 등을 들 수 있다. 영국의 수강명령을 살펴보더라도, 수강명령이 독립적으로 부과되는 경우도 있지만, 대부분의 경우 보호관찰이 부과되면서 보호관찰의 특별준수사항으로 다양한 형태의 치료프로그램에 참가를 명하는 수강명령 부과체계가 일반적이다.[153]

물론 수강명령과 보호관찰은 제도의 취지나 목적이 달라 그 필요성 여부는 별도로 판단되어야 한다는 점에서 보호관찰과 수강명령은 동시에 부과하지 않아야 한다는 견해도 있으나, 수강대상자에 대한 보호관찰관의 꾸준한 관리와 지원이 수강명령의 성공적 효과를 꾀할 수 있을 것으로 보아, 수강명령을 적극적 수단으로 활용하기 위해서 필요적 보호관찰의 부과에 대한 검토가 필요할 것이다.[154]

(3) 회복적 수강명령제도

기존의 수강명령제도는 다분히 가해자나 범죄인의 교육을 중심으로 하는 가해자 중심의 수강명령제도였다. 예컨대 가정폭력 범죄자에 대한 수강명령 프로그램의 경우에 인지-행동 가해자 치료와 가해자 중심의 심리극과 단기간의 과제지향적 문제해결 모델로만 구성되어 있어, 가정폭력 피해자인 상대 배우자와 자녀들의 심리적 트라우마에 대한 내용이라든가 어떻게 관계회복을 할 것인가에 대한 내용은 없었다.[155] 그러나 최근 수강명령의 유형별로 실시되고 있는 프로그램 중에 자신의 범죄로 인한 피해자의 고통을 이해하고 행동개선을 위한 인지행동 치료가 다양하게 활용되고 있다.[156] 그러나 우리 수강명령의 성격이 외국의 화해·조정 프로그램이나 가족회합 프로그램과 같이 처음부터 피해자의

153) 손외철, "사회봉사·수강명령에서의 회복적 사법 적용방안", 법학논집 제16권 제1호, 이화여자대학교, 2011, 98면; 김재희, 앞의 논문, 130면.

154) 김재희, 앞의 논문, 130면.

155) 천정환, "수강명령 선행연구들에 대한 비판론", 교정복지연구 제34호, 한국교정복지학회, 2014, 268면 이하.

156) 이는 McCold와 Wachtel이 분류하는 '부분 회복적 사법(partly restorative)' 중 인지행동치료 이론에 기반을 둔 프로그램인 '피해자 인식(victim awareness)'에 해당하는 수준이라고 한다(손외철, 앞의 논문, 104면).

고통을 이해시키고 중재자가 나서서 직접 가해자와 피해자가 만나서 화해·조정할 수 있는 기회를 제공하는 '전 회복적 사법(Fully Restorative)'에 해당하는 전문적 피해회복 프로그램은 아직 실시되고 있지 못하다.[157]

그러나 범죄자의 피해자에 대한 원상회복 과정을 통해 진정으로 지역사회와 재통합을 이룩하고 이를 통해 재범을 방지할 수 있도록 수강명령 프로그램에서도 보다 적극적으로 실천할 수 있는 방안을 강구한다면, 수강명령제도의 실효성을 더욱 담보할 수 있을 것으로 기대된다.

157) 손외철, 앞의 논문, 104면.

제 4 장 부가적 형사제재

제 1 절 신상공개

1. 신상공개제도의 역사적 배경 및 변천과정

일반적으로 신상공개란 개인에게 관련된 사진이나 직업, 주소, 생년월일 등 일신상에 관한 제반 사항들을 여러 사람에게 개방하는 것을 말한다. 즉 일신전속권인 개인의 프라이버시와 관련한 내용을 본인 이외의 자에게 공개하는 것이다. 공개에 대해서는 공적인 공개와 사적인 공개로 구분할 수 있고, 공개가 자신에 의한 것이 아니라 제3자에 의해서 이루어지고 개인의 사생활을 침해할 때는 명예훼손죄의 적용이 된다.[1)]

이러한 신상공개를 2000년에 우리 형사법제에 도입하여 현재 성폭력범죄자에 대하여 시행하고 있다.[2)] 신상공개의 법적 성격과 관련하여, 실질적인 측

1) 이병희, 프라이버시의 보호와 범죄자 신상공개, 연구총서 01-25, 한국형사정책연구원, 2001, 27면.

2) 현재 우리나라 성폭력범죄자에 대한 신상공개제도는 ① 등록대상 성폭력범죄로 유죄판결이 확정되거나 법원으로부터 공개명령을 선고 받은 성폭력범죄자의 신상정보를 등록하고 체계적으로 관리하여 범죄예방 및 수사에 활용하는 신상정보 등록제도와 ② 등록된 정보 중 일부를 정보통신망을 통하여 국민에게 공개하거나 또는 우편으로 지역주민에게 알림으로써 성폭력범죄로부터 안전한 사회를 만들이 위한 신상정보 공개 및 고지제도가 혼재되어 있다(송광섭, “신상정보공개제도의 현황과 그 개선방안”, 원광법학 제32권 제4호, 원

면에서 보면 명예형에 가까운 형벌적 속성이 있다고 보기도 한다. 즉 명예형 중에서도 신상공개라는 낙인으로 인하여 치욕형으로 구분이 가능할 수 있다.[3] 우리나라에서 시행하고 있는 신상공개제도에 대하여 살펴보기 위해서는 그 모델이 되었던 미국의 신상공개제도에 대하여 먼저 살펴볼 필요가 있다.

1) 미국의 신상공개제도

미국에서 신상정보등록제도는 성폭력범죄자에 대한 정책으로 1947년 캘리포니아州에서 처음으로 시행되어 1980년대 말에는 12개의 주(州)에서 시행되었다. 그런데 이들 주에서는 성폭력범죄자의 신상정보를 등록하도록 할 뿐 등록된 성폭력범죄자의 신상을 공개하지는 않았다. 이후 일련의 사건들이 발생하면서 성폭력범죄자에 대한 신상공개관련법은 강화되어 왔다.[4]

먼저 1989년 10월 11세인 제이콥 웨터링(Jacob Wetterling)이 납치된 사건을 계기로 1994년 '제이콥 웨터링 아동대상 범죄 및 성폭력범죄자 등록법(Jacob Wettering Crimes Against Children and Sexually Violent Offender Registration Act)'이 제정되었다. 이는 종래 주(州)정부 차원에서 제정했던 성폭력범죄자의 신상정보 등록법을 연방정부 차원에서 처음으로 제정한 법이다. 동법에서는 아동에 대한 성폭력범죄 등으로 유죄를 선고받은 성폭력범죄자의 신상을 주정부가 등록할 것을 명시하고 있다. 동법은 지역사회에서의 안전을 높이고 성폭력범죄자들의 재범을 줄이며, 수사기관의 수사력을 높이기 위한 목적을 갖고 있었다.

1994년 7세인 메건 칸카(Megan Kanka)가 이웃의 성범죄자에게 납치되어 무참하게 강간살해된 사건이 발생하였다. 그러자 등록만을 명시한 웨터링법으로는 한계가 있다는 여론이 일어났다. 이에 1996년 연방차원에서 성폭력범죄자의 신상공개제도를 입법화한 메건법(Megan's Law)이 제정되었다. 동법에서는 주정

광대학교 법학연구소, 2016, 12면).

3) 명예형은 중세부터 19세기까지 유럽 각국에서 많이 이용되었던 형벌로, 19세기 초까지는 주로 범죄자를 일반인에게 공개함으로써 수치심을 유발하는 치욕형의 형태였으나 그 후 자격형으로 변하여 왔다(이병희, "성범죄자 신상공개에 대한 형사법적 고찰", 형사법연구 제17권, 한국형사법학회, 2002, 270면).

4) 그에 대한 구체적인 내용은 김지선 외, 성폭력범죄자 사후관리시스템에 대한 평가연구(I) -신상공개제도의 효과성 연구-, 경제·인문사회연구회 협동연구 총서 12-29-01, 한국형사정책연구원, 2012, 75면 이하.

부가 지역주민을 보호하기 위해 필요한 경우에 성폭력범죄자의 신상을 지역주민에게 고지하도록 연방정부가 주정부에 요구하고, 이에 따르지 않을 경우에는 연방정부의 재정지원을 감축하는 정책을 행하도록 하였다. 다만, 구체적인 고지의 방법과 기준은 주정부의 재량에 맡기고 있어, 제도의 시행은 주마다 큰 차이가 있었다.

2005년 플로리다州에서 9세의 제시카 런스포드(Jessica Lunsford)란 소녀가 성범죄자에게 납치되어 사망한 사건이 발생하였다. 그러자 2005년 플로리다州에서는 제시카법(Jessica's Law)을 통과시켜, 신상등록제도와 성폭력범죄자 감독에 대한 내용을 규정하였다.

2006년 연방정부는 '성범죄자 신상정보등록 및 고지법(The Sex Offender Resistration and Notification Act: SORNA)'으로 잘 알려져 있는 '아담 웨시 아동보호 및 안전법(Adam Walsh Protection and Safety Act)'을 제정하여, 성범죄자 신상정보등록 및 고지제도에 관한 기준을 구체적으로 명시하게 되었다. 동법을 통해 각 주별로 다르게 시행되었던 등록 및 고지제도를 표준화하고, 주(州)들 사이에 정보를 공유할 수 있는 시스템을 만들어 국가차원의 등록 및 고지 프로그램을 구축하였다.

이처럼 미국은 성범죄자 관련 신상공개정책의 역사가 가장 오래되었으며, 연방정부차원에서 적극적으로 성범죄자를 관리하는 체계를 갖추고 있고, 계속적으로 성범죄자에 대한 관리를 강화·확대하는 정책을 펴나가고 있다.[5)]

2) 영국의 신상공개제도

영국도 미국의 메건법이 제정·시행된 이후 이 법률을 연구·분석하여, 1997년 성범죄자법(Sex Offender Act of 1997)을 제정하여 성범죄자 등록제도를 명시적으로 규정하였다. 동법은 미국의 메건법과 마찬가지로 성범죄자로부터 지역사회를 보호하는 데 목적을 두고 있다. 사실 영국도 이미 오래전부터 성범죄자나 아동성학대자의 신상정보를 경찰에 등록해야 한다는 생각을 갖고 있었다. 마침 그때에 미국에서 메건법이 입법 추진되고 있다는 소식이 전해져 영국에서도 관심을 갖기 시작하였다. 그러던 중에 1996년 소피 훅(Sophie Hook)이라는 7

---

5) 김지선 외, 앞의 보고서, 110면.

살 소녀가 강간상해당하는 사건이 발생하자, 이를 계기로 동법률이 입법되었다. 이러한 성범죄자 등록제도는 2003년 성범죄법(Sexual Offences Act)으로 이어지면서 그 내용이 강화되었다.[6] 예를 들어 1997년 성범죄법에 따르면 성범죄자는 유죄판결을 받은 후 또는 교도소 출소 후 14일 이내에 경찰서에 직접 방문하거나 서면으로 이름과 주소 등을 등록하도록 되어 있지만, 2003년 성범죄법에 따르면 성범죄자는 출소 후 3일 이내에 거주 지역의 경찰서에 본인이 직접 이름, 주소, 생년월일, 사회보장번호를 등록해야 하며, 경찰서에서 시진촬영과 지문채취를 받아야 한다. 또 신상정보에 변동이 있을 때에도 1997년 성범죄자법에서는 14일 이내에 서면으로 등록하도록 하였으나, 2003년 성범죄법에서는 3일 이내에 본인이 직접 경찰에 알리도록 개정하였다.

그러나 1997년 성범죄자법이나 2003년 성범죄법에는 성범죄자의 신상정보를 일반인에게 공개하는 규정을 두고 있지 않았다. 하지만, 예외적으로 경찰서에서 엄격한 위험성평가를 거쳐 필요한 경우에만 제한적으로 신상정보를 공개하도록 하고 있다.

이처럼 영국은 90년대 후반부터 성범죄자 신상등록법을 도입하기 시작하였는데, 성범죄자의 신상정보를 일반 시민에게 공개하는 것에 보다 신중한 입장을 취하고 있다. 신상공개제도의 시범운영 결과가 긍정적으로 평가되면서 신상공개제도는 2010년부터 영국 전역으로 점차 확대되어 운영되게 되었다.[7]

2. 우리 신상공개제도의 도입과정 및 향후 과제

1) 초기 신상공개제도

우리나라에서 성범죄자에 대한 신상공개제도는 2000년 7월 1일 '청소년의 성보호에관한법률(이하 '청소년성보호법'이라 한다)'의 제정·시행에서 출발한다. 동법률은 제정당시 '성매수자의 신상공개'[8]라는 새로운 제도의 도입으로 많은

---

6) 이경재, "성범죄자 신상공개의 법적 문제점 고찰", 저스티스 통권 제65호, 한국법학원, 2002, 10면 이하.

7) 김지선 외, 앞의 보고서, 110면.

8) 당시의 신상공개는 범죄계도문 작성에 의한 신상공개로 현재와 같은 인터넷상 신상공개와는 차이가 있다.

화제를 불러일으키면서 출발하였다. 특히 앞에서 살펴본, 미국이나 영국의 신상공개제도와 달리 등록제도 없이 처음부터 공개제도로 출발하였다. 이러한 신상공개제도는 정부가 청소년 성매매의 심각성을 인정하고 '청소년 성매매 방지 및 음란물 제작 등의 문제에 대한 대책'을 강구하겠다는 차원에서 출발하였으나 그다지 큰 효과가 없었던 것으로 평가받고 있다.[9]

처음 신상공개가 도입되었을 당시 신상공개는 행정기관인 청소년보호위원회가 청소년대상 성범죄자 중에서 신상공개 대상자를 선별하여 관보와 인터넷에 공개하는 방식으로 시행되었다.[10] 신상공개는 일반인에게 누구라도 청소년대상 성범죄를 범하는 경우, 자신의 신상이 공개될 수 있다는 심리적 부담을 주어 범죄를 예방하는 일반예방적 기능과 당사자에게 범죄에 대한 응보로서 개인의 명예를 실추시키는 명예형으로서의 기능이라는 형사제재의 속성을 갖고 있음에도 법원의 판결이 아닌 행정기관의 결정을 통해 이루어진다는 점에서 많은 비판이 제기되었다.[11]

이러한 신상공개방식으로 인해 신상공개의 법적 성격을 어떻게 보아야 할 것인가와 관련하여서도 논란이 있었다. 즉 신상공개에 대한 입법의도나 효과의 측면에서 형벌로 볼 수 없다는 견해,[12] 형벌의 속성을 갖고 있다는 견해,[13] 형벌의 성격이 보다 강화된 보안처분과의 혼합적 성격을 갖는 법적 제재라는 견해,[14] 형식적으로는 공표의 성격을 가지고 있으면서 실질적으로는 형사제재의

---

9) 문재완, "성범죄자 신상공개제도 위헌성 재검토 - 미국의 메간법 판결과의 비교를 중심으로", 헌법학연구 제9권 제2호, 한국헌법학회, 2003, 344면; 이경재, "청소년성보호법의 문제점과 개선방안", 형사정책 제13권 제2호, 한국형사정책학회, 2001, 31면; 안경옥, "청소년 성매매를 둘러싼 논의들에 대한 검토", 형사정책연구 제13권 제1호, 한국형사정책연구원, 2002, 6면 참조.

10) 청소년의성보호에관한법률시행령 제5조 제1항에 "1. 청소년보호위원회의 인터넷 홈페이지에 6월간 게재, 2. 정부중앙청사 및 특별시·광역시·도의 본청의 게시판에 1월간 게시"라고 규정하였다.

11) 이경재, 앞의 논문(2002), 15면 이하; 이병희, 앞의 논문, 269면 이하.

12) 심희기, "신상공개의 정당화근거와 적절한 공개대상과 공개기준의 탐식", 저스티스 통권 제65호, 한국법학원, 2002, 27면 이하.

13) 강태수, "청소년대상 성범죄자의 신상공개에 대한 헌법적 고찰", 헌법판례연구 제4집, 한국헌법판례연구학회, 2002, 78면.

14) 권창국, "'청소년 성매매' 행위 등에 대한 규제방법으로서 신상공개제도에 관한 검토", 형사정책연구 제12권 제2호, 한국형사정책연구원, 2001, 218면.

성격을 가진 것이라는 견해[15] 등 다양한 견해로 나뉘어졌다.

그러던 중 동법 제20조 제2항 제1호에 따른 청소년대상 성매수자에 대한 신상공개가 이중처벌금지원칙, 과잉금지원칙, 평등원칙, 적법절차원칙 등 헌법에 위배된다는 이유로 위헌제청이 제기되었다. 이에 대해 2003년 6월에 신상공개에 대한 위헌성여부와 관련하여 동법 제20조 제2항 제1호에 의한 청소년의 성매수자에 대한 신상공개가 헌법에 위배되지 않는다는 헌법재판소의 결정이 이루어졌다.[16]

이처럼 처음에는 성매수자에 대한 신상공개를 중심으로 입법되었으나, 이후 청소년대상 성폭력범죄의 심각성으로 인해, 청소년보호위원회는 오히려 고위험성 성폭력범죄자의 경우에는 얼굴사진을 공개하는 등 신상공개제도의 강도를 높여야 한다는 주장을 제기하게 되었고, 그 과정에서 신상공개제도에 대한 변화를 시도하였다.

2) 후기 신상공개제도

본격적인 신상공개제도에 대한 변화는 2005년 청소년성보호법에서부터 시작되었다. 이러한 변화를 위해 먼저 2004년 청소년보호위원회가 국가인권위원회에 청소년성보호법 개정 법률안의 검토를 요청하였다. 이와 관련하여 국가인권위원회[17]에서는 청소년대상 성폭력범죄자에 대한 세부정보등록제도 및 정보제공제도, 세부정보등록 관련 벌칙조항, 청소년대상 성범죄자에 대한 취업제한 규정들이 비례성의 원칙, 적법절차원칙, 죄형법정주의, 포괄적 위임입법 금지원칙, 이중처벌금지원칙, 평등원칙 등 헌법상의 주요 법원칙을 위배하여 성폭력범죄자의 인권을 과도하게 제한하는 것이라고 판단하여 개선을 권고하였다.

이에 청소년위원회[18]는 이러한 국가인권위원회의 의견을 일부 수용하여 2005년 12월 29일 청소년성보호법의 일부개정을 통해, 고위험군의 성범죄자의

---

15) 이경재, 앞의 논문(2002), 17면.

16) 헌법재판소 2003. 6. 26. 자 2002헌가14 결정. 다만, 동결정은 4인의 합헌의견과 5인의 위헌의견으로 위헌의견이 다수였음에도, 위헌결정 정족수 부족으로 합헌결정이 이루어졌다.

17) 2007년 1월 8일자 국가인권위원회 결정문, 4면 이하 참조.

18) 2005년 4월 27일 국무총리실 산하 '청소년보호위원회'가 문화관광부 청소년국과 통합하여 '청소년위원회'로 개칭되었던 것이 2006년 3월 30일부터는 국가청소년위원회로 명칭이 변경되었다.

경우에는 사진과 세부주소까지 공개하는 좀 더 적극적인 방법의 채택과 더불어 청소년대상 성폭력범죄자에 대한 신상정보등록제도를 처음으로 도입하였다. 동 개정에 따르면, 국가청소년위원회의 결정으로 5년 동안 신상정보를 등록하도록 하고, 등록정보의 열람 및 관리를 지방경찰청장에게 위탁할 수 있게 하였으며, 피해자와 피해자의 법정대리인 및 청소년 관련 교육기관의 장이 열람할 수 있게 되었다.

그런데 2006년 2월 용산 어린이성폭행살인사건 등 아동 대상 성폭력범죄가 계속 발생하면서 아동 대상 성범죄자에 대한 엄격한 처벌과 관리를 요구하는 여론의 목소리가 높아지자, 2007년 8월 3일 청소년성보호법 전면개정을 통해 아동·청소년대상 성범죄자들에 대한 처벌 기준 강화, 인터넷 등을 이용한 일반적 개인신상정보공개제도의 폐지 대신 신상정보의 등록·열람제도로 신상공개제도가 변화되었다. 그와 함께 피해자 보호 및 지원 조치 강화 등이 이루어졌다.

청소년대상 성범죄자에 대하여 범죄방지 계도 목적으로 관보 내지 인터넷 등을 활용한 종래의 신상공개제도는 당시까지 시행해본 결과 그 실효성이 부족하고 인권침해의 우려가 높다는 점에서 많은 비판이 제기되어 오던 상황이었다. 이에 종래 신상공개제도를 폐지하고 새롭게 성범죄자의 정보등록·열람제도를 도입한 개정법률안의 기본적인 방향성에 대하여는 긍정적인 평가가 이루어졌다.[19] 특히 종래 신상공개제도와 관련하여서는 그 법적 성격이 뚜렷하지 않아 많은 논란이 제기되었는데, 당시 전부개정을 통해 법원이 유죄판결을 선고하면서 대상자에게 신상정보등록대상자임을 고지하도록 하고, 제37조 제1항에서 법원이 신상정보열람대상자를 판결로써 선고하도록 하는 사법판단으로 신상공개를 결정하도록 규정하여 그 법적 성격을 보안처분으로 해석하는 것이 가능하게 되었다. 그에 따라 형사제재적 성격을 강하게 가지고 있는 신상공개를 사법판단이 아닌 행정판단으로 하고 있었던 종래의 문제점이 해결되었다고 평가된다.[20] 또 개정법은 청소년이용음란물제작·배포, 청소년성매수 등의 죄를 등록

19) 2007년 1월 8일자 국가인권위원회 결정문, 20면 참조.

20) 사실 (구)청소년성보호법 제20조 제2항 및 제3항 등에 의하면 신상공개가 국가청소년위원회라는 행정기관의 결정사항으로 되어 있다 보니, 외형상으로는 행정법상의 공표와 유사하지만, 행정법상 의무위반이나 의무불이행이 있는 경우가 아니라 범죄행위로 유죄판결을 받은 경우라는 점에서 그리고 공표가 행정상 의무이행 확보를 목적으로 하는 것이 아

대상 성범죄에 추가하되, 청소년성매수죄의 경우 2회 이상 유죄판결을 받은 경우나 대상청소년이 13세 미만인 경우에 한정하여 신상정보가 등록되도록 하였으며, 등록기간은 5년에서 10년으로 연장되었다.

이후 2009년 6월 9일 청소년성보호법의 전면개정을 통해, 법제명이 '청소년의 성보호에 관한 법률'에서 '아동·청소년의 성보호에 관한 법률(이하 '아동청소년성보호법'이라 한다)'로 변경되었고 신상정보 등록·열람제도가 등록·공개제도로 변경되었다. 즉 전면개정을 통해 법률명에 "아동"을 명시함으로써 아동이 동 법률의 보호대상임을 명확히 함으로써 아동에 대한 성폭력범죄를 엄단하겠다는 의지를 표명하였다. 또 법원이 범죄가 중하거나 재범가능성이 있는 아동·청소년대상 성범죄자의 신상정보를 등록기간 동안 정보통신망을 이용하여 공개하도록 하는 명령을 성범죄 사건의 판결과 동시에 선고하도록 하여, 성폭력범죄자에 대한 신상정보를 보다 쉽고 광범위하게 열람할 수 있게 하였다. 그러한 신상정보의 열람이 과거 일부 관련자에게만 공개되었던 것에서 민법상 성인으로 실명인증 절차를 거친 모든 사람에게 인터넷을 통해 열람이 가능하게 하는 등의 내용으로 개정되었다. 그와 함께 유사 성교행위 및 성매수 유인행위 처벌규정을 신설하고 등록대상범죄에 추가함으로써 아동·청소년의 성보호를 강화하는 한편, 제출의무 있는 신상정보에 신체정보를 추가하였다. 또한 등록정보는 국가청소년위원회가 아닌 보건복지부 장관이 보존·관리하도록 하였다.

그런데 2009년 조두순 사건과 2010년 김길태 사건을 계기로 2010년 4월 15일 아동청소년성보호법의 일부개정과 '성폭력범죄의 처벌 등에 관한 특례법(이하 '성폭력특례법'이라 한다)'의 개정을 통해 신상정보 등록·열람제도가 또다시 변화되었다. 즉 2010년 4월 15일 성폭력특례법 개정을 통해 종래 아동청소년성

니라 범죄방지 그 자체를 직접적인 목적으로 함으로써 계도나 정보제공보다는 주로 징벌 및 위하의 효과를 기대한다는 점에서 행정처분이라기보다는 형벌 내지 보안처분적 성격에 가깝다고 할 것인데, 형벌을 범죄자에 대한 국가의 강제적 법익박탈행위라고 보는 관점에서는 법익의 박탈이 행해지는 것이 아니기 때문에 형벌이라고 보기도 어렵고, 또 보안처분은 형사적 사법처분이라는 점에서 행정기관이 행하는 신상공개를 보안처분에 해당한다고 보기 어렵다는 점에서 사실 그 법적 성격에 대하여는 명확하지 못했던 부분이 이로써 해결되었다. 문제는 이처럼 신상공개제도의 법적 성격을 보안처분으로 자리매김하게 되었다면, 제재를 결정하는 기준으로 반드시 재범위험성이 전제되어야 하고 비례성의 원칙에 입각하여 그 범위를 엄격히 제한할 필요성이 있다는 것이다. 그런데 개정안에서 재범위험성이라는 요건심사규정을 두고 있지 않은 것은 문제로 지적하지 않을 수 없다.

보호법에만 규정되어 있던 신상정보 등록·공개제도가 성폭력특례법에도 새롭게 규정되었다. 이에 따라 아동·청소년대상 성폭력범죄자에 대한 신상정보 등록·공개는 아동청소년성보호법에 의하여 여성가족부장관이 집행하고, 성인대상 성폭력범죄자에 대한 신상정보 등록·공개는 성폭력특례법에 의하여 법무부장관이 집행하게 되었다. 그 결과, 동일한 제재가 행위객체에 따라 법무부와 여성가족부라는 다른 소관부처에 의해 이원적으로 집행되는 것이 적절한 것인가에 대하여 많은 비판이 제기되었다. 더욱이 당시 아동청소년성보호법(법률 제10260호) 제7조 제1항에 여자 아동·청소년에 대해 강간한 경우 5년 이상의 유기징역을 규정하고 있는 반면, 제13세 미만의 여자에 대한 강간의 경우 성폭력특례법(법률 제10258호) 제7조 제1항에서는 10년 이상의 유기징역으로 엄하게 규정하고 있어, 13세 미만이 행위객체인 경우 성폭력특례법을 적용받게 될 것인데, 이 경우 신상공개는 어느 법률에 따라 집행될 것인지도 문제되었다. 왜냐하면 성폭력특례법(법률 제10258호)에서는 신상정보 등록·공개가 최장 10년까지 가능(동법 제35조 제1항 및 제37조 제1항)한 반면, 아동청소년성보호법(법률 제10260호)에서는 신상정보 등록·공개가 최장 20년까지 가능(동법 제36조 제1항 및 제38조 제1항)하도록 규정되어 있었기 때문이다.

그것이 2012년 8월에 발생된 만삭 주부 성폭행 사건 및 9월 초에 발생된 나주 초등생 성폭행사건 등 잇따라 발생된 성폭력범죄에 대응해 경종을 울리고 확실한 재범방지대책을 마련하기 위한 목적으로 2012년 11월 22일 국회에서 소위 '성범죄 처벌강화 종합대책'[21]을 통과시켰다. 이에 여성 국회의원들을 중심으로 '아동·여성 대상 성폭력 대책 특별위원회'를 구성하여 2012년 12월 18일 성폭력특례법, 아동청소년성보호법 등 실로 광범위한 법률개정이 단행되었다. 2012년 개정을 통해 2010년 개정 당시 성인대상 성폭력범죄자와 아동·청소년대상 성폭력범죄자를 나누어 전자에 대한 신상정보 등록·공개·고지제도에 대해서는 성폭력특례법에, 후자에 대한 신상정보 등록·공개·고지제도에 대해서는 아동청소년성보호법에서 규정하고 있던 것을 변경하여, 신상정보 등록에 관하여는 성폭력특례법에 규정하고, 신상정보 공개 및 고지에 관하여는 아동청소

21) http://news.chosun.com/site/data/html_dir/2012/11/23/2012112300221.html: 2017. 9. 2 최종 검색.

년성보호법에 규정하면서, 신상정보 등록에 관하여는 법무부장관이 집행하고, 신상정보 공개 및 고지에 관하여는 여성가족부장관이 집행하는 것으로 개정되었다.

또 성폭력특례법상 신상정보등록과 관련하여서는 종래 판결이 확정된 날부터 '60일 이내'에 신상정보를 제출하던 것에서 '30일 이내'에 제출도록 변경하고, 또 변경사유가 발생한 날부터 '30일 이내'에 제출하던 것에서 '20일 이내'에 제출하도록 변경하고, 종래 6개월 이내에 촬영된 사진을 등록정보로 제출하던 것에서 관할경찰관서의 장 또는 교정시설 등의 장이 직접 대상자의 정면·좌측·우측 상반신 및 전신 컬러사진을 촬영하여 전자기록으로 저장·보관하게 하면서, 최초등록일로부터 1년마다 주소지를 관할하는 경찰관서에 출석하여 사진을 촬영하여 전자기록으로 저장·보관하도록 하는 등 등록에 관한 내용이 강화되었다(동법 제43조 및 제44조 참조).

아동청소년보호법상 공개·고지제도도 강화되었는데, 공개정보의 범위에 종래 읍·면·동까지만 공개하던 주소를 '도로명주소법'에 따른 도로명 및 건물번호까지로 확대하고 성폭력범죄 전과사실 및 전자장치 부착여부를 포함하도록 하였다(동법 제49조). 또 신상정보 고지의 범위를 '고지대상자가 거주하는 읍·면·동의 아동·청소년의 친권자 또는 법정대리인이 있는 가구, 읍·면사무소와 동주민자치센터의 장(경계를 같이 하는 읍·면 또는 동을 포함), 학교교과교습학원의 장과 지역아동센터 및 청소년수련시설의 장에까지 확대하였다(동법 제50조). 성범죄자 취업제한 대상 기관을 인터넷컴퓨터게임시설제공업, 청소년활동기획업소, 대중문화예술기획업소 등으로 확대하였다(동법 제56조).

이와 같이 신상정보등록제도는 성폭력특례법에, 그리고 공개 및 고지제도는 아동청소년성보호법에 규정한 것은 종래 같은 신상공개에 대해 법무부와 여성가족부로 소관부처가 중첩되는 문제가 있다는 비판에 기인하여 개정된 것으로 보이나, 신상공개라는 제재의 성격에 적합하게 개정된 것인지에 대한 비판이 제기되기도 하였다.[22)]

22) 김혜정, "성폭력범죄에 대한 대응의 재검토", 법학논총 제20집 제1호, 조선대학교 법학연구원, 2013C, 383면 이하.

3) 헌법재판소 위헌결정에 따른 2016년 개정내용

이러한 신상공개제도에 또다시 변화가 요구되었다. 즉 지난 2015년 7월 30일 헌법재판소[23]에서 성폭력특례법상 신상정보 등록정보를 20년간 보존·관리하도록 규정한 제45조 제1항에 대하여 헌법불합치 결정을 하면서, 2016년 12월 31일까지 잠정적용을 명하여 동조항의 개정이 필요하게 된 것이다. 그와 함께 성폭법상 카메라등이용촬영(미수)죄에 대한 신상정보 등록조항에 대해서도, 비록 정족수 부족으로 위헌결정이 이루어지지는 않았지만, 2인의 위헌결정과 2인의 헌법불합치결정을 고려할 때, 위헌성을 제거하는 방향으로 개정이 필요하게 되었다. 헌법재판소 결정에서 쟁점이 된 양 사안의 공통점은 신상정보등록제도가 성폭력범죄자의 재범위험성으로 인해 향후 발생할 수 있는 재범을 방지하기 위해 도입된 제도임에도 불구하고, 재범위험성에 대한 구체적인 평가 없이 획일적으로 그리고 장기간 신상정보를 등록·관리하는 것이 기본권을 침해한다는 것으로 모아진다.

이에 지난 2016년 12월 20일 헌법재판소 결정을 반영한 성폭력특례법의 개정이 이루어졌다. 먼저 신상정보등록대상범죄에서 성폭력특례법상 성적 목적을 위한 공공장소 침입죄, 통신매체를 이용한 음란죄, 아동청소년성보호법상 아동·청소년이용음란물소지죄 및 배포죄로 벌금형을 선고 받은 경우에는 신상정보등록대상에서 제외하는 등 등록대상범죄를 정비하였다(동법 제42조 제1항). 그리고 신상정보등록기간을 사형, 무기, 10년 초과 징역·금고를 선고받은 경우에 30년, 3년 초과 10년 이하의 징역·금고를 선고받은 경우에 20년, 3년 이하의 징역·금고를 선고받은 경우에 15년, 벌금형을 선고받은 경우에 10년 등으로 차등화 하였다(동법 제45조 제1항). 또 선고유예를 받은 경우에 2년이 경과하여 면소로 간주되면 신상정보 등록이 면제되고, 선고받은 형의 유형별 최소 등록기간이 경과하고 재범을 범하지 않는 등 일정한 요건을 충족하면 등록대상자의 신청을 받아 신상정보등록을 면제하는 제도를 도입하였다(동법 제45조의2).

---

23) 헌법재판소 2015. 7. 30. 자 2014헌마340, 672, 2015헌마99(병합) 결정.

4) 신상정보등록 및 공개제도의 향후 과제

(1) 신상정보등록제도의 법적 성격에 대한 재검토

그동안 신상정보공개제도의 법적 성격에 대하여는 2000년 청소년성보호법 제정당시부터 논의가 꾸준히 있어 왔지만, 신상정보등록제도의 법적 성격에 대한 논의는 충분하지 않았던 것으로 보인다. 종래 신상정보공개제도의 법적 성격과 관련하여, 제정당시 형사제재적인 속성을 갖고 있는 신상정보공개가 청소년보호위원회라는 행정기관의 결정으로 이루어진다는 점에서 많은 논란이 있었지만, 2007년 청소년성보호법 개정을 통해 법원의 판결로 이루어지면서 그 논란은 어느 정도 정리가 된 것으로 보인다. 그러나 여전히 신상정보공개제도의 법적 성격을 형벌적인 성격을 갖고 있다고 보는 견해,[24] 보안처분적 성격을 갖고 있다고 보는 견해,[25] 형벌의 성격이 보다 강화된 보안처분과의 혼합적 성격을 갖고 있다고 보는 견해[26] 등으로 나눠지고 있다.

신상정보공개제도에 대해 명예형에 가까운 형벌적인 속성을 완전히 부정할 수는 없으나, 신상정보공개제도가 현행 형법상 형벌의 종류에 포함되어 있지 않을 뿐만 아니라 책임에 상응하는 형벌로서 부과되는 것이 아니라는 점에서 형벌로 보기는 어렵고, 오히려 신상정보의 공개라는 심리적 부담을 통해 장래 재범을 억제하기 위한 재제수단이라는 점에서 장래 재범위험성을 근거로 부과하는 보안처분적 성격을 갖고 있다고 보아야 할 것이다. 그렇다면 비록 현재 성폭력특례법과 아동청소년성보호법에 이원화되어 있기는 하지만, 신상정보등록제도와 신상정보공개제도는 서로 연계되어 있다는 점에서 신상정보등록제도의 법적 성격도 신상정보공개제도와 동일하게 보안처분적 성격을 갖고 있는 것으로 파악해야 하는 것인가?

주지하는 바와 같이, 보안처분은 장래 재범위험성을 근거로 책임의 정도를 넘어서 개인의 자유를 침해하는 형사제재이다. 따라서 보안처분의 정당성은 결국 장래 재범위험성에 대한 평가, 즉 (재범)위험성예측에 좌우될 수밖에 없고, 이러한 위험성예측은 가능한 확실하게 하는 것이 필요하다. 그런 점에서 만약

---

24) 이경재, 앞의 논문(2002), 17면.

25) 이병희, 앞의 논문, 276면.

26) 권창국, 앞의 논문, 218면.

신상정보등록제도를 보안처분적 성격을 갖는 제재로 본다면, 재범위험성에 관한 관련 규정을 두고 재범위험성 판단이 구체적이고 개별적으로 이루어져야 할 것이다.[27)]

무엇보다도 보안처분은 행위자에 의하여 위협되는 장래의 범죄로부터 피해자와 사회를 보호해야 할 형사정책적 필요성이 있으나, 형벌로 그 목적을 달성할 수 없는 경우에 형벌을 대체하거나 보완하기 위한 예방적 성격의 목적적 처분이다.[28)] 그렇다면 신상정보등록제도를 통해 이러한 목적을 기대할 수 있을 것인가? 헌법재판소는 신상정보등록제도를 "성범죄자의 재범을 억제하고 수사의 효율성을 제고하기 위한 적합한 수단"이라고 보고 있다. 신상정보등록제도를 통해 나타날 수 있는 기대효과로 등록된 정보를 바탕으로 범죄 발생 시 범인의 검거 및 추적을 용이하게 함으로써 성범죄에 대한 수사력을 높이게 될 것이라는 데 이견은 없을 것이다. 그러나 — 신상정보공개제도에서와 같이 — 신상정보등록제도를 통해서 누구라도 성범죄를 범하면 자신의 신상도 등록될 수 있다는 심리적 부담을 주어 범죄를 예방하는 일반인들에 대한 일반예방적 효과나 행위 당사자에 대한 특별예방적 효과를 기대할 수 있을 것인가는 의문이다.

생각건대, 등록정보와 동일한(혹은 유사한) 범죄자에 대한 자료는 형사절차를 통해 이미 경찰청, 검찰청 등 다양한 기관에서 수집·관리되고 있다.[29)] 따라서 신상정보등록 자체를 통해 — 물론 신상정보등록제도는 매년 12월 31일까지 관할 경찰서에 가서 자신의 정보를 갱신해야 하는 의무가 있기는 하지만 — 특별히 더 심리적 부담을 느끼고 그에 따른 범죄예방효과를 크게 기대하기는 어렵다고 생각된다. 또 신상정보등록제도가 범죄자를 개선·교화하여 범죄를 예방하는 수단이 아니라는 점에서 행위당사자에 대한 특별예방효과도 기대하기 어렵다.[30)] 물론 신상정보등록제도를 통해 성폭력범죄자의 조속한 검거 등 효율적 수사가 가능함으로써 어느 정도 피해자보호와 사회보호가 이루어진다고 볼 수

27) 바로 이러한 문제가 헌법재판소 2015. 7. 30. 자 2014헌마340, 672, 2015헌마99(병합) 결정에서 헌법불합치라는 결정을 이끌어 낸 것이라고 본다.

28) 이재상/장영민/강동범, 앞의 책, 635면.

29) '형의 실효 등에 관한 법률'에 근거하여 전과기록(수형인명부, 수형인명표 및 범죄경력자료)과 수사경력자료(피의자의 지문을 채취하고 피의자의 인적사항과 죄명 등을 기재한 표)가 보존·관리되고 있다.

30) 같은 견해로 김지선 외, 앞의 보고서, 173면.

도 있다. 그러나 이정도의 기능을 가지고 신상정보등록제도를 형사제재로 볼 수 있을 것인지는 역시 의문이다. 따라서 신상정보등록제도를 독립적인 보안처분적 성격을 갖는 제재로 보기 보다는 대상자에게 해당 정보의 등록의무와 변동 시 갱신의무를 부과하는 준수사항으로 포섭하는 것이 더 적절하지 않은가 생각한다.[31] 즉 신상정보 공개제도라는 보안처분적 성격의 제재를 부과할 때, 그 준수사항으로 등록의무를 부과할 수 있고, 전자장치부착법 제21조의2 이하에 있는 '형집행 종료 후 보호관찰(즉 자유제한적 보안처분)'을 부과할 때도 역시 준수사항으로 등록의무를 부과할 수 있으며, 더 나아가 보호관찰부 집행유예를 부과할 때도 준수사항으로 등록의무를 부과할 수 있을 것이라고 생각된다.[32] 그 중에 보호관찰부 집행유예의 준수사항으로 등록의무를 부과하는 경우는 현행 '보호관찰 등에 관한 법률' 제32조 준수사항을 개정하여 등록의무를 준수사항으로 추가해도, 이 경우에 등록기간은 보호관찰기간으로 제한될 것이므로 특별한 기본권 침해문제가 발생하지 않을 것으로 생각된다.[33]

(2) 이원화된 신상정보 등록 및 공개·고지제도의 정비

앞에서 언급한 바와 같이, 현재 성폭력범죄자에 대한 신상정보등록·공개·고지제도는 등록은 성폭력특례법에 규정하면서 법무부장관이 관장하고, 공개 및 고지는 아동청소년성보호법에 규정하면서 여성가족부장관이 관장하도록 하

---

31) 신상정보등록제도를 일반예방적 기능과 특별예방적 기능을 갖고 있는 보안처분의 일종으로 파악하는 견해도 있다(박찬걸, "특정 성범죄자의 신상정보 활용제도의 문제점과 개선방안 –성범죄자 등록·고지·공개제도를 중심으로–", 법학논총 제27집 제4호, 한양대학교 법학연구소, 2010, 111면).

32) 신상정보등록을 준수사항으로 본다면, 그 위반에 대한 제재로 지금과 같은 형벌을 부과해서는 안 될 것이다. 이런 관점에서 볼 때, 등록의무를 위반한 경우 형사처벌 하도록 한 (구)아동청소년성보호법 제52조 제5항 제2호에 대한 헌법재판소 결정(헌법재판소 2015. 7. 30. 자 2014헌바257 결정)에서 "등록대상자의 사진제출의무는 국가의 신상정보등록제도 운영에 행정적으로 협력할 의무이므로 이를 위반한 행위의 사회적 해악이 크다고 보기 어렵고, 사회적 해악이 존재한다고 하더라도 제재의 수단이 반드시 형벌이어야 하는지 의문이며, 형벌을 최종적·보충적으로 부과하는 덜 침해적인 대체수단을 마련하지 않고 모든 의무위반행위를 일률적으로 형사처벌하며, 1년의 기한이 도래할 무렵 미리 통지하는 수단을 마련하지 않고 기한도과만으로 제재를 가한다는 점에서도 침해의 최소성 원칙에 반한다"는 4인의 반대의견이 타당한 판단이었다고 생각한다.

33) 김혜정, "헌법재판소 결정을 통해 바라본 성폭력범죄자 신상정보 등록제도의 문제점과 개선방안", 가천법학 제9권 제1호, 가천대학교 법학연구소, 2016, 253면 이하.

고 있다. 그런데 성폭력범죄자에 대한 신상정보공개는 행위책임에 상응하는 만큼의 형벌을 마친 행위자에 대하여 재범위험성을 근거로 성폭력범죄자를 체계적으로 관리하고 사회를 성폭력범죄로부터 보호하기 위한 목적에서 추가적으로 부과되는 보안처분적 성격을 갖는 제재이다. 그렇다면 이러한 신상정보공개는 형집행기관인 법무부에서 관장하는 것이 타당하다고 본다.[34] 따라서 성폭력범죄자에 대한 신상정보 등록뿐만 아니라 신상정보 공개 및 고지에 관한 경우도 모두 성폭력특례법으로 일원화[35]하여 형집행기관인 법무부에서 관장하고, 아동청소년성보호법에서는 성폭력범죄가 아닌 "아동·청소년이 건강한 사회구성원으로 성장"할 수 있도록 하는 목적에 부합하는, 예컨대 성매매에 관한 내용 등으로 제한할 필요가 있다.[36]

그와 함께 현재와 같이 신상정보의 등록대상자와 공개대상자의 범위에 차별을 두지 않고 동일하게 규정하고 있는 점도 문제로 지적하지 않을 수 없다.[37] 왜냐하면 성폭력범죄자 신상정보등록의 경우, 대상자가 정보를 등록해야 하는 기관이 실질적으로 제재를 집행하는 기관이 될 것이고, 이미 형사절차를 통해 동일한 기관에 동일한 자료를 제공하게 될 것이라는 점에서 신상정보의 등록이 등록대상자의 입장에서 별도의 제재라는 인상을 받지 않을 수 있다.[38] 또 등록된 정보는 결국 수사 자료로 활용될 가능성이 높다는 점에서 근거 법규정을 구

34) 김혜정, "성폭력범죄에 대한 법적 통제 현황과 개선방안", 보호관찰 제20권 제2호, 한국보호관찰학회, 2010, 27면 참조.

35) 이는 현재 아동청소년성보호법에 규정되어 있는 성폭력범죄 처벌규정도 모두 삭제하여 성폭력범죄에 대한 처벌규정이 형법(그것이 어렵다면 적어도 성폭력특례법)에 규정되어야 한다는 것을 전제한다.

36) 물론 이는 성범죄와 성폭력범죄의 개념을 구별하는 것을 전제한다(이미경, "청소년대상 성범죄자 신상정보 등록 및 열람제도(안) 검토의견", 청소년의성보호에관한법률 개정(안) 공청회자료집, 2006. 7. 20, 72면 참조).

37) 같은 취지로 김태명, "청소년대상 성범죄자 신상등록 및 열람제도에 대한 검토", 청소년성보호개정안에 대한 토론회 자료, 2007. 4. 19, 2면 이하 참조.

38) 범죄자에 대한 자료수집은 이미 다양한 영역에서 시행되고 있으며, 현재 경찰청, 검찰청 및 본적지 시·군·읍·면사무소에서 자격정지 이상의 형을 선고받은 자의 인적사항과 죄명 등을 관리하는 전과제도에 비추어 신상정보등록제도의 도입 당시부터 그에 대한 위헌의 소지도 상대적으로 적다는 점에서, 오히려 문제는 전체적인 관점에서 이러한 개인정보를 필요최소한의 범위에서 어떻게 철저하게 관리·감독할 수 있을 것인가에 대하여 더 중요하게 논의되어야 할 것으로 평가되었다(김태명, 앞의 논문(2007), 2면 참조).

체적으로 마련하여 철저한 관리·감독을 전제로 하는 경우에 별도의 제재가 아니라 준수사항의 하나로 부과하여도 크게 문제가 없다고 본다.

그러나 성폭력범죄자의 신상정보 공개·고지의 경우, 앞에서 언급한 바와 같이, 책임에 상응하는 형벌을 마치고 난 후에 추가적으로 신상이 공개되는 것으로 이는 프라이버시권에 본질적인 침해가 될 수 있으며, 공개·고지를 통해 대상자 본인뿐만 아니라 그 가족들에게까지도 피해가 발생할 수 있다는 점에서 등록보다는 더 엄격한 요건을 전제로 공개대상자를 선정하는 것이 필요하다. 무엇보다도 성폭력범죄자의 신상정보공개가 과거 행정판단으로 이루어지던 것에서 현재 사법판단으로 이루어지게 됨으로써 보안처분이라는 제재적 성격을 명확하게 나타내고 있다는 점에서 신상정보 등록대상 사안보다는 중한 사안에 한정해서 공개 및 고지대상자를 결정하는 것이 필요하다.[39]

제 2 절 전자감독

1. 전자감독의 역사적 배경 및 변천과정

20세기 이후 범죄에 대하여 전통적으로 선고되는 자유형, 특히 단기자유형에 대한 문제점이 부각되면서 범죄자 처우에 관한 형사정책적 무게중심이 시설내처우에서 사회내처우로 점차 이동되어 가는 추세를 보여 왔다. 그러나 이러한 사회내처우를 통하여 범죄자의 원활한 사회복귀를 꾀할 수 있는 긍정적인 측면이 있는 반면, 범죄예방을 통하여 사회를 안전하게 보호하는 데에는 소홀하다는 비판이 제기됨으로써 이에 대한 적절한 통제수단의 필요성이 대두되었다.

이에 범죄자의 원활한 사회복귀에 중점을 두면서 범죄자에 대한 감시 및 일정한 통제를 통하여 사회 안전의 확보라는 또 하나의 목적을 조화롭게 달성할 수 있다는 이점을 갖고 많은 시행착오를 거친 가운데 정착된 대표적인 제재수단의 하나로 미국을 중심으로 발전된 전자감독제도(electronic monitoring

39) 김혜정, 앞의 논문(2010), 27면 이하 참조.

system, eine elektronische Überwachung)를 들 수 있다. 전자감독제도는 일반적으로 보호관찰과 접목하여 광범위하게 활용되고 있는 새로운 제재수단의 하나라고 할 수 있다.[40]

이러한 전자감독[41](electronic monitoring: EM)은 1964년 하버드대학의 Ralph Schwitzgel박사에 의해 고안된 것으로 정신병원퇴원자 및 가석방자들에게 행동전달증강장치(Behavior Transmitter－Reinforcer)라고 불리는 소형수신기를 휴대시켜 그 행동을 감시·통제하는 방식으로 발전하였다. 이러한 방식은 메사추세츠州의 캠브리지에서 실험적으로 채택·실시되었으나 실험에 참가했던 대다수가 실험에서 이탈함으로써 '대상자의 실험 순응 실패'로 말미암아 전자감독의 확대 실시를 위한 움직임은 좌절되고 말았다.

그 후 약 20년간 공백기를 가지다가, 다시 각광을 받기 시작한 것은 1983년 뉴멕시코州 지방법원의 러브(J. Love)판사가 보호관찰대상자의 발목에 담뱃갑 크기의 전자발찌를 부착시켜 준수사항의 이행을 감독하는 방식으로 구금형을 회피하고자 하는 시도에서 출발하였다.

이처럼 전자감독제도는 처음에는 '구금회피의 수단'에서 출발한 것이 현재는 '구금연장의 수단'으로까지 확대되어 있는 모습이다. 따라서 초기 미국의 운영실태를 보면, 전자감독의 대상자는 재범위험성이 낮고, 폭력적이지 않은 자로서 본인이 희망하는 경우가 일반적이었다. 또 폭력전과나 미성년자를 성폭행한 전과가 있는 자 또는 마약판매 및 제조로 인한 전과가 있는 자는 전자감독의 대상에서 제외된다고 하였다.[42] 그랬던 것이 성폭력범죄자의 재범방지를 위한 다

40) 김혜정, "성폭력범죄자에 대한 전자팔찌 적용가능성에 대한 검토 －'특정성폭력범죄자에 대한위치추적전자장치부착에관한법률안'을 중심으로－", 형사정책연구 제16권 제3호, 한국형사정책연구원, 2005B, 239면.

41) 우리나라에서 Electronic Monitoring(EM)에 대한 논의가 시작된 초기에는 EM을 '전자감시'로 번역하여 표현하거나 또는 전자장치를 발목에 착용한다는 점을 착안하여 '전자발찌'라는 용어로 표현하였다. 그러나 '전자감시'라는 용어는 도청, 감청, CCTV감시로 오인될 수 있고 또 전자감시는 기계적 감시와 통제에 중점을 둔 용어라는 점에서 적절하지 않다. 오히려 보호관찰관의 상담 등 지원활동을 포함할 수 있는 '전자감독'이라는 용어가 전체적인 의미에서 더 적절하다고 본다(김혜정, "우리 형사사법시스템에서 전자감독제도의 적용방안에 관한 연구", 형사정책연구 제17권 제4호, 2006, 506면; 강호성, "전자감독제도의 성과분석 및 발전방안", 형사정책 제26권 제3호, 2014, 107면). 그 결과 최근에는 많은 문헌에서 '전자감시'보다는 '전자감독'이라는 용어로 사용되고 있다.

42) 유석원, "미국의 보호관찰제도 운영실태연구", 보호 통권 제6호, 법무부, 1997, 125면.

양한 정책이 그 효과를 달성하지 못하게 되자, 2002년부터 성폭력범죄자에 대해서도 전자감독제도를 시행하게 되었다.

1) 초기의 전자감독

초기의 전자감독제도는 일정한 조건으로 (가)석방된 범죄자가 지정된 시간에 지정된 장소에 있는지 여부를 확인하기 위하여 범죄자의 손목 또는 발목 등에 전자감응장치(전자팔찌 혹은 전자발찌)를 부착시켜 전자장비를 이용하여 원격감독하는 새로운 제재수단의 하나였다. 여기에서 말하는 전자감독은 일반인이 생각하는 도청, 감청 내지 CCTV감시처럼 사람의 일거수일투족을 감시하는 것을 의미하는 것이 아니라 대상자가 지정된 시간에 지정된 장소에 있는지 여부를 감독하는 수단이다.[43] 이러한 전자감독의 초기 기술적 방식으로는 4가지 정도로 나누어 살펴볼 수 있다.

① 처음에 사용되었던 1세대 방식의 하나인 단속적 감시시스템(passive system)은 중앙감시컴퓨터가 무작위로 또는 지정된 시각에 범죄자를 전화 호출하여 그 응답여부로 소재를 확인하는 것이며, 전화호출에 응답하는 방법은 범죄자의 팔에 장착된 팔찌를 전화기에 부착된 탐지기(檢知器) 안에 넣으면 감시컴퓨터에서 자동 확인되는 방법[44]과 범죄자에게 일정한 질문을 하여 전화응답시 음성으로 확인하도록 하는 방법[45] 등이 있다.

② 역시 1세대 방식의 하나로 전자팔찌 내지 전자발찌를 활용하는 전형적인 형태인 계속적 감시시스템(active system)은 범죄자의 발목 또는 손목 등에 소형발신기를 착용하게 하여 그 발신기가 일정한 시간간격으로 무선신호를 자동

---

43) 이런 점에서 미국에서 종래 'electronic monitoring'이라는 용어를 사용하던 것에서 최근에는 'electronic supervision'이라는 용어를 많이 사용하고 있고, 우리나라에서 전자는 '전자감시', 후자는 '전자감독'이라고 번역하고 있다.

44) 검은색 플라스틱제 팔찌모양의 장치(bracelet)는 미국 뉴멕시코州 지방법원의 Love판사에 의해 개발된 것으로, 1977년 미국의 코믹잡지에 있는 '거미인간(Spiderman)'으로부터 힌트를 얻어 컴퓨터 판매원에게 전자팔찌를 제작토록 하여 1983년 개발해서 실제로 사용하게 되었다고 한다(Gable, "Application of Personal Telemonitoring to Current Problems in Corrections," Journal of Criminal Justice, Vol. 14, 1986, p.169).

45) 음성인식방식(voice verification)을 통한 전자감독은 형선고 시 대상자의 음성을 녹음한 후, 관제센터에서 대상자에게 무작위로 전화를 걸어 대상자가 정해진 시간에 정해진 장소에 있는지 여부를 확인하는 방식으로 우리나라에서도 소년범에게 활용하고 있는 방식이다.

발신하면 지정된 주거지 전화기에 부착된 수신 장치가 그 신호를 탐지하여 이를 중앙감시컴퓨터에 전송하고, 중앙감시컴퓨터는 전송된 사항과 해당 범죄자에게 주어진 지시사항을 대조하여 위반사항여부를 감시하는 방식에 해당한다.[46)]

③ 1세대 방식의 기술적 결함을 보충한 2세대 방식에 해당하는 탐지시스템(tracking system)은 전화기를 사용하는 것이 아니고 범죄자가 착용하고 있는 소형발신기가 계속적으로 무선신호를 발신하면 범죄자의 주택부근을 순회하는 보호관찰관의 차량에 부착된 수신기나 혹은 보호관찰관 소지의 휴대용수신기로 범죄자의 재택여부를 확인하는 방식이다. 이 방식은 취업 등 대상자가 사회에 적극적으로 참여하여 적응할 수 있는 기회를 제공하면서 준수사항의 위반시 순회하는 보호관찰관이 대상자의 주거지를 확인하는 등으로 즉각 대응함으로써 구금에 대한 대안으로서 사회내에서 지도·감독하는 것을 용이하게 한다.[47)] 무선 송·수신기록감시시스템 또한 전화를 사용하지 않는 무선통신에 의한 시스템운영방식으로 대상자가 착용하고 있는 발신기의 무선신호를 대상자의 주거지 또는 승인된 장소에 설치된 탐지장치가 수신하여 기록하고 다시 이를 무선신호로 중앙컴퓨터에 중계함으로써 대상자의 정보를 수신하고 네트워크의 구성원간 커뮤니케이션의 조정기능도 수행한다.[48)]

④ 최근에 등장한 GPS(Global Positioning Systems)방식, 즉 (인공)위성감시시스템은 지구주변을 돌고 있는 위성을 이용하여 범죄인을 실시간으로 추적하는 방식이다.[49)] 이러한 GPS방식을 이용하는 경우, 종래 전자감독은 대상자의 재택

---

46) Lindenberg, “Elektronisch überwachter Hausarrest auch in Deutschland? Kritische Anmerkungen für die Diskussion in der Praxis”, BewHi 1999, 12면.

47) Hudy, Elektronisch überwachter Hausarrest, 1999, 35면 이하 참조.

48) 이외에 원격 알코올 감독방식(remote alcohol monitoring, RAM)도 사용된다(이형섭, “위치추적 전자감독제도 시행 5년의 현황과 관제”, 보호관찰 제13권 제1호, 한국보호관찰학회, 2013, 66면).

49) GPS방식을 시범 실시했던 미국의 뉴저지州에서는 오히려 동방식의 시범실시를 중지하고, 일정지역으로 제한되는 감독시스템(Watch-Patrol-System)으로 전환하였다고 하는데, 그 이유는 대형건물이 밀집해 있는 대도시에서는 전파가 잡히지 않는 사각지대가 존재하여 규칙적인 감독이 어렵다는 것이다(Haverkamp, Elektronisch überwachter Hausarrestvollzug ein Zukunftsmodell für den Anstaltsvollzug?, Max-Planck-Institut für ausländisches und internationales Strafrecht, 2002, 23면 참조).

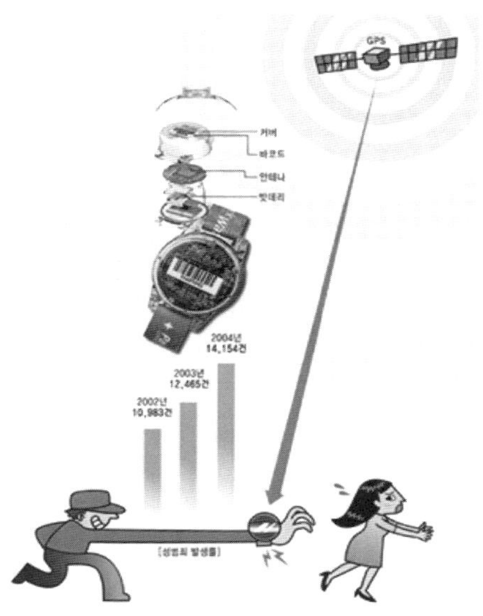

[그림 2-4-1] GPS 전자감독[50)]

여부 및 거주지 제한범위의 이탈여부만을 감독하는 것일 뿐 대상자의 가택 또는 제한 범위 내에서의 행동이나 대화의 내용까지 통제하는 것은 아니라는 점, 보호관찰관이 담당해온 감독기능을 전자장치를 이용하여 강화하는 것에 불과하다는 점 등에서 프라이버시의 침해가 비교적 약하다고 주장해온 논거가 더 이상 설득력을 갖기 어려운 문제가 발생할 수 있다.[51)]

이러한 전자감독제도 도입에 찬성하는 입장에서는 전자감독제도가 없었다면 시설에 구금할 사람을 전자감독이라는 제도를 통해서 사회 내에서 통제하겠다는 것으로 전자감독 대상자의 동의를 전제로 대상자의 재택유무를 확인하는 것일 뿐 그의 행동이나 대화의 내용까지 통제하는 것이 아니며, 형벌의 집행이나 보석, 재판의 출석에 대한 담보 및 가석방자에게 시설내구금을 회피하기 위한 대체수단으로 고려된 것이며, 또 전자감독이라고 하여 하루 24시간 대상자가 집에 머무르도록 강제하는 것이 아니라, 일반적으로 대상자에게 자신의 사

50) http://www.newshankuk.com: 2008. 9. 19 최종검색.

51) 이형섭, "전자감독과 주거제한", 한국형사정책학회 동계학술대회 자료집, 2005. 12. 10, 39면 참조.

회재적응을 위한 직장, 치료 등과 같은 활동이 허락되는 것으로, 종래 보호관찰관이 담당해온 감독기능을 전자장치를 이용하여 좀 더 강화하는데 불과하다는 점에서 인권침해의 가능성 또는 그 정도는 높지 않다고 보고 있었다.

2) 후기의 전자감독

그랬던 것이 급증하는 성폭력범죄에 대한 다양한 재범방지정책을 시도하였음에도 실패하자 성폭력범죄에 대한 적절한 또 다른 대응방안을 모색하는 과정에서 성폭력범죄자를 전자감독 대상자에 포함시키는 방향으로 전자감독 대상범죄자가 확대되었다. 이러한 변화에는 전자감독에 대한 기술적 발전의 영향도 기여하는 바가 있다.

즉 1990년대에 들어오면서 전자감독 대상자에 대한 실시간 위치추적 기술이 GPS시스템을 바탕으로 가능해졌다. 그에 따라 대상자에 대한 24시간 추적감시가 가능해졌고, 이는 전자감독 가택구금보다 뛰어나다는 평가를 받게 되었다. 종래 전자감독 가택구금이 구금의 대안으로만 사용될 수 있었다면, GPS방식 전자감독은 처음부터 위험한 성폭력 범죄자까지도 전자감독 대상자로 포함시킬 수 있게 되었다.[52]

무엇보다도 GPS방식 전자감독을 통해 대상자는 자신이 늘 감시당하고 있다는 심리적인 부담감을 갖게 되고, 그로 인해 어느 정도 대상자의 범죄 의도를 압박하는 효과가 있기도 하다. 그러나 이러한 전자감독이라도 강한 범죄의지를 갖고 있는 대상자의 재범을 막는 데는 한계가 있다. 그런 점에서 최근 지능형 전자장치를 통한 전자감독제도의 도입이 주장되고 있기도 하다. 지능형 전자장치는 기존의 전자장치가 위치정보만을 확인할 수 있었다면, 여기에서 한걸음 더 나아가 전자장치 피부착자의 생체정보와 외부정보를 확인하여 위험상황을 인지하고 범죄발생의 징후를 사전에 예측할 수 있도록 하는 것이다. 이를 통해 대상자의 범죄 심리를 억제하고 범죄조건을 사전에 제거함으로써 범행기회를 원천적으로 저지하려는 것이다.[53] 이러한 지능형 전자감독제도는 보다 효과적인 재범률 감소에 기여할 것이라는 기대 하에 그 도입이 모색되고 있다.

---

52) 이형섭, 앞의 논문(2013), 81면 이하.

53) 김동희 외, "전자감독제도의 실태분석을 통한 지능형 전자발찌 도입 방안", Journal of the Korea Society of Disaster Vol. 10 No. 3, 2014, 375면.

2. 외국에서의 전자감독 동향

1) 미국의 전자감독 전개과정 및 현황

(1) 전자감독의 등장배경

사회복귀사상에 입각한 미국의 교정제도가 일반적으로 20세기의 세계교정제도를 이끌어 왔다고 볼 수 있다. 그러나 1970년대에 들어오면서 범죄의 증가로 인해 엄벌주의로의 회귀에 대한 주장이 나타나게 되었다. 그 결과, 교도소 과밀수용이 나타나게 되어, 의도된 교정목적을 수행할 수 없게 되었다. 뿐만 아니라, 구금을 위해 소요되는 재정부담도 더 이상 시민에게 부담시키기 어려운 상황에 부딪쳤고, 그 해결책으로 보호관찰을 활용하면서 선택적으로 시설구금을 하게 되었다. 그리고 이러한 보호관찰에 부가되는 대표적인 제재수단으로 전자감독제도가 미국에서 처음 등장하게 되었다.

전자감독은 미국에서 1983년에 실용적인 관점에서 시작되었다. 그러나 그 생각과 기본적인 기술에 대해서는 1919년부터 이미 논의가 되고 있었다. 처음으로 그러한 기술이 상업화 된 것은 1964년 미국의 Schwitzgel박사에 의해 처음으로 고안된 것으로 정신병원퇴원자와 보호관찰 대상자들에 대하여 하버드대학에서 행한 시범실시[54]에 의한 것이었다.[55] 그 후 이러한 전자감독제도는 메사추세츠州의 케임브리지에서 시범적으로 채택 시행되었다. 그러나 그 시범실시에 참가했던 전과자, 정신장애자, 학생 16명중 4명만이 겨우 계속적 시범실시의 대상으로 잔류하고 나머지는 시범실시에서 이탈함으로써 전자감독제도의 확대실시를 위한 가능성은 실패로 돌아가고 말았다.[56]

그 후 전자감독제도는 약 20년간 공백기를 가지다가, 1983년 미국의 뉴멕

54) 정신병원퇴원자 및 가석방자들에게 행동전달증강장치(Behavior Transmitter－ Reinforcer)라고 불리는 소형수신기를 휴대시켜 그 행동을 감시·통제하는 방식으로, 당시 대량 수송시대를 맞이하여 수송네트워크를 원활하게 하기 위해 버스나 전차의 위치 및 흐름을 감지하는 시스템에서 착안한 것이다(EMP연구반, "사회내처우로서 전자감시 보호관찰에 관한 연구", 보호 통권 제9호, 법무부, 1999, 105면).

55) Whitfield, "Electronic Monitoring Erfahrungen aus dem USA und Europa", BewHi, 1999, S. 44.

56) 자세한 실험내용은 Casady, "The Electronic Watchdog We Schouldn't Use", Psychology Today, 1975, p.84 참조.

시코州 지방법원의 러브(Love)판사가 사회내처우를 판결한 보호관찰대상자에게 전자팔찌를 착용시켜 준수사항의 이행여부를 감독하는 방식으로 구금형을 회피하고자 하면서, 구금형의 대체수단으로 활용되기 시작하였다. 즉 한편에서는 대상자들이 구금을 회피하고 자유를 누리게 하면서, 다른 한편에서는 전자장치를 통해 강력하게 통제될 수 있었다. 이러한 전자감독은 가택구금과도 결합하여 활용되었다.

(2) 전자감독의 전개과정 및 운영현황

2000년대에 들어오면서 아동을 대상으로 하는 성폭력범죄자들의 재범을 방지하기 위해 메건법 등 다양한 법률을 제정하고 다양한 정책을 시행하였다. 그럼에도 불구하고 아동을 대상으로 하는 성폭력범죄가 지속적으로 발생하자, 2005년 미국 연방정부는 '성폭력흉악범 감시법(The Sexual Predator Effective Monitoring Act of 2005)'을 제출하였다. 주(州)와 지방정부가 성폭력범죄자들을 대상으로 전자장치 부착감시를 실시하기 위한 제반시설을 마련하도록 연방정부 보조금 제공 규정을 두고 있던 동 법안이 의회를 통과하였다.[57)]

이후 플로리다州는 2005년 성범죄 전과자가 9세 소녀 제시카를 성폭행하고 살해한 사건으로 인하여 성폭력범죄자의 위치를 실시간으로 추적할 수 있도록 하는 '제시카 런스퍼드법(Jessica Lunsford Act)'을 제정하여 성범죄자들이 일정한 장소에 접근하는 것을 방지하고 그들을 추적할 수 있게 하였다. 또 미국 전역에서 가장 많은 성범죄자 수를 갖고 있던 캘리포니아州도 '제시카법(Jesica's Law)'을 제정하여 성범죄자들이 일정한 장소에 접근하는 것을 막고 그들을 추적할 수 있게 하였다.[58)]

미국의 전자감독현황을 알아보기 위하여, 대표적으로 플로리다州 전자감독 현황을 살펴보도록 한다. 플로리다州에서 시행 중인 전자감독제도의 평가에 대한 2009년 연구결과를 살펴보면, <표 2-4-1>에서 보는 바와 같이, 전자감독 대상은 전체 사회내처우 대상자의 1.67%인 것으로 나타나고 있다. 그 중 무선주파수(Radio Frequency: RF)방식의 전자감독이 0.07%, 인공위성(GPS)방식의 전자

57) 윤지영, "위치추적 전자감시제도에 관한 비판적 고찰", 피해자학연구 제18권 제2호, 한국피해자학회, 2010, 380면.

58) 윤지영, 앞의 논문, 380면.

〈표 2-4-1〉 2009년 6월 30일 현재 Florida 전자감독(EM) 대상자 수[61]

감독유형	계	RF방식 전자감독		GPS방식 전자감독		전자감독 총수	
		수	비율(%)	수	비율(%)	수	비율(%)
보호관찰[59] (Probation)	129,518	27	0.02	1,445	1.12	1,472	1.14
지역사회 통제 (Community Control)	10,397	49	0.47	587	5.65	636	6.12
가석방 등[60] (Post Prison)	3,726	23	0.62	261	7.00	284	7.62
계	143,641	99	0.07	2,293	1.60	2,392	1.67

감독이 1.6%로 후자의 비율이 상대적으로 높게 나타나고 있다.

특히 [그림 2-4-2]에서 보는 바와 같이, 성폭력범죄자에 대한 GPS방식의 전자감독이 본격화된 2005년 이후 GPS방식의 전자감독 대상자 수가 상당히 증가하는 추세를 보여주고 있다.

이러한 플로리다州 전자감독에 대한 정량적 분석결과에 따르면, 전자감독이 범죄자의 제재실패위험을 31% 감소시켰고, 전자감독 방식에서는 GPS방식이 무선주파수방식에 비해 감독실패율을 6% 감소시킨 것으로 나타나고 있다. 또 비록 폭력범죄의 경우에 그 영향이 다소 감소하지만, 범죄 유형에 관계없이 모든 유형의 범죄자가 전자감독에 대한 위반을 적게 하는 것으로 나타났다. 또 정성적 분석결과에서도 전자감독의 목표가 충족된 것으로 나타나고 있다. 즉 감독자뿐만 아니라 전자감독대상자도 전자감독이 잘못된 행동을 줄이는데 효과가 있는 것으로 평가하고 있다. 다만, 전자감독에 적합한 범죄유형을 선별할 필요가 있다고 한다. 또 전자감독대상자라는 위치와 그 장비로 인해 취업 및 지역사회 적응에 부정적인 영향이 있고, 가족들에게도 부정적인 영향이 있다고 한다.

59) 중죄 보호관찰(felony probation), 약물범죄자 및 성(폭력)범죄자 보호관찰 포함.

60) 가석방(parole), 조건부석방(conditional release), 중독치료(addiction recovery) 포함.

61) Bales et al., A Quantitative and Qualitative Assessment of Electronic Monitoring, The florida State University College of Criminology and Criminal Justice Center for Criminology and Public Policy Research, 2010, p.24.

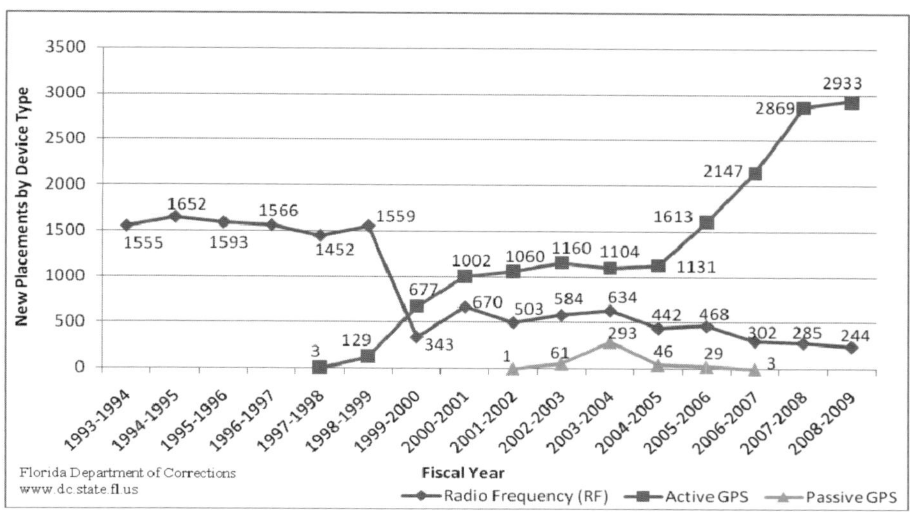

[그림 2-4-2] 1993~2009 플로리다州 전자장치별 전자감독 대상자 수[62]

과거에는 기술적 결함으로 인해 종종 잘못된 위반신호가 발생하였는데, 최근에 기술이 많이 개선됨으로써 감독자가 업무력을 낭비하지 않고, 보다 감독이 필요한 사안에 집중할 수 있게 되었다고 한다.[63]

2) 영국의 전자감독 전개과정 및 현황

(1) 전자감독의 도입과정

영국은 유럽에서 전자감독을 선도하는 국가라고 할 수 있다. 지금까지 전자감독을 가장 자주 사용하는 국가이다.[64] 영국에서 전자감독을 도입하게 된 배경은 1960년대 중반이후로 교정시설의 과밀수용 문제가 심화되면서 이를 해결할 수 있는 방법이 필요했던 것에 있다. 그 하나로 영국에서 전자감독제도의 도입논의는 1987년 내무위원회(The Home Affairs Committee)의 세 번째 보고서 '교도소의 상태와 사용(state and use of prisons)'에서 전자감독의 적용가능성을 권고한 이후부터 야기되었다.[65]

62) Bales et al., 앞의 보고서, 28면.

63) Bales et al., 앞의 보고서, 147면 이하.

64) Harders, Die elektronische Überwachung von Straffälligen, Forum Verlag Godesberg, 2014, S. 211.

65) 김일수, 범죄인 전자감독에 관한 연구, 법무부 용역과제, 한국보호관찰학회, 2005, 122면.

이에 영국에서는 전자감독제도 시찰단을 미국에 파견하여 조사를 한 후, 1989년에 3개 지역에서 6개월간의 시범모델을 50명에게 미결구금에 대신하는 것으로 내무성(Home Office)에서 사기업(私企業)을 통해 시범실시를 시작하였다. 처음 시범실시에서 대상자 중의 대다수가(총 46명중 24명) 지시사항을 위반하고 재범을 하는 등 전자감독은 실패로 돌아갔고, 그 후 프로젝트는 1995년에 새롭게 실시되었다.[66)]

전자감독제도를 위한 법률정비작업으로 전자감독을 통한 통금명령(Curfew Order)이 1991년 '형사사법법(Criminal Justice Act 제12조 및 제13조)'에 의해 도입되었고, 그 후 1994년 '형사사법 및 공공질서에 관한 법률(Criminal Justice & Public Order Act)'에서 형사사법법 내용을 개정하기에 이르렀다. 1997년 '형사양형법(Criminal Sentence Act)'을 제정하여 16세 이상의 대상자에게 구금에 대신하여 사회봉사명령 내지 전자감독 통금명령이 대상자의 동의가 없어도 법원에 의해 선고될 수 있도록 하였다. 1998년 '범죄와 비행에 관한 법률(Crime & Disorder Act 제99조와 제100조)'을 제정하여 전자감독 가택통금의 전국실시를 규정하였다.[67)]

영국에서는 1990년대 말까지 대략 2000사례정도가 전자감독에 처해졌고 그중 약 절반 (45%)정도가 독립처분이었다. 전자감독기간은 평균적으로 3개월정도였고, 성공률은 대략 80%정도였다.[68)] 대상자 선정에 있어서 사회적 위험성 평가는 재소자의 전과에 의해 사실상 좌우되었는데, 사회적 위험성을 제대로 평가하지 못하여 실패한 사례가 발생하기도 하였다.[69)]

영국정부는 전자감독제도의 인권침해 논란을 불식시키고자 5년에 걸친 충분한 시범실시와 철저한 결과분석, 효과적인 제도홍보, 충분한 여론수렴 등 철저한 사전준비 후, 1999년 1월에 전자감독 가택통금, 1999년 12월에 전자감독 통금명령 등을 전국적으로 실시하였다. 2000년에는 10~15세 소년에게도 2개월

---

66) Lindenberg, 앞의 논문(1999), 13면.

67) 영국에서 전자감독 가택통금은 새로운 가석방제도로서 다소 엄격하게 적용이 되고, 전자감독 통금명령은 새로운 사회내처우로서 다소 완화된 기준이 적용되고 있다(법무부, 영국 전자감시제도 시찰보고, 1999, 15면 이하 참조).

68) Whitfield, 앞의 논문, 49면.

69) 예를 들어 법원이 이미 재소자의 아내에 대한 접근금지 명령을 선고하였음을 간과하고 종전 주거지에 전자감독 가택통금을 결정하는 사례도 있었다(법무부, 앞의 보고서(1999), 8면).

이하의 전자감독을, 상습 경범자, 벌금미납자에게는 6개월 이하의 전자감독 통금명령을, 10~17세 소년에게는 전자감독 가택통금을 확대 시행하게 되었다.[70)]

또한 2001년 '형사법원(양형)권한법(the Powers of Criminal courts (Sentencing) Act 2000)'에 통합된 (구)형사양형법 제43조에 근거를 둔 전자감독 통금명령이 10세에서 15세 사이의 소년범을 대상으로 운영되기 시작하는 등 다양한 전자감독 프로그램이 운영되었다.[71)]

(2) 전자감독의 전개과정 및 운영현황

영국에서 전자감독 대상자는 2007년에 62,647명에서 2008년에 71,154명, 2009년에 103,849명, 2010년에 99,950명으로 증가한 것으로 나타나고 있다. 이러한 전자감독은 주로 무선주파수(RF)방식으로 시행되면서 음성감독기술방식이 함께 이루어졌다.[72)]

그와 함께 2004년 9월부터는 영국의 3개 도시에서 위성위치탐지장치(GPS)를 통한 전자감독(EM-tracking)이 상습누범(prolific offenders), 가정폭력 범죄자, 성범죄자 등을 대상으로 시범 실시되었다. 영국에서 전자감독은 '전자감독을 통한 통금명령(EM-curfew)'의 형태로 영국의 형사사법체계 내에서 독점적으로 사용되었던 것이, 2000년에 Sarah Payne이라는 8세 소녀가 한 소아성애자(pedophile)에 의해 잔인하게 살해되는 충격적인 사건을 계기로 영국의 언론에서 당시 이미 성폭력범죄자에 대하여 GPS방식의 전자감독을 실시하고 있던 미국 애리조나州 사례를 모델로 영국에서의 위성위치탐지장치 사용에 최초로 관심을 나타내기 시작하면서 활성화 되었다.[73)]

최근 영국에서는 현재의 형사사법체계가 남성을 위해 디자인되어 있다는 점에서 <표 2-4-2>에서 보는 바와 같이, 여성 전자감독 대상자의 증가에 따른 여성을 고려한 전자장비의 개발이 필요하다는 주장이 제기되고 있다고 한다.[74)] 이러한 주장이 제기된 이유는 여성 범죄자는 남성범죄자와 다르다는 것

70) 법무부, 앞의 보고서(1999), 10면.

71) 그에 대한 구체적인 내용은 김일수, 앞의 보고서, 124면 이하 참조.

72) Harders, 앞의 책, 212면.

73) 김일수, 앞의 보고서, 125면 이하 참조.

74) Holdsworth, "Women and Electronic Monitoring", 9th European Electronic Minitoring Conference, 2014. 12. 11, p.2.

〈표 2-4-2〉 2014년 3월 영국 및 웨일즈의 전자감독 현황

구분	보석		법원 명령		가석방		계	
	인원	비율(%)	인원	비율(%)	인원	비율(%)	인원	비율(%)
여성	363	8	1,148	17	247	10	1,651	12
남성	4,004	92	5,737	83	2,241	90	10,665	88
계	4,367	100	6,885	100	2,488	100	13,740	100

자료: MoJ, 2014(Holdsworth, 앞의 발표자료, 6면에서 재인용).

에 있다. 먼저 여성범죄자는 남성범죄자에 비해 상대적으로 덜 위험하고, 가족에 대한 책임감과 같은 생활(사고)방식 및 신체구조도 남성과 여성이 다르고 처벌경험 역시 상당히 다름에도 불구하고 전자감독에 사용되는 전자장비는 남성과 여성을 같게 보는 문제가 있다는 것이다. 그 결과, 여성 전자감독 대상자의 준수율은 낮아지고 위반율이 높아지는 문제가 발생하고 있다고 한다. 따라서 전자장비도 여성의 특성을 고려한 변화가 필요하고 전자감독 가택구금의 프로그램도 여성의 생활방식을 고려하여 유연하게 프로그램을 조정할 필요가 있다고 한다.[75)]

3) 독일의 전자감독 전개과정 및 현황

독일은 지난 2000년 이후 州 차원에서 무선주파수(radio frequency: RF)방식의 전자감독(Electronic Monitoring: EM)을 제한된 영역에서 시범실시해오다가, 2011년 이후 연방차원에서 고위험 성폭력범죄자 및 폭력범죄자에 대해 위성위치탐지장치(GPS)방식의 전자감독을 시작하였다. 이러한 변화는 지난 2009년 12월 17일 유럽인권재판소(European Court on Human Rights: ECHR)[76)]의 판결이 계기가 되어 독일에서 '보안감호법의 개정 및 관련 규정을 위한 법률(Gesetz zur Neuordnung des Rechts der Sicherungsverwahrung und zu begleitenden regelungen vom 22. 12. 2010)'[77)]을 2011년 1월 1일부터 시행하면서, 독일 연방은 고위험 범죄로

75) Holdsworth, 앞의 발표자료, 10면 이하.

76) European Court of Human Rights, Case of M. v. Germany(Application no. 19359/04, 12. 12. 2009. 당시 독일 보호감호제도의 일부가 유럽인권조약 제7조 및 제5조에 위배된다는 판결이 이루어졌다.

77) Bundesgesetzblatt Jahrgang 2010 Teil I Nr. 68.

부터 국민을 보호하는 관점에서 재범을 억제하면서 피해자보호를 개선하고 재범 발생시 형사소송 자료로 사용할 수 있도록 자유제한적 보안처분(Führungsaufsicht)의 영역에 GPS방식의 전자감독을 도입한 것이다. 따라서 현재 독일에서는 전자감독이 이원적으로 시행되고 있다.

(1) 전자감독의 도입과정

독일은 1997년 6월 법무위원회에서 일정기간을 정해놓고 전자감독 시범모델을 실시하자는 결정과 함께, 1998년 초 연방법무부에 세워진 위원회에서 전자감독을 통한 가택구금이 본격적으로 논의되기 시작하였다. 이와 같은 논의를 거듭해온 독일은 2000년 5월 2일 처음으로 Hessen州에서 시범적으로 전자발찌를 이용한 전자감독을 시범 실시하여, 2002년 5월 시범실시결과를 도출하였다. 독일 전자감독제도의 첫 번째 유형은 지난 2000년 이후 Hessen州에서 시범 실시되고 있는 전자감독(Elektronische Fußfessel: EFF)이다. 이는 보호관찰의 영역에서 실시되는 것으로 GPS를 사용하지 않고, 보호관찰대상자의 동의 내지 대상자의 자유의지에 따라 실시되고 있으며, 2014년 2월 현재 64명의 대상자가 전자감독을 받고 있다.

이처럼 2000년 이후 Hessen州 법무부가 "구금형의 회피(Vermeidung von Haftverbüßungen)"를 위한 수단으로 시범적으로 실시해온 전자감독(EFF)의 대상자로는 책임감이나 자제력이 부족해서 보호관찰이 취소되거나 보호관찰부 집행유예가 거부될 수 있었던 사람들을 대상으로 실시하고 있다. 이러한 시범실시의 초점은 상세하고 개별적인 프로그램을 만들어서 대상자의 재택유무를 전자장치를 통해 감시하는 것이므로 굳이 GPS방식을 이용해서 집밖에서까지 위치추적할 필요가 없기 때문에 RF방식을 사용하여 실시하고 있다.

독일에서 전자감독은 ① 보호관찰부 집행유예의 준수사항(als Weisung[78] im Rahmen einer Strafaussetzung zur Bewährung, §§56ff. StGB), ② 보호관찰부 가석방의 준수사항(als Weisung bei Aussetzung eines Strafrestes zur Bewährung, §§57f. StGB), ③ 미결구금의 대안으로써 처분(als Maßnahme bei Aussetzung des

78) 독일의 보호관찰 준수사항은 앞에서 언급한 바와 같이, 과거지향적이며 처벌적 성격을 가진 Auflagen(의무사항)과 미래지향적 금지 또는 명령의 예방적 처분으로 Weisungen(준수사항)으로 나뉜다(진수명/김혜정, 앞의 보고서, 164면 이하).

Vollzuges eines Haftbefehls, §116 StPO), ④ 자유제한적 보안처분의 준수사항(als Weisung innerhalb der Führungsaufsicht, §§68ff. StGB), ⑤ 사면결정의 준수사항(als Weisung im Rahmen eines Gnadenaktes entsprechend der Hessischen Gnadenordnung) 등으로 부과될 수 있다.

시범적 전자감독(EFF)에는 2013년 1월 4일까지 총 1,109명이 참여하였고, 그 중에 보호관찰준수사항으로 전자감독을 받은 대상자가 728명, 자유제한적 보안처분(Führungsaufsicht)으로 전자감독을 받은 대상자가 2명, 미결구금에 대한 보석(Außervollzugsetzung der Untersuchungshaft)으로 전자감독을 받은 대상자가 379명이었다. 또 전체 전자감독 대상자 중 약 10%정도가 전자감독이 취소되어 다시 구금되었다고 한다.[79)]

그런데 앞에서 언급한 바와 같이, 지난 2009년 12월 17일 유럽인권재판소[80)]에서 독일의 무기한 보안감호와 그 소급적용이 유럽인권조약 제7조 및 제5조에 위배된다는 판결을 하였다. 이에 독일 연방정부가 유럽재판소의 판결에 불복하여 제소하였으나 거부되어 2010년 5월 10일 동 판결은 확정되었고, 동 판결이 계기가 되어 독일에서는 '보안감호법의 개편 및 관련 규정을 위한 법률(Gesetz zur Neuordnung des Rechts der Sicherungsverwahrung und zu begleitenden regelungen vom 22. 12. 2010)'[81)]을 제정하여 2011년 1월 1일부터 시행하게 되었다.[82)] 동법률을 통해 보안감호의 적용범위가 축소되었지만, 고위험 범죄로부터 국민을 보호하기 위해서 자유제한적 보안처분(Führungsaufsicht)의 영역에 GPS 방식의 전자감독을 도입하였다. 따라서 현재 독일에서도 GPS방식의 전자감독이 실시되고 있다.

(2) EFF 전자감독과 EAÜ 전자감독의 이원화

독일 전자감독의 두 번째 유형은 지난 2011년 개정된 독일 형법 제68조b 제1항 제1문 제12호[83)]에 의해 2012년부터 시행되고 있는 GPS를 이용한 전자감

79) Hessisches Ministerium der Justiz, "Justizminister Hahn zieht Bilanz: Ein Jahr GÜL in Bad Vilbel", 2013. 1. 25.

80) European Court of Human Rights, Case of M. v. Germany(Application no. 19359/04, 12. 12. 2009.

81) Bundesgesetzblatt Jahrgang 2010 Teil I Nr. 68.

82) 그에 관한 내용은 김혜정, 앞의 논문(2013), 137면 이하.

83) Strafgesetzbuch §68b Weisungen

독(Elektronische Aufenthaltsüberwachung: EAÜ)이다. 이는 대상자의 의사와 상관없이 자유제한적 보안처분(Führungsaufsicht)의 범주에서 실시되고 있다.[84] Hessen州 법무부는 GPS를 이용한 '전자감독(Elektronische Aufenthaltsüberwachung: EAÜ)'을 실시하기 위하여 2011년 'Hessen州 법무부 IT센터(IT-Stelle der hessischen Justiz)'에 '州 공동 전자감독센터(Gemeinsame elektronische Überwachungsstelle der Länder: GÜL)'를 설치하여 16개 독일연방주로부터 위임을 받은 범죄자에 대하여 전자감독을 실시하고 있다.

여기에서의 전자감독(EAÜ)은 자유제한적 보안처분을 선고하면서 미래지향적 준수사항(Weisungen)의 하나로 부과하는 것이다. 이러한 전자감독(EAÜ)은 최장 5년[85]까지 부과할 수 있고 연장[86]이 가능하지만, 독일 형법 제68조d 제2항에 따라 2년 후에는 전자감독(EAÜ)에 대한 심사를 한다. 전자감독(EAÜ)의 대상자는 고위험 폭력범죄 및 성폭력범죄 그리고 약물범죄로 제한된다.[87] 이러한 전자감독(EAÜ)은 2012년 1월 1일 이후 총 78명에 대하여 실시하였고, 2014년 현재 총 68명에 대한 전자감독(EAÜ)을 실시하고 있다. 그 중 53명은 성폭력범죄자이고, 나머지 15명은 폭력범죄자이다.[88]

종래 시범 실시해 왔던 RF(무선송수신)방식의 전자감독(EFF)은 GPS방식의 전자감독(EAÜ)보다 대상자에게 덜 침해적이라는 점에서 대상자의 동의만으로 충분했고, 형법이나 형사소송법에 명시적인 근거규정이 없는 "무명의 처분

---

(1) Das Gericht kann die verurteilte Person für die Dauer der Führungsaufsicht oder für eine kürzere Zeit anweisen,

1.~11.(중략)

12. die für eine elektronische Überwachung ihres Aufenthaltsortes erforderlichen technischen Mittel ständig in betriebsbereitem Zustand bei sich zu führen und deren Funktionsfähigkeit nicht zu beeinträchtigen.

84) Hessisches Ministerium der Justiz, "68 Straftäter an der elektronischen Fußfessel", 2014. 2. 26.

85) 전자감독(EAÜ)은 자유제한적 보안처분(Führungsaufsicht)의 범주에서 준수사항으로 부과되므로 형법 제68조c 제1항에서 명시하고 있는 2년 이상 5년 이하의 자유제한적 보안처분(Führungsaufsicht)의 기간이 함께 적용된다.

86) 독일 형법 제68조c 제2항에서 Führungsaufsicht는 무기한 연장이 가능하도록 규정하고 있다.

87) Kinzig/Bräuchle, "Evaluation der "elektronischen Aufenthaltsüberwachung" Vorstellung eines Forschungsprojekts", 9th European Electronic Monitoring Conference, 2014. 12. 12, p.5.

88) Hessisches Ministerium der Justiz, "68 Straftäter an der elektronischen Fußfessel", 2014. 2. 26.

(unnamed measures)"이었다고 할 수 있다.[89] 이와 달리 최근 GPS방식의 전자감독(EAÜ)은 비례원칙과의 충돌을 방지하기 위해 적절한 대상자를 선택하고, 그에 따른 방식을 선택하는 것이 필요하다고 한다. 이러한 전자감독(EAÜ)의 대상자로는 ① 신뢰할 수 없는 범죄자로 ② 재구금이 의심되고 ③ 고위험의 폭력 및 성폭력범죄자가 될 것이라고 한다.[90]

여기서 신뢰할 수 없는 범죄자란 자기(통제)훈련이 결여되었거나 삶의 동기가 결여되어 구조적인 삶을 살 수 없어서 법원에서 부과한 준수사항을 지킬 것이라고 신뢰할 수 없는, 그래서 일반적으로 보호관찰 및 사법시스템에서 다루기 힘들어 결국 가석방이 취소되거나 처음부터 가석방의 고려대상이 아닌 자들을 말한다.

이들에게는 전자감독(EAÜ)을 통해 24시간 감독함으로써 준수사항 위반에 즉각적으로 대응할 수 있고 집중 보호관찰을 통해 대상자에게 매일의 스케줄을 주어, 보다 구조적인 삶을 영위할 수 있도록 도와주는 노력이 요구된다고 한다. 독일 연방은 2009년 유럽인권재판소의 판결로 인해 법을 개정하는 과정에서 재범을 억제하면서 피해자보호를 개선하고 재범발생시 형사소송 자료로 사용할 수 있는 GPS방식의 전자감독을 선택하게 된 것이다. 물론 GPS방식의 전자감독을 통해 획득하게 되는 데이터를 개인정보보호의 관점에서 2개월 후에는 모두 삭제하는 것으로 되어 있다.[91]

이렇게 새롭게 시작된 전자감독(EAÜ)의 운영현황을 살펴보면, <표 2-4-3>에서 보는 바와 같다. 2015년 8월 31일 현재 전자감독 대상자는 총 74명으로 그 중 성폭력범죄자가 55명, 폭력범죄자가 19명으로 나타나고 있다. 이들이 선고받은 형사제재는 형벌만 선고 받은 경우가 57명, 보안처분만 선고 받은 경우가 6명, 형벌과 보안처분을 모두 선고 받은 경우가 11명으로 나타나고 있다.

독일에서 이러한 전자감독(EAÜ)은 준수사항(Weisungen)의 하나로, 시설내 수용을 대체(Ersatz)하는 것도 아니고 "만병통치약(Allheilmittel)"도 아니라고 한

89) Eilzer, "Electronic Monitoring, Human Rights and Jurisprudence", 9th European Electronic Monitoring Conference, 2014. 12. 11, p.9.

90) 구체적인 대상범죄는 독일 형법 제66조에 열거되어 있는 범죄로 제한된다.

91) Eilzer, 앞의 발표자료, 2면 이하.

〈표 2-4-3〉 2015. 8. 31 현재 전자감독(EAÜ) 대상자통계[92)]

독일연방주	부착대상자		범죄자집단[93)]			원인범죄		
	계	중지	형집행 대상	보안처분 대상	양자	성범죄	폭력 범죄	기타 범죄
Baden-Württemberg	6	3	5	0	1	4	2	0
Bayern	30	7	19	6	5	23	7	0
Berlin	2	0	1	0	1	1	1	0
Hamburg	2	1	2	0	0	1	1	0
Hessen	8	0	7	0	1	4	4	0
Mecklenburg-Vorpommern	9	1	8	0	1	6	3	0
Nidersachsen	1	0	1	0	0	1	0	0
Nordrhein-Westfalen	7	3	5	0	2	6	1	0
Rheinland-Pfalz	1	1	1	0	0	1	0	0
Saarland	1	0	1	0	0	1	0	0
Sachsen	3	1	3	0	0	3	0	0
Sachsen-Anhalt	1	0	1	0	0	1	0	0
Schleswig-Holstein	1	0	1	0	0	1	0	0
Thüringen	2	0	2	0	0	2	0	0
계	74	17	57	6	11	55	19	0

다.[94)] 오히려 사회복지적 원호의 관점에서 대상자의 행동을 긍정적으로 발전시킴으로써 재범을 방지하기 위한 기회를 주는 것으로 이해되고 있다. 이러한 전자감독은 특히 성폭력범죄나 생명을 침해하는 범죄를 범한 자에게 재범위험성이 존재하는 경우에 부과된다고 한다.[95)]

92) <표 2-4-3> 통계는 필자가 2015년 9월 22일 독일 'IT-Stelle der hessischen Justiz'를 직접 방문하여 수집한 자료이다.

93) 각 부착대상자에 따른 범죄자집단은 중복체크가능.

94) Hessisches Ministerium der Justiz, "Justizminister Hahn zieht Bilanz: Ein Jahr GÜL in Bad Vilbel", 2013. 01. 25.

95) Hanau 법원의 판사인 Silke Eilzer는 GPS방식의 전자감독은 유용한 하나의 수단이라 점을

4) 오스트리아의 전자감독 전개과정 및 현황

(1) 전자감독의 등장배경

오스트리아에서 범죄자에 대한 재사회화 노력이 줄어들고 단순히 감호집행하는 방식으로 형이 집행되면서 교정시설은 과밀화되고 실효적인 형집행을 저해하는 위험이 발생하게 되었다. 이러한 현상은 비단 오스트리아뿐만 아니라 전체 유럽에서 나타난 현상으로, 늘어나는 시설내 구금을 대체할 수 있는 방안을 모색하는 것이 시급해 졌다.

이에 “구금은 줄이고, 안전은 늘린다(Weniger Haft, mehr Sicherheit)”는 형사정책적 목표를 세우고, 2004년 처음으로 “전자감독을 통한 가택구금(elektronisch überwachten Hausarrest)”에 대한 논의가 이루어졌고, 2006년 1월 1차 시범실시가 시작되었다. 그러나 1차 시범실시는 기술적인 문제로 큰 성공을 거두지 못하고 오랜 기간 중지되어 있다가, 2008년 1월 1일부터 2차 시범실시가 시작되었다.[96]

두 번의 시범실시를 통해 전자감독이 상당히 의미 있는 대안이라고 평가됨으로써 오스트리아에서는 형집행의 대안으로 또 미결구금의 특별형태로 전자감독제도의 도입이 확정되어 필요한 법률개정이 이루어짐으로써 현재 전자감독제도가 시행되고 있다.

(2) 시범실시 현황

오스트리아에서 2006년 1월 3일 현재 9,004명이 구금시설에 수용되었고, 그 중 6,073명은 형집행 수형자이고, 나머지 2,931명은 미결구금수용자였다. 당시 구금시설 수형자의 수가 최고치에 이르고, 그로 인해 오스트리아에서 구금시설의 수용능력이 다해가던 때라서 전자감독 시범실시의 우선적인 목표는 구금기간을 줄일 수 있는 형집행의 대안으로서 테스트하는 것이었다. 그 밖의 전자감독 목표로 준수사항을 부과한 조건부 석방의 확대, 전자감독을 위한 적정한 적용범위와 양적 가능성에 대한 측량 등을 들 수 있다. 전자감독에 있어 높은 경제적·행정적 비용으로 인해 전자감독의 적용은 최장 6개월로 제한하였다.

강조하고 있다(Øster/Beumer, “Conference Report”, 9th European Electronic Monitoring Conference, 2014. 12. 11, p.2).

96) Häusle, Elektronische Fußfessel als Alternative zum Strafvollzug, VDM Verlag, 2011, S. 1.

이러한 시범적 전자감독은 대상자의 동의를 전제로 하였다. 동 시범실시는 교정시설, 사회적 지원을 담당하는 새출발 연합(Neustart),[97] 기술적 장비를 제공하고 감시업무를 담당할 ÖWD[98] 등의 업무협력으로 진행되었다.

시범실시의 초안에는 제1단계로 2006년 1월 9일부터 2006년 5월 31일 사이에 Linz, Steyr, Wels, Ried 주(州)법원에서 20명의 대상자에게 시범실시하고, 그 이후 2단계로 2007년 9월 30일까지 Graz, Wien 주법원에서 70명을 추가하여 시범실시를 연장한 후, 마지막 3단계로 2007년 12월 31일까지 시범실시에 대한 평가를 하는 것이었다. 그러나 GPS에 대한 기술적 문제로 인해 2006년 4월 25일 법무부는 Graz과 Wien로 시범실시를 확대하지 않고, 기존의 대상자만 시범 실시하는 것으로 하여, 20명에 대한 시범실시를 2007년 9월 말에 종료하였다.[99]

전자감독대상자를 선정하기 위해, Garsten 교정시설과 Wels 교정시설에서는 법관, 검사, 교정시설장, 사회복지사와 Neustart가 협업을 하고, Ried, Suben과 Linz에서는 교정시설장, 사회복지사 그리고 Neustart가 협업을 하였다. 첫 번째 시범실시의 대상범죄는 은행강도를 포함한 강도, 영업적 절도, 사기, 주거침입 그리고 상해범죄였다. 전자감독의 대상범죄유형에는 제한이 없었지만, 성폭력범죄를 대상으로 하는 것에는 비판적이었다. 이들에 대한 전자감독 기간은 11명이 4개월, 6명이 5개월, 3명이 6개월이었다.

그런데 시범실시 중에 전자장치에서 가볍게 내리는 눈발에도 매일 100여건의 잘못된 위험경보가 발생하는 등 처음부터 GPS시스템의 기술적 문제를 해결하지 못하는 결함이 발생하였다. 이로 인해 최초에 예정하였던 Wien과 Graz 주법원으로 시범실시 범위를 넓히는 것이 불가능해졌다. 또 오스트리아 형법 제46조[100]에 따른 조건부 석방의 범주에서만 전자감독이 허용되었기 때문에 시범실

97) 오스트리아의 범죄자－피해자 지원단체(http://www.neustart.at/at/de/index.php: 2015. 10. 10 최종검색).

98) 민간안전업체(http://www.owd.at: 2015. 10. 10 최종검색).

99) Häusle, 앞의 책, 16면 이하.

100) §46 StGB 자유형의 조건부 석방(가석방).

① 유죄선고 받은 자가 최소 3개월 이상 판결에서 선고되었거나 사면된 유기 자유형 또는 조건부 면제되지 않은 유지 자유형의 절반을 집행받은 경우, 제50조 내지 제52조에 따른 처분(Maßnahmen)의 효과를 고려할 때, 형의 계속 집행보다 조건부 석방을 통하여 범죄를 범하지 않을 것이라고 받아들여질 때에 시험기간을 정하여 조건부로 (형집행을) 유예할 수 있다.

시를 위한 법적 근거가 매우 만족스럽지 못했다. 따라서 새로운 적정한 법적 근거에 의한 시행이 필요하게 되었다.[101)]

전자감독의 테스트를 위한 2차 시범실시는 형집행의 범주에서 시행되게 되었다. 특히 "적은 구금을 통한 높은 안전(mehr Sicherheit durch weniger Haft)"이라는 정책적 목표를 바탕으로 몇 개월 안에 형집행의 종료에 도달되어야 했다. 그래서 2007년 9월 형집행법 제126조의 범위 안에서 전자감독 시범실시가 제안되었고, 오스트리아 형집행법(Strafvollzugsgesetz: StVG) 제126조[102)] 제5항에 새롭게 법적 근거가 마련되어 2008년 1월 1일부터 발효되게 되었다. 즉 2차 시범실시는 형집행법 제126조에 따른 완화된 형태의 형집행으로 제한되었고, 추가적인 제재형태 및 미결구금의 대안으로서의 목표는 전자감독의 내용에 포함되지 않았다.

2차 시범실시는 발전단계와 테스트단계 등 2단계로 나누어, 2007년 8월 말부터 12월 말까지는 내용개발과 프로젝트에 대한 준비를 마치고 2007년 12월에 중간평가를 하고 2008년 1월 15일부터 10월 15일까지 시범실시를 시행하였다.

두 번의 시범실시를 통해 전자감독이 상당히 의미 있는 대안이라고 평가됨으로써 오스트리아에서는 전자감독의 도입을 위한 필요한 법률개정이 이루어졌다. 즉 오스트리아에서 전자감독은 형집행의 대안으로서 또 미결구금의 특별형태로서 도입이 확정되어, 형집행의 대안으로서 전자감독을 시행하기 위해 형집행법 제99조 등이 개정되었고, 미결구금의 특별유형으로 가택구금 전자감독을 추가하기 위해 오스트리아 형사소송법 제173조a[103)]가 신설되었으며, 동법률이

② 유죄선고 받은 자가 자유형의 절반 이상 3분의 2미만을 복역하였으나 특히 범행의 중대성과 관련하여 타인의 범행을 저지르지 못하도록 작용하기 위해서 예외적으로 형의 계속 집행이 필요한 때에는 제1항의 요건이 존재한다고 하더라도 조건부 석방할 수 없다.
③~⑥ 생략

101) Häusle, 앞의 책, 31면 이하.

102) § 126 StVG Strafvollzug in gelockerter Form
①~④ 생략
⑤ Die Entscheidung darüber, ob ein Strafgefangener im Strafvollzug in gelockerter Form anzuhalten ist, steht unbeschadet des § 134 dem Anstaltsleiter zu, der § 99 Abs. 5 dritter Satz sinngemäß anzuwenden und, soweit dies zur Verhinderung eines Missbrauchs der Lockerungen erforderlich ist, diese unter Auflagen und Bedingungen zu gestatten sowie Mittel der elektronischen Aufsicht gemäß § 99 Abs. 5 letzter Satz anzuordnen hat.

103) § 173a StPO Hausarrest (1) Auf Antrag der Staatsanwaltschaft oder des Beschuldigten kann

2010년 9월 1일부터 효력이 발생됨으로써 전자감독제도가 시행되고 있다.

(3) 전자감독 운영현황

2010년 9월 1일부터 전자감독제도가 시행되면서 오스트리아에서 본격적으로 '가택구금 전자감독(Elektronisch überwachter Hausarrest: EÜH)'이 시행되고 있다.

---

die Untersuchungshaft als Hausarrest fortgesetzt werden, der in der Unterkunft zu vollziehen ist, in welcher der Beschuldigte seinen inländischen Wohnsitz begründet hat. Die Anordnung des Hausarrests ist zulässig, wenn die Untersuchungshaft nicht gegen gelindere Mittel (§ 173 Abs. 5) aufgehoben, der Zweck der Anhaltung (§ 182 Abs. 1) aber auch durch diese Art des Vollzugs der Untersuchungshaft erreicht werden kann, weil sich der Beschuldigte in geordneten Lebensverhältnissen befindet und er zustimmt, sich durch geeignete Mittel der elektronischen Aufsicht (§ 156b Abs. 1 und 2 StVG) überwachen zu lassen. Im Übrigen gelten die Bestimmungen über die Fortsetzung, Aufhebung und Höchstdauer der Untersuchungshaft mit der Maßgabe sinngemäß, dass ab Anordnung des Hausarrests Haftverhandlungen von Amts wegen nicht mehr stattfinden und der Beschluss über die Fortsetzung oder Aufhebung der Untersuchungshaft ohne vorangegangene mündliche Verhandlung schriftlich ergehen kann.

(2) Über einen Antrag nach Abs. 1 ist in einer Haftverhandlung zu entscheiden (§ 176 Abs. 1). Gegebenenfalls hat das Gericht sogleich nach Antragstellung vorläufige Bewährungshilfe nach § 179 anzuordnen und die Bewährungshilfe zu beauftragen, dem Gericht spätestens in der Haftverhandlung über die Lebensverhältnisse des Beschuldigten und seine sozialen Bindungen, einschließlich der Möglichkeit, einer Beschäftigung oder Ausbildung ohne Gefährdung der Haftzwecke nachzugehen, sowie über die mit dem Beschuldigten vereinbarten Bedingungen für den Vollzug des Hausarrests zu berichten, derenEinhaltung der Beschuldigte in der Haftverhandlung durch Gelöbnis zu bekräftigen hat. Das Verlassen der Unterkunft ist außer zur Erreichung des Arbeits– oder Ausbildungsplatzes, zur Beschaffung des notwendigen Lebensbedarfs und zur Inanspruchnahme notwendiger medizinischer Hilfe auf der jeweils kürzesten Wegstrecke nicht zulässig.

(3) Wird dem Antrag Folge gegeben, so hat die Staatsanwaltschaft die Kriminalpolizei und die Sicherheitsbehörde des Ortes, an dem der Hausarrest vollzogen wird, zu verständigen und die Justizanstalt zu beauftragen, den Beschuldigten nach Einrichtung der zur elektronischen Aufsicht erforderlichen technischen Mittel in den Hausarrest zu überstellen.

(4) Das Gericht hat den Hausarrest zu widerrufen und den weiteren Vollzug der Untersuchungshaft in der Justizanstalt anzuordnen, wenn der Beschuldigte erklärt, seine Zustimmung zu widerrufen. Gleiches gilt auf Antrag der Staatsanwaltschaft, wenn der Beschuldigte seinem Gelöbnis zuwider die Bedingungen nicht einhält oder wenn sonst hervorkommt, dass die Haftzwecke durch den Hausarrest nicht erreicht werden können. Mit der Durchführung der Überstellung ist die Kriminalpolizei zu beauftragen.

(5) Wird der Hausarrest nicht nach Abs. 4 widerrufen, so gilt für den Fall der Rechtskraft des Urteils § 3 Abs. 2 StVG sinngemäß.

이러한 가택구금 전자감독은 '형벌의 형태가 아닌 형집행의 형태(Vollzugsform, keine Form der Strafe)'로 운영되고 있다. 즉 오스트리아에서 전자감독은 주로 형벌의 집행을 위해 시행되고, 예외적으로 미결구금의 집행을 위해 시행되고 있다. 이러한 전자감독은 서면 신청에 의해 이루어지도 하고 있다. 오스트리아에서 가택구금 전자감독은 [그림 2-4-3]에서 보는 바와 같이, 2010년 이후 꾸준히 증가하는 모습을 보여주고 있다.

이러한 가택구금 전자감독의 대상자가 되기 위해서는 일정한 조건이 충족되어야 한다. 먼저 형벌 내지 잔여형벌이 12개월 이하로 남아 있고, 국내에 적절한 거주지와 적절한 직업[104]을 갖고 있고, 안정된 생활을 할 수 있고, 건강보험 및 사고보험이 있고, 동거인의 동의를 받아야 하며, 긍정적인 위험성예측 그

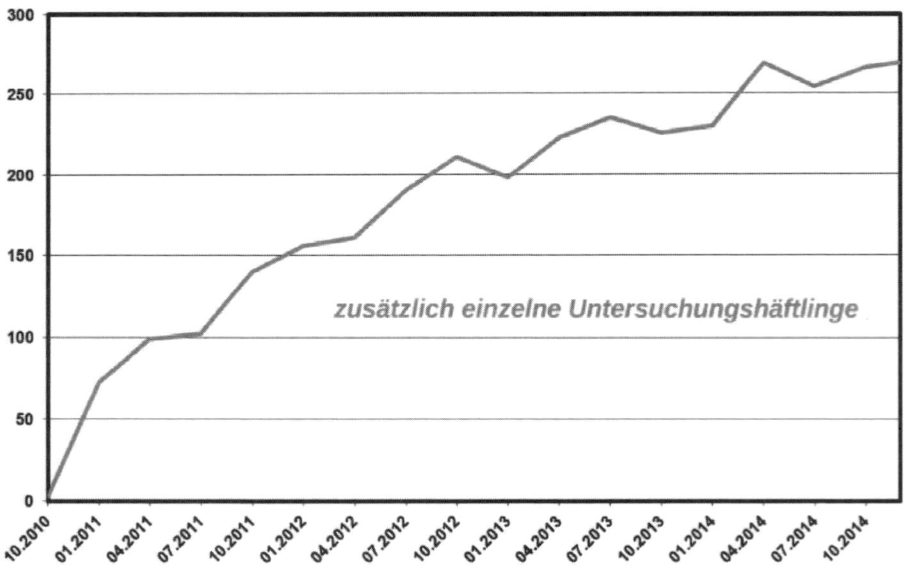

[그림 2-4-3] 실무현황: 전자감독 가택구금 인원[105]

104) 미국의 한 통계에 따르면, 대상자 중 직업이 있는 경우 79%의 완료율을 나타낸 반면, 직업이 없는 경우는 60%의 완료율을 보여주고 있다고 한다(Lilly/Ball/Curry/Smith, "The Pride, Inc., Program: An Evaluation of 5 Years of Electronic Monitoring", Federal Probation, Vol. 56, No. 4, 1992, p.45).

105) Gerhard, "Elektronisch überwachter Hausarrest in Österreich", 9th European Electronic Monitoring Conference, 2014. 12. 11, p.15.

리고 법원에 의해 배제되지 않는 조건이 충족되어야 한다.[106)]

오스트리아에서 전자감독방식은 원칙적으로 무선주파수(RF)방식을 채택하고 예외적으로 GPS방식을 사용하고 있으며, 보호관찰관을 통해 집중감독을 실시하고, 개별 감독프로파일(ein individuelles Aufsichtsprofil)을 마련하여 적용하고 있다. 가택구금 전자감독의 평균 기간은 성공한 사례는 약 115일, 성공하지 못하고 중지된 사례는 약 90일이 소요되었다. 2010년 10월부터 2014년 10월까지 4년 동안 가택구금 전자감독은 총 2,600명 이상의 대상자에게 시행하였고, 그 중 약 2,300명이 종료하였고, 대략 300명이 진행 중이라고 한다. 전체 종료자 중 약 2,120명(92%)이 성공적으로 종료하였으며, 전체 종료자 중 약 180명(8%)은 성공적으로 종료하지 못하고 중지되었다.

이처럼 오스트리아에서 전자감독은 과밀구금의 완화에 초점이 맞추어져 있다. 다만, 앞으로는 지금까지 (잔여)형기가 12개월 이하로 남아 있는 경우에 전자감독을 적용하던 것을 18개월로 상향하고, 전자감독 방식으로 보다 강력한 GPS시스템을 더 사용할 것으로 전망되고 있다. 또 현재 전자감독이 교정시설의 장에 의해 결정되는 행정적 처분으로 하고 있지만, 사법심사로 변경하는 것이 검토되고 있다고 한다.[107)]

5) 다른 유럽국가에서의 전자감독

(1) 스위스

스위스에서는 지난 1999년 6개 州(Kanton)에서 구금의 대안으로 전자발찌를 이용한 앞문형(Front-door-Variante) 및 뒷문형(Back-door-Variante)의 전자감독(Electronic Monitoring: EM)을 (시범)실시하기 시작하였다. 2005년에는 Solothurn州가 시범실시를 시작하여, 지난 1999년 이후 15년 동안 7개 주에서 전자감독을 시범실시해왔다. 구금의 대안으로 전자감독을 시범 실시한 결과와 관련하여 해당 州(Kanton)에서 성공적인 결과를 보고하였음에도, 2007년 스위스 형법개정을 통해 6개월 이하의 단기자유형은 벌금형 내지 사회봉사로 대체하는 것으로 되었다. 다만 벌금형과 사회봉사를 집행할 수 없는 사안에 대해서만 전자감독으로 대체하는 것으로 하여, 시범실시는 각 주에 의해 연장되게 되었다.

106) 이와 관련해서 성폭력범죄자에 대해서는 특별한 규정을 두고 있다고 한다.

107) Øster/Beumer, 앞의 발표논문, 10면.

따라서 스위스에서 초기 전자감독은 독립적인 제재가 아니라 형집행의 형태로 운영되었다.[108)]

이러한 전자감독은 주로 20일 이상 1년 이하 복역할 단기자유형을 선고 받은 범죄자를 대상으로 또는 2/3의 형기를 집행 받고 12개월 이하의 잔형기가 남은 범죄자를 대상으로 저녁시간과 주말에 가택구금과 함께 정해진 시간에 집에 머물러 있는지 여부를 감독하는 무선주파수(RF)방식으로 운영되었다.[109)] 최근 스위스의 전자감독 대상자 수를 살펴보면, 2007년에 466명, 2008년에 284명, 2009년에 269명, 2010년에 314명, 2011년에 276명으로 나타났고, 2008년 당시 전자감독 중지율은 6%로 나타나고 있다.[110)] 이처럼 스위스에서 전자감독은 종래 RF방식으로만 운영되고 GPS방식의 전자감독은 도입되지 않았다. 그러다가 Zürich州에서 2014년 10월부터 GPS방식을 통해 실시간(Echtzeit)으로 감독하는 전자감독을 시행하게 되었다.

Zürich州 전역에서 GPS방식을 이용한 첫 번째 전자감독 시범실시는 종래의 RF방식의 전자감독과는 질적인 차이가 있는 것으로 9개월 정도 시범실시기간 동안에 미결수용자뿐만 아니라 가정폭력으로 인해 접촉금지와 접근금지에 대한 이행여부를 감독하는 방식으로 진행되었다. 특히 스위스에서 가정폭력 가해자에 대한 대응정책으로 독일과 같은, 전자감독제도의 도입을 눈여겨 볼 수 있다. 지난 2013년 가정폭력과 관련하여, 협박죄로 4,244명, 상해죄로 2,190명이 유죄판결을 받았고, 그중 24명의 피해자가 사망하였다는 수치는 스위스에서 가정폭력의 심각성을 보여주고 있다. 사실 이러한 범죄가 발생하기 전에 가정폭력 가해자에게 접근금지명령[111)]이 부과되었지만, 그 준수여부를 제도적으로 통제하는 것은 거의 불가능하였다고 한다. 그러나 2014년 가을부터 범죄행위로

---

108) Harders, 앞의 책, 229면.

109) http://www.tagesanzeiger.ch/zuerich/region/Zuerich-ueberwacht-Straftaeter-mit-GPS/story/10288022: 2015. 8. 19. 최종검색.

110) Harders, 앞의 책, 231면.

111) 현재 법원은 스위스 민법 제28조b(Zivilgesetzbuch Art. 28b)에 따라 타인을 위협하거나 스토킹하는 자에게 접근을 금지하거나 주거지에 접근을 금지하는 등의 보호처분을 할 수 있다. 이는 형벌이 아닌 민사적 처분으로 잠재적 가해자가 유죄선고를 받을 필요는 없다. http://www.tagesanzeiger.ch/schweiz/standard/Elektronische-Fussfesseln-gegen-Stalking/story/29003110: 2015. 8. 19. 최종검색.

유죄판결을 받지 않았다고 하더라도 협박이나 스토킹으로 인해 접근금지명령을 받은 남편들은 아내들로부터 멀리 떨어져 있으라는 준수사항의 이행여부를 감독받기 위해 전자발찌를 착용하여야 한다.[112)]

따라서 앞으로 법원은 성폭력범죄자뿐만 아니라 가정폭력 혹은 스토킹의 잠재적 피해자를 보호하기 위해서도 전자감독을 선고할 수 있게 되었고, 연방은 이를 위한 법개정을 제안하여[113)] 스위스 형법 제67조b[114)] 등에 근거규정을 마련하여 2015년 1월 1일부터 시행하고 있다. 동법률에 따라 접촉(접근)금지 등의 준수사항을 부과 받은 대상자로부터 미성년 대상 재범을 막거나 혹은 보호

---

112) http://www.tagesanzeiger.ch/schweiz/standard/Der-schnelle-Griff-zur-Fussfessel/story/18158851: 2015. 8. 19. 최종검색. 예컨대, 자신의 가족이 머무는 집에 접근금지를 받은 남편이 이러한 명령을 위반하는지 여부를 감독하고 위반 시 감독업체는 먼저 남편에게 전화해서 금지를 알려주거나, 만약 위험한 경우에는 아내 혹은 경찰에게 경보를 보내는 역할을 하게 될 것이다.

113) http://www.tagesanzeiger.ch/schweiz/standard/Elektronische-Fussfesseln-gegen-Stalking/story/29003110: 2015. 8. 19. 최종검색.

114) Strafgesetzbuch Art. 67b(Kontakt und Rayonverbot)

1. Hat jemand ein Verbrechen oder Vergehen gegen eine oder mehrere bestimmte Personen oder gegen Personen einer bestimmten Gruppe begangen und besteht die Gefahr, dass er bei einem Kontakt zu diesen Personen weitere Verbrechen oder Vergehen begehen wird, so kann das Gericht für eine Dauer bis zu fünf Jahren ein Kontakt- und Rayonverbot verhängen.
2. Mit dem Kontakt- und Rayonverbot kann das Gericht dem Täter verbieten:
   a. mit einer oder mehreren bestimmten Personen oder mit Personen einer bestimmten Gruppe direkt oder über Drittpersonen Kontakt aufzunehmen, namentlich auf telefonischem, schriftlichem oder elektronischem Weg, sie zu beschäftigen, zu beherbergen, auszubilden, zu beaufsichtigen, zu pflegen oder in anderer Weise mit ihnen zu verkehren;
   b. sich einer bestimmten Person zu nähern oder sich in einem bestimmten Umkreis ihrer Wohnung aufzuhalten;
   c. sich an bestimmten Orten, namentlich bestimmten Strassen, Plätzen oder Quartieren, aufzuhalten.
3. Für den Vollzug des Verbots kann die zuständige Behörde technische Geräte einsetzen, die mit dem Täter fest verbunden sind. Diese können insbesondere der Feststellung des Standortes des Täters dienen.
4. Das Gericht kann für die Dauer des Verbots Bewährungshilfe anordnen.
5. Es kann das Verbot auf Antrag der Vollzugsbehörden jeweils um höchstens fünf Jahre verlängern, wenn dies notwendig ist, um den Täter von weiteren Verbrechen und Vergehen gegen Minderjährige oder andere besonders schutzbedürftige Personen abzuhalten.

가 필요한 사람으로부터 대상자의 접촉(접근)을 금지할 필요가 있는 경우에는 최장 5년까지 전자감독을 연장할 수 있다. Zürich州를 중심으로 시행되고 있는 GPS방식의 전자감독이 전국으로 확대될 필요성이 제기되고 있으나, 이는 2017년쯤 가능해 질 것으로 추정되었다.[115)]

(2) 덴마크

덴마크에서는 2005년 이후 앞문형(Front-door-Variante)으로 보호관찰의 준수사항 형태로 전자감독을 도입하였다. 그에 따라 연령이 25세 이하로 3개월 이하의 형을 선고받은 모든 범죄자에게 대상범죄의 유형에 관계없이 형집행에 있어 구금에 대신하여 가택구금 전자감독을 신청할 수 있도록 하고 있다. 덴마크에서 가택구금 전자감독의 대상자는 2007년에 1,103명, 2008년에 1,175명, 2009년에 1,700명, 2010년에 1,898명으로 증가추세를 보여주고 있다. 이러한 전자감독은 RF방식으로 이루어졌고, GPS방식은 사용하지 않았다. 또 전자감독을 위한 1인 1일 비용은 100유로가 요구되었다.[116)]

특히 덴마크에서 전자감독은 법원의 선고에 의한 대체적 처분이 아니라 행정적 결정에 의해 가택구금과 결합하여 대상자의 신청에 의해 시행되고 있다. 가택구금 전자감독의 기간은 최고 6개월을 넘지 못하고 보호관찰관에 의한 통제와 원호가 이루어지도록 하고 있다.[117)]

가택구금 전자감독 대상자의 조건으로는 안정적인 주거지와 직업이 있어야 하고, 주거지에 동거인이 있는 경우에는 동거인의 동의가 있어야 하고, 알코올과 약물을 하지 않고, 재범을 하지 않을 것 등이 요구되고 있다. 이러한 조건하에 2014년 9월~12월에 가택구금 전자감독이 이루어진 현황은 <표 2-4-4>에서 보는 바와 같다.

---

115) http://www.nzz.ch/schweiz/elektronische-fussfessel-laesst-auf-sich-warten-1.18455412 : 2015. 10. 26. 최종검색.

116) 이는 시설내 구금이 하루 40유로 소용되는 것과 비교하여 높은 수준으로 덴마크에서는 전자감독을 통한 교정비용의 절감은 염두에 두고 있지 않다고 한다(Harders, 앞의 책, 210면 이하).

117) Esdorf, "Executing Prison sentences at home with electronic monitoring - advantages and disadvantages of the Scandinavian Model", 9th European Electronic Minitoring Conference, 2014. 12. 11, p.2.

〈표 2-4-4〉 2014년 9월~12월 전자감독 가택구금 현황[118]

범죄 유형	교통 범죄	폭력 범죄	강도	약물 범죄	성폭력 범죄	절도 등	기타	계
인원	128 (29%)	120 (27%)	7 (2%)	49 (10%)	8 (2%)	96 (22%)	34 (8%)	439 (100%)

[그림 2-4-4]에서 보는 바와 같이, 덴마크에서 가택구금 전자감독은 2005년 이후 2014년까지 꾸준히 증가하는 추세인 것으로 나타나고 있다. 덴마크에서는 6개월 이하의 실형을 선고받은 전체의 60%에게 가택구금 전자감독을 실시하였고, 그 중 400명이 다시 구금되었다고 한다. 이러한 가택구금 전자감독의 성공률은 높은 편이고 10% 보다 적은 비율의 대상자만이 성공하지 못하고 중지되었다고 한다. 교정시설 수용자보다 재범율은 상당히 낮고 교정비용도 상당히 절감되고 있으며, 전자감독은 강한 통제와 위반에 대한 빠른 대응이 가능한 처

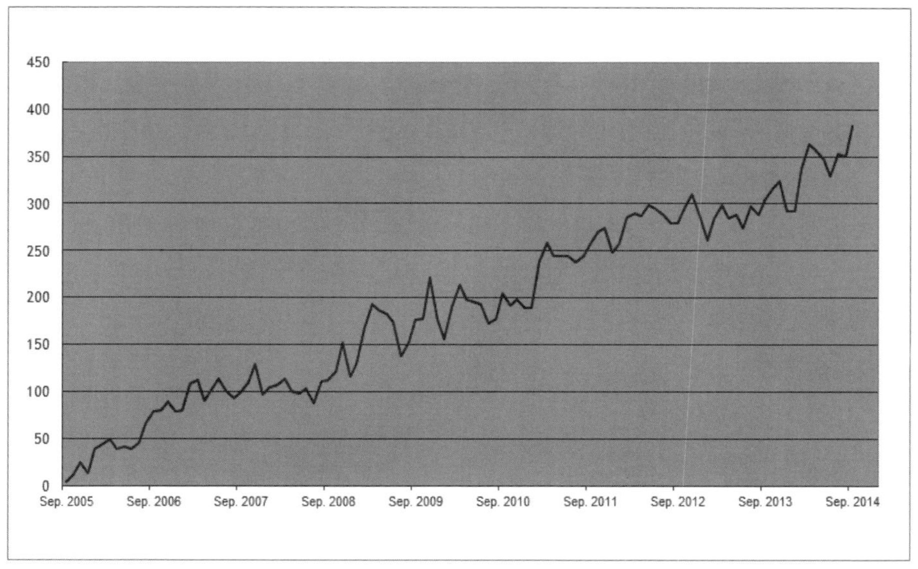

[그림 2-4-4] 2005년~2014년 덴마크 전자감독 가택구금 현황[119]

118) Esdorf, 앞의 발표자료, 2면 이하.

119) Esdorf, 앞의 발표자료, 2면 이하.

분으로 인식되고 있다고 한다.[120)]

(3) 노르웨이

노르웨이에서는 2007년 정치적 논의를 거쳐 전자감독의 도입이 결정되었다. 2008년부터 전자감독 시범실시를 시작하여, 2014년 현재 전국적으로 실시하고 있다고 한다. 처음에는 2년의 시범실시 기간을 예상하였으나, 그것이 차후에 2012년까지 4년 동안 시범 실시하는 것으로 변경되었다. 시범실시는 처음에 Vestfold, Oslo, hedmark, Rogaland, Troms, Sogn og Fjordan 등 6개 지역에서 실시되었다가, 2012년에 Adger과 Akershus지역으로 확대되었다.[121)]

전자감독 기간은 4개월 이내이며 앞문형(Front door) 및 뒷문형(Back door)의 형태로 이루어지고 있다. 즉 앞문형에서는 4개월 이하의 단기자유형에 대신하여 전자감독을 시행하고, 뒷문형에서는 4개월 이하의 잔형기가 남은 가석방자에게 전자감독을 시행하고 있다. 따라서 앞문형의 전자감독 대상자로는 경미범죄 내지 교통범죄로 30일 이하의 단기 자유형에 해당하는 자들로 목표를 두고, 뒷문형의 전자감독 대상자로는 폭력범죄, 약물범죄 및 지금까지 주로 개방형을 집행 받은 중간 내지 중한 경제범죄자를 목표로 하고 있다고 한다. 그러나 중한 폭력범죄 내지 성폭력범죄자는 전자감독 대상자에서 제외된다. 전자감독은 대상자의 신청에 의해 행정적 결정으로 이루어지고 있으며, 원호와 통제라는 양자를 위해 대상자를 집중감독하고 있다.[122)]

전자감독의 적용현황은 [그림 2-4-5]에서 보는 바와 같이, 2011년 이후 급격한 증가추세를 보여주고 있다. 그와 함께 2011년 이후 취소인원도 증가하는 추세를 보여주고 있지만, 전자감독은 지금까지 4.5%의 중지율과 2년 내 재범률 7.5%로 긍정적인 결과를 보여주고 있다고 평가되고 있다.[123)]

---

120) 참고로 2013년 상습범죄자에게 선고된 제재비율을 보면, 실형 38%, 집행유예 29%, 사회내처우 20%, 그리고 전자감독이 17%라고 한다(Esdorf, 앞의 발표자료, 2면 이하).

121) Harders, 앞의 책, 221면.

122) Harders, 앞의 책, 221면 이하.

123) Sandlie, "Executing Prison sentences at home with electronic monitoring-advantages and disadvantages of the Scandinavian Model", 9th European Electronic Minitoring Conference, 2014. 12. 11, p.8.

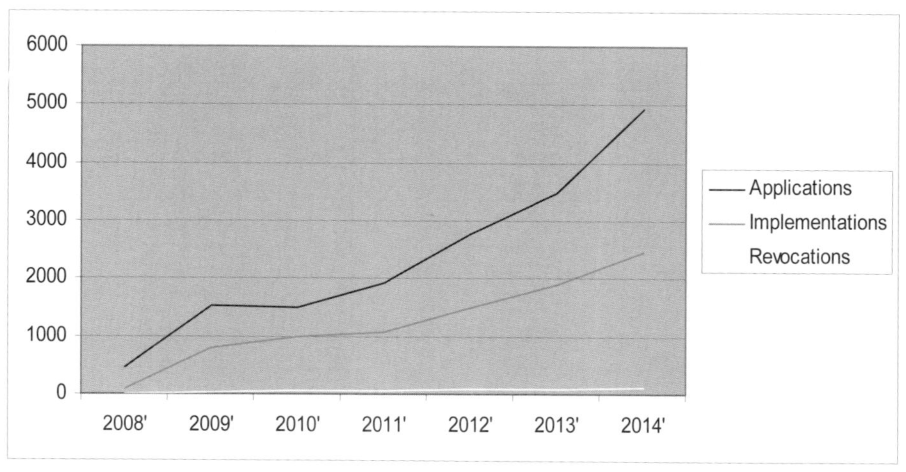

[그림 2-4-5] 노르웨이 전자감독의 적용현황

노르웨이에서는 주로 RF방식의 전자감독이 이루어지고 있고, 1인당 1일 비용으로 100유로가 소요되고 있다. 현재까지 평균 전자감독 기간은 34일이었고, 전자감독의 전제조건으로 적당한 주거지와 직업이 요구된다. 약물과 알코올은 허용되지 않으며 일주일에 최소 2회 보호관찰소에서 상담하고, 또 집 혹은 직장에서 일주일에 2회 개인적 감독이 이루어진다.

노르웨이에서 전자감독의 주된 목적은 단순한 가택구금이 아니라 대상자의 사회적·경제적 능력의 향상을 통한 사회재통합에 있다고 한다. 즉 전자감독은 대상자에 대한 지원을 통해 사회재적응을 시키고, 이를 통해 구금비율을 낮추는 것에 있다고 한다.[124)]

이러한 점을 바탕으로 지금까지의 전자감독 결과를 볼 때, 높은 성공률과 낮은 취소율, 역동적인 원호와 통제로 구금의 확실한 대안이 되고 있다고 평가되고 있다. 노르웨이에서 전자감독에 대한 행정적 결정은 제한적이고 덴마크와 달리 심사가 가능하다고 한다. 다만, 사법적 통제가 부족한 것은 단점으로 지적되기도 한다.[125)]

---

124) Sandlie, 앞의 발표자료, 8면 이하.

125) 유럽위원회(Council of Europe)의 "Recommendation CM/Rec(2014)4", rule no. 2에 "전자감독의 부과와 취소에 대한 결정은 법원에서 하거나 혹은 법원의 심사(review)를 통해

〈표 2-4-5〉 서유럽 전자감독 대상자 수 및 비용현황[127]

국가	시작 연도	2007년 전자감독 대상자 수	2008년 전자감독 대상자 수	2009년 전자감독 대상자 수	2010년 전자감독 대상자 수	인구 10만 명당 전자감독 대상자 수	1인당 1일비용 (유로)
덴마크	2005	1,103	1,175	1,700	1,898	2.6	100
영국	1989	62,647	71,154	103,849	99,950	40.5	15
핀란드	2007	*	*	*	103	1.8	*
프랑스	2000	7,915	11,287	13,994	12,124	9	30
네덜란드	1995	886	952	958	843	1.4	13.98
노르웨이	2008	*	*	784	1,001	1.8	100
오스트리아	2006	*	37	*	25	0.3	22
스웨덴	1994	2,963	3,087	3,022	3,739	10.2	85
스위스	1999	466	284	269	314	3.9	35[126]

* 자료제공이 없는 부분임.

그 밖에 스웨덴,[128] 네덜란드 등에서도 전자감독제도에 대한 긍정적인 평가를 바탕으로 전자감독제도가 꾸준히 시행되고 있다. 그러나 이러한 나라의 대부분은 구금의 대안으로 실시되고 있다는 점에서 우리의 경우와 차이가 있다. 참고로 유럽의 전자감독 현황[129]을 살펴보면 <표 2-4-5>에서 보는 바와 같다.

허용해야만 한다"고 하고 있다.

126) Harders, 앞의 책, 232면.

127) Harders, 앞의 책, 236~239면에서 재구성.

128) 스웨덴의 경우, 과거에 음주로 인한 교통범죄와 관련하여 단기자유형을 부과하던 것을 전자감시로 대체하면서 전체 수용인원 중 약 10% 정도의 수용절감을 가져왔고 그와 함께 구금비용을 절약할 수 있었으며, 재범율의 감소라는 긍정적인 효과를 가져왔다고 한다 (Schlömer, Der elektronisch überwachte Hausarrest: eine Untersuchung der ausländischen Erfahrungen und der Anwendbarkeit in der Bundesrepublik Deutschland, 1998, S. 119).

129) 2003년 현재 1인당 1일 전자감독 비용은 영국에서 50유로, 스웨덴에서 70유로(치료프로그램과 주거지방문 비용 포함), 벨기에에서 35~40유로, 포루투칼에서 14유로가 소요되었다고 한다. 또 2003년 현재 전자감독 성공률은 영국에서 90%, 스웨덴에서 94%, 네덜란드에서 93%, 벨기에에서 90%, 프랑스에서 94%로 분석되고 있다(Haverkamp/Mayer, "Die Zukunft der elektronischen Überwachung in Europa", MschrKrim, 2003/3, S. 217).

3. 우리 전자감독의 현황 및 향후 과제

1) 전자감독 현황

우리나라에 전자감독이 도입된 이후 그 대상인원은 꾸준히 증가하고 있다. 우리나라 전자감독제도의 운영현황을 살펴보면, 먼저 전자장치 부착명령 청구 및 선고 현황은 <표 2-4-6>에서 보는 바와 같다. 검찰에서 전자장치 부착명령을 청구한 인원이 2008년[130] 85명에서 2009년 259명, 2010년 1,062면, 2011년 1,277명, 2012년 1,132명, 2013년 1,578명으로 상당한 증가추세를 보여주고 있다.

〈표 2-4-6〉 전자감독 청구 및 선고 현황

연도	부착명령청구	처리				재판중
		계	선고(인용)	기각	기타	
2008	85	46	35	11	–	39
2009	259	196	167	24	5	99
2010	1,062	834	586	204	44	319
2011	1,277	1,279	685	559	35	314
2012	1,132	1,033	628	391	14	388
2013	1,578	1,475	702	738	35	482

자료: 법무연수원, 2009~2014 범죄백서 참조.

제재유형별 전자감독 실시현황을 살펴보면 <표 2-4-7>에서 보는 바와 같이, 가석방자에 대한 전자감독이 대부분을 차지하고 있었으나, 2010년 소급규정이 적용되면서, 그 이후에는 형기종료 대상자에 대한 전자감독이 급증하고 있는 모습을 발견할 수 있다.

최근에는 보다 효과적인 재범률 감소를 위해 지능형 전자감독제도의 도입이 모색되고 있다. 이를 위해 법무부에서 2014년부터 미래창조과학부, 산업통상자원부와 함께 '지능형전자발찌 개발'에 착수하였다. 이러한 지능형전자발찌 개발은 두 가지 형태로 진행되고 있다. 그 하나는 '외부정보 감응형 전자발찌'이

130) 이하에서 2008년 통계는 2008. 9. 1.~2008. 12. 31.까지의 통계임.

〈표 2-4-7〉 전자감독 실시 현황

연도	신수계	형법 집행유예	가석방	가종료 (가출소)	성폭법 집행유예	아청법 집행유예	형기종료[131]
2009	347	3	329	12	2	–	1
2010	466	13	305	15	17	–	116
2011	764	20	395	13	20	–	306
2012	526	3	295	30	11	1	186
2013	1,136	7	302	28	19	5	775

자료: 2014 범죄예방정책 통계연보, 93면 이하 재구성.

다. 이는 피해자의 비명소리나 범행직전에 전자감독대상자에게 나타날 수 있는 신체적 변화인 음주나 맥박, 가속도 등의 외부정보를 감지할 수 있는 기능이 탑재된 전자발찌로 2015년 개발을 목표로 2014년 착수하였다고 한다. 다른 하나는 '범죄징후 사전 알림 시스템'이다. 이는 외부정보감응형 전자발찌에서 수집된 정보와 대상자의 과거 범죄수법·평소 이동패턴 등 빅데이터를 분석하여 시스템에 저장한 후, 이상 징후 발견시 자동으로 보호관찰관에게 알려주는 시스템으로 2014년 미래부와 협업하여 2016년 개발완료로 추진하고 있다고 한다.[132]

2) 전자감독제도의 범죄억제력

(1) 양적 평가연구

전자감독제도가 우리나라에 도입된 목적은 성폭력범죄 등 특정범죄의 재범방지에 있다고 할 수 있다. 따라서 전자감독의 범죄억제력, 즉 특별예방효과가 어느 정도 나타나는지에 대한 실증적 조사는 중요하다. 그와 관련하여 감독프로그램(supervision program)의 한 방법으로써 전자감독(EM)의 범죄억제력에 대한 연구는 꾸준히 이루어져 왔다. <표 2-4-8>에서 보는 바와 같은 전자감독기간 동안 전자감독 대상자 및 전자감독 비대상자 사이의 재범률 비교에 관

131) 2010년 통계부터는 법률개정으로 소급대상자 포함.

132) 강호성, 앞의 논문, 126면 이하. 그러나 그 개발이 다소 지연되고 있는 것으로 안다.

한 양적 연구결과133)는 — 비록 외국의 결과이기는 하지만 — 전자감독의 정책적 효과를 파악하는데 의미가 있다.

〈표 2-4-8〉 전자감독(EM) 대 비전자감독(non-EM)의 효과성에 대한 양적 연구134)

구분	Cooprider and Kerby(1990)	Cadigan(1991)	Jolin and Stipak(1992)	SPEC Associates (2002)	Courtright, Berg, and Mutchnick(2003)	Padgett, Bales, and Blomberg (2006)
제재 유형	미결단계(pre-trial) 석방	미결단계(pre-trial) 석방	24시간 전자감독과 함께 집중약물치료(IDP)	가석방	보호관찰	지역사회통제 (가택구금)
범죄자 유형	모든 유형 범죄자	보고 없음	약물남용 중범죄자	보고 없음	성인음주운전자 (DUI)	모든 유형의 중범죄자 감독
사례 수	총 659 비전자감독=362 전자감독=297	총 30,123 17지역=7,234 연방=22,725	총 270 IDP=70 ESP=100 외부통근=100	총 77 전자감독=38 통제=39	총 113 전자감독=56 비전자감독=57	총 75,661 전자감독=5,523 비전자감독=70,138
결과 측정	체포, 도주, 법률위반 등으로 감독종료	도주율, 체포율	재범과 평균 재범	가석방조건위반, 약물양성반응, 상담출석, 직업	체포횟수, 최초체포형태, 최초체포 일수, 구금연장	법률위반, 재범으로 인한 취소, 2년 내 감독에서 도주
결과	전자감독 재범율 19%로 비전자감독재범율 13%보다 높음. 출석 및 재구속 실패율은 낮음	법정출석율 지역 3.0%, 연방 2.8%에 비해 전자감독 5.4%로 높고, 중범죄자 재구속도 지역 1.9%, 연방 2.1%에 비해 전자감독 3.6%로 높음	전자감독받는 집중약물치료자의 전자감독 기간중 재구속율 높음	가석방 조건위반율이 비교집단에 비해 낮음. 약물테스트실패율도 비교집단 7%에 비해 2%로 낮음. 약물남용치료기간 출석율 높음	전자감독사례와 비전자감독사례에서 유의미한 차이는 없음. 총 56전자감독대상자 중 1명만 감독취소됨	전자감독대상자의 재범억제력은 낮음 (GPS방식이 RF방식보다 낮음). 도주가능성은 낮음 (GPS방식이 RF방식보다 낮음)
연구자 결론	본질적으로 전자감독은 밀착감독으로 지역사회에서 피고인 감독능력을 향상시킴	전자감독은 연방피고인과 비교할 때 실패율과 재구속율이 높음	약물남용범죄자에 대한 전자감독은 성공적임	비록 전수조사가 아니라 의미부여가 어렵지만, GPS 가석방 대상자가 비교집단보다 양호	전자감독대상자가 지역사회에 실질적인 위험을 야기하지 않음. 전자감독은 성인음주운전자 구금에 대한 효과적인 대안임	RF방식 및 GPS방식 전자감독 모두 법규위반, 재범 및 도주 가능성은 줄임

133) Bales et. al., 앞의 보고서, 5~8면.

134) Bales et al., 앞의 보고서, 8면 Table 2.1. 재구성.

먼저 1990년 연구결과에서 전자감독 대상자의 재범률이 19%로 비대상자의 재범률 13%보다 높았지만, 출석 및 재구속 실패율은 낮은 것으로 나타났다. 또 1991년 연구결과에서도 전자감독 대상자의 법정출석률은 5.4%로 전자감독 비대상자의 법정출석률이 연방 2.8%, 지역 3.0%인 것에 비해 높은 것으로 나타났으며, 재구속율도 비대상자에 비해 전자감독 대상자의 경우에 높은 것으로 나타났다. 1992년 연구결과에서도 전자감독 대상 약물중독치료자의 재구속률이 전자감독 기간 중 높은 것으로 나타나고 있다. 2002년 연구결과에서는 전자감독 대상자의 가석방 조건위반율이 비교집단인 전자감독 비대상자에 비해 낮고, 약물테스트실패율도 비교집단인 전자감독 비대상자의 7%에 비해 전자감독 대상자는 2%로 낮게 나타나고 있다. 또 약물남용치료기간 출석율도 전자감독 대상자가 높게 나타나고 있다.

그런데 단순한 재택구금감시와 전자감독 대상자 사이의 재범률 비교 및 RF방식의 전자감독과 GPS방식의 전자감독 사이의 재범률을 비교한 2006년 연구결과에서는 GPS방식 전자감독 대상자의 도주가능성은 감소되었지만, 단순한 재택구금 대상자보다 전자감독 대상자의 재범률이 높았고, RF방식 대상자보다 GPS방식 전자감독 대상자의 재범률이 높은 것으로 나타났다.[135] 그러나 2003년 연구결과에서는 전자감독 대상자와 전자감독 비대상자 사이에 유의미한 차이가 없는 것으로 나타나고 있다.

비록 이러한 결과는 연구방법의 차이 등으로 일반화하는데 한계가 있기는 하지만, 공통적으로 전자감독(EM), 특히 GPS방식의 전자감독이 24시간 감시를 통해 감독 실패율을 감소시키는 데는 효과적이지만, 재범억제에 절대적인 영향을 미치는 요인은 아닌 것으로 분석되고 있다. 이러한 결과를 통해 재범억제는 전자감독의 효과보다는 개인의 범죄억지력에 의해 더 영향을 받고, 범죄자 교정처우에 과학적인 기기의 영향력은 한계가 있는 것으로 평가되기도 한다.[136]

---

135) GPS방식과 같이 개인의 사생활을 감시하고 제한하는 방식의 처우는 범죄자에 대한 감시를 넘어 일반 국민의 사생활 침해 및 인간으로서 범죄자가 누려야 하는 자유를 침해한다는 점에서 바람직하지 않다고 한다.

136) 허경미, “미국 전자감시제의 효과성 및 정책적 시사점 연구”, 교정연구 제59호, 2013, 37면 이하.

(2) 질적 평가연구

전자감독의 범죄억제력에 대한 연구에서 또 중요한 것은 범죄억제력에서 실질적인 영향을 주는 요인이 무엇인가에 대한 질적연구라고 할 수 있다. 전자감독에 대한 질적 평가와 관련하여 선행연구가 많지 않지만, 전자감독 대상자들의 전자감독에 대한 태도, 감독집행, 재범률, 보호관찰관 및 대상자들과의 인터뷰, 규칙위반 경보 대상자에 대한 감독과정 등에 의하여 전자감독의 효과를 진단한 일부 연구결과[137]에 따르면, 전자감독 대상자들은 장치에 의해 자신의 법규 위반이 확인될 것이라는 믿음을 갖고 있는 것으로 나타났다. 다른 보호관찰 방법이 부과될 때 전자감독 효과가 더 높아지는 것으로 나타났고, 보호관찰관 1인당 대상자가 25명이 넘지 말아야 한다고 한다. 또 전자감독이 그 대상자의 가족, 친구 등과의 인간관계 및 직장생활 등에 부정적인 영향을 미치며, 보호관찰관들은 검사 및 판사들이 전자감독에 대한 이해가 부족하다고 보고 있다. 만약 그들의 이해가 더 깊어진다면 전자감독명령에 신중해질 것이라고 생각하는 것으로 나타났다. 전자감독 대상자 및 보호관찰관 모두 기기의 결함 및 GPS의 사각지대에 대한 문제점을 인식하고 있는 것으로 나타났다.[138]

우리나라에서 실시한 전자감독 대상자들의 범죄억제력에 대한 한 조사결과[139]에 따르면, 전자감독에 대한 처벌 수준 인식 정도와 관련하여, “교도소에서 잔형기를 마치는 것이 더 낫다”라고 응답한 사람이 36.5%로 나타나, 교도소보다 전자감독에 더 긍정적인 것으로 해석되었다. 그러나 전체의 61% 정도가 전자감독을 처벌적인 것으로 인식하고 있는 것으로 나타났다. 또 전자감독에 대한 심리적 부담 내지 주관적 고통이 높은 것으로 평가되었다.

또 전자감독의 범죄억제력 정도와 관련하여, “부착 기간 동안 불법행동을 피하려고 하였다”고 응답한 비율이 82%로 나타났고, “전자발찌 부착하고도 얼마든지 마음만 먹으면 범죄를 저지를 수 있다고 생각한다”는 질문에 부정적으

137) Bales et al., 앞의 보고서, 13면; Beck, et al., “Home Confinement and the Use of Electronic Monitoring With Federal Parolees”, Federal Probation, Vol. 54 No. 4, 1990, p.22.

138) 허경미, 앞의 논문, 46면.

139) 동 조사결과의 내용은 조윤오, “GPS 위치추적 전자감시의 범죄억제 효과에 대한 연구”, 한국공안행정학회보 제37호, 한국공안행정학회, 2009, 491면 이하 참조.

로 응답한 비율이 65.1%로 나타나 특별예방적 효과가 높은 것으로 분석되었다. 특히 교도소보다 전자발찌가 낫다고 말한 집단에서 그렇지 않은 집단보다 범죄억제력 점수가 더 높게 나타났다. 태도변화에서도 교도소보다 전자발찌부착이 더 낫다고 응답한 집단에서 더 높은 점수가 나타났으며 이러한 결과는 통계적으로 유의미한 결과인 것으로 분석되었다.[140)]

다른 연구결과[141)]에서도 범죄행동의 억제효과와 관련하여, 전자감독과 보호관찰이 자신의 범죄 가능성에 미치는 영향에 대한 질문에서 전자감독 대상자 총 405명의 55.1%(223명)가 범죄가능성을 낮춘다는 긍정적인 대답을 하였고, 보호관찰대상자 총 346명의 77.5%(268명)가 범죄 가능성을 낮춘다고 응답하였다. 이는 보호관찰 대상자들의 대부분은 보호관찰이 범죄 가능성을 낮춘다고 보고 있지만, 전자감독 대상자들은 대략 절반 정도만 전자감독의 범죄 억제 가능성을 인정한 것으로 분석된다.[142)]

또 범행 후 체포될 가능성에 대한 질문에서 보호관찰 대상자 342명의 51.1%(175명)가 보호관찰이 범행 후 체포 가능성을 높인다고 응답하였고, 전자감독 대상자 총 406명의 67.3%(273명)가 체포될 가능성이 높다고 응답하였다. 이는 보호관찰 대상자이든 전자감독 대상자이든 보호관찰이나 전자감독이 체포 가능성을 높인다는데 모두 긍정하지만, 특히 전자감독이 더 높다고 인식하고 있는 것으로 분석된다. 특히 전자감독 대상자들은 전자감독의 범죄 억제 가능성을 보호관찰 대상자보다 낮게 느끼면서도 범행 후 체포 가능성은 더 높게 인식하고 있는 것으로 분석된다.[143)]

전자감독과 보호관찰이 전자감독 내지 보호관찰의 종료 후에 범행가능성에 미치는 영향에 대한 질문에서도, 보호관찰 대상자 총 347명의 79.5%(256명)가 보호관찰은 그 기간이 종료된 이후에도 범죄 행동을 낮추는 데 영향을 미칠 것이라고 응답하였고, 전자감독 대상자 총 403명의 60.3%(243명)가 범죄 가능성을 더 낮춘다고 응답하여, 비록 전자감독 대상자가 보호관찰 대상자보다 다소

---

140) 조윤오, 앞의 논문, 497면.

141) 김지선 외, 성폭력범죄자 사후관리시스템에 대한 평가연구(II) －전자감독제도에 관한 평가연구－, 경제·인문사회연구회 협동연구 총서 13－39－01, 2013, 532면 이하.

142) 김지선 외, 앞의 보고서(2013), 532면.

143) 김지선 외, 앞의 보고서(2013), 533면.

낮기는 하지만, 재범억제효과가 감독기간 종료 후에도 유지된다고 분석되었다. 범죄행동의 억제의지와 관련하여 "전자발찌 피부착자와 보호관찰 대상자의 전자감독 혹은 보호관찰 기간 중 범죄 행동의 가능성 판단"에 대한 질문에서도 전자감독 대상자 총 405명 중 243명(60.0%)이 전혀 그렇지 않다고 응답하여 범죄억제의지가 어느 정도 나타나는 것으로 분석되고 있다.[144)]

그러나 전자감독에 대한 부정적 효과도 일부 나타나고 있는데, "전자발찌로 인해 포기해야 할 일들이 많았다"고 응답한 비율이 84.1%, 또 65.1%가 수치심을 느낀 것으로 나타났다. 그러나 피부착자의 이러한 주관적 수치심과 달리, 다른 사람들은 대체로 전자장치 부착을 알아보지 못한 것으로 나타났다. 마지막으로 준수사항 위반 경험과 관련하여, "전자장치 훼손 충동을 느꼈다"고 응답한 비율이 50.8%에 해당하여 절반을 넘는 것으로 나타나고 있다.[145)] 이러한 결과는 전자감독 기간의 장기화에 대한 신중한 검토를 요구한다.

3) 전자감독의 향후 과제

(1) 법이론적 검토의 필요성

우리나라는 앞에서 살펴본 많은 나라들에서 전자감독이 처음에 구금의 회피수단으로 도입되어 일반적으로 GPS방식이 아닌 RF방식으로 주로 가택구금과 연결되어 실시된 것과 달리, 처음부터 GPS방식을 도입하여 성폭력범죄자들에 대한 강력한 제재수단으로 도입되었다.

그러다보니 전자감독제도의 법적 성격에 대해서 보안처분으로 보는 견해, 형벌로 보는 견해, 형벌과 보안처분의 성격을 모두 가진다고 보는 견해 등으로 다양하게 제시되고 있다. 이에 대해 대법원은 전자감독은 그 목적과 성격, 그 운영에 관한 법률을 살펴볼 때, 일종의 보안처분이며 일사부재리의 원칙, 과잉금지의 원칙, 거주이전의 자유를 본질적으로 침해하지 않는다고 판시한 바 있

144) 김지선 외, 앞의 보고서(2013), 538면 이하. 그러나 형기종료자의 범죄 억제 노력이 집행유예·가석방·가출소(종료)자와 큰 차이를 보이지는 않았다.

145) 전자감독의 범죄억제력, 즉 특별예방효과가 어느 정도 나타나는지에 대한 실증적 조사는 중요하다는 점에서, 비록 동조사는 전자감독 시행초기에 실험집단과 통제집단의 비교 없이 전자감독 종료자들의 주관적인 태도만을 설문조사한 한계는 있지만, 조사당시 종료자 전체를 대상으로 전자감독에 대한 만족도와 행동변화, 준수사항 위반 정도를 조사하였다는 점에서 충분한 의미가 있다고 본다(조윤오, 앞의 논문, 504면).

다.[146] 일반적으로 우리나라에서 시행되고 있는 전자감독제도의 법적 성격을 보안처분의 일종이라고 하는 것이 다수의 견해인 것으로 보이나, 전자감독제도의 법적 성격은 그 유형과 함께 개별적으로 살펴볼 필요가 있다.

가. 전자장치부착법 상 전자장치부착명령의 유형과 법적 성격

전자장치부착법은 전자장치부착명령과 관련하여 '제2장 형 집행 종료 후의 전자장치 부착', '제2장의2 형 집행 종료 후의 보호관찰', '제3장 가석방 및 가종료 등과 전자장치 부착', '제4장 형의 집행유예와 부착명령'과 같이 4개의 장으로 나누어 규정하고 있다. 이렇게 4개의 장으로 나뉘어 규정된 전자감독이 모두 동일한 형태로서 보안처분이라는 법적 성격을 갖는 것인가에 대해서 살펴볼 필요가 있다.

첫 번째로 전자장치부착법은 제5조부터 제21조 사이에 형 집행을 종료한 후의 전자장치부착에 관한 내용을 담고 있다. 동법 제5조 제1항을 보면, "1. 성폭력범죄로 징역형의 실형을 선고받은 사람이 그 집행을 종료한 후 또는 집행이 면제된 후 10년 이내에 성폭력범죄를 저지른 때, 2. 성폭력범죄로 이 법에 따른 전자장치를 부착 받은 전력이 있는 사람이 다시 성폭력범죄를 저지른 때, 3. 성폭력범죄를 2회 이상 범하여(유죄의 확정판결을 받은 경우를 포함한다) 그 습벽이 인정된 때, 4. 19세 미만의 사람에 대하여 성폭력범죄를 저지른 때, 5. 신체적 또는 정신적 장애가 있는 사람에 대하여 성폭력범죄를 저지른 때" 등의 하나에 해당하면서 성폭력범죄에 대한 재범위험성이 인정되면 형 집행이 종료된 후에 '추가적'으로 전자장치를 부착하는 것에 대한 명령이 청구될 수 있다.

또 미성년자 대상 유괴범죄를 저지른 자 또는 살인범죄를 저지른 자가 각각 미성년자 대상 유괴범죄 내지 살인범죄의 재범위험성이 있는 경우에 역시 전자장치부착에 대한 명령을 청구할 수 있고, 유괴범죄 또는 살인범죄로 징역형의 실형 이상의 형을 선고받아 그 집행이 종료 또는 면제된 후 다시 각각 유괴범죄 또는 살인범죄를 저지른 경우에는 '필요적'으로 전자장치부착을 청구하도록 하고 있다(동조 제2항 및 제3항).

지난 2014년 6월 19일부터는 동법 제5조 제4항에 "1. 강도범죄로 징역형의

146) 대법원 2009. 9. 10. 선고 2009도6061 판결.

실형을 선고받은 사람이 그 집행을 종료한 후 또는 집행이 면제된 후 10년 이내에 다시 강도범죄를 저지른 때, 2. 강도범죄로 이 법에 따른 전자장치를 부착하였던 전력이 있는 사람이 다시 강도범죄를 저지른 때, 3. 강도범죄를 2회 이상 범하여(유죄의 확정판결을 받은 경우를 포함한다) 그 습벽이 인정된 때" 등의 하나에 해당하면서 강도범죄에 대한 재범위험성이 인정되면 역시 형 집행이 종료된 후에 '추가적'으로 전자장치를 부착하는 것에 대한 명령이 청구될 수 있다.

이처럼 징역형을 종료한 자에 대한 전자장치부착명령은 행위자의 과거 범죄에 대한 응보로서가 아니라 행위자의 '장래 재범위험성'을 근거로 형벌에 대한 집행이 종료되었음에도 불구하고 '추가적'으로 부과된다는 점에서 보안처분의 법적 성격을 갖고 있는 것으로 보아야 할 것이다.147)

두 번째로 전자장치부착법은 제22조부터 제27조 사이에 가석방, 가종료 및 가출소 대상자에 대한 전자장치부착명령에 관하여 규정하고 있다. 즉 동법 제9조에 따른 징역형 종료 이후의 전자장치부착명령을 받지 않은 특정범죄자로서 형의 집행 중 가석방되어 보호관찰을 받게 되는 자에 대하여 "준수사항 이행 여부 확인 등을 위하여" 가석방기간 동안 전자장치를 부착하도록 하고 있다(동법 제22조 제1항). 또 동법 제9조에 따른 부착명령을 받지 않은 특정범죄자로서 치료감호의 집행 중 가종료 또는 치료위탁되는 피치료감호자 내지 보호감호의 집행 중 가출소되는 피보호감호자에 대하여 역시 "준수사항 이행 여부 확인 등을 위하여" 보호관찰기간의 범위에서 정해진 기간에 전자장치를 부착하게 할 수 있다(동법 제23조 제1항).

이 경우의 전자감독은 형 집행 종료 후의 전자장치부착명령과는 그 모습을 달리하는 것으로 보아야 한다. 왜냐하면 형법 제73조의2 제2항에 따라 가석방 대상자는 필요적으로 보호관찰을 받도록 하고 있고, 이때 보호관찰법 제32조에 근거하여 준수사항을 부과 받을 수 있으며, 이러한 준수사항의 이행여부를 확인하기 위하여 가석방 대상자에게 전자장치를 부착하는 것이기 때문이다.

따라서 여기에서 주된 제재는 전자감독이라기보다는 — 전자장치부착명령은 준수사항의 이행여부를 확인하기 위한 것이고 — 전자장치부착명령이 접목

147) 김혜정, "전자장치부착명령의 법적 성격과 제 문제", 법조 통권 제660호, 법조협회, 2011A, 306면 이하.

되는 보호관찰이 주된 제재라고 해야 할 것이다. 그렇다면 이 경우 전자감독의 법적 성격이 아니라 오히려 보호관찰의 법적 성격을 보안처분의 일종으로 볼 수 있을 것인가에 대한 문제가 발생할 것이고, 이와 관련하여서는 아직까지 견해가 일치하지 않는다.[148)]

마지막으로 전자장치부착법은 제28조부터 제31조 사이에 보호관찰 부 집행유예 대상자에 대한 전자장치부착명령에 관하여 규정하고 있다. 즉 법원은 특정범죄를 범한 자에 대하여 형의 집행을 유예하면서 보호관찰을 명할 때 보호관찰기간의 범위 내에서 정해진 기간에 "준수사항의 이행여부 확인 등을 위하여" 전자장치부착을 명할 수 있다(동법 제28조 제1항). 이 역시 준수사항의 이행여부를 확인하기 위하여 전자장치부착이 이루어진다는 점에서 앞에서 살펴본 가석방의 경우와 같은 모습으로 이해할 수 있고, 형 집행 종료 후의 전자장치부착명령과는 차이가 있는 것으로 보아야 한다.

나. 전자장치부착명령의 유형에 따른 법적 성격의 재조명

앞에서 살펴본 바와 같이, 비록 전자장치부착법상 전자감독이 징역형 종료 이후, 가석방·가종료·가출소시 그리고 집행유예시로 나뉘어 규정되어 있고, 형 집행 종료 후의 보호관찰이 별도로 규정되어 있으나, 가석방과 집행유예시에 부과되는 전자감독은 보호관찰을 부과하면서 보호관찰에 따른 준수사항의 이행여부를 확인하기 위한 수단이라는 점에서 하나의 유형으로 볼 수 있고, 형 집행 종료 후의 전자장치 부착과 형 집행 종료 후의 보호관찰도 형 집행 종료 후에 '추가적'으로 부과되는 것이라는 점에서 하나의 유형으로 볼 수 있어, 결국 형 집행 종료 후의 전자장치부착명령 및 보호관찰과 가석방 및 집행유예시 부과되는 보호관찰의 준수사항 이행여부 확인을 위한 전자장치부착명령의 두 유형으로 나누어 살펴볼 수 있을 것이다.

그렇다면 두 유형의 전자감독에 대한 법적 성격을 모두 보안처분으로 볼 수 있을 것인가? 우선 형 집행 종료 후에 부과되는 전자장치부착명령은 형의 집행을 종료한 자에게 과거 범죄행위에 대한 응보를 주된 목적으로 그 책임을 추궁하기 위한 형벌과는 달리, 범죄자가 갖고 있는 장래 재범위험성을 근거로 예

---

148) 김혜정, 앞의 논문(2011A), 307면 이하.

방적인 관점에서 추가적으로 부과되는 것으로 (자유제한적) 보안처분으로 볼 수 있을 것이다. 다만, 이러한 전자감독이 보안처분의 일종이라고 하기 위해서는 먼저 전자감독이 독립적인 하나의 형사제재로 인정될 수 있어야 할 것이다.

2005년부터 많은 논의 끝에 제정된 전자장치부착법은 무엇보다도 흉악한 성폭력범죄, 특히 아동을 대상으로 하는 성폭력범죄에 대하여 여론이 분노하게 되면서 성폭력범죄에 강경하게 대응하겠다는 정책의 일환으로 그 제정이 적극적으로 추진되었다. 그 과정에서 전자장치부착이 성폭력범죄의 재범을 억제해 줄 것이라는 강한 기대와 함께 제정 당시 법률명조차도 '특정 성폭력범죄자에 대한 위치추적 전자장치 부착 등에 관한 법률'로 되면서, 법률의 주된 내용은 ① 그 적용대상이 특정 성폭력범죄자라는 점과 ② 그 대응방법은 전자장치의 부착이라는 것에 초점이 맞추어져, 마치 전자장치부착명령이 독립적인 형사제재인 듯 한 인상을 주었다.

이미 앞에서 언급한 바와 같이, 전자장치부착법 제22조 이하 및 제28조 이하에 따른 가석방(가출소, 가종료) 및 집행유예 대상자에게 부과되는 전자장치부착명령은 보호관찰 준수사항의 이행여부를 확인하기 위한 것으로 규정되어 있다. 그렇다면 이 경우의 전자장치부착명령은 하나의 독립적인 제재라기보다는 보호관찰의 집행에 있어 보다 집중적으로 감독하기 위한 '감독수단' 내지 '감독도구'로 이해[149]해야 할 것이다.[150]

문제는 동법 제5조 이하에 따른 전자장치부착명령은 동법률의 제정당시 재범위험성이 있는 경우에 전자장치부착명령만 부과하도록 규정하고 있어, 이를 단순한 감독수단으로 볼 것인지 아니면 독립적인 제재로 볼 것인지 의문이 들

149) 같은 견해로 Turner/Hess/Myers/Shah/Werth/Whitby, "Implementation And Early Outcomes For The San Diego High Risk Sex Offender(HRSO) GPS Pilot Program", Center for Evidence–Based Corrections, University of California, Irvine, 2007. 11, p.25.

150) 독일에서 전자감독은 별도의 규정 없이도 ① 독일 형법 제56조 이하에 따른 보호관찰부 집행유예의 준수사항으로써, ② 급박한 보호관찰취소의 방지를 위한 준수사항으로써(독일 형법 제56조 이하), ③ 독일 형법 제57조 이하에 따른 보호관찰부 가석방의 준수사항으로써, ④ 독일 형법 제68조 이하에 따른 자유제한적 보안처분의 준수사항으로써, ⑤ 독일 형사소송법 제116조에 따른 미결구금 대안으로서의 처분으로써, ⑥ 사면결정의 준수사항으로써 명령되어질 수 있는 것으로 보고 있다(Mayer, "Evaluation eines Modellprojekts zum Einsatz der elektronischen Fußfessel", Max–Planck–Institut für ausländisches und internationales Strafrecht, 2004, S. 1).

수 있었다. 그런데 전자장치의 부착은 대상자의 위치를 추적하기 위한 것으로 사실 그 자체만으로 재범예방이라는 실질적인 제재효과를 기대하기는 어렵다. 물론 대상자가 전자장치를 부착하고 있는 동안은 자신의 위치가 전자장치에 의해 추적되고 그 내용을 보호관찰관이 알 수 있다는 점에서 쉽게 재범에 나가지 못하는 면이 있을 수도 있다. 그러나 이는 전자장치의 부착에 따른 간접적인 효과일 뿐 그 자체가 전자장치부착의 실질적 기능이 된다고 보기 어렵다. 결국 이러한 점이 인식되어 2010년 4월 15일 개정된 전자장치부착법 제9조 제3항에 형 집행 종료 후에 전자장치부착명령을 선고받은 사람은 부착기간 동안 보호관찰법에 따른 보호관찰을 받도록 하는 내용이 새롭게 추가된 것이라고 본다.

사실 2007년 4월 27일 전자장치부착법이 제정될 당시에는 '형 집행 종료 후의 전자장치 부착'명령에 대하여 보호관찰을 부과할 수 있는 근거규정이 존재하지 않았다. 물론 동법 제15조에 보호관찰관이 피부착자의 재범방지와 사회복귀를 위하여 필요한 지도와 원호를 하도록 하고 있었으나, 이는 명시적인 보호관찰 근거규정으로 볼 수 없었다.[151] 그것이 2010년 4월 15일 개정을 통해서 제9조 제3항에 "부착명령을 선고받은 사람이 부착기간 동안「보호관찰 등에 관한 법률」에 따른 보호관찰을 받는다"라는 내용이 신설되면서 '형 집행 종료 후의 전자장치 부착'시에도 보호관찰을 받게 되었다. 그리고 다시금 지난 2012년 12월 18일 개정을 통해서 제21조의2 제1항에 "검사는 다음 각 호의 어느 하나에 해당하는 사람에 대하여 형의 집행이 종료한 때부터 「보호관찰 등에 관한 법률」에 따른 보호관찰을 받도록 하는 명령을 법원에 청구할 수 있다"를 신설하였다.

이러한 변화는 종래 전자장치부착을 보호관찰 없이도 집행될 수 있는 독립적인 제재라고 보았다면, 지금은 전자장치부착을 보호관찰과 함께 집행할 필요가 있다는 인식으로 전환된 것으로 생각된다. 즉 동 규정들의 신설은 궁극적으로 전자감독이 그 자체만으로 독립적인 제재로서의 기능을 수행하기 어렵기 때문에 보호관찰에 접목되어, 결국 보호관찰의 감독기능을 수행 할 수밖에 없음을 보여주는 것이라고 할 수 있다.

또 동법 제9조2 제1항에 형 집행 종료 후 전자장치부착명령을 선고 하는

---

151) 동법 제정 당시에는 준수사항에 관한 규정도 두고 있지 않다가, 2008년 6월 13일 개정을 통해 제9조의2에 준수사항 규정이 신설되었다.

경우, 부착기간의 범위에서 준수사항을 정하여 부과할 수 있도록 하고 있다. 그렇다면 형 집행 종료 후의 부착명령도 제9조 제3항에 따른 보호관찰 및 제9조의2 제1항에 따른 준수사항의 부과와 함께 이루어지게 되는 것이다. 이러한 전자감독은 실질적으로 보호관찰에 부과된 준수사항의 이행여부를 감독하는 기능을 수행하게 될 것으로 보여, 결국 형 집행 종료 후에 부과되는 전자장치부착명령도 독립제재라기보다는 보호관찰 기간 중에 준수사항 이행여부의 감독을 위한 '감독수단'에 불과한 것으로, 가석방 및 집행유예시에 부과되는 전자장치부착명령과 동일한 형태를 갖게 된다는 결론에 도달하게 된다.[152] 대법원도 전자장치부착법이 전자감독제도를 "오로지 형기를 마친 성폭력범죄자의 감시를 위한 방편으로만 이용"[153]한다는 점을 밝히고 있어, 이는 결국 전자장치부착명령이 독립제재가 아니라 감독수단임을 밝히고 있는 것으로 이해된다.

그렇다면, 결국 전자장치부착명령은 어느 경우이든 '준수사항의 이행여부를 감독하기 위한 수단'에 불과하므로, 오히려 법적 성격을 파악해야 하는 문제는 전자장치부착이라는 감독수단이 아니라[154] 전자장치부착이 준수사항처럼 따라가는 형 집행 종료 후에 부과되는 보호관찰과 가석방 내지 집행유예시에 부과되는 보호관찰의 법적 성격이라고 해야 할 것이다.[155] 그렇다면 양자의 법적 성격을 동일한 보안처분으로 볼 수 있을 것인지에 대하여 살펴볼 필요가 있다.

이미 앞에서 살펴본 바와 같이, 보호관찰의 법적 성격과 관련하여서는 이

---

152) 사실 이러한 내용은 입법으로 명확하게 규정될 필요가 있다는 점에서, 전자장치부착법 제5조를 제9조와 결합하여 아래와 같이 개정하는 것이 바람직 할 것이다.

> "검사는 다음 각 호의 하나에 해당하고, 성폭력범죄를 다시 범할 위험성이 있다고 인정되는 사람에 대하여 형벌 집행의 종료 이후에 보호관찰의 청구와 함께 준수사항 이행 여부 확인 등을 위하여 보호관찰기간의 범위에서 기간을 정하여 전자장치 부착명령을 청구할 수 있다"

153) 대법원 2009. 9. 10. 선고 2009도6061 판결.

154) 지금까지 판례(대법원 2009. 5. 14. 선고 2009도1947, 2009전도5 판결; 대법원 2009. 9. 10. 선고 2009도6061 판결 등) 및 많은 문헌에서 전자감독 자체의 법적 성격에 초점이 맞추어져 있었는데(김정환, "전자감독제도를 통한 소년범죄자의 단기자유형과벌금형 대체", 법학논총 제23권 제2호, 국민대학교 법학연구소, 2011, 23면; 박혜진, "소위 전자장치부착법(특정 성폭력범죄자에 대한 위치추적 전자장치 부착에 관한 법률)에 대한 비판적 고찰", 형사정책 제20권 제2호, 한국형사정책학회, 2008, 235면 등), 이는 적절하지 않은 분석이라고 생각된다.

155) 김혜정, 앞의 논문(2011A), 310면 이하.

를 보안처분의 일종으로 보는 견해,[156] 변형된 형벌의 집행으로 보는 견해,[157] 제3의 독립된 제재[158]로 보는 견해 등으로 나뉘고 있다. 우리 대법원은 형법 제62조의2에 규정된 집행유예시 부과되는 "보호관찰은 형벌이 아니라 보안처분의 성격을 갖는 것으로서, 과거의 불법에 대한 책임에 기초하고 있는 제재가 아니라 장래의 재범위험성으로부터 행위자를 보호하고 사회를 방위하기 위한 합목적적인 조치"[159]라고 판시한 바 있다. 이는 제73조의2에 근거하여 가석방시 부과되는 보호관찰에도 적용되는 해석이라고 보아야 할 것이다.

그러나 형 집행 종료 후에 부과되는 보호관찰과 집행유예시 및 가석방시 부과되는 보호관찰은 다르다고 해야 할 것이고, 전자를 자유제한적 보안처분으로 볼 수는 있어도, 후자를 자유제한적 보안처분으로 보는 것은 적절하지 않다. 그 이유는 보안처분은 형벌만으로 그 목적을 달성할 수 없는 경우에 재범위험성을 근거로 형 집행을 종료한 후에 추가적으로 부과되는 제재로 "사회방위 내지 사회안전을 도모하고자 하는 제도적 목적"을 갖고 있기 때문이다.

반면에 집행유예 및 가석방시 부과되는 보호관찰은 상대적으로 경미한 사안에서 굳이 형벌을 집행하지 않아도 범죄자가 보호관찰관의 원호와 지도하에 원활하게 사회에 재복귀할 것이라고 기대되는 경우에 부과되는 제재로 "구금을 회피하는 제도적 목적"을 갖고 있다는 차이가 있기 때문이다. 무엇보다도 우리 보호관찰은 보호관찰관의 책임 하에 범죄자를 재범하지 않도록 원호하는 조건으로 시설내 구금을 유예하는 미국의 Probation[160]을 모델로 시설내처우를 대신하여 사회 내에서 범죄자의 원활한 재사회화에 목적을 두고 발전한 제도이기 때문이다.[161]

---

156) 이재상, 앞의 책(1981), 176면 이하; 김일수, "보안처분과 형벌불소급의 원칙", 법률신문, 1997. 9. 1, 15면.

157) 신진규, 앞의 논문(1988), 12면; 차용석, 앞의 논문(1989), 10면 참조

158) 오영근, 앞의 논문(1986), 200면; 박형남, 앞의 논문, 14면 이하; 이재홍, 앞의 논문, 80면.

159) 대법원 1997. 6. 13. 선고 97도703 판결.

160) 최인섭/진수명, 앞의 보고서(1995), 60면 참조. 미국의 연방대법원은 보호관찰의 기본적인 목적을 "소년범죄자 또는 위험성이 없는 범죄자에게 보호관찰관의 감독 하에서 그리고 위반할 경우에는 법원이 그의 범죄에 대한 구금처벌을 명할 수 있는 권한 하에서 시설내 수용 대신에 재활할 수 있는 기회를 제시하는 개별화된 처우를 제공한다"라고 정의하였다.

161) 독일의 Bewährungshilfe도 미국의 Probation을 모델로 했다고 할 수 있으며, 그런 점에서

가석방의 경우도 형벌을 집행하면서 수형자의 태도가 양호하여 형벌을 끝까지 집행하지 않고 조기에 석방하여도 사회에서 올바른 시민으로 살아갈 수 있을 것이라는 기대를 포함하고 있다. 다만, 이 경우도 역시 보호관찰관의 원호와 지도가 있을 때 보다 원활하게 사회에 재복귀할 것이라는 전제하에 보호관찰을 부과하도록 하고 있다. 즉 보호관찰은 단순히 형벌의 집행유예만으로 범죄자를 석방하는데 따르는 위험성[162]에 대처하기 위해 보호관찰관을 통한 지도·원호를 부과하는 것이라면, 보안처분은 형벌에 적용되는 책임원칙의 한계로 인해 발생하는 범죄자의 재범위험성에 대처하기 위한 제재라는 것에 차이가 있다.[163]

이러한 제재성격의 구분은 그 대상범죄의 범위를 정하는데 중요한 기준이 된다. 즉 강성제재로서 자유제한적 보안처분의 대상범죄는 강력범죄 등 사회방위를 위해 필요 최소한으로 제한되어야 할 것이다. 반면, 연성제재로서 보호관찰의 대상범죄는 단기자유형의 폐해 등 자유박탈의 역기능을 극복하기 위한 것으로 가능한 대상범죄를 넓히는 것이 필요할 것이다.[164]

무엇보다도 보호관찰은 집행유예의 경우처럼 형 집행의 전부를 유예하거나 가석방의 경우처럼 형 집행의 일부를 유예하면서 유예된 형벌의 자리에 보호관찰을 부과하는 것으로 추가적인 제재가 아니라는 점에서 대상자에게 불리한 제재가 아니라고 할 수 있다. 따라서 부과에 관한 총론적인 원칙규정[165]만 존재하면 대상범죄에 관한 개별규정 없이 모든 범죄를 대상으로 부과하여도 과잉금지원칙 등 기본권침해의 문제가 발생할 여지가 없다.

그러나 자유제한적 보안처분은 형 집행의 유예 없이, 즉 형 집행을 종료한

우리 보호관찰과 같은 제도로 이해할 수 있을 것이다. 물론 우리 보호관찰제도는 소년법상 보호처분에서 촉법 및 우범소년에게 보호관찰을 부과할 수 있도록 하고 있어 독일의 그것과는 차이가 있다는 견해도 있지만, 이는 소년법상 부과되는 보호관찰을 보안처분의 시각에서 이해하기 보다는, 보호처분대상에서 우범소년을 제외하는 등 소년법의 문제점과 관련하여 검토되어야 할 것으로 생각된다(김혜정, 앞의 논문(2008), 112면).

162) 이 경우의 위험성은 보안처분을 부과하기 위한 재범위험성과는 다르게 이해할 필요가 있다.

163) 박상기/손동권/이순래, 앞의 책, 359면 참조.

164) 김혜정, 앞의 논문(2014), 69면.

165) 총론적인 원칙규정의 예로 형법(제62조2, 제73조2), 보호관찰법, 소년법(제32조, 제33조 등), 전자장치부착법(제22조, 제28조 등) 등을 들 수 있다.

후에 '추가적'으로 부과하는 제재라는 점에서 대상자에게 불리한 제재에 해당되므로 부과에 관한 총론적인 원칙규정뿐만 아니라 대상범죄에 관한 개별적인 명문의 규정이 요구166)된다고 해야 할 것이다. 그렇지 않은 경우에는 죄형법정주의에 반한다고 할 것이며, 심각한 기본권침해의 문제가 발생할 수 있다는 점에서 양자는 분명한 차이를 나타내고 있다.167)

따라서 보호관찰의 부과에 있어서는 장래 재범위험성이 중하지 않다는 긍정적 예측(positive Prognose)이 전제된다면, 자유제한적 보안처분의 경우에는 장래 재범위험성이 중하여 집행유예 내지 가석방을 어렵게 하는 부정적 예측(negative Prognose)이 전제된다고 해야 할 것이다.168)

그렇다면, 2012년 개정을 통해 전자장치부착법 제2장의2 형 집행 종료 후의 보호관찰의 경우에도 형 집행을 종료한 후에 부과되는 것으로 행위자의 과거 행위에 대한 응보가 아니라 장래 재범위험성에 근거한 추가적 제재이므로 보안처분으로 보아야 할 것이다. 따라서 집행유예 내지 가석방에 부과되는 보호관찰과 형 집행 종료 후에 부과되는 보호관찰(자유제한적 보안처분)은 그 법적 성격을 구별해야 할 것이고,169) 이러한 구별을 보다 명확하게 하기 위해서는—그 명칭이 무엇이 되었든—양자의 명칭을 명확하게 달리할 필요가 있다고 생각된다.170)

(2) 전자감독의 다원화

미국 등 많은 나라들에서 전자감독 시행 초기에는 주로 RF방식으로 가택구금과 결합되어 운영되었고, 최근에 비로소 GPS방식의 전자감독이 시행되고 있다. 이러한 초기 RF방식의 전자감독과 최근의 GPS방식의 전자감독은 그 목적과

166) 이런 점에서 전자장치부착법 제2조의 정의규정을 형 집행 종료 후의 전자장치부착 대상범죄에 관한 규정으로 수정할 필요가 있다.

167) 그에 대한 구체적인 내용은 김혜정, "특정 성폭력범죄자에 대한 위치추적 전자장치 부착에 관한 법률에 관한 검토", 형사정책연구 제20권 제1호, 한국형사정책연구원, 2009, 658면 주 27 이하 참조.

168) Weigelt/Hohmann-Fricke, "Führungsaufsicht-Unterstellungspraxis und Legalbewährung", BewHi, 2006/3, S. 225.

169) 독일 형법에서는 제56조 이하에 규정된 집행유예 내지 가석방 시 부과되는 보호관찰인 Bewährungshilfe와 제68조 이하에 규정된 자유제한적 보안처분인 Führungsaufsicht를 명칭에서부터 명확하게 구별하고 있다.

170) 김혜정, 앞의 논문(2011A), 316면.

대상범죄 및 부착기간 등에서 분명한 차이를 보여주고 있다.

독일의 경우에 이러한 차이에 입각하여 전자감독제도를 이원화하여 시행하고 있다. 즉 24시간 추적감시가 필요하지 않은 위험성이 높지 않은 (경미)범죄자를 대상으로 구금의 대안으로 보호관찰(Bewährungshilfe)의 영역에서 RF방식으로 전자감독(EFF)을 가택구금과 결합하여 시행하고, 24시간 추적감시가 필요한 위험성이 높은 폭력 및 성폭력범죄자를 중심으로 국민의 안전을 위하여 자유제한적 보안처분(Führungsaufsicht)의 영역에서 GPS방식으로 전자감독(EAÜ)을 시행함으로써 전자감독을 다양하게 활용하고 있다.

우리의 경우에도 독일에서와 같이, 예컨대 형집행의 일부 또는 전부유예를 전제로 한 전자장치 부착명령(전자장치부착법 제22조 및 제28조)과 형집행 종료 또는 소급적용하는 전자장치 부착명령(전자장치부착법 제5조)을 이원화하여, 전자감독제도를 운영하는 방안을 모색해 볼 수 있을 것이다. 또 우리나라에서 아직 가택구금과 결합된 전자감독을 시행하고 있지는 않지만, 가택구금 전자감독을 시행한 많은 나라들에서 긍정적인 평가[171]가 제시되고 있다. 그런 점을 고려할 때, 우리나라에서도 가택구금 전자감독의 도입을 긍정적으로 검토해볼 필요가 있다.[172] 더불어 현재 소년보호관찰 대상자들에 대하여 실시하고 있는 1세대 방식의 전자감독인 음성감독시스템도 전체적인 전자감독제도에 통합하여 대상자의 재범위험성, 죄질 등에 따른 차별화된 전자감독을 적용함으로써 단계별 양형을 한다면, 양형의 다양화·차별화·개별화의 관점에서도 긍정적으로 검토해 볼 수 있을 것이다.

그런 점에서 소년의 경우에는 성인과는 달리 사회 활동력이 높고 또래집단에서 수치심을 느낄 수 있는 여지가 많기 때문에 전자장치를 부착[173]하기 보다는 현재와 같이 외출제한명령의 전자감독을 실시한다거나, 피해자와 접촉을 엄격하게 제한해야 할 필요가 있는 경우와 특정 시간대 가택구금 등의 조치가 더 적합한 대상자 등을 구별하여 범죄자의 개별 특성에 따라 전자감독제도를 운영

171) 그 한예로 스웨덴의 긍정적 평가와 관련하여 Schlömer, 앞의 책, 119면 참조.

172) 같은 견해로 이형섭, 앞의 논문(2013), 152면.

173) 소년에 대해 전자장치부착명령의 집행이 유예되는 것을 넘어 선고 자체를 하지 않아야 한다는 견해로 원혜욱, “전자장치 부착명령의 적용범위에 대한 고찰 – 만 19세 미만의 자에게 부착명령을 선고할 수 있는가?”, 보호관찰 제12권 제2호, 2012, 287면 이하.

하는 것이 필요할 것으로 본다.[174)]

(3) 전자장치 부착기간 상한의 조정

전자감독을 시행하고 있는 유럽에서 전자감독이 부과될 수 있는 최소기간과 최대기간은 국가마다 차이가 있으나, 일반적으로 미결단계(pre-trial)와 출소 후(post-release) 프로그램에서 전자감독 기간이 길며, 부과되는 기간의 상한이 없는 경우도 있다. 그러나 앞문형(front door programme)에서 최대기간은 대개 1년을 넘지 않고, 국가마다 최대기간과 최소기간에 차이가 크지만 평균 기간에 있어서는 차이가 크지 않다. 대부분 국가에서는 프로그램의 형태와는 관계없이 평균 기간이 2~4개월인 점을 참고할 필요가 있다.[175)]

독일에서 2000년부터 보호관찰의 영역에서 시범 실시되고 있는 전자감독(EFF)은 많은 경우에 6개월 정도가 부과되고 있다. 2011년부터 형집행 종료 후에 보안처분의 영역에서 시행되고 있는 전자감독(EAÜ)의 경우에도 비록 법률에 부착기간의 상한에 대한 규정을 두고 있지는 않지만, 자유제한적 보안처분과 연계하여 법원에서 통상 3년에서 5년 정도의 부착기간이 선고된다고 한다.[176)]

전자감독이 장기화되었을 때, 재범억제와 같은 긍정적인 효과는 명확하게 나타나지 않으면서[177)] 오히려 장기화에 따른 재범률이 높아질 수 있다. 또 대상자의 심리적 긴장 반응의 지속 등으로 전자감독 대상자의 스트레스 초고위험군의 비율[178)]이 상당히 높아 대상자의 자포자기 혹은 자살과 같은 극단적인 선택이 빈발하는 부작용이 나타날 수 있다.[179)] 따라서 부착기간의 지나친 장기화는 지양될 필요가 있다.

---

174) 필자와 같이 범죄자 개개의 특성을 고려한 전자감독제도의 시행이 필요하다는 견해로 원혜욱, 앞의 논문(2012), 304면.

175) 그에 대한 구체적인 내용은 정진수/승재현, 재범방지를 위한 교정보호의 선진화 방안 연구(I) -고위험범죄자에 대한 보안처분제도의 정비방안-, 경제·인문사회연구회 협동연구 총서 12-28-02, 한국형사정책연구원, 2012, 46면.

176) 이 경우 독일 형법 제68조c 제2항에 근거하여 연장은 가능하다.

177) Bales et. al., 앞의 보고서, 64면; 허경미, 앞의 논문, 40면.

178) 성폭력으로 인한 전자장치부착대상자의 스트레스 초고위험군의 비율은 61.5%로 성범죄로 인한 일반보호관찰대상자의 스트레스 초고위험군의 비율 16.1%보다 약 4배 높은 것으로 나타나고 있다.

179) 그에 대한 구체적인 내용은 이성칠/김충섭, "전자발찌대상자의 스트레스와 정신건강에 관한 연구", 보호관찰 제13권 제1호, 한국보호관찰학회, 2013, 259면.

독일과 같이 보안처분의 영역에서 전자감독을 시행하는 국가에서도 선고 당시에 장기의 부착기간을 부여하지 않는 점을 감안할 때, 우리의 전자장치 부착기간의 상한에 대해서도 다시 검토해 볼 필요가 있다. 그런 점에서 현재의 전자장치 부착기간 상한을 전자장치부착법 최초 시행당시처럼 10년으로 되돌리고, 필요하다면 독일의 경우처럼 연장가능성을 법률에 규정하는 방안을 검토해 볼 수 있을 것으로 본다.

만약 국민의 법감정상 현재의 30년 상한을 낮추기가 쉽지 않다면, 예컨대 10년 정도의 선고 상한을 정하고 재범위험성 등을 고려하여 필요한 경우에 한하여 통산 30년을 넘지 않는 범위에서 연장할 수 있는 방안을 검토해 볼 필요가 있을 것이다.

(4) 가해제의 적극적 활용

그와 함께 가해제제도의 활성화를 통해 부착기간의 장기화 문제를 간접적으로 해소하는 방안도 모색해 볼 필요가 있다. 전자장치부착법 제17조에 따라 전자감독 개시 3개월 후 보호관찰소장 또는 피부착자 및 그 법정대리인은 가해제 신청이 가능하다. 그러나 성폭력범죄자의 경우에는 가해제 신청률도 낮을 뿐만 아니라 가해제 인용률도 상당히 낮아 가해제율이 0.31%로 살인범죄가 34%인 것에 비해 100분의 1수준으로 다른 범죄에 비해 현저히 낮게 나타나고 있다.[180)]

이러한 추세는 각 보호관찰심사위원회마다 통일된 가해제 심사기준이 없고, 당시 가해제하는 경우에 보호관찰까지도 가해제 하도록 되어 있다 보니, 성폭력범죄자를 가해제해서 재범이 발생하는 경우, 높은 사회적 비난에 대한 부담감이 커서, 예컨대 일부 지역에서는 4대 특정범죄 전과가 있을 경우, 가해제 신청을 기각하는 원칙을 세우는 등 지나치게 엄격한 기준을 적용하고 있었기 때문이다. 그렇다보니, 대부분 해당 전과가 있는 성폭력범죄자의 경우에 사실상 가해제가 불가능하게 되는 등 현실적으로 가해제 인용률이 높지 않게 나타날 수밖에 없는 구조였다. 무엇보다도 성폭력범죄자의 경우, 전자장치 부착기간도 장기화되는 상황에서 가해제도 어렵게 되다보니, 전자감독 대상자가 준수사항

180) 범죄예방정책국 보호관찰과, "전자발찌 제도 운영실태 및 개선방안", 2015. 5, 9면.

을 이행할 동기를 상실하게 되고, 그로 인해 전자장비를 훼손한다거나, 더 나아가 재범을 하게 되는 등 부작용이 발생하고 있다고 본다.[181]

이처럼 전자장치부착법 제18조 제6항에 따라 전자감독 가해제시 보호관찰까지 가해제되어 오히려 가해제율이 낮아지는 문제의 발생을 해소하기 위해, 2016년 12월 20일 부착명령의 가해제시에도 보호관찰 또는 준수사항 부과가 필요한 경우에는 그대로 보호관찰 또는 준수사항을 유지할 수 있도록 동 규정이 개정되었다. 따라서 앞으로 가해제가 적극적으로 활용되는 것을 기대해볼 수 있게 되었다.

그와 더불어 앞으로는 가해제를 위한 전제조건으로 재범위험성 등급, 준수사항 위반여부 등의 통일된 기준을 마련하여 일정 기준이 충족되면 가해제될 수 있도록 하여, 가해제에 대한 예측가능성을 높임으로써 대상자 스스로 성실하게 전자감독을 이행할 수 있는 동기를 부여하고,[182] 가해재의 활용을 통해 전자장치 부착기간의 장기화에 따른 문제도 해결할 수 있는 방안으로 검토가 필요하다.

제 3 절 거 세

1. 거세의 역사적 배경 및 변천과정

인류는 고대부터 남성을 남성이게 하는 특질을 억제할 필요가 있을 때, 남성호르몬의 생성, 방출을 막기 위한 수단으로 물리적(외과적) 거세를 실행해 왔다. 역사적으로 볼 때, 거세는 여러 가지 이유로 동서양에서 실제로 오래전부터 시행되어 왔다. 우리의 경우에도 조선시대를 비롯해 왕권이 지배하던 시기에 내시라고 불리던 궁중의 남자 시종들이 되기 위해서는 거세되어야 했다는 것은

181) 범죄예방정책국 보호관찰과, 앞의 자료(2015), 9면 이하 참조.

182) 이는 앞에서 언급한 바와 같이, 전자감독의 재범억제는 전자감독의 효과보다는 개인의 범죄억지력에 의해 더 영향을 받는다는 평가를 통해서도 중요하다는 것을 알 수 있다.

주지의 사실이다.[183] 18세기 유럽에서도 어린 남자아이들로 구성된 합창단원들을 "castrati"라고 불렀는데, 이들은 사춘기에 도달하면 고음의 목소리가 굵어지는 것을 막기 위해 거세되었다.[184] 16세기부터 19세기 사이 이탈리아에서도 소년들이 그들의 목소리를 유지하기 위하여 거세되었다.[185]

이처럼 (물리적) 거세(castration)는 오랜 역사와 문화적 보편성을 갖고 있다. 특히 성경과 신화 그리고 역사적인 서적에서 거세는 형벌의 하나로 자주 등장하였다. 또 물리적 거세는 중세는 물론이고, 20세기 들어서도 인류가 동원한 형벌 가운데 하나였다.[186] 특히 유럽은 상당수의 국가들이 상습적 성범죄를 예방하기 위한 수단 중의 하나로 이전부터 활용해 왔으며[187] 나치 독일은 수천 명의 젊은이들을 물리적으로 거세함으로써 잔인한 형벌로 범죄를 다스리는 데 앞장섰다. 그러나 2차 세계대전 이후 형벌로 신체형을 집행하는 데 대해 전세계적으로 대부분의 나라가 반대하게 되었으며, 물리적 거세(physical castration)를 형벌 목록에서 삭제하기에 이르렀다. 다만, 외과적 거세(surgical castration)라고 해서 남성의 성기능을 수술로 불능화시키는 조치는 당사자의 동의를 전제로 시행하는 나라가 일부 있으며, 국가가 강제하는 것이라기보다는 범죄자 자신이 원해서 시행하는 수술로 인정되고 있다.[188] 미국의 경우, 18세기 후반 인디애나州의 샤프(Harry Sharp)박사는 성적 충동을 감소시키기 위해 180여명의 남자 죄수들에게 물리적 거세술을 행하였다. 인디애나州는 특정 죄수들의 재범을 방지하기 위해 이들을 물리적으로 거세하고, 정신장애자에 대한 불임시술을 합법화한

183) 조성자, "성충동 약물치료에 대한 비교법적 연구", 강원법학 제33권, 강원대학교 비교법학연구소, 2011, 331면.

184) Scott/Holmberg, "Castration of Sex Offenders: Prisoners' Rights Versus Public Safety", The Journal of the American Academy of Psychiatry and the Law Vol. 31, No. 4, 2003, p.502.

185) Russell, "Castration of Repeat Sexual Offenders: An International Comparative Analysis", Houston Journal of International Law Vol. 19, 1997, p.439.

186) Stelzer, "Chemical Castration and the Right to Generate Ideas: Does the First Amendment Protect the Fantasies of Convicted Pedophiles?", Minnesota Law Review Vol. 81, 1997, p.1675. 중세에 강간이나 간통에 대한 처벌로 사용되었다.

187) 황성기, "상습적 성범죄 예방수단으로서의 거세(去勢)에 관한 헌법적 고찰", 공법학연구 제9권 제3호, 한국공법학회, 2008, 131면.

188) 김희균, "상습적 아동 성폭력범에 대한 화학적 거세 도입 가능성에 대한 연구", 형사법연구 제21권 제4호, 한국형사법학회, 2009, 274면 이하.

최초의 주(州)이다.[189)]

그런데 현대 과학의 발달로 인공호르몬들이 개발되고 물리적 거세를 하지 않더라도 남성의 성충동을 억제하는 화학약물로서의 호르몬들이 사용 가능해졌고, 소위 '화학적 거세(chemical castration)'라는 방법으로 남성호르몬 테스토스테론의 수준을 낮추는 호르몬들이 성범죄자들에 대한 예방·치료로 사용되었다. 병리적인 남성의 성적 충동을 낮추기 위한 최초의 화학적 거세는 1944년으로 보고되고 있다. 1960년대 독일에서도 의사들이 성도착증을 가진 남성들의 성도착행위를 방지하기 위해 항안드로겐(anti-androgen)제를 처방했다는 보고가 있다. 1966년에 존 머니(John Money)가 미국 연구자로는 처음으로 성범죄자 치료에 MPA(medroxyprogesterone acetate)를 사용하였고, 캐나다와 유럽에서도 개발되어 사용되어 왔다고 한다.[190)]

이처럼 화학적 거세는 여러 선진국들이 특히 아동성폭력범에 대한 대응무기로 적극적으로 도입했거나 도입을 고려하고 있다. 무엇보다도 외과적 거세처럼 성기능을 영원히 상실하게 하는 것이 아니라, 일시적으로 정지시키는 데 지나지 않으므로, 덜 잔인한 치료방법 혹은 처분으로 인식되고 있다. 또 그런 수단을 동원해서라도 아동에 대한 성폭력범죄를 줄여야 할 현실적인 필요가 화학적 거세의 도입 원인으로 작용되고 있다.[191)]

그러나 화학적 거세에 대하여 실질적 효과성뿐만 아니라 가해자 인권 침해여부와 관련하여 국제협약과 국제관습법, 각국의 헌법 등에 의해 인정되고 있는 비인도적 처우를 받지 않을 권리, 동의 없는 의학적 치료를 받지 않을 권리 등의 과도한 침해여부, 절차적 정당성과 이중처벌여부 등이 여전히 논란이 되고 있다. 이처럼 거세와 관련하여 외과적 거세와 화학적 거세가 형벌의 하나로 논의의 대상이 되고 있다.

189) 조성자, 앞의 논문(2011), 331면 이하.

190) Scott/Holmberg, 앞의 논문, 502면 이하; 조성자, 앞의 논문(2011), 332면 이하.

191) 김희균, 앞의 논문(2009), 275면.

2. 물리적(외과적) 거세

1) 개 념

거세(去勢)는 일반적으로 '동물의 생식 기능을 잃게 하는 것'을 의미한다. 특히 외과적 거세(surgical castration)란 성적 충동과 관련되어 있는 호르몬인 '테스토스테론(testosterone)'을 생성하는 고환을 제거하는 방법으로 거세를 하는 것이다. 외과적 거세는 그 특성이 '회복불가능한(irreversible)' 방법이라는 점에 있다. 외과적 거세의 부작용으로 땀의 증가, 얼굴이나 몸의 탈모, 체중증가 이외에 피부가 부드러워지는 등의 현상이 발생한다고 한다.[192)]

물리적 거세(physical castration)[193)]는 인류가 동원한 형벌 가운데 하나로서 오랜 역사 동안 시행되었다. 물리적 거세에 대하여 인권침해요소가 많다거나 전 근대적인 형벌이라는 이유로 반대론자들이 많은 것이 현실[194)]이지만, 이미 외국의 일부 국가에서는 물리적 거세를 재범방지책으로 사용하고 있기도 하다. 예컨대 유럽에서 처음으로 성폭력범죄에 대한 대응과 가해자 치료수단으로서의 고환절제술이 1892년에 스위스에서 시작된 것으로 알려져 있다.[195)] 이후 덴마크에서 1929년 물리적 거세를 최초로 합법화하였으며,[196)] 네덜란드, 독일, 스웨덴, 핀란드, 노르웨이, 에스토니아, 아이슬란드, 라트비아, 미국 텍사스주 등지

---

192) 강은영/황만성/이상흔, 상습적 성폭력범죄자 거세법에 관한 연구, 연구총서 10-26, 한국형사정책연구원, 2010, 28면.

193) '화학적 거세'와 비교되는 '물리적 거세'는 고환을 제거하는 시술에 의존한다는 점에서 '외과적 거세'와 비슷한 의미로 사용되고 있으나, 물리적 거세는 거세 대상자로부터 동의를 구하지 않고 시술하는 형벌 목적의 개념이라면 외과적 거세는 범죄자 자신이 원해서 시행하는 치료목적이라는 점에서 구별하는 견해도 있다(정재준, "물리적 거세법안의 의료법적 성격과 한계 -미국(텍사스주)의 물리적 거세법을 참고하여-", 한국의료법학회지 제20권 제1호, 한국의료법학회, 2012, 13면). 그러나 외과적 거세가 반드시 대상자의 동의를 전제로 하는 것은 아니고, 또 현재 거세의 목적에 형벌과 치료라는 두 가지 목적이 모두 추구된다는 점에서 본 글에서는 양자를 구별하지 않고 사용하기로 한다.

194) 2차 세계대전 후 잔인한 형벌로 신체형을 집행하는 데 대해 대부분의 나라가 반대하게 되었으며 형벌 목록에서 삭제하기에 이르렀다.

195) Carpenter, "Belgium, Germany, England, Denmark and the United States: The Implementation of Registration and Castration Laws as Protection Against Habitual Sex Offenders", Dickinson Journal of International Law Vol. 16, 1998, p.437.

196) 비인간적이라는 비판이 제기되자 1973년 이후 화학적 거세만 제한적으로 시행하고 있기는 하다.

에서 국가가 강제하는 것이라기보다는 대부분 당사자의 동의를 전제로 남성의 성기능을 수술로 불능화시키는 외과적 거세방안이 사용되어 왔고, 여전히 여러 나라에서 합법화되어 있지만, 현재로서는 매우 적은 규모로만 시행되고 있다.[197)]

이러한 외과적 거세는 성범죄 예방 내지 감소라는 측면에서 상당한 정도의 효과를 얻는 것으로 보고되고 있다. 즉 거세를 한 성범죄자는 재범율이 2.3%에 그쳤지만, 거세를 하지 않은 성범죄자는 재범율이 39%에 이른다는 연구도 보고되고 있다.[198)]

2) 물리적 거세에 관한 입법 등 현황

(1) 미국의 현황

미국 텍사스州에서는 현재 물리적 거세법이 운영되고 있다. 즉 텍사스 주는 범죄자가 자원할 경우에 한정하여 외과적인 거세를 집행할 수 있도록 하고 있다. 미국의 다른 주에서는 화학적거세만 사용하거나, 물리적 거세와 병행하고 있으나, 텍사스州에서는 물리적 거세법만을 시행하고 있다. 텍사스州의 물리적 거세 대상자는 다음의 기준을 모두 충족하여야 한다. ① 아동성추행죄, 아동성폭행죄 또는 가중 성폭행죄로 최소한 2회 이상 유죄판결을 받은 경우, ② 범죄자의 연령이 최소한 만 21세 이상인 경우, ③ 서면청구 절차를 밟은 경우, ④ 본범 내용을 서명으로 자백한 경우, ⑤ 성범죄자를 치료한 경험이 있는 정신과 의사 및 심리학자로부터 평가와 상담을 받은 경우, ⑥ 서면에 의한 동의서를 제출한 경우, ⑦ 과거 청구하였다가 철회한 사실이 없는 경우 등이다.[199)]

추가적인 보호 장치로서 대상자는 정신과, 법률, 윤리 관련 전문가(감독자)를 만나야 하며 감독자는 다음의 두 가지 기본적인 기능을 수행할 것이 요구된다. ① 대상자에게 고환절제술에 관하여 적절한 정보를 제공하고 필요하다면 보충적인 정보를 제공한다. ② 대상자의 거세 청구가 강요에 의한 것이 아닌지 심사하고 만일 강요에 의한 것이라고 판단되는 경우 청구를 철회하도록 조언한

---

197) 정유석, "화학적 거세 관련 미국과 유럽의 정책 동향", 나눔터 제66호, 한국성폭력상담소, 2009, 11면.

198) 강은영/황만성/이상흔, 앞의 보고서, 28면.

199) 강은영/황만성/이상흔, 앞의 보고서, 60면 이하.

다. 성범죄자는 수술 전 언제든 청구를 철회하는 것이 허용되나, 철회한 경우 재청구는 허용되지 아니한다.

텍사스 주법은 성범죄자에게 외과적 거세에 따른 보상으로 석방 등 어떠한 반대급부 형태의 혜택도 제공하지 않는다.[200] 판사와 가석방위원이 범죄자에게 보호관찰이나 가석방의 조건으로서 고환절제술을 제안하는 일은 엄격하게 금지되어 있다.[201] 즉, 텍사스州에서는 대상자에게 전적으로 자발적인 동의를 구하고 있다는 점이 특징이다.[202] 거세법이 인권 침해적이어서 위헌적 요소가 많다는 지적에 합리적으로 대처하고 효과적으로 시행될 수 있었던 이유도 대상자의 동의에 관해 상세히 규정하고 있기 때문일 것이다.

텍사스州에서 물리적 거세법을 운영하는 가장 큰 이유는 이를 시행하고 있는 독일 등 몇몇 유럽 국가들에서의 시행 결과, 아동 성폭력 범죄자의 재범률이 크게 낮아졌다는 결과(50%에서 2% 내지 10%로 낮아짐)에 따른 것으로 보인다.[203] 아쉽지만 텍사스州의 물리적 거세자들의 재범률은 일체의 비밀주의에 의해 알려져 있지 않다. 그러나 1995년 의회 회의에서 물리적 거세법을 유지할 것인가에 대한 찬반투표에서 재적의원 9명중 2명이 결석한 상태에서 5명의 찬성, 2명의 반대로 유지하기로 결정하였는데, 이에 대하여는 재범률 인하에 대한 효과성이 크게 작용했을 것이라는 평가가 있다. 이는 유럽의 재범률 인하와 관련지어 고려할 때 매우 타당한 평가라고 보기도 한다.[204]

(2) 덴마크의 현황

덴마크는 1929년 거세법을 제정함으로써 유럽에서 최초로 외과적 거세를 합법화한 나라가 되었다.[205] 그러나 이후 외과적 거세에 대해 비인간적이라는

---

200) 우리나라에서 거세법에 대한 제안이 있었던 것과 관련하여, 텍사스주법의 의해 거세에 대한 보상으로 반대급부가 제공되지 않는 것은 보상을 통한 거세가 동의를 강제하는 면이 있음을 고려한 것으로 보이는데, 이를 반드시 동의 강제의 면에서만 파악할 필요는 없고, 오히려 책임주의의 실질적 달성을 위해서 거세를 형벌로 규정하는 각도에서 고려할 필요가 있다는 견해도 있다(정재준, 앞의 논문, 18면 참조).

201) 강은영/황만성/이상흔, 앞의 보고서, 60면 이하.

202) Scott/Holmberg, 앞의 논문, 503면; 정재준, 앞의 논문, 19면.

203) 정재준, 앞의 논문, 18면.

204) 정재준, 앞의 논문, 18면 참조.

205) 1929년부터 1973년까지 덴마크 사법당국에 의해 거세가 된 성범죄자는 1,100명에 달한다고 한다(강은영/황만성/이상흔, 앞의 보고서, 68면).

비판이 제기되면서, 물리적 거세는 금지되고, 1973년부터는 화학적 거세를 적용하고 있다. 이러한 화학적 거세도 행동치료가 실패한 이후에 이용되고 있다고 한다.

덴마크의 거세법에 의하면, 거세신청은 신청자의 성적 본능으로 인해 자신이 범죄를 저지를 가능성이 있거나, 또는 본인이 심각한 정신적 고통 내지 사회적 애로를 겪을 정도인 경우에 허용될 수 있다. 그리고 거세대상자에 대해서는 외과의사에 의해서 시술의 성격과 그 직접적인 결과, 그리고 발생할 수 있는 위험성에 대해서 사전에 고지된 상태에서 동의가 이루어져야 한다. 거세대상자가 의사표현능력이 없는 경우에는 보호자가 동의를 할 수 있다.[206]

(3) 독일의 현황

독일은 물리적 거세에 대해 가장 관대한 나라 중 하나라고 할 수 있다.[207] 독일에서 성범죄자에 대한 거세는 1933년 나치시대에 도입되었다. 당시 '거세법(Kastrationsgesetz)'은 현재의 '독일거세법'과는 달리 거세 대상자에 대한 강제적 거세를 내용으로 규정하고 있었다. 그 후 제2차 세계대전의 종전 직후인 1945년에 '거세법'의 강제적 규정은 폐지되었다. 2차 세계대전 이후 거세법의 내용은 다소 완화되었고, 1970년부터 성범죄자에 대해서 징역형과 외과적 거세 중 하나를 선택할 수 있게 하는 정책을 거세법[208]에 근거해서 시행해 왔다.[209]

현행 독일 '거세법(Kastrationsgesetz)' 제1조에서는 거세에 대한 개념을 "남성의 생식선을 고의적으로 제거하거나 또는 성기능을 지속적으로 불능화 하는 것을 통해서, 비정상적인 성욕충동의 억제를 목적으로 하는 처우"로 개념정의하고 있다. 수술은 절대적으로 본인이 원하는 경우에만 징벌 차원이 아니라 치료 차원에서 이루어지고 있다.

독일에서 거세의 시행은 ① 의사에 의하여 시행되어야 하며(동법 제2조 제1항), ② 그 전제조건으로서 성범죄자의 자발적 동의가 있어야 한다(동조 제1항 1호). 거세의 목적은 성범죄자의 비정상적인 성적 충동과 관련된 심각한 질병, 정

206) Russell, 앞의 논문, 446면 이하; 황성기, 앞의 논문, 131면.

207) 강은영/황만성/이상흔, 앞의 보고서, 67면.

208) Gesetz über die freiwillige Kastration und andere Behandlungsmethoden vom 15. 08. 1969(Kastrationsgesetz).

209) 황성기, 앞의 논문(2008), 130면; 정재준, 앞의 논문 17면.

신적 장애 또는 고통 등을 치료 및 완화하기 위한 것으로 국한되며, 그 방법은 의학적 신뢰성이 있어야 한다(동조 제1항 2호). 또 대상자는 25세 이상의 성인이어야 하며(동조 제1항 3호), 거세로 인하여 신체적·정신적 부작용이 예견되어서는 안 되고, 사전에 고지되어야 한다(동조 제1항 4호). 거세의 대상자는 성범죄자에 국한되는 것은 아니며, 살인, 상해 등의 중범죄자도 비정상적인 성적 충동이 있는 자인 경우에는 거세의 대상이 될 수 있다.

그러나 실제로 외과적 거세 대상자는 1970년대 이후 400명에서 5명으로 감소하였다. 이처럼 거세가 과거와 같이 많이 행해지지는 않지만, 외과적 거세를 받은 성범죄자의 재범율이 불과 3%에 불과한 반면 그렇지 않은 성범죄자의 재범율은 45%로 나타나 거세 대상자의 재범율이 현저히 낮다는 1997년 연구조사 보고서를 독일 정부가 발표한 바 있어 거세의 효과에 대한 우호적인 입장을 유지하는 근거가 되고 있다.[210]

다만, 현재 독일에서 거세법은 거의 적용되지 않아 사실상 사문화된 법으로 인식되고 있으며, 성폭력범죄를 예방하기 위한 형사제재로 적용되지는 않고 있다고 보기도 한다.[211] 이처럼 독일에서 거세의 실효성은 인정되었지만 인권침해적 요소가 큰 것이 사실이므로 조심스러운 입장을 취하고 있는 것으로 보인다.

(4) 스웨덴의 현황

스웨덴에서는 1944년에 거세법이 제정되어, 몇 차례의 개정을 통해 오늘날까지 시행되고 있다. 거세는 당사자가 자신의 성적 충동으로 인해 사회에 위해를 가할 것으로 판단되는 경우에, 그리고 당사자가 자신의 성적 지향 내지 비정상적 성적 충동으로 인해 상당한 정도의 심리적 혹은 기타 장애를 겪고 있다고 판단되는 경우에 허용된다.

스웨덴에서 거세는 23세 이상의 자에게만 시술될 수 있으며, 본인의 동의가 있는 경우에만 허용된다. 다만, 거세가 필요하지만 당사자가 정신적으로 무능력자인 경우에 한하여 강제적 거세가 허용된다. 이처럼 스웨덴에서 거세는

---

210) 강은영/황만성/이상훈, 앞의 보고서, 67면; 정재준, 앞의 논문 17면.

211) 박상기, “소위 화학적 거세와 성폭력범죄자의 성충동 약물치료에 관한 법률의 문제점”. 형사정책연구 제21권 제3호, 한국령사정책연구원, 2010, 209면.

사회에 대한 불안을 해소하기 위해서도 허용된다. 거세는 국가 건강 및 복지위원회(National board of Health and Welfare)의 승인이 있는 경우에 한하여 가능하고, 거세시술은 반드시 면허가 있는 외과의사에 의해 이루어져야 한다. 스웨덴 거세법에 비밀준수 규정을 두고 있어, 동 규정을 위반한 경우에는 형사처벌이 이루어진다.[212]

(5) 핀란드의 현황

핀란드에서는 1970년에 거세법이 제정되었다. 핀란드 거세법에 의하면, 거세는 "성적 본능으로 인해 자신이 심각한 정신적 고통을 겪거나 기타 해로운 결과가 발생할 가능성이 있고, 이러한 행위들이 거세에 의해 줄어들 것이라는 점에 대한 합당한 근거가 있는 경우에만" 본인의 신청에 의해 허용된다. 핀란드에서는 대상자의 자아불안을 해소하기 위해서만 거세가 허용된다. 또 20세 미만자, 정신병, 중증 정신지체 또는 중증 정신불안 등이 있는 자에 대해서는 거세가 엄격하게 금지된다. 핀란드 거세법은 비록 강제적 거세를 허용하지 않지만, 재소자에 의한 거세 신청과 일반 시민에 의한 거세신청 모두를 허용하고 있다.[213]

거세요청은 대상자에 의해 언제든지 철회가 가능하다. 거세신청자가 구금중인 경우에는 거세신청은 교도소장의 확인을 거쳐야 하며, 거세가 허용되기 전에 반드시 국가의료위원회(State Medical Board)가 당해 거세시술이 신청자의 정신적 고통을 감소해 줄 것인지 여부에 대한 판단을 행해야 한다.[214]

(6) 노르웨이의 현황

노르웨이의 경우, 거세법은 1977년에 제정되었다. 노르웨이 거주자는 자신의 비정상적 성적 충동으로 인해 자신이 성범죄를 저지를 가능성이 있다는 것을 입증할 수 있으면 거세에 관한 허가를 획득할 수 있다. 핀란드의 경우와 마찬가지로 불임위원회(Sterilization Council)에 의한 정부조사가 선행되어야 하고, 본인의 사전 동의도 필수적이다. 심신미약자의 거세에 대한 특별규정이 존재하

212) Russell, 앞의 논문, 442면; 황성기, 앞의 논문, 131면; 강은영/황만성/이상흔, 앞의 보고서, 70면 이하.

213) Russell, 앞의 논문, 443면 이하; 황성기, 앞의 논문, 131면 이하.

214) 강은영/황만성/이상흔, 앞의 보고서, 67면 이하.

며, 스웨덴이나 핀란드의 경우와 마찬가지로, 비밀준수의무 위반에 대한 벌칙규정을 두고 있다.[215)]

(7) 체코의 현황

체코는 1966년에 처음으로 거세법이 제정되었고, 1991년에 거세의 요건들을 보다 명확하게 규정하여 개정되었다. 체코 거세법에 의하면 오직 자발적인 요청에 의한 거세만이 시행될 수 있다. 거세가 시술될 수 있는 조건들은 보건부(Ministry of Health)에 의해 결정된다. 개정 거세법에 의하면, 거세는 오직 당사자 본인의 요청에 의해서만 가능하고, 또 전문가위원회(specialists' committee)[216)]의 동의가 있는 경우에만 허용된다. 체코 거세법은 거세시술에 대한 동의주체와 관련하여 매우 제한적인 입장을 취하고 있다.[217)]

체코에서 2009년을 기준으로 지난 10여 년 동안 무려 성폭력범죄자 94명에 대한 거세를 단행하였다. 체코는 EU 국가 중 최초로 성폭력범죄자에 대한 물리적 거세 및 화학적 거세제도를 모두 도입했으며, 성폭력범죄자의 동의를 받아 외과적 거세를 실시함으로써 재범을 방지하는 방안으로 사용하고 있다. 이후 거세수술을 받은 성범죄자의 일부가 거세 이후에도 상습적으로 성범죄를 저지르자, 아예 성욕 통제 기능을 맡고 있는 중추신경계를 직접 손상시키는 처치가 등장하였다고 한다.[218)]

(8) 우리나라의 현황

우리나라에서도 2011년 신상진의원 등에 의해 발의된 '아동 성폭력범죄자의 외과적 치료에 관한 법률안'과 2012년 박인숙의원 등에 의해 발의된 '성폭력범죄자의 외과적 치료에 관한 법률안'이 제안된 바 있다. 그러나 2011년 법안은 국회임기만료로 폐기되고, 2012년 법안은 본회의에 부의하지 않기로 결정되었다.

---

215) Russell, 앞의 논문, 444면 이하; 황성기, 앞의 논문, 132면; 강은영/황만성/이상흔, 앞의 보고서, 71면.

216) 전문가위원회는 법률가 1인, 불임을 전공한 의사 2인, 거세시술에 관여하지 않는 다른 의사 2인으로 구성된다.

217) Russell, 앞의 논문, 445면 이하; 황성기, 앞의 논문, 132면; 강은영/황만성/이상흔, 앞의 보고서, 71면 이하.

218) 정재준, 앞의 논문, 16면 참조.

소위 '물리적 거세법안'에서 "최근 잇따른 아동·청소년 대상 성폭력범죄가 발생하면서 국민적 인내심은 극에 달하고 있고 국가차원의 가장 확실한 대책이 요구되고 있고, 최근 국회에서 약물을 이용한 성충동 억제에 관한 법률이 통과되었지만, 약물치료가 갖고 있는 약물내성과 부작용, 치료단절에 따른 강한 충동력 발생 등 여러 가지 문제점이 지적되고 있는 만큼 근본적인 처방이 될 수 없으므로, 아동·청소년 대상 성범죄에 대한 경종을 울리며, 거세와 같은 특단의 대책이 마련되어야 할 것"이라는 제안이유를 밝히고 있다.[219)]

3) 물리적 거세에 관한 몇 가지 쟁점

(1) 물리적 거세법에 대한 법적 쟁점

현행 형법 제41조 형의 종류에 물리적 거세는 포함되어 있지 않다. 이에 지난 2011년 '아동 성폭력범죄자의 외과적 치료에 관한 법률안'이 발의될 당시 형의 종류에 "거세"를 신설하는 형법 개정안이 함께 발의된 바 있다. 따라서 발의된 법안에 따르면 외과적 치료, 즉 외과적 거세는 형벌의 하나로 이해해야 할 것이다.

문제는 외과적 거세는 성폭력범죄자의 신체 일부를 본인의 의사에 반하여 훼손하고 성기능을 영구적으로 무력화함으로써 헌법상 자기결정권에 대한 침해를 야기할 수 있다는 것이다. 물론 범죄자에 대한 기본권이 무제한 보장된다기보다는 국가법질서 체계 내의 형벌 등과 같이 일정한 한도 내에서 그 제한이 수인되어야하는 경우도 있다. 그런 점에서 만약 앞으로 외과적 거세를 형벌의 하나로 받아들이게 된다면, 그 정당화 사유에 대한 검토가 필요할 것으로 본다.[220)]

먼저 본인의 승낙 없이 강제로 이루어지는 외과적 거세는 신체의 일부를 영구적으로 제거한다는 점에서 신체를 훼손당하지 아니할 권리를 제한하는 것이 된다. 비록 우리 헌법이 명문으로 이를 보장하고 있지는 않지만, 이는 헌법상 신체의 자유에 포함되는 기본권이라고 보는 것이 일반적이다. 또 외과적 거

---

219) 2011년 1월 31일 의안번호 제1810727호 '아동 성폭력범죄자의 외과적 치료에 관한 법률안' 제안이유 참조.

220) 국가인권위원회, "「아동 성폭력범죄자의 외과적 치료에 관한 법률안」과 「형법 일부개정법률안」에 대한 의견표명 결정문", 2011. 6. 2, 6면 이하.

세는 본인의 의사에 반하여 신체의 일부를 훼손하고 성기능을 영구적으로 무력화함으로써 치료여부 등과 같은 생명·신체에 관한 자기결정권도 제한하는 것이 될 것이다.221)

물론 기본권은 국가법질서 체계 내의 형벌을 통해 그 제한이 허용될 수 있다는 점에서 형벌로서 정당성이 인정될 수 있다. 그렇다면 어느 정도 기본권의 제한을 수인해야 하는 것인가 문제될 수 있다. 또 외과적 거세가 성폭력범죄의 예방이라는 형벌목적을 달성하기 위한 적합한 수단인 것인가도 문제될 수 있다. 그 이유는 동의를 전제로 한 치료가 아닌 강제적인 외과적 거세는 범죄자를 범죄퇴치의 수단으로 취급함으로써 인간존엄성을 해치게 되는 것이므로 수단의 적합성을 인정하기 어려울 수 있기 때문이다. 설사 수단의 적합성이 인정된다고 하더라도 화학적 거세와 같은 덜 침해적인 방법이 존재한다는 점에서 침해의 최소성도 인정하기 어렵다. 무엇보다도 보호되는 법익과 침해되는 법익 사이에 균형성이 요구되는데, 외과적 거세 후에도 성폭력범죄의 가능성이 남아있다는 점에서 외과적 거세를 통해 얻을 수 있는 공익은 제한적이고 불확실한 반면, 생리적 기능의 영구적 무력화라는 외과적 거세는 법익의 균형성 측면에서도 적절하지 않다고 할 수 있다.222)

(2) 의학적 부작용

물리적(외과적) 거세는 '테스토스테론'을 생성하는 고환을 제거하는 시술에 의한 것으로 이는 회복 불가능한 방법이다. 외과적 거세가 시술되는 경우에는 성적 충동이 급격하게 감소될 정도로 당사자의 '테스토스테론'의 분비가 줄어드는데 그 정도는 사춘기 이전의 상태에까지 이른다고 한다.223)

이러한 물리적 거세의 부작용으로 정상적으로 분비되어야 할 남성호르몬을 갑자기 줄어들게 함으로써 나타날 수 있는 여러 증상들이 거론된다. 예컨대 물리적 거세로 인해 고혈압, 심장병 등 심혈관계 이상이 발생하거나 다양한 여성갱년기 증상이 남성에게 나타날 수 있다는 것이다. 또 거세와 같은 갑작스러운 변화는 당사자에게 엄청남 정신적 충격을 주게 되고, 오히려 변태적 성행위

221) 국가인권위원회, 앞의 결정문, 6면 이하.
222) 국가인권위원회, 앞의 결정문, 6면 이하.
223) 국가인권위원회, 앞의 결정문, 5면.

성향이 나타날 수 있는 가능성을 배제할 수 없다고 한다.[224)]

또 물리적 거세는 성범죄를 극단적인 병리적 사건으로만 인식하게 만들 수 있는 위험이 있다. 사실 성폭력범죄 중 아동에 대한 범죄는 성기삽입이 아닌 유사성교행위를 통해 이루어지는 경우도 많은데, 성폭력범죄가 갖고 있는 근본적인 문제에 대한 면밀한 검토 없이, '고환'을 강간과 같은 성폭력범죄의 도구라고 판단하고 제거하는 것은 자칫 응보로서의 보복일 뿐 근본적인 성폭력범죄 대책이라고 보기 어려운 면이 있다. 더욱이 남성호르몬의 95%가 고환에서 생성되지만, 나머지 5%는 부신에서 생산되고, 5%의 부신 호르몬의 존재만으로도 성욕을 일으킬 수 있어 성행위가 가능하다는 점에서 물리적 거세가 성폭력범죄의 완전한 예방이 될 수도 없다고 한다.[225)] 그런 점에서 물리적 거세는 그 침해에 비해 효과가 미약하고, 의학적 부작용을 초래할 가능성이 높다고 평가할 수 있다.

3) 소 결

물리적 거세는 자칫 고환의 제거를 통해 마치 '눈에는 눈, 이에는 이'와 같은 응보로서의 보복적 형벌이 될 수 있다. 아무리 흉악한 성폭력범죄를 범하였다고 하더라도 거세와 같은 제재는 더욱이 형벌에 병과 되는 경우라면 이중처벌에 해당하여 헌법에 부합하지 않을 뿐만 아니라 인권적 관점에서도 바람직하지 않다.

피해자가 침해당한 인권을 보호하고 회복하는 것이 범죄자의 인권을 침해하는 것을 의미하지는 않을 것이다. 물론 범죄자는 자신이 범한 범죄에 대하여 적정한 처벌을 받아야 하고, 피해자는 자신이 당한 피해와 권리를 충분히 구제받아야 할 것이다. 그러나 범죄자의 신체 일부를 제거하는 방식으로 성폭력범죄의 문제를 해결하는 것은 반인권적 방식이라는 점에서 형벌의 정당성을 획득하는데 많은 어려움이 있을 것이다.

비록 앞에서 살펴본 바와 같이, 일부 국가에서 물리적 거세의 긍정적인 결과를 보여주고 있기는 하지만, 아무리 형벌에서 범죄예방이라는 목적이 중요하다고 하더라도 회복 불가능한 제재방식은 형법의 보충성에도 부합하지 않는다는 점에서 앞으로도 물리적 거세를 형벌의 하나로 도입하는 문제는 허용되어서

224) 정재준, 앞의 논문, 19면.
225) 정재준, 앞의 논문, 20면.

는 안 될 것이다.

3. 화학적 거세

1) 개 념

화학적 거세는 테스토스테론의 분비를 억제하는 호르몬제 약물투여에 의해 고환에서의 호르몬 생성을 기능적으로 중단시키는 방법으로 거세하는 것을 말한다. 이는 비외과적이면서 회복 가능한 시술방법이라는 점에서 물리적 거세와 차이가 있다. 이러한 화학적 거세에 대해 현재도 전세계적으로 많은 논란이 되고 있다. 그럼에도 불구하고 점차 잔혹해지고 급증하는 아동·청소년 대상 성폭력범죄자들에 대한 화학적 거세는 이미 세계적으로 도입되고 있는 것이 현실이다.

미국[226]의 10여개 주를 비롯해서, 영국, 독일, 폴란드 등의 유럽 국가들, 아르헨티나, 이스라엘 등이 성충동 약물치료를 합법화하는 법률을 입법·시행하고 있다. 프랑스, 독일, 오스트리아 등에서 가해자의 자발적 참여를 바탕으로 한 화학적 거세를 사용하고 있다. 또 영국의 잉글랜드와 웨일즈의 경우에도 1970년대 중후반 시행하다가 일부 부작용으로 중단하였고, 80년대 들어서는 런던의 병원에서 치료의 일환으로 시행하였는데, 2007년 영국 내무부에서 '재범에 영향을 줄 정신건강상의 특정한 문제가 있거나 통제하기 어려운 성적충동, 새디즘 등의 증거가 있는 경우'에 한하여 교정, 보호관찰 관련인의 위탁과 가해자의 자발적 선택 하에 다양한 수위의 화학적 요법을 실시할 수 있도록 하고 있다. 그 밖에 캐나다 역시 가해자의 자율적 선택을 바탕으로 한 화학적 요법을 시행하고 있고, 최근 이스라엘에서도 아동 성폭력범죄자들이 '화학적 거세'에 동의한 사례가 보고되고 있다. 그러나 폴란드에서는 아동성폭력가해자의 '화학적 거세'를 강제하고 있다.[227]

---

226) 성범죄자들에게 성충동 약물치료를 위해서 메드록시프로게스테론 아세데이드(MPA)를 처음으로 사용한 것은 1970년 미국이었다(선종수, "성폭력범죄자의 성충동 약물치료에 관한 법률에 대한 비판적 검토", 법학논총 제23권 제2호, 국민대학교 법학연구소, 2011, 73면).

227) 정유석, 앞의 논문, 11면.

화학적 거세에 대한 입법이 없는 국가에서도 성충동 약물치료를 범죄자들의 형량 감축이나 조기 출소의 조건으로 하는 '대안적 양형프로그램(Alternative Sentencing Program)'의 하나로 이용하고 있다.[228)]

2) 화학적 거세에 관한 입법 등 현황

(1) 미국의 화학적 거세 현황

미국은 1990년대 성범죄의 증가에 대한 우려에서 州와 연방차원에서 성범죄예방 및 사회방위의 목적 하에 각종 성범죄 관련제도들을 채택하게 되었다.[229)] 특히 1996년 9월 17일에 캘리포니아州는 석방되는 성범죄자에게 화학적 거세방법을 허용한 최초의 주로 기록되었다. 즉 주차원에서 캘리포니아주가 최초로 13세 미만의 아동을 대상으로 하는 재범 이상의 성범죄자에게 적용되는 '강제적 화학적 거세법(mandatory chemical castration law)'을 제정한 것이다. 캘리포니아州의 화학적 거세법은 첫째, 가석방의 조건으로 화학적 거세를 설정하였고 둘째, 재범 이상의 모든 성범죄자에 대해서는 강제적으로 화학적 거세를 적용하고 셋째, 성범죄자에 대한 의학적 진단 내지 치료과정에서의 상담절차를 법 자체에 명문화하고 있지는 않다는 내용적 특성을 갖고 있다. 따라서 캘리포니아州의 화학적 거세법은 성범죄자에 대한 일련의 법제도적 통제장치의 연장선상에 있는 것으로 이해된다.[230)]

이후 8개 주에서 후속입법을 마련하였다. 2008년 루이지애나州는 화학적 거세를 내용으로 하는 법률을 공포·시행하였다. 화학적 거세를 허용하는 주는 조지아, 몬태나, 오리건, 위스콘신의 4개 주이고, 캘리포니아, 플로리다, 아이오와, 루이지애나의 4개주는 <표 2-4-9>에서 보는 바와 같이, 화학적 거세와 함께 본인이 원하는 경우 외과적 거세도 규정하고 있다.[231)]

---

228) 조성자, 앞의 논문(2011), 333면.

229) 연방차원에서는 성폭력범죄자법(Sexually Violent Predator Act)과 성범죄자등록통지법(Sex Offender Registration and Notification Act) 등을 통해 성폭력범죄자에 대한 강력한 통제장치를 만들어 왔다(조성자, 앞의 논문(2011), 344면).

230) 황성기, 앞의 논문, 125면 이하.

231) 홍완식, "미국의 아동대상 성범죄 관련 법률에 대한 입법론적 검토", 세계헌법연구 제16권 3호, 국제헌법학회, 2010, 193면 이하.

〈표 2-4-9〉 미국 거세 관련 규정(Castration Statutes)에 대한 개관[232)]

주	범죄범주	피해자연령	거세방식	강제력여부	비용책임	불응시 결과
캘리포니아	남성 간 성교(방조/교사), 위력/협박 수반 음란행위, 구강성교(방조/교사), 성적 삽입(물건)	〈13	화학적 혹은 외과적(자발적)	임의(초범) 필수(재범)	주당국	특별히 없음
플로리다	성폭행	전체	화학적 혹은 외과적(자발적)	임의(초범) 필수(재범)	주당국	2급 중범죄
조지아	아동성추행; 중한 아동성추행(아동 신체상행 또는 남성 간 성교 포함)	〈17	화학적	임의(가중적 아동성추행 초범) 임의(아동성추행 재범)	범죄자(상담비용; 약물비용 불명확)	특별히 없음
아이오와	성적학대, 음란행위, 고의적 폭행, 외설적 접촉, 보호자에 의한 착취, 미성년자 착취	〈13	화학적 혹은 외과적(자발적)	임의(심각한 성폭력 초범)/필수(효과 없다고 결정된 경우를 제외한 재범)	범죄자 (합리적인 수수료)	특별히 없음
루이지애나	(중한)강간, 주거침입강간, (중한)성폭행, (중한)구강성폭행, (중한)근친상간, 도리에 반하는 중한범죄	〈13 혹은 모든 재범	화학적 혹은 외과적(자발적)	필수(정신건강치료계획 포함된 경우)	범죄자(평가, 치료계획, 치료 비용)	보호관찰, 가석방, 형정지 철회; 유리한 시간 획득에 대한 몰수
몬태나	성폭행, 동의 없는 성관계, 근친상간	〈16 초범; 모든 연령(재범)	화학적	임의	주당국	법정모독죄로 10~100년 징역형
오리건	매년 성범죄로 유죄 선고된 40~50명의 시범프로그램	전체	화학적	필수(의학적 문제가 없고 치료적합한 모두)	범죄자(모든 비용)	가석방 위반(프로그램 협조 거부 또는 치료를 방해하는 화학물질 복용)
텍사스	아동대상 음란행위, (중한)성폭행	〈17 〈14	외과적	자발적(모두)	주당국	해당사항 없음
위스콘신	아동 성폭행, 2급 아동 성폭행	〈13 13~15(2급 아동 성폭행	화학적	임의(모두)	답변 없음	답변 없음

232) Scott/Holmberg, 앞의 논문(2003), 504면 <표 1>.

미국의 경우, 미국시민자유연맹(American Civil Liberties Union: ACLU)을 비롯한 많은 인권단체나 전문가들은 화학적 성충동 약물치료가 미국 연방 수정헌법 제8조를 비롯한 헌법이 보장한 기본적 인권의 침해[233]라는 위헌 소송들을 제기해왔다. 그러나 미 연방대법원은 관련법을 위헌으로 보지 않고 있다. 오히려 일부 성폭력범죄자들의 경우에는 성충동 약물치료를 권리로서 요청하고 약물치료의 중단을 인권침해로 주장하는 경우도 발생하고 있다.[234]

(2) 유럽국가의 화학적 거세 현황

유럽에서 화학적 거세와 관련하여, 프랑스, 독일, 오스트리아 등에서 범죄자의 자발적인 참여를 전제로 화학적 거세를 도입하고 있다. 먼저 독일은 1969년 제정된 '자의적 거세 및 기타 치료방법에 관한 법률(Gesetz über die freiwillige Kastration und andere Behandlungsmethoden vom 15. 08. 1969: 일명 거세법)'을 통해 외과적 거세뿐만 아니라 화학적 거세도 가능하도록 입법화되어 화학적 거세의 도입에 대해 정당화시켜주는 모델국가로 소개되고 있기도 하다. 그러나 동 법률에 따른 거세가 실시되지 않음으로서 동법률은 거의 사문화되어 있다.[235]

프랑스에서는 기존의 화학적 거세를 더욱 강경한 강제적인 화학적 거세로 전환할 것인가에 대한 논의가 진행 중에 있다고 한다. 폴란드에서는 2009년 9월 25일 15세 미만 아동에 대한 성범죄를 범한 범죄자에게 — 다른 유럽 국가들에서는 대상자의 동의를 전제로 하는 것과 달리 — 강제적으로 화학적 거세를 실시할 수 있는 법률을 제정하여, 2010년부터 화학적 거세가 시행되고 있다.[236]

(3) 우리나라의 화학적 거세 현황

우리나라에서도 16세 미만 아동을 대상으로 성범죄를 저지른 성도착증 환자에게 성충동 억제를 위한 약물치료의 내용을 담은 '성폭력범죄자의 성충동 약물치료에 관한 법률(이하 '성충동약물치료법'이라 한다)'이 지난 2010년 7월 23일 제정되어, 2011년 7월 24일부터 시행되고 있다.

---

233) 화학적 거세법이 수정헌법 제14조 적법절차조항에 의해 보호되는 신체의 자유성에 관한 프라이버시권, 특히 '출산에 관한 프라이버시권' 내지 '생식권' 등을 침해한다고 본다(황성기, 앞의 논문(2008), 127면).

234) 조성자, 앞의 논문(2011), 334면.

235) 박상기, 앞의 논문, 209면 이하.

236) 박상기, 앞의 논문, 210면.

동법률은 이미 아동에 대한 성폭력범죄에 대하여 강력한 제재가 다양한 특별법을 통해 마련되어 있지만, 여전히 1년 이내 재범률이 40%에 이르는 등 현행 제재들이 재범방지에 한계를 드러내고 있다는 문제의식과 함께, 다른 나라들에서 소위 '화학적 거세'를 통해 성폭력범죄의 재범률 감소에 긍정적 효과를 보고 있다는 내용을 바탕으로 입법되었다.[237)]

동법률의 초안에는 치료대상이 상습 성폭력범죄자로 제한되었으나 논의과정에서 초범자까지로 확대되었고, 그 연령도 25세에서 19세로 확대되었다. 또 대상범죄도 13세 미만 아동대상 성폭력범죄에서 16세 미만 아동대상 성폭력범죄로 확대되었다. 그와 함께 '화학적 거세'라는 용어가 거부감을 줄 수 있다는 점에서 동법 제1조 목적에서 '화학적 거세 치료요법'이라는 표현 대신에 '성충동약물치료'라는 표현으로 수정되면서 법률명도 수정되었다. 약물치료는 검사가 치료명령을 청구하면 법원이 15년 이내의 범위에서 치료명령을 선고할 수 있게 되었다. 또 치료명령을 받은 사람은 치료기간동안 의무적으로 보호관찰을 받도록 하고 있다.[238)]

2012년 잇따라 발생된 성폭력범죄에 대응하기 위해 여성국회의원들을 중심으로 구성된 '아동·여성대상 성폭력 대책 특별위원회'에 의해 성충동약물치료법도 개정되었다. 동 개정을 통해 종래 16세 미만을 대상으로 범한 성폭력 범죄자에 대해서만 화학적 거세가 실시되었으나, 16세 이상을 대상으로 범한 성폭력 범죄자의 경우에도 성충동을 제어하거나 감소시킬 수 있는 제도가 마련될 필요가 있다는 점에서 피해대상 연령을 삭제하였다.

또 형법은 2012년 개정을 통해 유사강간죄 처벌규정을 두고 있으나 성충동약물치료법에는 유사강간죄가 대상에 포함되어 있지 않은 문제를 해결하기 위하여 2016년 1월 19일 동법 개정을 통해 화학적 거세 대상범죄에 유사강간죄를 포함시켰다.

---

237) 의안번호 제1800877호 '상습적 아동 성폭력범의 예방 및 치료에 관한 법률안' 제안이유 참조.

238) 그밖에 아동대상 성폭력범죄자 중에는 소위 '소아성기호증' 등의 문제가 있는 경우가 많다는 지적과 함께 지난 2007년 11월에 정부안으로 제안되었던 소아성기호증 등 "정신성적 장애자"도 치료감호대상자로 하는 등의 내용을 포함하는 '치료감호법' 일부개정법률도 2008년 12월 22일부터 시행되고 있다.

동 법률에 따라 2013년부터 2015년 6월까지 성충동약물치료에 관한 판결건수는 — 법원마다 차이가 있기는 하지만 — 총 42건이 청구되어 21건이 인용되고 21건이 기각되었다고 한다.[239)]

3) 화학적 거세에 관한 몇 가지 쟁점

(1) 법적 성격에 대한 규명

성폭력범죄자에 대한 처벌 수위가 상당히 높고, 신상정보공개, 전자장치부착 등과 같은 다양한 제재를 부과함에도 불구하고 여전히 아동에 대한 성폭력범죄가 줄어들지 않는 범죄현황에 힘입어 소위 “화학적 거세”를 내용으로 하는 약물치료법이 제정되었다. 그러나 이러한 약물치료법은 법적으로나 윤리적으로 심각한 문제를 야기할 수 있다는 점에서 신중하게 접근할 필요가 있다. 그런 점에서 가장 먼저 성충동 약물치료의 법적 성격에 대한 명확한 규명이 이루어져야 할 것으로 보인다. 그 이유는 법적 성격을 어떻게 규명하는가에 따라 동법의 실체적·절차적 요건의 설정이 달라질 수 있다고 보기 때문이다.

동법 제1조에서 재범위험성이 있는 성폭력범죄자에 대하여 성충동 약물치료를 통해 재범방지와 재사회화를 목적으로 하고 있다는 점에서 성충동 약물치료는 행위책임에 상응한 처벌로서 부과하기 보다는 행위자의 재범위험성으로 인하여 형벌부과만으로는 제재목적의 달성이 어려운 경우에 형벌보완적 관점에서 행위자의 치료·개선과 사회방위라는 목적을 위해 부과되는 보안처분의 성격을 갖는 것으로 보아야 할 것이다.[240)] 그런 점에서 동법의 초안에서 치료대상을 상습 성폭력범죄자로 제한했던 것을 심의과정에서 초범인 경우까지로 확대한 것이 보안처분의 기본원칙인 비례성의 관점에서 적절한 것인지는 다시 한번 생각해 볼 필요가 있다.

더욱이 성충동 약물치료와 관련하여 헌법재판소[241)]는 “성충동 약물치료는 전문의의 감정을 거쳐 성도착증 환자로 인정되는 사람을 대상으로 청구되고,

---

239) 이원경, “성충동약물치료법의 정당성과 문제점에 대한 검토”, 교정연구 제26권 제1호, 한국교정학회, 2016, 168면.

240) 황성기, 앞의 논문, 132면 이하; 김희균, 앞의 논문, 279면; 의안번호 제1800877호 상습적 아동 성폭력범의 예방 및 치료에 관한 법률안 검토보고서 6면.

241) 헌법재판소 2015. 12. 23. 2013헌가9 결정

한정된 기간 동안 의사의 진단과 처방에 의하여 이루어지며, 부작용 검사 및 치료가 함께 이루어지고, 치료가 불필요한 경우의 가해제제도가 있으며, 치료 중단시 남성호르몬의 생성과 작용의 회복이 가능하다는 점을 고려할 때", 치료기간이 원칙적으로 침해의 최소성 및 법익균형성을 침해하지는 않는다고 본다. 다만, 성폭력범죄자는 장기형이 선고될 가능성이 높은데, 그런 경우에 선고시점과 집행시점 사이에 상당한 시간적 간극이 있어 집행시점에 발생할 수 있는 불필요한 치료 가능성에 대해서는 침해의 최소성과 법익균형성을 인정하기 어렵다고 하였다. 따라서 불필요한 치료 가능성을 배제할 수 있는 구체적인 방법과 절차를 마련하는 것을 요구하였다.[242)]

즉 화학적 거세는 장래 재범위험성에 근거한 보안처분이라는 점에서 형벌과 함께 보안처분이 선고되는 경우, 항상 보안처분의 집행에 앞서 여전히 재범위험성이 존재하는지 여부에 대한 중간심사가 요구되는 것과 마찬가지로 성충동 약물치료도 그 집행에 앞서 재범위험성 여부에 대한 중간심사가 요구된다고 할 것이다.

사실 화학적 거세가 요구되는 대상자가 극히 소수에 불과할 수도 있고 또 성충동이 반드시 성의 문제가 아닌 충동조절이나 폭력성의 문제 혹은 알코올 내지 마약 등과 같이 다른 원인에서 출발하는 경우도 있을 수 있다. 그렇다면 이 경우, 화학적 거세의 의미는 퇴색할 수밖에 없을 것이다. 따라서 형벌과 함께 성충동 약물치료가 선고되었다면, 형벌을 마치고 성충동 약물치료를 집행하기에 앞서 재범위험성 등에 대한 심사를 할 수 있는 절차를 마련하여야 할 것이다.

(2) 화학적 거세의 동의에 관한 문제

화학적 거세에 대해 기본권 침해와 관련한 헌법적 문제가 제기된다. 먼저 동의를 전제로 하지 않는 화학적 거세는 헌법상 자기결정권의 침해가 문제될 수 있다. 자기결정권이란 개인이 국가권력으로부터 간섭 없이 자신의 삶에 관한 중대한 사항에 관하여 스스로 결정할 수 있는 자의적 권리를 말한다. 예를 들어 상습적 성폭력 범죄자에 대하여 성폭력범죄예방이라는 공익적 목적을 위해 본인의 자발적 동의를 전제로 화학적 거세를 실시한다면, 적어도 회복 불가

242) 다만, 법적 혼란의 방지를 위하여 헌법불합치 결정을 선고하면서 2017년 12월 31일까지 개정을 요구하였다.

능한 외과적 거세보다는 정당성을 획득할 수 있을 것이라고 본다. 그 이유는 자신의 자발적 동의를 전제로 이루어지는 화학적 거세는 '일시적인' 자기결정권의 제한에 해당하고, 헌법적 한계 내에 있다고 할 수 있기 때문이다.[243)]

동법이 제정될 당시 초안에는 본인의 동의를 전제로 치료명령을 청구하도록 하였으나 심의과정에서 대상자의 동의를 받도록 하는 경우 그 실효성에 문제가 있을 수 있다는 점에서 그 내용을 삭제하여[244)] 제8조에 의거한 치료명령에는 본인의 동의를 전제로 하고 있지 않다. 이는 피치료자의 자기결정권 내지 자기의 신체를 훼손당하지 않을 권리를 침해하는 문제를 야기할 수 있을 뿐만 아니라 무엇보다도 성충동 약물치료의 효과를 발휘하기 위해서는 당사자의 적극적인 참여가 필요하다는 점[245)]에서 현행법상 강제적 치료를 내용으로 하고 있는 화학적 거세는 본인의 동의를 전제로 하는 것으로 재검토가 필요할 것으로 본다.[246)]

이는 신체를 훼손당하지 아니할 권리와 관련하여서도 마찬가지라고 할 수 있다. 신체를 훼손당하지 아니할 권리는 본인의 승낙 없이 강제로 이루어지는 불법적인 신체훼손을 금지하는 것으로 비록 우리 헌법에 이에 대한 권리가 명문으로 보장되어 있지는 않지만, 이는 당연히 인신의 자유에 해당하는 기본권의 하나로 인정될 수 있다. 따라서 화학적 거세가 본인의 동의를 전제로 하지 않고 강제적·일방적으로 이루어지는 경우에는 신체를 훼손당하지 아니할 권리를 침해하는 것이 될 수 있으므로, 이러한 관점에서 보더라도 화학적 거세는 동의를 전제로 하는 것이 필요하다.[247)]

(3) 이중처벌금지 및 과잉금지의 문제

일반적으로 화학적 거세를 형사제재로 실시하는 경우, 징역형의 선고 없이 부과되기 보다는 상습적인 성폭력범죄로 인하여 장래 재범위험성이 높게 인정

243) 박봉진, "성폭력범죄자의 성충동약물치료에 관한 법률의 헌법적·형사정책적 검토", 법학연구 제47집, 한국법학회, 2012, 180면; 황성기, 앞의 논문, 134면.

244) 의안번호 제1800877호 상습적 아동 성폭력범의 예방 및 치료에 관한 법률안 심사보고서 5면 참조.

245) 김희균, 앞의 논문, 278면 참조.

246) 헌법재판소 2015. 12. 23. 자 2013헌가9 결정에서도 대상자의 동의를 전제로 하지 않는 성충동약물치료법상의 치료는 기본권을 침해한다고 반대의견이 제시되기도 한다.

247) 황성기, 앞의 논문, 134면 이하.

될 때 형벌과 함께 병과 되는 경우가 일반적이라고 할 수 있다. 이 경우, 헌법상 이중처벌금지의 원칙에 반하는 것이 아니냐는 문제가 제기될 수 있다. 이중처벌금지의 원칙이란 동일한 사건에 대해 거듭 처벌하지 않는다는 것을 의미한다. 그런데 이러한 이중처벌금지원칙의 위반여부는 화학적 거세의 법적 성격과 무관하지 않다.

화학적 거세는 앞에서 살펴본 바와 같이, 과거의 성폭력범죄에 대한 처벌적 성격이 아니라 장래 재범위험성을 근거로 한 제재의 하나로 보아야 할 것이다. 이처럼 화학적 거세의 법적 성격을 장래 재범위험성을 근거로 부과되는 보안처분으로 본다면, 형벌과 함께 병과 된다고 하더라도 이중처벌금지의 원칙에 반한다고 볼 수 없다. 우리 헌법재판소도 형벌과 동시에 보안처분을 병과 하는 경우에는 이중처벌금지의 원칙을 위반한 것이 아니라고 판시하고 있다.[248]

물론 이중처벌금지의 원칙이 형벌뿐만 아니라 형벌과 유사한 성격을 지니는 제재라면 보안처분의 경우라도 이중처벌이 된다고 보는 견해도 있다.[249] 그러나 보안처분은 행위자의 재범위험성으로 인해 범죄예방이라는 형벌의 목적을 달성할 수 없는 경우에 형벌을 보완하거나 형벌을 대체하는 형사제재이다. 화학적 거세는 행위자의 재범위험성을 방지하기 위하여 성적 충동을 치료하는 목적으로 부과된다는 점에서 치료감호와 유사한 기능을 수행할 수 있다. 다만, 치료감호는 자유박탈적 보안처분이라면 화학적 거세는 자유제한적 보안처분으로 이해할 수 있을 것이다.

따라서 보안처분에 대해 적용되는 헌법적 제한원리인 비례성의 원칙이 적용되어야 한다. 즉 화학적 거세에 과잉금지의 원칙이 당연히 적용되어야 할 것이다. 화학적 거세에 대하여는 이러한 헌법적 문제뿐만 아니라 형사정책적으로 실효성이 있는 것인지에 대한 문제도 제기된다.

(4) 화학적 거세의 부작용 및 실효성 문제

화학적 거세의 실효성과 관련하여, 약물치료의 효과에 대해 조사한 한 예로 미국 오리건州에서 2000년~2004년 사이 가석방된 성폭력범죄자 중 약물치료가 필요하다고 판정된 134명의 재범률을 분석한 결과에 따르면, 성충동 약물

248) 헌법재판소 2015. 9. 24. 자 2015헌바35 결정 등.

249) 박상기, 앞의 논문, 219면.

치료에 불응한 55명 중 10명이 재범함으로써 18.2%의 재범률을 보인 반면, 치료를 받은 79명 중에는 재범자가 아무도 없어 0%의 재범률이 나왔다고 한다. 즉 약물치료를 받은 집단이 그렇지 않은 집단에 비해 재범률이 현저하게 낮은 것으로 평가되고 있다.[250]

물론 성충동 약물치료 그 자체만으로 성폭력범죄의 재범을 막는 것에는 분명히 한계가 있을 것으로 본다. 그 이유는 성폭력범죄의 발생 원인이 단순히 성호르몬의 문제만으로 단정하기는 어렵다고 보기 때문이다. 성폭력범죄의 원인에는 성호르몬의 문제뿐만 아니라 사회적·심리적 요인 등 다양한 원인이 복합적으로 결합되어 있을 것이기 때문이다.[251]

특히 화학적 거세와 관련하여서는 약물치료의 부작용에 관한 우려도 중요한 쟁점 중의 하나라고 생각된다. 현재 미국에서 주로 사용되는 것 중 하나로 데포-프로베라(depo-provera)라는 주사제를 들 수 있다. 데포-프로베라는 주로 피임약으로 사용되는데, 치료명령으로 사용될 때는 피임약의 43배 정도 되는 양을 주사하게 됨에 따라 그에 대한 부작용의 위험성이 제기되고 있다.[252]

그렇다고, 약물치료가 실효성이 없을 것이라고 단정하는 것도 옳지 않다. 비록 약물치료가 성폭력범죄에 대한 완벽하고 강력한 예방효과를 담보할 수 없다고 하더라도, 인지행동치료 내지 심리치료도 함께 이루어지는 등 체계적인 관리가 함께 이루어진다면, 정책적 실효성을 부정하기도 어려울 것으로 생각된다. 다만, 약물치료의 부작용이나 본인동의문제를 포함하여 인권침해를 최소할 수 있는 방안을 구체적으로 마련하는 것이 필요할 것이다.

(5) 치료기간의 연장에 관한 문제

성충동약물치료법 제8조 제1항에 15년의 범위에서 치료기간을 정할 수 있도록 규정하고 있다. 그러나 경우에 따라서는 치료목적[253]을 위하여 치료명령

250) 윤웅장, "성폭력범에 대한 성충동 약물치료제도의 효율적 운영방안 검토", 한국보호관찰학회 학술대회 자료집, 2010, 104면 이하; 이원경, 앞의 논문, 168면.

251) 이원경, 앞의 논문, 180면.

252) 이원경, 앞의 논문, 180면.

253) 화학적 거세의 경우 약물만을 사용하는 것보다는 약물사용과 함께 행동치료요법을 적용하는 것이 좀 더 효과적인 억제수단이 될 수 있다고 한다(황성기, 앞의 논문, 122면 참조). 이런 부분이 고려되어 동법에서도 제10조 제1항에서 "보호관찰관의 지시에 따라 인지행동 치료 등 심리치료 프로그램을 성실히 이수할 것을 준수사항으로 부과하고 있다

의 기간을 연장할 수도 있을 것이다. 성충동 약물치료가 단순히 일정기간 범죄 억제뿐만 아니라 궁극적인 치료의 목적도 고려하는 것이 필요하다고 볼 때, 동법 제16조 치료명령의 연장사유로 "치료 경과 등에 비추어 약물치료를 계속하여야 할 상당한 이유"가 있는 경우에 치료기간을 연장하는 것은 적절할 것으로 보이나 ① 정당한 사유 없이 '보호관찰 등에 관한 법률(이하 보호관찰법이라 한다)' 제32조 제2항(제4호는 제외) 또는 제3항에 따른 준수사항을 위반한 경우, ② 보호관찰소에 출석하여 서면신고를 하지 않은 경우, ③ 국내여행 및 국외여행 시 보호관찰관의 허가를 받지 않거나 허위로 허가를 받은 경우 등을 — 제2항에서 이런 경우에 준수사항의 추가, 변경을 결정할 수 있도록 하면서 — 치료명령의 연장사유로 제시하는 것이 적절한 것인지는 의문이다. 치료의 연장사유는 치료를 통한 재범예방의 필요성에 중점을 두고 검토하는 것이 필요하다.

더욱이 동법 제35조 벌칙규정에 치료명령을 받은 자가 도주하거나 정당한 사유 없이 제15조 제1항[254]의 의무를 위반한 경우에는 7년 이하의 징역 또는 2천만 원 이하의 벌금에 처하고, 정당한 사유 없이 제10조 제1항[255]의 준수사항을 위반하는 경우에는 3년 이하의 징역 또는 1천만 원 이하의 벌금에 처하며, 제10조 제2항의 준수사항을 위반하는 경우에는 1천만 원 이하의 벌금에 처하도록 하고 있다. 이에 따르면 보호관찰법 제32조 제2항 내지 제3항을 위반한 경우 제35조 벌칙규정에 의한 처벌과 함께 치료명령 기간을 연장 받게 되는 문제까지 발생하게 된다. 물론 성충동 약물치료가 보안처분적 성격을 갖고 있기는 하지만, 치료 중심적인 관점에서 재검토가 필요하다.

고 생각된다.

254) 제15조(치료명령을 받은 사람의 의무) ① 치료명령을 받은 사람은 치료기간 중 상쇄약물의 투약 등의 방법으로 치료의 효과를 해하여서는 아니 된다.

255) 제10조(준수사항) ① 치료명령을 받은 사람은 치료기간 동안 「보호관찰 등에 관한 법률」 제32조 제2항 각호(제4호는 제외한다)의 준수사항과 다음 각 호의 준수사항을 이행하여야 한다.

1. 보호관찰관의 지시에 따라 성실히 약물치료에 응할 것
2. 보호관찰관의 지시에 따라 정기적으로 호르몬 수치 검사를 받을 것
3. 보호관찰관의 지시에 따라 인지행동 치료 등 심리치료 프로그램을 성실히 이수할 것

② 법원은 제8조 제1항에 따라 치료명령을 선고하는 경우 「보호관찰 등에 관한 법률」 제32조 제3항 각 호의 준수사항을 부과할 수 있다.

제 5 장 회복적 사법

제 1 절 회복적 사법의 의미

1. 형벌에 대한 새로운 패러다임

전통적인 형벌 패러다임에 내재된 치명적인 결함은 범죄라는 해악에 형벌이라는 해악을 부과함으로써 범죄자에게 보다 큰 고통을 부과하는 것을 통해 피해자의 고통을 제거하려고 하는 것이었다. 즉 과거에 범죄라는 해악이 발생하면 형벌이라는 해악을 부과하려고만 하였을 뿐, 어떻게 하면 피해자들이 다시 원래의 삶으로 돌아올 수 있도록 현실의 피해자를 제대로 보호할 수 있는 제도적 장치를 마련할 것인가에 관심이 없었다. 또 형벌을 강화하는 방법이 아닌 다른 방법으로 재범률을 떨어뜨릴 수 있는 방법을 찾고 범죄자로 하여금 진정한 책임을 지도록 하는 조치에 대해서도 크게 관심을 기울이지 않았다. 비록 행위자의 개선·교화에 목표를 둔 재사회화모델과 행위자의 책임에 상응한 응보적 형벌에 목표를 둔 응보모델이 대립하고 있었지만, 양자 모두 범죄행위를 한 행위자에 초점을 두고 있었다는 점에 차이가 없다.[1)]

해악에 대한 대응수단으로 해악을 이용하는 것은 결국 범죄로 인해 촉발된

---

1) 김용세, "회복적 사법과 형사제재 시스템 개혁", 정성진교수 고희논문집, 2010, 377면; 이보영/송경석, 앞의 논문, 57면 이하; 대검찰청, 형사조정의 이론과 실무, 박영사, 2014, 13면.

사회적 손실을 두 배로 증가시키는 것을 의미한다. 왜냐하면 범죄자는 형벌의 해악에 고통 받게 되지만 피해자는 범죄로 인하여 발생한 손실을 회복할 기회마저 상실하게 되기 때문이다. 더 나아가 당사자인 피해자는 형사사법절차로부터 철저하게 소외되기 때문이기도 하다.

그래서 지난 수십 년 동안 수많은 학자들이 보다 덜 파괴적이면서 더욱 효과적인 범죄대응시스템을 모색하였는데, 그러한 노력의 결실이 바로 회복적 사법(restorative justice)[2]인 것이다. 회복적 사법은 사회통제시스템에 대한 변혁의 이념과 실질적 정의 구현을 위한 새로운 사법 패러다임으로서의 이념을 지니고 있다. 다시 말해 하나는 국가에 의한 지배로부터 벗어나 공동체의 민주적이고 자율적인 갈등해소 시스템을 재구축하는 의미를 지니고 있고, 다른 하나는 전통적 형사사법의 모순과 한계를 극복할 새로운 사법 패러다임으로서의 이념을 지니고 있다. 회복적 사법은 갈등해소를 위한 새로운 사법 패러다임인 동시에 사법의 민주화를 통한 실질적 정의 구현에 기여할 메타프로젝트라고 이해할 수 있다.[3]

회복적 사법은 범죄의 주된 대응방법으로 활용되고 있는 응보 위주의 형사사법 및 그에 내재한 비생산성과 비효율성에 대한 반성에서 출발하여 전통적인 형사사법에 대한 새로운 대안으로 생겨났다. 세계적으로 회복적 사법에 관한 운동이 시작된 것은 대략 40여 년 전의 일이다. 특히 1990년 이후부터는 급격한 성장세를 보여, 형사사법의 영역에 토대를 두고 산발적인 몇몇 실험적 프로젝트에 불과하던 것에서 오늘날에서는 일상적 삶의 영역에서 사회운동으로까지 그 적용범위를 넓혀 괄목할만한 실천과 연구의 영역으로 발전해 왔다. 회복적 사법을 하나의 철학이자 이론이면서 사회적 운동이며 실천으로 보는 이유가 바로 여기에 있다.[4] 그러나 이러한 발전의 이면에는 아직도 해결하지 못한 여러

---

2) 'restorative justice'는 형사법 학계에서 일반적으로 '회복적 사법'으로 번역한다. 그러나 'restorative justice'가 형사사법의 영역을 넘어 일상적 삶의 영역으로 그 적용반경을 넓혀서 사용되고 있다거나 '회복적 사법'이 형이하학적이고 현실적인 과정을 의미한다면 형이상학적이고 관념적인 상태를 나타내는 의미로 '회복적 정의'로 번역하여 사용하기도 한다(하워드 제어/바브 토우즈 편저(변종필 옮김), 회복적 정의의 비판적 쟁점, 한국형사정책연구원, 2014, 7면; 하워드 제어(손진 옮김), 회복적 정의란 무엇인가?, KAP, 2010, 151면 이하).

3) 김용세, 앞의 논문(2010), 377면; 이보영/송경석, 앞의 논문, 57면 이하.

4) 변종필, 앞의 논문(2015), 31면.

가지 문제도 자리 잡고 있다. 예컨대 '회복적 사법이 무엇인지' 혹은 '회복적 사법은 어떤 형태의 실천을 포함하는지'를 둘러싸고 아직도 논의가 끊이지 않고 있는 것을 보면, 회복적 사법의 쟁점들을 둘러싼 근본적인 논의는 여전히 진행 중인 것으로 보인다.[5)]

2. 회복적 사법의 역사적 배경 및 변천과정

1) 회복적 사법이란?

1977년 애글래쉬(A. Eglash)가 피해자보호라는 측면에서 '회복적 사법'이라는 개념을 처음 주장하면서, 사법모델을 전통적인 형벌에 기초를 둔 응보적 사법(restitutive justice), 범죄자의 치료적 처우에 기초를 둔 배분적 사법(distributive justice), 그리고 원상회복에 기초한 회복적 사법(restorative justice) 등 세 가지로 유형화하였다. 그러나 '회복적 사법'이라는 용어는 1985년 하워드 제어(Howard Zehr)가 '피해자－가해자 조정' 실무를 장려하기 위해 사용하면서 주목을 받기 시작하였고,[6)] 그 후로 회복적 사법에 대한 다양한 개념들이 주장되고 있다.

대표적으로 UN 비정부기구동맹이 1995년 산하기구로 결성한 회복적 사법에 관한 실무단(Working Party on Restorative Justice)이 채택한 개념에 의하면 "회복적 사법이란 특정범죄에 이해관계가 있는 당사자들이 함께 모여서 범죄의 결과와 그것이 장래에 대하여 가지는 의미를 어떻게 다룰 것인지를 해결하는 과정"이라고 한다. 또 영국의 범죄학자 마샬(Marshall)에 의하면 "회복적 사법은 특정 범죄에 이해관계를 가진 모든 당사자가 그 범죄가 미친 영향 및 그 범죄가 장래에 대해 가지고 있는 함의를 어떻게 다룰 것인가 하는 문제를 집단적으로 해결하기 위해 함께 모이는 절차"라고 한다.[7)]

여기서 특정범죄에 이해관계가 있는 당사자들이란 일반적으로 가해자와 피해자뿐만 아니라 그들의 가족과 지역사회의 구성원들까지 넓게 포함한다. 그런 관점에서 회복적 사법은 가해자, 피해자와 함께 지역사회공동체를 범죄문제

5) 하워드 제어/바브토우즈 편저(변종필 역), 앞의 책, 7면 이하.

6) 김성돈, "형사사법과 회복적 사법", 성균관법학 제17권 제1호, 2005, 407면.

7) 오늘날 국제적으로 가장 많이 인용되는 회복적 사법 정의는 마샬의 정의라고 한다(김성돈, 앞의 논문(2005), 407면).

해결의 능동적 주체로 끌어들임으로써 가해자와 피해자 사이의 화해를 위한 절차적 과정을 중시하는 특징[8]을 잘 드러내고 있다. 그렇기 때문에 회복적 사법은 종종 '피해자-가해자 화해제도'와 같은 의미로 이해되기도 한다.[9]

이처럼 회복적 사법은 피해자와 가해자 또는 지역사회 구성원 등 범죄사건 관련자들이 사건 해결과정에 능동적으로 참여하여 피해자 또는 지역사회의 손실을 복구하고 관련 당사자들의 재통합을 추구하는 일체의 범죄대응 형식을 의미한다.[10] 회복적 사법은 형벌의 부과와 집행 또는 손해배상명령과 강제집행처럼 일방적으로 진행되는 것이 아니라, 특정한 불법행위와 그로 인해 발생한 피해에 관하여 이해관계 있는 자들이 주체적으로 참여하여 적절한 대응방안과 재발방지 대책을 모색해 가는 일련의 과정으로 이루어진다. 따라서 회복적 사법 실무는 관련자들 사이에 형성되는 사회적 관계에 따라 탄력적으로 운용될 수밖에 없다.

그러나 일부에서는 회복적 사법에 관한 확고한 정의를 정립하거나 혹은 그 실천을 위한 일련의 기준들을 설정하는 것을 통해 지역적 필요에 대한 혁신이나 대응이 차단될 것을 우려하여 이러한 설정에 대해 강력하게 경고하기도 한다. 물론 다른 한편에서는 회복적 사법이 응보나 재사회화 혹은 여타의 다른 대안적 사법절차와 구별될 수 있도록 하기 위해서 그 개념을 명확하게 규정할 필요가 있다고 하기도 한다.[11]

현재의 형사사법체계가 범죄자와 국가를 양 축으로 하여 오로지 범죄자의 처벌에 초점이 맞춰져 있는 반면에 회복적 사법의 이념은 범죄자와 피해자, 더 나아가 범죄문제에 대하여 일정한 이해관계를 갖고 있는 지역사회공동체까지 범죄사건의 해결주체로 끌어들이고 그들 사이의 상호 이해와 화해 및 피해배상

---

8) Acorn은 회복적 사법이 기존의 응보사법이나 재활사법과 다른 가장 큰 차이점 즉 핵심은 가해자, 피해자, 범죄로 해악을 입은 관계자나 지역사회에서 올바른 관계정립(right-relation)을 추구하는 것으로 단언하였다(이순래, "회복적 사법의 몇 가지 문제점", 회복적 사법 연구회 발표자료(미발간), 2005. 8. 26, 2면 참조).

9) 이호중, "회복적 사법 -이념과 법이론적 쟁점들", 피해자학연구 제9권 제1호, 한국피해자학회, 2001, 29면 이하 참조.

10) 김용세/박광섭/도중진, 형사화해제도 도입을 위한 입법론적 연구, 연구총서 01-29, 한국형사정책연구원, 2001, 11면 참조.

11) 샤프, "회복적 정의의 '장막'은 얼마나 큰 것이어야 하는가?", 회복적 정의의 비판적 쟁점(변종필 옮김), 한국형사정책연구원, 2014, 35면.

을 통하여 사회공동체의 평화의 회복을 화두로 내걸고 있는 것에 의미가 있다. 결국 회복적 사법이란 전통적인 형사사법의 정당성과 효율에 대한 반성에 기초하여 범죄 문제 해결을 위한 새로운 방법을 실험하는 과정에서 고안된 새로운 사법모델이라고 볼 수 있다. 이러한 회복적 사법은 국가의 무의미한 형사개입을 중지하고 가족 및 지역사회가 적극적으로 개입하여 범죄로 인하여 파괴된 범죄자와 피해자 및 지역사회의 관계를 복원하는 것을 중요시한다.

특히 회복적 사법이 지향하는 회복(restoration)이란 피해자 또는 공동체의 손해를 배상하거나 사죄함으로써 범죄로 인한 정신적·물질적 피해를 회복하는 피해자지원만을 의미하는 것이 아니라, 가해자에 대해 규범합치적 행동양식을 회복하고 다시 공동체에 복귀하도록 촉구하는 특별예방과 함께 일반시민에 대해서도 공동체 질서의 실존을 증명하는 일반예방적 의미를 동시에 지닌다고 볼 수 있다.[12)]

비록 '회복적 사법'의 정의가 아직 명확하지 않은 부분이 있다고 하지만, 회복적 사법에 대해서 회의적인 태도를 취할 필요는 없을 것이다. 그 이유는 회복적 사법의 정의를 둘러싼 논쟁이 회복적 사법의 전개뿐만 아니라 현행 형사사법과의 비교를 필연적으로 수반하기 때문에 형사법상의 다양성과 중요성을 재고하는 계기를 부여할 수 있다고 보기 때문이다.

오히려 회복적 사법의 문제는 ① 회복적 사법에서 논의의 중점이 과정에 있는가 아니면 그 결과에 있는가, ② 회복적 사법은 현행 형사사법체계에서 볼 때, '대체적' 제도인가 아니면 '다이버젼'인가, ③ 회복적 사법에서는 강제적 요소가 전적으로 배제되어야 하는가 아니면 회복적 제재도 포함되는가, ④ 회복적 사법에서는 지역사회가 본질적 요소인가 아니면 지역사회를 반드시 포함할 필요는 없는가 하는 쟁점을 해결하는데 있다.[13)]

회복적 사법을 통해 — 지금까지 다소의 형법학자들이 우려한 바와 같이 — 국가적 형사사법을 전면 대체할 수 있다는 주장은 타당하지 않다고 판단된다. 이미 회복적 사법모델을 도입한 국가에서도 이 문제, 즉 회복적 사법실무와 전

---

12) 김용세/박광섭/도중진, 앞의 보고서, 13면 참조.

13) 박상식, "범죄피해자와 회복적 사법의 모델, 피해자학연구 제13권 제1호, 한국피해자학회, 2005, 134면 이하 참조.

통적 형사사법 실무사이의 관계를 어떻게 정립할 것인가에 대하여 많은 논란이 되었다. 이러한 논란은 회복적 사법모델과 관련하여 그 방향이 달라질 수 있을 것이라고 본다.14)

회복적 사법은 '절차적 구상(process conception)'과 '가치적 구상(values conception)'이라는 서로 다른 두 가지 방식으로 이해되고 있다. 즉 회복적 사법 절차는 모든 이해당사자를 포함하며 이들에게 권한을 부여하는 범죄행위를 다루는 절차상의 변화와 치유와 화해의 욕구에 의해 동기를 부여받는 형사사법적 개입들을 뒷받침하는 가치상의 태도 변화를 말한다고 해야 할 것이다.15) 이러한 회복적 사법이론은 전통적 형사사법체제에서의 응보적 사법이론과 여러 면에서 차이를 보여준다.

2) 응보이론과 회복이론의 차이

응보이론과 회복이론의 주된 목적은 잘못을 되갚아 바르게 조정하는 방법으로 상호 호혜(互惠)를 통하여 정당성을 해명하는 것이다. 즉 불법한 행위로 인해 균형이 깨어진 상황, 그래서 피해자는 무언가를 받아야 할 권리가 있고, 가해자는 무언가를 해야 할 의무가 있다는 기본적인 도덕적 직관을 인정한다. 또 그 행위와 그 결과 사이에 비례관계가 성립해야 한다고 보는 것은 응보이론과 회복이론이 모두 동일하다. 다만, 효과적으로 균형을 바로잡기 위하여 무엇을 제안하는가 하는 점에서 양 이론은 차이가 있다.16)

먼저 응보적 사법은 주로 사회적 차원에 집중한다. 여기에서 공동체를 추상적이고 비개인적으로 만든다. 응보적 사법은 국가를 피해자로 정의하고, 잘못된 행위를 규칙의 위반으로 이해하며, 피해자와 가해자의 관계는 무의미하다고 본다. 그래서 범죄는 다른 유형의 잘못과는 범주가 다르다고 한다.

이에 반해 회복적 사법은 사람을 피해자로 인정하고, 상호 개인적 차원의 필요를 중심으로 인식한다. 따라서 범죄는 개인적 손실과 개인 상호 간의 관계

---

14) 김혜정, "범죄피해자보호의 영역에서 '피해자-가해자 화해제도'의 의미에 관한 고찰", 법조 통권 제595호, 법조협회, 2006B.

15) 존스톤, "회복적 정의는 어떻게, 또 어떤 말로 파악되어야 하는가", 회복적 정의의 비판적 쟁점(변종필 옮김), 한국형사정책연구원, 2014, 27면 이하.

16) 하워드 제어(조균석 외 역), 회복적 정의 실현을 위한 사법의 이념과 실천, KAP, 2015, 77면 이하.

에 대한 침해로 정의하기 때문에 범죄는 사람과의 관계에 대한 침해이다.[17)]

최근에는 전통적 형사사법제도도 피해자를 무시하지 않고 피해자의 요구를 반영할 수 있는 방안을 끊임없이 도입하고 있고, 가해자에 대해서도 과거지향적 비난 일색으로 대응하지 않고 미래를 향한 문제해결방안을 모색하고 있기 때문에 회복적 사법과 그 차이가 단순하게 드러나지 않기도 한다. 그럼에도 응보적 사법과 회복적 사법은 이념적 토대를 바탕으로 뚜렷한 차별성을 드러내 보인다.[18)]

<표 2-5-1>에서 알 수 있듯이, 응보적 사법은 범죄를 국가와 국가의 법을 위반하는 것으로 바라보기 때문에 고통의 분량이 정해질 수 있도록 사법은 유죄의 입증에 초점을 둔다. 즉 가해자가 국가와 진실공방 게임을 하고, 규칙과 의도가 결과보다 중요하다.

이에 반해 회복적 사법은 범죄를 사람과의 관계를 침해하는 것으로 바라보기 때문에 사법은 잘못을 바로잡을 수 있도록 요구와 의무를 확인하는 데 목적이 있다. 즉 사법은 대화와 상호 합의를 촉진하고 피해자와 가해자에게 중심적 역할을 부여하며, 책임을 지는 범위, 요구가 충족되는 범위, 치유가 권장되는 범위에서 판단이 이루어진다.[19)]

또 종래 형사사법시스템은 형사사건절차를 진행시키는 과정에서 피해자의 감정을 배제시키기 위하여 피해자를 대신하여 국가가 절차의 주인공으로 등장하고 형사법정에서는 강한 감정의 표현을 엄격하게 관리한다. 그러나 회복적 사법은 피해자, 가해자 그리고 지역사회의 감정적 효과를 전적으로 활용하고, 범죄의 감정적 영향력을 회복의 중요한 요소로 취급하여 그 감정적 문제들의 치유를 추구한다.[20)] 이처럼 회복적 사법은 응보적 사법을 바탕으로 한 전통적 형사사법시스템과 절차상 그리고 대응방식에 있어 차이를 갖고 있다.

---

17) 하워드 제어(손진 옮김), 앞의 책, 210면 이하.
18) 대검찰청, 앞의 책(2014), 16면 이하.
19) 하워드 제어(손민 옮김), 앞의 책(2010), 241면.
20) 대검찰청, 앞의 책(2014), 18면.

〈표 2-5-1〉 사법(Justice)에 관한 이해[21]

응보적 사법	회복적 사법
비난 확정 중심	문제해결 중심
과거에 초점	미래에 초점
요구는 이차적	요구가 일차적
싸움 모델, 당사자주의	대화가 규범적
차이를 강조	공통성의 탐색
고통 부과가 원칙	원상회복, 배상이 원칙
하나의 사회적 손상에 다른 것을 더함	사회적 손상의 보정을 강조
범죄자에 의한 해악을 범죄자에 대한 해악으로 균형	범죄자에 의한 손해는 잘못을 바로잡음으로써 균형
범죄자에 초점, 피해자 무시	피해자의 요구가 중심
국가와 범죄자가 핵심요소	피해자와 범죄자가 핵심요소
피해자는 정보 결여	피해자에게 정보 제공
드물게 손해배상	통상 손해배상
피해자의 '진실'은 이차적	피해자에게 '진실을 말할 기회' 부여
피해자의 고통 무시	피해자의 고통 인식, 슬픔을 나눔
범죄자에 대한 국가의 조치, 수동적 범죄자	범죄자에게 해결에 관한 역할 부여
잘못에 대한 대응을 국가가 독점	피해자, 범죄자, 공동체의 역할 인식
범죄자는 해결할 책임 없음.	해결할 책임 있음.
결과는 범죄자의 무책임을 조장	범죄자의 책임 있는 행동 고무
개인적 비난과 배제의 의식	슬픔과 재질서의 의식
범죄자 비난	해악 행위 비난
공동체에 대한 범죄자의 결속 약화	범죄자의 공동체 통합 강화
범죄자를 단편적으로 인식, 범죄는 한정적	범죄자를 전체론적으로 인식
응보를 통한 균형의식	원상회복을 통한 균형의식
범죄자를 낮춤으로서 균형	피해자와 범죄자 모두를 올림으로써 균형
사법은 의도와 절차로 평가됨.	사법은 그 '과실'에 의해 평가됨
올바른 규칙으로서 정의	올바른 관계로서 정의
피해자-가해자 관계 무시	피해자-가해자 관계가 중심
절차가 소외를 조장	절차의 목적은 화해
가해자의 과거 행위에 대한 대응	가해자의 행위의 결과에 대응
회개와 용서 방해	회개와 용서 장려
전문 대리인이 핵심적 행위자	피해자와 범죄자 중심, 전문가의 조력제공
경쟁적·개인주의적 가치 조장	상호성과 협조 장려
행위의 사회적, 경제적, 도덕적 맥락 무시	전체적 문맥이 관련
승·패의 결과를 가정	승·승의 결과 가능

21) 하워드 제어(손민 옮김), 앞의 책(2010), 241면 이하.

3) 회복적 사법의 원리

이러한 회복적 사법의 원리와 관련하여 크게 세 가지 점을 들 수 있다. 첫 번째로 범죄로 인한 피해의 회복을 들 수 있다. 회복적 사법은 형사사법의 목표를 응보나 형벌부과에 두기보다는 범죄로 인하여 발생한 피해를 회복하는데 두고자 한다. 즉 회복적 사법은 범죄를 단순히 법규범의 위반으로 보기보다는 피해자와 지역사회뿐만 아니라 가해자 자신에게 피해를 야기하는 행위로 바라보고, 이러한 피해를 회복하기 위해 피해당사자인 피해자, 가해자 그리고 지역사회에 무엇이 필요한 것인가를 고민하는 것이 요구된다.[22)]

두 번째로 자발적이고 능동적인 참여와 화해를 들 수 있다. 회복적 사법은 가해자, 피해자 및 지역사회 등 당사자의 자발적이고 직접적인 참여가 중요하다. 즉 직접적인 참여는 당사자들의 범죄와 피해에 대한 솔직한 대화를 통해 이끌어낸 화해를 통해 피해회복 내지 갈등해결이 이루어질 수 있다. 따라서 회복적 사법절차는 정형성에 얽매이기보다는 가능한 자유롭게 이루어지는 것이 바람직하다.[23)]

세 번째로 사회공동체의 주도적 역할을 들 수 있다. 회복적 사법은 지역사회 공동체와 그 구성원이 그 지역사회 안에서 범죄발생에 기여하는 사회적·경제적·문화적 요인들에 대한 책임을 공유하고 있기 때문에 당사자의 피해회복 과정에 사회공동체의 지원이 마련되어야 한다. 물론 종래 범죄문제의 해결은 국가에 의한 형사사법체계가 담당해왔다는 점에서 상호간의 역할분담에 대한 문제는 쉽지 않은 문제이다. 그러나 사회공동체에 의한 평화회복도 국가에 의한 질서유지와 마찬가지로 궁극적으로 안전의 확보라는 공통의 과제를 추구한다는 점에서 자유의 제한을 동반하는 형사사법체계에 앞서 자율적인 관계의 회복이라는 회복적 사법이 고려되는 것이 바람직할 것이다.[24)]

---

22) 이호중, "소년범죄자에 대한 경찰단계의 비범죄화 정책제안 - 경찰의 전문가 참여제와 회복적 공동체사법(Restorative Community Justice)", 형사정책연구 제15권 제3호, 한국형사정책연구원, 2004, 22면.

23) 이호중, 앞의 논문(2004), 23면.

24) 이호중, 앞의 논문(2004), 24면.

제 2 절 회복적 사법의 실천유형

1. 순수모델과 최대화모델

회복적 사법의 이론적 모델은 크게 순수모델(purist model)과 최대화모델(maximalist model)로 나누어 파악된다. 순수모델과 최대화모델은 누가 회복적 절차에 관여해야 하는가? 가해자의 참여는 언제나 전적으로 자발적이어야 하는가? 어떤 행동에 대하여 공동체의 불승인을 표현하기 위한 방법으로 처벌이 어떤 역할을 하는가? 조력자의 역할은 무엇을 포함하고 무엇을 배제하는가? 가해자가 어떻게 보상할 것인지를 누가 결정해야 하는가? 등[25)]에 대한 물음에서 많은 차이를 보여주게 된다.

1) 순수모델

마샬(Marshall)의 정의에 입각한 순수모델(Purist Model)은 범죄와 직접 관련된 관계자들이 모여 서로 협력하여 그들의 욕구(needs)를 충족함으로써 피해자, 가해자, 기타의 사람들의 재통합이 가능하다고 보는 모델이다. 이러한 순수모델은 피해자, 가해자 및 지역사회가 직접 대화를 하고, 이에 따라 그 성과를 결정하기 때문에 관련 당사자의 참가를 절대적 요건으로 하고 있다는 점에서 회복적 사법을 순수하게 관철할 수 있다는 평가를 받고 있다. 이러한 순수모델을 근거로 한 회복적 사법실무 모델로는 주로 영미(英美)지역에서 실시되는 가족집단회합(Family Group Conferences), 지역사회협의, 평화서클 등이 있다.[26)]

이러한 순수모델은 범죄해결 당사자가 한 장소에 모여 토론하는 과정만을 중시하며, 당사자의 직접적인 대화 과정과 함께 자발적인 참가를 요구하고 있다. 이러한 점에서 순수모델은 지나치게 이상적인 형태라는 비판과 함께 이상향(Utopia)에 불과하고 실천하기 어려운 모델이라는 지적을 받고 있다.

---

25) 샤프, 앞의 논문, 37면 이하.

26) 박상식, 앞의 논문, 136면; 이창한, "보호관찰에 있어 회복적 사법 적용가능성 검토", 피해자학연구 제12권 제2호, 2004, 58면 참조.

2) 최대화모델

최대화모델(Maximalist Model)은 순수모델을 포함하면서도 그것에 한정되지 않고 회복적 사법을 더욱더 넓게 이해하는 모델이다. 즉 회복적 사법에서 중요한 것은 '피해의 회복'이기 때문에 형사사법이 '피해의 회복'을 목표로 하는 한 회복적이라고 말할 수 있다는 것이다. 따라서 회복의 과정보다도 가해자에게 의무를 부과한 '의도'와 '성과'가 회복적인가 아닌가를 더 중시하는 입장을 취한다.[27]

결국 회복적 사법의 임의성, 자발성을 절대적 요건으로 보는 순수모델에 대하여 최대화모델은 강제도 회복적 제재로써 회복적 사법의 범주에 포함시킬 수 있다는 것이다. 이처럼 최대화모델이 강제요소를 포함하는 근거는 임의성 내지 자발성이 충족되지 않는 경우에도 회복적 사법을 수행할 여지가 있다고 보기 때문이다. 이런 점이 강제를 포함하게 되면 그것은 '일종의 형벌'이 된다고 보아 강제를 부정하는 순수모델과 차이를 나타내는 부분이다. 뿐만 아니라 순수모델에서는 지역사회의 관여를 회복적 사법의 절대적 요건으로 보는 것에 대하여, 최대화모델은 지역사회의 관여를 필수요건으로 보지 않는다는 점에서도 역시 차이를 나타내고 있다.[28]

독일의 '가해자－피해자－조정(Täter－Opfer－Ausgleich)'제도를 보면, 회복적 사법을 최대화모델로 이해하는 경향을 가지고 있음을 알 수 있다. 이는 '가해자－피해자－조정'제도가 순수모델에서 요구하는 지역사회를 반드시 필요로 하지 않으면서 '피해의 회복'을 형법 혹은 형사소송법에 규정하려고 하는 입법활동을 중심과제로 하고 있기 때문이다. 특히 영미식의 '피해자－가해자－조정(Victim－Offender Mediation)'이라는 용어 대신에 '가해자－피해자－조정(Täter－Opfer－Ausgleich)'이라는 용어를 채택함으로써 가해자에 대한 형사절차를 중심으로 하면서 피해자의 이익을 고려하고 있다고 분석할 수 있다.[29]

---

27) 박상식, 앞의 논문, 137면.

28) Bazemore와 Walgrave는 "범죄로 야기된 피해를 바로잡음으로써 정의의 실행을 주된 목적으로 하는 모든 행동"을 회복적 사법이라고 하면서 회복적 사법모델이 가능한 많은 사람들에게 미칠 수 있도록 최대화모델을 지지하기도 한다(샤프, 앞의 논문, 37면).

29) 박상식, 앞의 논문 139면 이하. 독일의 현황과 평가에 관한 내용은 원혜욱, "한국과 독일 사법상의 원상회복제도", 비교형사법연구, 제5권 제1호, 한국비교형사법학회, 2003, 195면

물론 이러한 최대화모델은 형사사법에 있어서의 강제적인 시스템을 회복적 사법에 포함시킴으로써 본래적 회복적 사법에 대한 이론적 명확성이 떨어진다는 비판을 받을 수 있다. 이는 오히려 처벌이 확대됨으로써 현행의 사법구조를 변경하지 않고 사법구조를 강화하는 결과가 된다는 문제점으로 연결되기도 한다.[30)]

2. 회복적 사법의 실천 프로그램

1) 조정(Mediation)모델 — '피해자-가해자 조정'

조정모델은 조정자의 개입을 인정하는 모델이다. 대표적으로 '피해자-가해자 조정(Victim-Offender Mediation: VOM)'을 들 수 있다. 여기에는 기본적으로 피해자와 가해자 그리고 조정자가 참여한다. 피해자나 가해자의 가족구성원도 참가할 수 있지만, 그들은 대부분 이차적인 보조 역할을 하게 된다. 조정모델에서 조정자는 균형 있게 절차를 진행하는 훈련을 받은 중립적인 제3자로서, 범죄가 피해자와 가해자에게 미친 영향, 정보의 상호교환, 회복적 합의 및 후속계획 등과 관련하여 피해자와 가해자 사이의 대화를 조정하는 역할을 한다. 조정절차는 친고죄와 반의사불벌죄 그리고 개인적 갈등범죄에 적용될 수 있고 성인범에 적합한 방식이라고 보고 있다.[31)]

2) 회합(Conference)모델 — '가족집단회합'

회합모델은 과거의 특정 행위에 의해 영향을 받은 개인들이 함께 모여 어떤 쟁점에 대해서 토론을 거치는 절차를 말한다. 대표적으로 '가족집단회합(Family Group Conferences: FGC)'을 들 수 있다. 가족집단회합은 뉴질랜드 마오리족의 'Whanau 회의'에서 착안하여 시행된 전통적인 프로그램으로 회복적 사법의 기본적인 원칙을 공유하기 위해서 청소년 범죄를 다루는 한 형태로 제시된다. 1989년 뉴질랜드에서 처음으로 도입되었으며, 현재는 성인범죄까지 확대

이하 참조.

30) 김혜정, 앞의 논문(2006), 86면.

31) 김성돈, 앞의 논문(2005), 416면 이하; 하워드 제어(조균석 외 역), 앞의 책, 65면; 이호중, 앞의 논문(2007), 302면.

실시되고 있다. 가족집단회합(FGC)은 회합의 주요참가자들을 확대하여 가해자와 피해자뿐만 아니라 그들의 가족구성원이나 당사자와 직접 관련된 형제, 자매 등 중요 인사들을 포함시킨다는 점에서 '피해자-가해자 조정'프로그램과는 구별되는 특징을 갖고 있다. 이러한 가족집단회합(FGC)은 청소년 범죄사건에 주로 많이 활용되는 경향이 있다.[32)]

가족집단회합(FGC)은 가해자가 책임을 지고 자신의 행동을 변화시키도록 지원하는데 초점을 맞추고 있다. 따라서 피해자와 가해자 사이의 대화를 촉진하고 당사자 사이의 상호작용을 조절하기 위한 절차진행을 조정자에게 맡기고 있는 '피해자-가해자 조정'과 달리, 가해자의 가족 또는 공동체 관계자가 특히 중요하다. 그러나 피해자의 가족도 초대되고, 상황에 따라서는 경찰관 등 사법관계자가 동석하기도 한다. 이처럼 가족집단회합은 가족이나 중요한 타인을 포함하여 참여시키기 때문에 참여에 따라 그 구조가 달라진다.[33)]

3) 써클(Circle)모델

써클(Circles) 접근방식은 캐나다의 원주민 공동체에서 처음 등장하였다. 오늘날 써클은 다양한 목적으로 활용되는데, 형사사건에서 형을 결정하기 위한 양형써클(Sentencing Circles), 양형써클의 전단계로서 치유써클(Healing Circle), 직장에서의 갈등해결을 위한 써클 등이 있으며, 써클은 공동체 내의 대화를 위하여 마련되기도 한다.

써클은 지역사회 중심의 절차이며, 지역사회와 형사사법체계 사이의 협력에 의해 운영되고, 모든 참여주체들의 합의 방안을 도출하는 방식이다. 또 써클은 의식적으로 참가자의 범위를 확대한다. 피해자, 가해자, 가족구성원, 때로는 사법관계자들이 포함되지만, 공동체 구성원 역시 필수적인 참가자이다. 이러한 공동체 구성원은 때로는 특정한 가해행위나 피해자 또는 가해자와 관련이 있거나 이해관계가 있어 초대되기도 하며, 때로는 진행 중인 써클에 공동체의 자원봉사자로서 참가하기도 한다.[34)]

---

32) 김성돈, 앞의 논문(2005), 418면; 이호중, 앞의 논문(2004), 26면; 차훈진, "경찰의 회복적 사법 제도에 관한 연구", 한국경찰학회보 제9권, 한국경찰학회, 2005, 237면.

33) 하워드 제어(조균석 외 역), 앞의 책, 65면 이하; 대검찰청, 앞의 책(2014), 23면 이하.

34) 하워드 제어(조균석 외 역), 앞의 책, 68면 이하.

제 3 절 우리 회복적 사법의 현황 및 전망

1. 회복적 사법의 현황

우리나라 형법학 분야에서 '회복적 사법(restorative Justice)'에 관한 논의가 본격적으로 시작된 시점은 2000년 전후로 볼 수 있다.[35] 그 이전에 회복적 사법의 이론에 대한 논의가 없었다고 할 수는 없으나, 그 이전에는 주로 '피해회복' 내지 '원상회복'을 형사제재에 어떻게 활용할 것인가에 대한 논의가 전개되었다. 따라서 회복적 사법이라는 주제로 직접적인 논의가 이루어졌다고 보기 어려운 측면이 있다.

회복적 사법을 실천하기 위한 제도들은 다양하지만, 그 대표적인 하나가 형사사법절차상 형사조정제도이다. 형사조정제도는 1969년 미국 필라델피아에서 처음 도입되었다. 필라델피아에서는 기존의 사법절차 외에 대체적인 방법으로 경미한 폭력범죄, 재산범죄 등을 해결하기 위하여 지방검찰청과 법원, 중재협회가 공동으로 '필라델피아 중재법정(The Philadelphia Municipal Court Arbitration Tribunal)'을 설립하였다. 이후 형사조정제도는 연방법무부, 주정부, 변호사협회 등의 관심으로 확산되어 1980년대 초반에는 미국 전역에서 형사조정제도가 시행되게 되었으며, 1985년 11월에는 UN에서 형사조정에 대한 기본적인 원칙이 결의되었다. 그 후 형사조정제도는 전세계적으로 파급되었고, EU도 2001년 3월에 형사조정제도 등 범죄피해자 보호와 지원을 위한 결의안을 채택하여, 오늘날 영국, 프랑스, 독일, 오스트리아 등 많은 유럽 국가들도 형사조정제도를 도입하여 시행하고 있다.[36]

우리나라에서 회복적 사법의 실천도 "형사조정제도"를 통해 시도되었다고 볼 수 있다. 형사조정제도는 회복적 사법이념을 바탕으로 피해회복을 통한 원상회복(문제해결형모델)과 관계회복을 통한 원상회복(화해지향형모델) 두 가지 목

35) 이호중, "한국의 형사사법과 회복적 사법 –과거, 현재, 그리고 미래", 형사법연구 제19권 제3호, 2007, 297면.

36) 박현준, "범죄피해자 보호를 위한 형사조정활성화 방안 –사법경찰관리의 역할강화–", 법학연구 제58집, 한국법학원, 2015, 98면 이하.

표를 지향하고 있다. 결국 회복적 사법에서 무엇을 목적으로 지향할 것인가에 따라 다양한 분류방식이 가능하다.

1) 범죄피해자보호법상 형사조정제도

우리나라에서 전통적인 응보적 사법에 대한 반성에서 출발한 회복적 사법의 이념과 제도가 본격적으로 소개되기 시작한 것은 2000년 이후의 일이다. 우리나라에서 회복적 사법에 관한 논의는 범죄피해자보호에 관한 논의와 밀접한 관련성을 갖고 전개되었다. 회복적 사법 이념과 제도에 대한 소개가 본격화되면서 이를 형사사법 실무에 적용하기 위한 여러 방안들이 모색되었는데,[37] 그 중에 하나가 범죄피해자보호법상 형사조정제도이다.

(1) 현행 형사조정제도의 도입과정

우리나라에서 형사조정제도는 종래 형사절차에서 범죄피해자의 권리보장이 미흡하고 우리 사회에서 범죄피해자들을 방치함으로써 피해자 스스로 고통과 피해를 감내하고 있다는 점에 대한 반성으로 도입되었다. 2004년 법무부에 의해 '범죄피해자 보호·지원에 관한 기본계획'의 골격이 발표되었고, 동 기본계획의 구체적 실현과 관련하여 2005년부터 일부 검찰청에서 자율적으로 형사절차에서의 조정이 시행되기 시작하였다. 이 제도는 처음에는 범죄피해자지원센터 내에 '화해중재위원회'를 운영하여 가해자와 피해자 사이의 적절한 의견 조정으로 화해·중재를 유도하는 방식으로 이루어졌다. 이후 2006년 4월 대검찰청에서 형사조정의 일반적 통일지침인 '고소사건 형사조정 실무운용지침'과 일선청의 범죄피해자지원센터 소속 형사조정위원회의 형사조정 처리절차를 자율적으로 정한 표준지침인 '범죄피해자 형사조정위원회 운영지침'을 마련하여 전국 검찰청에 설치된 범죄피해자지원센터를 조정기관으로 활용하면서 약 8개월간 시범적으로 실시되게 되었다. 2007년 8월부터는 전국 검찰청에 설립된 범죄피해자지원센터 소속 형사조정위원회에서 형사조정을 전면 시행하게 되면서, 우리 형사사법절차에서 '형사조정제도'가 본격적으로 시행되게 되었다.[38]

---

37) 대검찰청, 앞의 책(2014), 25면 이하.

38) 대검찰청, 앞의 책(2014), 77면 이하; 김혜경, "범죄피해자보호법상 형사조정제도의 시행평가 및 향후 과제 –형사조정제도의 목적과 이념실현을 중심으로–", 한국피해자학회 2016년 춘계학술대회 자료집, 2016. 4. 22, 37면 이하.

그러나 범죄피해자지원센터는 범죄피해자보호법상 순수한 피해자지원단체라는 점에서 동 단체의 설립목적이 형사조정과 맞지 않고, 자칫 형사조정에 대한 중립성 문제가 발생할 수 있다는 점이 지적되었다. 이에 따라 범죄피해자지원센터에 소속되어 있던 형사조정위원회를 검찰청에 설치하는 것으로 변경하고, 기존의 실무운용지침을 대검예규로 승격시켜 2009년 10월 '형사조정 실무운용 지침'을 제정하여 형사조정을 시행하였다. 새롭게 제정된 대검예규에는 형사조정위원회의 검찰청 설치 부분과 함께 형사조정 대상범죄를 분쟁해결에 적합한 사건으로 한정하고, 사문화되어 활용되지 않는 경찰 접수 고소사건의 형사조정제도를 폐지하는 등의 내용을 반영하였다.[39] 이후 2010년 범죄피해자보호법의 전면개정을 통해 형사조정제도에 대한 내용이 담김으로써 형사조정제도에 대한 법제화가 이루어졌다.

우리나라에서 형사조정제도는 첫째로 전통적인 형사사법절차의 한계를 극복하고, 둘째로 형사사법절차의 비효율적인 시스템을 극복하며, 셋째로 형사사법절차에서 피해자의 권리의식을 강화한다는 취지 아래 도입되었다.[40] 무엇보다도 UN의 권고사항을 준수하고 세계적 사법체계의 흐름 속에서 지금까지의 시행성과를 바탕으로 실질적 분쟁해결과 피해자보호의 새로운 틀을 입법화하는 데 주안점을 두고 있다. 이로써 전통적 형사사법절차에서 피해자가 단순히 증거방법의 하나로 머물러 피해자의 권리보호와 피해회복이 형사사법절차에서 소외되거나 배제되었던 것과 달리, 형사조정제도를 통해 가해자와 피해자의 분쟁을 원만히 종결시키는 기능이 이루어짐으로써 종래 형사사법절차의 대상인 가해자의 인권보호에만 관심을 기울였던 전통적 형사사법절차에 적지 않은 변화를 가져오게 되었다.[41]

(2) 형사조정절차 및 현황

검사는 범죄피해자 또는 피의자 사이의 형사분쟁을 공정하고 원만하게 해결하여 범죄피해자가 입은 피해를 실질적으로 회복하는 데 필요하다고 인정하면 피해자 및 피의자의 신청 또는 직권으로 수사 중인 형사사건을 형사조정에

---

39) 대검찰청, 앞의 책(2014), 78면 이하.

40) 조광훈, "형사조정제도에 관한 연구", 법조 통권 제620호, 법조협회, 2008, 358면 이하.

41) 조광훈, 앞의 논문(2008), 353면 이하; 박현준, 앞의 논문(2015), 104면 이하.

회부할 수 있다(범죄피해자보호법 제41조 제1항 및 대검지침 제2조). 이 경우, 형사조정 담당 기구인 형사조정위원회에 대상사건을 송부하게 되고, 형사조정위원회는 검사의 형사조정 회부가 있으면 지체 없이 형사조정절차를 진행하여야 한다. 형사조정절차의 개시를 위해서는 먼저 당사자의 동의가 있어야 하고 동의권자가 최초 형사조정절차 개시 이전까지 동의하지 않으면 형사조정위원회는 담당 검사에게 사건을 회송하여야 한다.[42]

형사조정 실무운용 지침 제3조 제1항은 형사조정 대상사건으로 ① 차용금, 공사대금, 투자금 등 개인 간 금전거래로 인하여 발생한 분쟁으로서 사기, 횡령, 배임 등으로 고소된 재산범죄 사건, ② 개인 간의 명예훼손·모욕, 경계침범, 지식재산권 침해, 의료분쟁, 임금체불 등 사적 분쟁에 대한 고소사건, ③ 기타 형사조정에 회부하는 것이 분쟁해결에 적합하다고 판단되는 고소사건, ④ 고소사건 이외의 일반 형사사건으로서 제1호 내지 제3호에 준하는 사건 등을 규정하고 있다.

형사조정위원회는 형사조정절차가 끝나면 형사조정결과통보서, 형사조정결정문, 형사조정조서 등 형사조정 과정에서 작성된 관련서류를 검사에게 송부

〈표 2-5-2〉 형사조정 운영 현황[43]

구분	조정회부 (건)	조정성립 (건)	성립률 (%)	고소사건대비 조정회부율(%)	전체사건대비 조정회부율(%)	비교 (전체사건)
2007	7,962	3,680	51.0	2.0	0.4	1,965,977
2008	11,496	5,632	51.6	2.6	0.5	2,189,452
2009	16,201	8,006	52.2	3.3	0.8	2,168,185
2010	16,671	7,713	50.1	4.3	0.9	1,917,300
2011	17,517	8,398	49.7	4.4	1.0	1,902,720
2012	21,413	10,020	57.0	5.3	1.2	1,765,017
2013	33,064	14,772	51.9	7.9	1.8	1,852,437
2014	54,691	25,523	56.1	13.6	3.0	1,813,508

42) 대검찰청, 앞의 책(2014), 80면.
43) 대검찰청 강력부 피해자인권과 자료 정리·구성(박현준, 앞의 논문(2015), 108면에서 재인용).

하여야 한다. 검사는 형사사건을 수사하고 처리할 때 형사조정의 결과를 고려할 수 있지만, 형사조정이 성립되지 않았다고 하더라도 피의자에게 불리하게 고려해서는 안 된다.

검사는 형사조정이 성립되어 고소가 취소되거나 합의서가 작성된 사건은 각하 처분할 수 있지만, 범죄혐의가 있다고 사료되는 때에는 통상의 수사절차에 따라 수사를 진행하고 처벌 시 감경할 수 있다.[44] 형사조정제도의 운영현황은 <표 2-5-2>에서 보는 바와 같다.

2) 소년법상 화해권고제도

(1) 화해권고제도의 도입과정

회복적 사법의 형태를 취하고 있는 제도로 범죄피해자보호법상 형사조정제도 이외에 소년법상 '화해권고제도'를 들 수 있다. 화해권고와 관련하여 소년법 제25조의3에서 "소년부 판사는 소년의 품행을 교정하고 피해자를 보호하기 위하여 필요하다고 인정하면 소년에게 피해 변상 등 피해자와의 화해를 권고" 할 수 있고, 소년부 판사는 소년이 권고에 따라 피해자와 "화해하였을 경우에는 보호처분을 결정할 때 이를 고려할 수 있다"고 규정하고 있다. 즉 소년법상 화해권고제도는 가해자의 건전한 사회복귀를 돕고 소년보호재판절차를 통하여 회복적 사법 이념을 구현하는 제도라고 할 수 있다.[45]

동 제도는 2007년 소년법 개정을 통해 피해자보호라는 측면과 피해자와 가해자의 화해·조정을 통해 소년법의 이념을 달성하고자 도입·시행되었다. 이러한 화해권고제도를 통해 가해자로 하여금 피해자에 대한 진정한 반성과 피해회복을 촉구하게 될 것이므로 회복적 사법의 이념이 어느 정도 반영되었다고 볼 수 있다.[46]

비록 소년법 개정 당시 동 제도가 가해자로 하여금 피해자에 대한 진정한 반성과 피해회복을 촉구하게 될 것이므로 회복적 사법의 실천프로그램으로 이

---

44) 대검찰청, 앞의 책(2014), 80면 이하. 형사조정제도에 관한 법령으로 범죄피해자보호법, 동법시행령, 대검지침, 각 검찰청 자체 운영지침 등을 두고 있다.

45) 선의종, "소년법상 화해권고제도의 실질적 운영방안", 법학논집 제15권 제1호, 이화여자대학교 법학연구소, 2010, 37면.

46) 박상식, "소년사범의 재범 감소를 위한 회복적 사법의 도입 -화해권고제도를 중심으로-", 교정복지연구 제35호, 한국교정복지학회, 2014, 171면 이하.

해되었으나, 법원의 심판 단계에서만 인정되고, 화해의 효력에 대한 규정도 없고, 보호처분의 결정시 참고자료로 활용할 수 있다는 이유로 진정한 의미의 회복적 사법을 도입한 것이 아니라는 반론이 제기되기도 한다.[47)]

(2) 화해권고절차 및 현황

화해권고 운영절차[48)]와 관련하여, 판사는 화해권고절차에 회부함이 상당하다고 판단되는 사건의 경우, 적합한 사건인지 여부와 관계인의 의사를 조사대상에 포함시켜 조사명령을 할 수 있으며, 시급한 경우에는 조사절차가 생략된다. 화해권고에 회부할 사건으로 결정되면, 실무관은 화해권고위원을 선정하고 관계인에게 통지한다. 화해권고위원은 화해권고기일 전 당사자와 보호자를 따로 만나 예비조정을 진행하고 당사자들이 적극 참여할 수 있도록 정보를 제공하고 피해자의 말을 경청하는 등의 관계를 형성한다.

화해권고기일이 되면 판사가 모두(冒頭)절차를 진행하고 그 이후의 절차는 화해권고위원이 진행한다. 이 과정에서 판사와 화해권고위원은 사건의 쟁점과 책임의 범위를 찾고 피해회복과 재발 방지의 대책 등 해결책을 모색한다. 화해권고기일에서 합의에 도달하면 합의문을 작성하고, 화해권고기일 이후에 재판부 또는 조사관은 합의이행여부를 확인하고 또 독려한다. 합의에 실패할 경우에는 보호처분을 할 필요가 있는 사건은 판사가 심리기일을 고지한다. 이 경우에 화해권고위원의 의견서를 참작해 화해노력이 인정되면 보호처분을 결정할 때 고려해야 한다.

2008년 소년법상 화해권고제도가 시행된 이후 2011년까지 총 62건이 화해권고절차에 회부되었고, 그 중 48건에서 화해가 이루어졌다. 대표적인 사례로 창원지방법원에서 시행하고 있는 학교폭력으로 파괴된 가해학생과 피해학생의 관계회복을 위한 화해를 들 수 있다.[49)]

또 서울가정법원에서 2010년 5월부터 2011년 8월 31일까지 화해권고제도를 이용한 51건의 사건 중에는 학교폭력이 43건, 절도 1건, 나머지는 피해자가

47) 강지명, "형사절차에서의 협상과 합의 ; 소년법상 화해권고제도 규정의 문제점과 개선방안", 형사정책 제24권 제3호, 한국형사정책학회, 2012, 120면 이하.

48) 천정환, "소년법에서의 화해권고제도의 개선방안", 교정복지연구 제38호, 한국교정복지학회, 2015, 10면 이하.

49) 박상식, 앞의 논문(2014), 172면 이하.

어른이나 유아인 사건이 8건으로 과실치상 3건, 자전거 교통사고 4건, 상해 1건으로 나타났다. 이러한 통계를 볼 때, 학교폭력으로 인한 상해와 폭행이 가장 많은 것으로 나타나고 있다.[50)]

화해권고에서 합의가 성립되면, 대부분 심리불개시결정이나 불처분으로 사건이 종결되었고, 그 외에 보호관찰처분이 부과되기도 한다. 그러나 합의가 된 경우에도 과거 비행의 경험이 있는 경우에는 대부분 보호처분이 이루어졌다. 또 가해자의 진지한 반성과 피해자의 용서로 합의에 도달된 경우에도 보호자들 사이에 배상금 문제로 합의가 성립되지 않는 경우도 있는데, 이 경우에는 공탁 등을 통해 처벌받지 않는 경우도 있었다.[51)]

3) 소 결

회복적 사법이념을 바탕으로 법률에 규정된 형사조정제도에 대해, 조정에 참여한 피해자와 가해자 사이에 자율적인 소통절차를 통해 치유 또는 관계회복에 목표를 두고 있다기보다는 형사조정위원회에 의해 주도되는 민사적 합의도출에만 초점을 두고 있다는 점에서 회복적 사법의 무늬만 띠고 있다는 비판이 제기되고 있다.[52)]

또 소년법의 목적인 '특별예방'에서 '피해자보호'까지 담고 있는 소년법상 화해권고제도도 특별예방적 소년사법이 초점을 맞추고 있는 것은 가해소년이고, 회복적 사법은 피해회복에 초점을 맞추고 있다는 점에서 특별예방적 소년사법에 '피해자보호'를 더한다고 회복적 소년사법제도가 되는 것은 아니라는 비판이 제기되기도 한다.[53)]

회복적 사법이념을 구현할 수 있는 제도는 무엇을 목적으로 할 것인가에 따라 다양한 분류방식이 가능하다. 예컨대 형사조정제도는 고비용의 형사절차를 조기에 신속하고 절약된 형태로 종결함을 목적으로 할 때에는 문제해결형으로 접근할 수도 있고, 반면에 고비용을 감수하더라도 당사자 사이의 진정한 합

50) 신한미, "소년보호재판의 새로운 시도: 청소년참여법정과 화해권고제도의 현황과 과제", 아세아여성법학 제14호, 아세아여성법학연구소, 2011, 85면 이하.

51) 박상식, 앞의 논문(2014), 173면.

52) 최영승, "현행 형사화해제도의 실태 및 문제점", 피해자학연구 제15권 제1호, 한국피해자학회, 2007, 84면.

53) 강지명, 앞의 논문(2012),

의와 피해회복을 목적으로 할 때에는 회복적 사법형으로 접근할 수도 있다.[54] 따라서 회복적 사법의 다양한 가치와 이념을 반영할 수 있도록 제도의 목적에 대한 명확성을 바탕으로 제도의 다원화 방안을 모색해 볼 수도 있을 것이다.

2. 회복적 사법에 대한 향후 과제

1) 제도화에 관한 논의

(1) 회복적 사법과 전통적 형사사법체계의 관계 정립

전통적 형사사법과 회복적 사법의 관계에 있어 다양한 논의가 있어 왔다. 먼저 전통적 형사사법과 회복적 사법은 그 작동방식이 다르기 때문에 양자가 같은 차원에서 조화와 절충될 수 있는 것은 아니고, 따라서 회복적 사법의 프로그램이 전통적인 형사사법체계에 다이버젼 방식으로 결합하는 것은 불가피한 제약이지만, 적어도 그 결합방식에서 회복적 사법이 우월적 지위를 차지할 필요가 있다는 주장이 제기된다. 즉 형사절차의 모든 단계에서 회복적 사법 프로그램이 활용 가능한 경우에는 다이버젼을 의무적으로 실행하게 하고, 회복적 사법 프로그램에서 일정한 합의에 이른 경우에 형벌감축효과를 명확히 부여하며, 전통적인 형사사법체계는 회복적 사법 절차가 작동불능인 경우에 보완적으로 작동하는 체계로 재구성해야 한다는 것이다.[55]

그에 대해 회복적 사법이 공식적인 형사사법을 대체할 것이라는 전망은 현실적이지 않다는 점에서 반론이 제기된다. 즉 회복적 사법의 프로그램은 전통적인 형사사법 시스템의 한계를 극복하기 위한 방안으로 활용되어야 하고, 그러한 방식으로 전통적인 형사사법과 조화를 이루어야 한다는 것이다.[56]

오늘날 형사사법체계에서 비단 회복적 사법이념뿐만 아니라 전통적 형사사법모델과 궤를 달리하는 다양한 형사사법모델[57]에 대한 담론이 이루어지고

---

54) 김혜경, 앞의 논문(2016), 54면 이하.

55) 이호중, 앞의 논문, 313면.

56) 김용세, "형사제재시스템과 회복적 사법 –'회복적 사법의 이념과 형사제재체제의 개편(이호중)'에 관한 의견을 겸하여", 형사법연구 제23호, 2005, 242면.

57) 전문가 주도의 형사사법 담론으로 전통적 형사사법과 치료사법을 들 수 있고, 피해자와 공동체 주도의 형사사법 담론으로 공동체 사법과 회복적 사법을 들 수 있다.

있다.[58] 그 일환으로 논의되고 있는 회복적 사법과 전통적 형사사법과의 관계에 대한 논의는 회복적 사법의 이론적 모델로 순수모델로 나아갈 것인가, 최대화모델로 나아갈 것인가에 따라 달라질 수 있다.

우리와 같은 대륙법계국가인 독일에서는 가해자-피해자-조정, 원상회복 등 회복적 사법프로그램을 피해자의 관점에서 전통적 형사사법을 보완하는 방안으로 활용하고 있는 모습을 발견할 수 있다. 우리의 경우에도 회복적 사법을 공식적인 형사사법을 대체하는 방향이 아니라 보완하는 방향에서 범죄자의 재사회화와 피해자의 치유·회복 등을 위하여 활용할 수 있는 방안을 모색해보는 것이 바람직할 것으로 본다.

(2) 회복적 사법의 실천방안을 위한 기본원칙 구축

'마약 및 범죄에 관한 유엔사무국(UNODC)'에서 회원국들의 회복적 사법 프로그램을 돕기 위하여 2006년에 만든 '회복적 사법 프로그램 핸드북'(Handbook on Restorative Justice Programmes)은 회복적 사법의 목적으로 다음과 같은 내용을 설정하고 있다.

첫째, 사회질서와 평화를 회복하고 손상된 관계의 회복
둘째, 수용 불가능한 범죄행위를 비난하고, 지역사회의 가치를 재확인
셋째, 범죄피해자를 지원, 위로 및 형사절차 참여 지원을 통해 그들의 욕구를 표출하도록 함
넷째, 피해 회복적이고 미래지향적인 결과 도출
다섯째, 범죄자를 변화시키고, 지역사회로의 재통합을 조장함으로 재범 방지

이를 위해서 회복적 형사사법절차는 경찰단계(입건 전, Pre-charge), 검찰단계(입건 후 기소 전, Post-charge but usually before a trial), 법원 단계(재판 전 또는 선고 단계, Pre-trial or Sentencing stages) 그리고 교정단계(Correction)에서 고려되어야 한다. 또 어느 단계에서든 담당자가 재량권을 사용하여 범죄자를 피해회복적 형사사법 프로그램에 송부할 수 있도록 하고 있다.[59] UN 마약범죄

58) 이승호, "형사사법의 담론과 법원운용의 시스템", 형사정책연구 제20권 제1호, 한국형사정책연구원, 2009, 810면 이하 참조.

59) 이원상, 새로운 범죄대응전략으로서 화해조정체계구축방안(II) -형사화해조정체계의 구

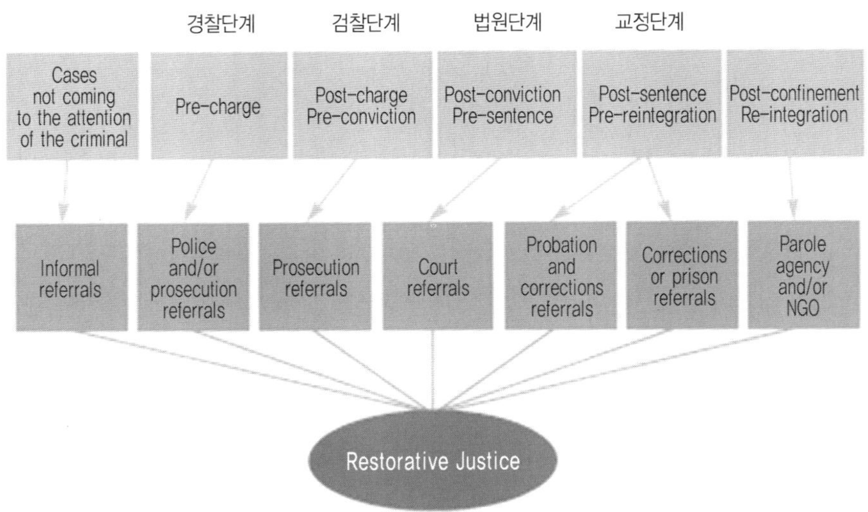

[그림 2-5-1] 형사절차체계상 회복적 사법 프로그램[60)]

사무국(United Nations Office on Drugs and Crime: UNODC)에서 제시하고 있는 구체적인 회복적 형사사법절차는 [그림 2-5-1]에서 보는 바와 같다.

특히 회복적 사법 이념을 담은 프로그램은 남(濫)고소에 대응하기 위한 수단이 아니라 형벌의 대안 또는 보완으로서 비형벌화, 다이버전, 범죄자의 재사회화, 피해자의 치유와 회복 등 다양한 목표를 추구하기 위해 형사절차 단계에서 다양한 법효과를 부여하는 제도로 구상되는 것이 바람직할 것이다. 즉 기소전 단계에서의 다이버전적 비형벌화 회복적 사법 프로그램, 형선고 이전 단계에서의 형벌완화적 회복적 사법 프로그램 등이 그것이다.[61)]

그런 관점에서 볼 때, 비록 초동수사단계에서 가해자와 피해자의 이해가 첨예하게 대립되어 있더라도 적절한 조정이 이루어진다면, 가해자에게 불필요한 형사사법절차에서 신속한 해방으로 낙인효과를 줄여 재사회화를 신속하게 도와주고 피해자에게도 신속한 피해회복으로 사회적 비용지출도 감소시킬 수

축을 위한 법적·제도적 정비 방안 –형사화해조정제도 도입에 적합한 입법방식–, 경제·인문사회연구회 미래사회협동연구총서 09–04–04, 한국형사정책연구원, 2009, 163면.

60) United Nations Office on Drugs and Crime, Handbook on Restorative justice programmes, United Nations, 2006, p.14.

61) 김성돈, 앞의 논문(2009), 287면 이하.

있을 것이다. 그런 점에서 형사절차의 초기단계에 회복적 사법 프로그램을 적용할 수 있는 방안을 구축한다면, 회복적 사법 제도의 존재 의미와 그 효율성은 더욱 극대화될 수 있을 것이다.[62)]

(3) 회복적 사법이념 구현에 대한 기본규정 마련

회복적 사법이념을 실효적으로 구현하기 위해서는, 유엔사무국에서 형사사법절차 어느 단계에서든 범죄자를 피해 회복적 형사사법 프로그램에 송부할 수 있도록 권고하는 있는 내용을 반영하여, 그에 관한 기본규정을 마련하는 것이 필요하다. 우리의 경우, 범죄피해자보호법 제41조 이하의 '형사조정'이 회복적 사법 이념의 관점에서 시행되고 있다는 점[63)]에서 이러한 권고 내용을 형사조정의 기본원칙으로 범죄피해자보호법에 담아주는 것이 바람직할 것이다.

무엇보다도 우리의 형사조정제도가 범죄로 인해서 발생한 갈등을 당사자 사이의 조정을 수단으로 가능한 한 신속히 해결함으로써 사법자원의 효율화, 피해자의 보호 및 구제, 가해자의 불필요한 전과자화 및 재범을 방지하기 위해 노력함으로써 법적 평화를 회복하는 것[64)]에 목적을 두고 있다면, 더욱더 기본규정의 마련은 필요하다.

따라서 범죄피해자보호법 제41조 형사조정 회부에 관한 규정에 앞서 "형사절차의 모든 단계에서 피의자와 피해자 사이에 형사조정이 이루어질 가능성에 대하여 검토하여야 한다. 다만, 피해자의 명백한 의사에 반해서는 그러하지 아니하다"라는 기본원칙을 신설하는 것에 대하여 검토해 볼 필요가 있다.

무엇보다도 이와 같은 기본원칙을 범죄피해자보호법에 마련하게 된다면, 범죄피해자보호법상 "형사조정"의 성격이 회복적 사법 이념에 근거한 실천프로그램임을 분명히 하게 될 것이고, 동시에 다른 회복적 사법 프로그램의 가능성도 마련될 수 있을 것으로 본다.

---

62) 김성돈, "형사절차상 피해자·가해자 조정제도의 도입 방안", 피해자학연구 제9권 제1호, 한국피해자학회, 2001, 87면; 이원상, 앞의 보고서, 164면.

63) 이에 대해 범죄피해자보호법상 '형사조정'이 회복적 사법 이념을 반드시 전제하고 있는 것은 아니라고 보는 견해도 있다.

64) 이원상, 앞의 보고서, 165면.

2) 회복적 사법의 실천방안

(1) 보호관찰에 대한 회복적 사법의 실천과제

우리나라 보호관찰 영역에 회복적 사법이 도입된 것은 2008년 6월 22일 개정된 소년법과 2009년 5월 28일 개정된 보호관찰법에 준수사항의 하나로 제32조 제3항에 "4. 범죄행위로 인한 손해를 회복하기 위하여 노력할 것"을 규정함으로써 보호관찰 준수사항 중에 회복적 사법의 과정이 포함되게 되면서라고 할 수 있다.

범죄자의 재방방지와 사회복귀에 중점을 두고 있는 보호관찰 영역에서 범죄피해자와 화해 및 범죄피해의 회복이라는 실천적 경험의 산물인 회복적 사법 이념을 양립시키기에는 역사적·태생적 한계가 있다. 이러한 양 이념의 조화는 1974년 캐나다 올랜드州 키치나에서 이루어졌던 '피해자-가해자 조정(Victim-Offender Mediation)'이 기원이 되었다고 볼 수 있다. 이는 보호관찰관과 자원봉사자의 협력을 얻어 소년범죄에서 실시된 화해프로그램으로 당시 가해자와 피해자 모두가 만족한 결과를 얻은 것으로 평가되고 있다.[65]

보호관찰의 목적 중 하나인 재범 감소가 회복적 사법을 통해서도 달성될 수 있을 것인가에 대한 외국의 선행연구와 그 결과에 대해서는 다양한 의견이 제시되고 있다. 보호관찰의 준수사항 등에 피해자에 대한 보상명령이 들어왔다고 하더라도 보호관찰의 주된 목적은 범죄자에 대한 처벌과 재범방지에 있다고 할 수 있기 때문이다. 회복적 사법은 범죄로 야기된 피해와 파괴된 당사자 간의 관계의 회복을 그 목적으로 하고 있기 때문에 보호관찰과 같이 재범 감소를 그 목적으로 두고 있지는 않다. 이처럼 회복적 사법이 재범 감소를 직접적인 목적으로 두고 있지는 않더라도, 미래의 범죄를 방지하는데 있어 전통적 사법보다 더 효과적이라는 주장도 제기되고 있으며, 회복적 사법이야 말로 범죄를 통제하는 새로운 기술이라는 주장도 제기되고 있다. 이러한 점에서 보호관찰의 목적은 비록 범죄자의 정상적인 사회복귀와 재범 감소에 있지만, 부차적인 효과로 관계 회복이라는 회복적 사법의 결과가 나타날 수 있어 회복적 사법을 통해

---

65) 이성칠, "한국 보호관찰에서의 회복적 사법의 적용실태와 전망", 법학논집 제14권 제2호, 이화여자대학교 법학연구소, 2009, 114면; 오경식, "보호관찰에서 회복적 사법의 실현방안", 교정연구 제67호, 한국교정학회, 2015, 57면.

서도 보호관찰의 목적이 달성될 수 있다. 또 회복적 사법의 목적이 재범 감소에 있는 것은 아니지만, 관계 회복이라는 회복적 사법의 이념이 결과적으로 범죄 방지라는 보호관찰의 부수적 작용으로 효과를 보고 있다고 이해할 수 있다.[66)]

이에 보호관찰과 회복적 사법의 이념을 동시에 극대화하기 위해 국가주도의 전통적 형사사법 시스템이 갖고 있는 이념의 효력을 인정하면서 지역 사회단체와 전문가에 의한 피해자와의 공감대가 형성되는 적극적인 정책을 통해 범죄자의 사회복귀와 피해자와의 회복이라는 결과를 도출할 수 있는 보호관찰과 회복적 사법의 바람직한 관계 형성이 필요하다.[67)] 보호관찰에서 회복적 사법을 실천할 수 있는 방안의 한 예로 [그림 2-5-2]에서 보는 바와 같은 일반적 보호관찰 단계의 회복적 사법의 단계별 도입가능성을 검토해 볼 수 있다.[68)]

보호관찰 이전단계
- 검찰·법원, 심사위원회와의 회복적 사법 연계방안 협의
  - 판결·결정·청구전조사 시 피해자 조사, 특별준수사항 부과
- 조사서 제출(피해회복에 대한 가해자·피해자 의지 반영)

보호관찰 초기단계
- 회해권고, 배상명령 등 피해회복 관련 특별준수사항 확인
- 특별준수사항 이행 동의서 및 계획서 징구
- 피해자에게 판결·결정 사항 고지 및 연락체계 확보
- 특별준수사항 이행을 위한 처우계획의 수립

보호관찰 지도감독 단계
- 특별준수사항 집행, 이행 촉구 및 감독 강화
  - 가해자·피해자 화해 프로그램 집행
  - 가해자 수입원 및 재산조사, 피해회복 이행 상황 확인
- 피해회복 불이행에 대한 제재조치

보호관찰 종료단계
- 가해자·피해자 만족도 조사 및 미팅 주선
- 검찰·법원 등에 피해회복명령 등 수범사례 홍보

[그림 2-5-2] 회복적 사법 실행 흐름도

66) 안성훈, "회복적 사법과 재범방지에 관한 소고(1)", 범죄와 비행 제3권, 한국범죄비행학회, 2012, 79면; 오경식, 앞의 논문, 57면.

67) 오경식, 앞의 논문, 58면.

68) 강호성/이승원, "보호관찰 단계에서의 회복적사법 적용 방안에 관한 연구", 교정담론 제5권 제1호, 아시아교정포럼, 2011, 289면 이하.

회복적 사법 실행과 관련하여 보호관찰 이전, 초기 및 지도감독 단계에서 특별준수사항의 협의, 확인 및 집행이 순차적으로 행해지고, 종료 단계에서 이에 대한 만족도 및 미팅주선이 행해지는 흐름을 살펴볼 수 있다.

다만, 국가주도의 회복적 사법의 성공이 외형적으로는 만족할 만한 지표를 제공할 수 있을지 모르지만, 회복적 사법 본래의 취지와 목적을 달성하는데 미흡한 측면이 있을 수 있다. 따라서 보호관찰 단계에서 성공적인 회복적 사법 실천이 이루어지기 위해서는 보호관찰 대상자와 범죄피해자의 면밀한 분석을 통해 국가주도의 효과에 대한 장점은 살리면서 민간전문가의 효과적인 개입형태를 마련하는 것이 필요할 것이다.[69]

(2) 소년형사사법에서 회복적 사법의 실천과제

소년형사사법정책은 기본적으로 형사절차에서 소년범죄자에 대한 낙인효과 내지 탈사회화 효과를 최소화하고자 하는 정책을 취하고 있다. 그런 점에서 소년범에 대해서는 공식의 형사절차로 들어가기 전에 가해자와 피해자의 관계회복을 통해 문제를 해결할 수 있다면, 가장 바람직한 정책방향이 될 것이다.

기존의 많은 연구결과를 살펴보면, 회복적 사법의 효과성이 가장 큰 단계는 공식사법절차가 개시되기 전이라고 한다.[70] 우리나라에서 소년범에 대한 회복적 사법 프로그램을 시범 실시한 결과를 한 예로 살펴보아도, <표 2-5-3>에서 보는 바와 같이, 형사절차의 초기단계인 경찰단계에서 결과가 보다 긍정적으로 나타나고 있는 것을 발견할 수 있다. 회복적 사법프로그램을 소년범죄에 초기단계에 활용한다면 소년형사사법정책에 부합하는 결과를 도출해낼 수 있을 것으로 기대된다.

이에 구체적으로 범죄소년에 대한 회복적 경찰제도의 입법화 방안을 생각해본다면, '즉결심판에 관한 절차법'을 근거로 한 경찰훈방권의 범위에서 경찰이 다이버전 프로그램을 구체화할 수 있는 방안을 생각해볼 수 있다. '즉결심판에 관한 절차법' 제1조에 "범증이 명백하고 죄질이 경미한 범죄사건을 신속·적정한 절차로 심판하기 위하여 즉결심판에 관한 절차를 정함"을 동법의 목적으

69) 오경식, 앞의 논문, 63면 이하.

70) 김은경, "소년법상 화해제도의 문제점과 개선방안 -경찰단계 및 법원단계 회복적 사법 실험연구 결과를 중심으로-", 소년보호연구 제13호, 한국소년정책학회, 2009, 81면.

〈표 2-5-3〉 2007년 경찰단계 및 2008년 법원단계 시범운영 과정상 특징 비교[71)]

구 분	경찰단계	법원단계
접수시기	사건발생 후 1개월 이내	사건발생 후 3~8개월 후
당사자 참여의지	대체로 높음. 피해자/가해자 모두 빠른 해결과 종결 원함	대체로 낮은 편. 특히 피해자는 사건의 좋지 않은 기억을 새롭게 떠올려야 하는 점. 더 이상 시달리고 싶지 않아함
관심의 초점	사과와 용서(배상문제 부차적) 이해소통의 욕구	물질적 배상에 더 관심 많음 감정표출의 욕구
상대방에 대한 태도	분노하거나 원망하지만, 직접대화의 필요성 인정	분노와 갈등으로 서로 다시 접촉하고 싶지 않다는 마음
피해자 욕구	화해를 통한 종결감 추구 회복의지	울분과 억울함 이해(호소) 문제회피로서의 종결감 추구
과정상 특징	학교차원 도는 경찰단계의 담당경찰의 적극적 개입이 대화모임 성공률에 지대한 영향	"치료비"관련 상이한 계산법으로 인한 새로운 분쟁의 시발점(2차 분쟁발생) 의사소통과 정보, 지원체계 부족, 보호자가 고소/배상을 둘러싼 추가분쟁이 많음

로 하고 있다. 그렇다면, 제3조 제1항에 따라 경찰서장에게 즉결심판청구권이 인정되고 동법 제19조에 따라 즉결심판에 관하여 형사소송법의 규정을 준용할 수 있으므로 형사소송법 제247조의 기소재량이 경찰서장의 즉결심판청구절차에도 준용된다고 해석될 수 있으므로, 20만 원 이하의 벌금, 구류, 또는 과료에 처할 수 있는 경미한 범죄를 범한 소년에 대해 회복적 프로그램을 통해 처리할 수 있도록 제도화[72)]하는 것을 생각해 볼 수 있을 것이다.[73)]

71) 김은경, 앞의 논문, 76면 표 재구성.

72) 이호중, 앞의 논문(2004), 35면.

73) 이에 대하여 경찰은 모든 범죄사건을 검찰에 송치하여야 하지만 경미한 사건의 경우에 '즉결심판에 관한 절차법'이 예외적으로 검찰에 송치하는 대신 직접 법원에 즉결심판을 청구하도록 한 것이므로 경찰서장에게 훈방처리권을 부여한 것으로 해석할 수는 없다고 보기도 한다(대검찰청, 앞의 책(2014), 28면).

이를 위해 종래 경찰에서 시행하였던 전문가 참여제를 활용하여 '전문가 참여형 회복적 사법 프로그램'을 만드는 것을 검토해볼 수 있을 것이다.[74] 관할 경찰서장이 즉결심판을 청구할 때, 가해자와 피해자 사이에 관계회복이 된 경우에 그에 대한 내용을 즉결심판청구서에 기재하고, 관할법원에서 즉결심판을 할 때 그 내용을 고려하도록 하는 방안을 모색해 볼 수 있을 것이다.[75]

이를 위해서는 적어도 소년법에 회복적 경찰제도를 통한 다이버전과 관련한 명문의 근거규정을 도입하는 것이 바람직할 것으로 생각된다. 예컨대 현행 소년법 제4조 제2항을 "사법경찰관리가 제1항 제2호의 소년에 대한 수사를 종결하였을 때에는 이를 관할 지방검찰청 검사장 또는 지청장에게 송치하여 한다. 다만, 관할 지방검찰청 검사장 또는 지청장이 지정한 사건에 대하여는 그러하지 아니하다. 송치하지 아니하는 사건은 관할 지방검찰청 검사장 또는 지청장이 정하는 바에 따라서 보고하여야 한다."라는 내용으로 개정[76]하는 것을 생각해볼 수 있을 것이다. 이처럼 소년범을 위한 경찰단계에서 회복적 사법 프로그램의 실천가능성을 검토해볼 필요가 있을 것이다. 이러한 방식으로 보고된 사건은 법원의 검토 후, 특별한 사유가 없는 한 일괄적으로 심리불개시 결정을 하는 방식으로 제도화하는 것을 검토해볼 수 있을 것이다.

'즉결심판에 관한 절차법'에 의한 훈방이 이루어진다고 하더라도, 이는 범죄소년에 대한 것이므로 촉법소년이나 우범소년에게 적용할 수는 없을 것이다. 사실 소년법이 소년에 대한 피의사건과 관련하여 전건송치주의를 채택한 배경에는 비행소년에 대한 합리적인 처우는 사건의 경중보다는 그 소년의 보호 필요성에 있다는 시각이 자리 잡고 있다. 그렇다면 비행소년이 사법절차와 맨 처음 마주치게 되는 경찰단계에서 효과적인 회복적 다이버전 프로그램을 마련하

74) 이호중, 앞의 논문(2004), 33면 이하.

75) 이 경우, 검·경간 학교폭력에 대한 협력적 대응을 위해 대검찰청의 '자진신고 학생 등 가해학생 처리지침'에 학교폭력사건에 대한 불입건 훈방의 기준으로 제시되었던 "① 학생 또는 18세 미만의 자진신고 청소년으로(부모, 교사, 친구 신고도 포함) ② 전회처분(전과, 보호처분)이 없으며 ③ 피해액이 100만원 미만이거나 인적 피해 진단 3주 이하이고 ④ 피해가 회복되고 피해자의 처벌의사가 없는 경우"를 회복적 사법 프로그램의 조정을 바탕으로 하여 경찰이 독자적으로 다이버전 권한을 갖고 사건을 종결할 수 있는 범위를 정하는데 참고가 될 수 있을 것이다(김은경, 앞의 논문(2009), 82면).

76) 김태명, 경찰단계에서의 형사사법처분 도입에 대한 연구, 경찰청 정책연구보고서, 2010, 129면.

고 이를 통하여 공식적인 사법적 제재가 필요하지 않을 것으로 판단되는 우범소년과 촉법소년을 조기에 형사절차에서 해방시켜 주는 것이 필요하다.

사실 소년법 제4조 제2항에서 경찰서장에게 촉법소년과 우범소년에 대하여 소년법원에 직접 송치하도록 한 것은 촉법소년이나 우범소년의 비행은 범죄가 아니기 때문이라고 본다. 따라서 그에 대한 수사는 범죄수사라고 볼 수 없으므로, 경찰의 통상적인 범죄예방활동의 범주로 포섭할 수 있다. 촉법소년과 우범소년에 대하여 경찰이 독자적인 선도대책을 강구하는 것은 경찰관 직무집행법 제2조 제2호에 근거하여 경찰의 범죄예방활동의 범주에서 법이론적으로 가능하다고 하여야 할 것이다. 그렇더라도 이 경우에 경찰이 소년부에 송치할 것인지 아니면 회복적 경찰제도를 통해 다이버전할 것인지를 결정해야 할 것이므로, 그러한 재량에 대한 일정한 준칙이 마련될 필요는 있다. 그렇다면, 소년법안에 그에 대한 근거규정을 마련하는 것이 바람직할 것으로 본다.[77] 예컨대 현행 소년법 제4조 제2항에 따라 촉법소년과 우범소년의 경우, 사안이 경미하고 회복적 대화모임을 통해 관계회복이 이루어진 사안에 대해서는 소년부에 송치하는 대신 그 내용을 법원 소년부에 보고하도록 하는 방안을 마련하고, 그에 대한 구체적인 기준은 대법원규칙으로 정하는 방안을 검토해 볼 수 있을 것이다.[78]

3) 소 결

오늘날 형법은 더 이상 '형벌'법(Strafrecht)이 아니라 형벌 이외의 수많은 변형형태의 다른 대응방식을 갖고 있는 넓은 의미의 '범죄'법(Kriminalrecht)으로 보는 것이 보다 더 적합할 수 있다. 이러한 관점에서 보면, 오늘날 범죄자에게 부과되는 제재수단의 의미나 효과를 평가하기 위해서는 종래의 좁은 의미의 형벌목적이 아니라 변화된 새로운 차원의 형벌목적에 대한 관념을 기준으로 가져야 할 것이다. 변화된 새로운 차원의 형벌목적에 대한 관념은 독일에서는 넓은 의미의 원상회복(Wiedergutmachung)으로, 영미에서는 회복적 사법(Restorative Justice)으로 대변될 수 있다. 여기에서 중요한 것은 범죄에 대한 대응으로서 형

---

77) 이호중, 앞의 논문(2004), 36면.

78) 김태명, 앞의 보고서(2010), 129면 참조.

벌이 아닌 회복적 사법이 새로운 대응수단으로 중요하게 거론되고 있다는 것이다.[79]

특히 피해자와 가해자 사이에 이해관계의 충돌이 불법의 실질적인 내용을 이루고 있는 관계범죄의 경우에는 회복적 사법의 적용대상이 될 수 있을 것이다. 그런 점에서 유엔사무국이 '회복적 사법 프로그램 핸드북'에서 권고하고 있는 바와 같이, 형사사법절차의 모든 단계에서 회복적 사법 프로그램이 작동할 수 있도록 설계할 필요가 있다. 물론 모든 단계에서의 회복적 프로그램이 모든 범죄에 대해 동일하게 적용되기는 어려울 수 있으나, 가능하면 다양한 범죄군에 대하여, 예컨대 기소 전단계에서는 다이버전적 비형벌화를 위한 형사조정제도, 기소 후 판결선고 전단계에서는 형벌완화적 형사조정제도, 판결선고시 양형단계에서는 제재체계 속에서의 형사조정제도 등 다양한 회복적 사법프로그램을 구현해볼 필요가 있다.[80]

79) 김성돈, "회복적 사법형 형사조정제도의 법제화 방안", 성균관법학 제21권 제2호, 2009, 292면.

80) 김성돈, 앞의 논문(2009), 286면 이하.

제 6 장 결론 — 미래의 형벌에 관한 논의

1. 뇌과학의 발전과 형벌관의 변화

전통적으로 형벌의 목적이 무엇인가라는 논의는, 앞에서 살펴본 바와 같이, 인간행위의 구조 및 본성에 관한 논의를 전제로 진행되어 왔다. 먼저 의사자유론자들은 인간을 자신의 자유의사에 따라 스스로의 행위를 결정할 수 있는 이성적인 존재라고 본다. 의사자유론자들은 자유로운 의사결정에 근거하여 행위할 수 있는 인간의 능력을 행위에 대한 개인책임의 토대로 여겨 왔다. 따라서 그들은 자유의지에 따라 범죄행위를 한 자에 대한 형벌의 목적을 응보로 보아왔다.

그것이 19세기에 이르러 인간은 스스로의 행위를 결정할 자유의지를 갖지 못하며 인간의 행위란 행위자의 내부·외부적 여러 요소에 의해 이끌려져 결정된다는 결정론이 대두되었다. 결정론자들의 등장으로 더 이상 형벌의 목적을 응보로 보는 것은 불합리하게 되었다. 따라서 형벌의 목적에 응보를 대신하여 교정이념을 앞세우게 되었다.

그 이후에도 인간의 의사자유가 실제로 존재하는지에 대해서 오랫동안 논쟁이 이어져 왔다. 그리고 아직까지 의사자유의 존재도, 그 부존재도 입증되지 않았다. 그럼에도 인간의 의사자유를 전제로 삼아야 한다는 광범위한 합의는 지금까지 이루어져 왔다. 그런데 최근 뇌과학의 연구결과에 따라, 인간에게 의사자유가 존재하는 것인가에 대한 의문이 제기되고 있다. 뇌과학자들은 더 이상 의사자유의 존재에 관한 종래의 합의가 유지되어서는 안 되는 상황이라고 한다. 그리고 이러한 관점은 형법영역에 큰 변화를 가져올 것이라고 한다.[1)]

근대 형법 이후 의사자유는 국가형벌권의 남용을 방지하는 일에 긍정적인 작용을 해왔다. 그러나 최근의 뇌과학연구를 통한 변화의 움직임은 지금까지의 형벌관에 새로운 변화를 요구하게 될 것이다. 즉 행위자의 특성과 환경을 고려하여 처벌보다는 치료에 무게중심을 두고, 응보보다는 개선에 무게를 두는 형벌패러다임의 변화가 요구될 것이다. 어쩌면 개선 불가능한 문제를 갖고 있는 일부 범죄자에 대해서는 영구격리를 주장하게 될지도 모르겠다.

이에 대해 최근의 뇌 과학적 성과물이 던지는 인간의 자유의사의 존부와 형사법적 책임부과의 정당성의 관계에 대한 물음은 형법에 던질 물음이 아니고, 형법은 그러한 물음에 대해 답하지 않고도 책임원칙을 굳건히 견지할 수 있는 구조로 만들어져 있다고 보는 견해도 있다.[2)] 그에 따르면, 현행 형법은 인간의 자유의사, 결정론과 비결정론, 뇌와 정신, 몸과 마음에 대한 어떠한 철학적 또는 자연과학적 의견을 따르는가와 무관하게 독자적으로 작동할 수 있는 형사법적 책임인정여부의 기준을 설정해 놓고 있다고 한다. 따라서 뇌과학의 결과물이 형법의 책임영역에 큰 영향을 미치는 것은 아니라고 본다.[3)]

그러나 뇌과학의 발전은 적어도 지금까지의 형벌관에 새로운 변화를 가져올 것으로 보인다. 뇌과학의 연구결과에 따르면, 자유의지가 환상에 불과할지도 모른다는 결론에 도달할지도 모른다. 그럼에도 규범과학적 관점에서 자유의지가 부인될 수는 없다고 본다.[4)] 오히려 범죄에 대한 책임을 개인의 책임에만 의

1) 김성돈, 앞의 논문(2010B), 125면 이하.

2) 독일의 입법자는 독일 형법 제20조와 관련하여 결정론과 비결정론 중 어디에도 가담하지 않기 위해 현재와 같은 표현을 선택했다고 한다. 따라서 현행 형법 제10조에서 말하는 형사법적 책임부과의 전제조건은 의사결정능력의 자유 또는 자유의사가 있느냐 여부가 아니라고 본다.

3) 구체적인 내용은 김성룡, "형사법의 근본원칙을 다시 생각함 －자유의사와 책임원칙－", 법학논고 제58집, 경북대학교 법학연구원, 2017, 350면 이하. 따라서 앞으로의 과제는 어떤 비정상을 심신장애로 포함시킬 것인가에 대하여 고민하고 그것을 형법에 반영하는 것이라고 한다.

4) 한 예로 서울·경기지역 콜센터 상담원에 대한 성희롱 강력대응의지를 밝히자 실제 고소사례가 한 건도 없었지만 성희롱 전화가 상당히 감소한 것을 통해 강력대응에 대하여 위하감을 느낌 악성민원인이 자유로운 의사결정으로 그러한 행위를 중단한 것으로 결국 민원인의 의사자유가 존재함이 어느 정도 방증된 것으로 평가하고 있다(한상훈, "진화론적

존하기 보다는 국가와 사회가 부담하여야 하는 책임을 인정함으로써 보다 객관적인 형벌과 함께 다양한 형사사법적 관점에서 다양한 형사사법모델을 구현하는 것이 필요할지도 모르겠다. 그런 점에서 앞으로는 전통적 응보사법뿐만 아니라 치료적 사법, 회복적 사법에 대한 열린 마음으로 형벌에 접근할 필요가 있을 것이다.[5] 특히 과학기술의 발전이 앞으로 우리 사회에 어떤 새로운 형벌제도를 등장시킬지 예측하는 것이 쉽지 않다.

따라서 앞으로 형사제재에 관한 논의가 무조건 전통적인 형벌의 포기를 의미하는 것도 아니고, 새로운 대체형벌의 도입을 찬성하는 것도 아닐 것이다. 오히려 다양한 전제를 바탕으로 필요한 영역에서 필요한 형사제재를 부과할 수 있는 제도를 정비하는 것이 우리에게 부과된 앞으로의 과제라고 생각된다. 그런 점에서 빅데이터를 활용한 예측은 형사제재의 판단에 큰 영향을 미칠 것으로 보인다.

2. 빅데이터를 활용한 예측이 형사제재에 미치는 영향

빅데이터는 현실에 대한 분석력과 대응력을 높여 미래에 대한 예측가능성을 제고시킬 뿐만 아니라 데이터에 기반을 둔 객관적·과학적 접근방식을 통해 보다 나은 미래 사회로의 방향을 모색할 수 있게 한다.[6] 빅데이터로 활성화되고 있는 분야 중 하나는 "예측"이다. 다양하고 방대한 데이터양을 통해 미래에 일어날 결과와 상황을 가늠하게 할 수 있다. 수많은 데이터들 속에는 사람들이 과거에 찾지 못했던, 그러나 그 데이터들 사이에는 서로 상관관계가 있는 사실을 발견할 수 있고, 그런 관계의 연장선상에서 이러한 데이터에 기반을 두고 미래를 예측하는 일의 적중률이 높아질 것이다.[7]

이러한 빅데이터는 비단 사전적 범죄예측뿐만 아니라 "재범위험성예측"에

인지과학을 고려한 책임개념과 책임원칙의 재조명", 형사법연구 제27권 제1호, 한국형사법학회, 2015, 279면).

5) 김동현, "인지과학적 관점에서 바라본 자유의지와 형사책임론의 문제", 법학 제51권 제4호, 서울대학교 법학연구소, 2010, 306면 이하.

6) 탁희성 외, 범죄 빅데이터를 활용한 범죄예방시스템 구축을 위한 예비연구(II), 연구총서 15-B-18, 한국형사정책연구원, 2015, 1면.

7) 정소영, 앞의 논문, 172면.

도 활용되면서 형사제재를 부과하는데 많은 영향을 미칠 것으로 생각된다. 재범위험성 예측은, 앞에서 언급한 바와 같이, 비단 보안처분에서뿐만 아니라 선고유예, 집행유예, 가석방, 보호관찰, 전자감독 등 다양한 형사제재와 관련된 판단에서 결정적인 기능을 수행한다.

물론 예측을 바라보는 시선에는 긍정적 측면과 부정적 측면이 공존하고 있다. 현재 예측에 대한 기대는 긍정적 측면의 강화보다는 부정적 측면의 억제에 대한 기대로 나타나고 있다. 즉 범죄로부터의 위험 감소와 치안에 대한 높은 기대를 보이고 있는 것이다.[8] 다만, 빅데이터를 통한 예측은 한편에서는 그 가능성을 높였지만, 다른 한편에서는 위험한 요소를 내포하고 있다. 왜냐하면 예방이라는 명목 하에 발생하지 않은 사건에 대한 처벌과 구속이 가능하기 때문이다. 특히 예측은 확신할 수 있는 것은 아니기 때문에 빅데이터 신봉자들도 모든 범죄에 대한 정확한 예측에 동의하지는 않는다. 그러나 충분한 데이터가 필요한 공식이나 알고리즘을 만들 수 있게 할 것이고, 이것이 범죄예측에 유용한 역할을 하게 될 것이라고 기대한다.[9]

무엇보다도 빅데이터의 등장으로 과거 존재했던 재범위험성 예측에 대한 비판적 시각은 변화하기 시작하였다. 따라서 빅데이터 시대에 형사제재에서 재범위험성 예측은 새로운 의미로 다가올 것으로 보인다. 즉 빅데이터를 활용한 재범위험성 예측을 바탕으로 개인에게 보다 적합한 형사제재를 결정하게 된다면, 형벌효과를 높일 수 있을 것으로 기대된다.[10]

다만, 빅데이터를 활용한 예측에서 항상 문제되는 것은 무차별적인 개인정보의 수집을 통해 사생활 침해가 동반되게 된다는 것이다. 즉 데이터의 생성 및 이용방식이 기존의 패러다임에서 벗어나는 빅데이터 환경은 정보에 대한 권리

8) 빅데이터 활용을 통해 범죄 등 위기상황을 사전에 감지할 수 있는 부분에 대한 기대가 40.5%로 나타난 반면, 자유로운 원격 근무 등으로 노동 생산성 향상의 기대는 27.8%로 나타났다. 특히 여성의 경우 실시간 안전감시(여성 49.2%, 남성 38.9%)와 위기상황 사전 예방(여성 45.1%, 남성 35.3%)에 대한 기대감이 남성보다 훨씬 큰 것으로 나타났다고 한다(유강하, "빅데이터와 사물인터넷 시대의 비판적 해석과 인문학적 상상력 - 영화 <마이너리티 리포트>를 중심으로", 시민인문학 제30호, 2016, 100면).

9) 유강하, 앞의 논문, 100면 이하.

10) 예컨대 빅데이터를 활용하여 보호관찰 대상자를 분석하여 맞춤형 감독을 실시하는 등 재범위험성에 따른 맞춤형 보호관찰을 통해 보호관찰의 실효성을 높이고, 궁극적으로 재범예방에 긍정적인 결과를 가져올 수 있을 것으로 기대된다.

와 프라이버시 침해라고 하는 문제에 직면해 있다.[11] 따라서 기존의 개인정보 보호법은 빅데이터 환경에 적합하도록 개선하여야 할 것이다.

3. 미래의 형벌에 관한 신중한 접근

현대 과학기술의 발전은 미래의 형사제재 체계에 많은 변화를 초래할 수도 있을 것이다. 대표적인 예로 전자감독 방식의 변화를 들 수 있다. 우리나라에서 2008년부터 시행되고 있는 전자감독의 방식은 현재 변화를 앞두고 있다. 법무부에서 2014부터 미래창조과학부 및 산업통상자원부와 함께 전자감독 대상자의 외부정보와 과거의 범행수법이나 이동경로 등을 분석하여 범행현장에서 직접 범행을 제지하거나 범행 모의 단계에서 전화경고 등을 통해 범행을 사전에 포기하게 할 수 있도록 '지능형 전자감독시스템 개발'에 착수하였다고 한다.[12]

지능형 전자감독시스템 개발은, 앞에서 언급한 바와 같이 두 가지 형태로 진행되고 있는데, 하나는 '외부정보 감응형 전자발찌'로 범행현장에서 범행직전에 전자감독 대상자에게 나타날 수 있는 신체적 변화인 맥박, 체온, 가속도 등의 외부정보를 감지할 수 있는 기능이 탑재된 전자발찌를 개발하고, 이를 시스템화하여 자동으로 보호관찰관이나 전자감독 대상자에게 통보함으로써 재범을 사전에 차단하고자 하는 것이다.[13]

다른 하나는 '범죄징후 사전 알림 시스템'개발로 2014년 미래창조과학부와 협업하여 2017년 개발완료를 목표로 추진하고 있다고 한다.[14] 이는 외부정보감응형 전자발찌에서 수집된 정보와 대상자의 과거 범죄수법·평소 이동패턴 등 빅데이터를 분석하여 시스템에 저장한 후 이상 징후 발견시 자동으로 보호관찰

11) 탁희성 외, 앞의 보고서, 1면. 빅데이터로 인한 개인의 사생활 침해를 우려하여 '활용과 보호의 균형'을 중시하는 보호정책이 검토되고 있는데, 기술적인 대처방법으로 '사생활 보존형 데이터 마이닝(PPDM: Data Mining)이 제시되고 있다. 이러한 기술을 활용하면 개인의 정보는 절대로 공개되지 않지만, 그 데이터에 근거한 전체적인 동향은 모두가 공유할 수 있게 된다. 즉 특정 활동을 한 사람이 누구인지 식별하지 않으면서 그가 다른 어떤 활동을 했는지와 같은 패턴만 분석한다.

12) 강호성, 앞의 논문(2014), 126면.

13) 2017년 개발완료예정이라고 한다.

14) 기초적인 시스템 개발이 완료되어 2017년 현재 본격적인 실제 시스템을 구축하고 있다고 한다.

관에게 알려주는 것이다.15)

그러나 이에 대해서는 부정확성으로 인한 인권침해의 논란이 야기될 수 있다. 특히 전자기술을 이용한 인간의 통제라는 측면에서 우리의 사회문화 내지 법감정과 관련해서 어디까지 수용할 수 있을 것인지에 대한 고민도 필요할 것이다. 그 이유는 사실 이미 오래전부터 전자감독의 제3세대 방식으로16) 전자태형까지 언급되고 있기 때문이다.

일명 '전자태형(electronic caning, elektronische Prügelstrafe)'은 신체적 형벌(corporal punishment)의 하나라고 할 수 있다. 과거 조선시대에는 우리나라에도 태형이 법정형의 하나로 존재하였다. [그림 2-6-1]에서 보는 바와 같이, 현재도 아프가니스탄, 브루나이, 이란, 말레이시아, 사우디아라비아, 카타르, 싱가포르, 대만, 아랍 에미리트에서는 형벌의 하나로 태형을 유지하고 있다.17) 이와

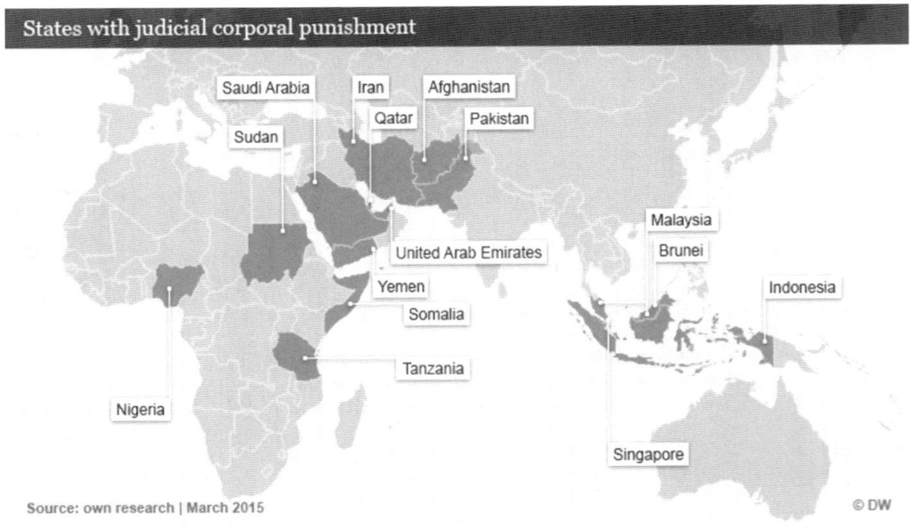

[그림 2-6-1] 태형이 존재하는 국가18)

15) 강호성, 앞의 논문(2014), 127면.

16) Haverkamp, 앞의 책, 23면 이하; Hudy, 앞의 책, 36면. 더 나아가 조작을 방지하기 위하여 전자장치를 소형화하여 피부에 이식하는 방법도 이미 제안되고 있다.

17) 위키백과사전 참조(https://en.wikipedia.org/wiki/Caning_in_Singapore: 2017. 3. 1. 최종검색).

18) http://www.dw.com/en/the-invisible-scars-left-by-strikes-of-the-cane/a-18298970: 2017. 3. 1. 최종검색.

관련하여, 테크놀로지의 힘을 전적으로 신뢰하는 일부 이론가들은 8시간이 넘지 않는 범위 내에서 전기쇼크를 주는 현대적인 태형의 한 방법을 고려할 수 있다고 하여, 소위 '전기쇼크형'이라는 새로운 형벌까지도 제안하고 있다.

앞에서 언급한 바와 같이, '지능형 전자장치'의 하나로 개발되고 있는 것에는 일부 전기충격을 통해 경각심을 불러일으키는 방안이 마련되고 있다. 이것을 태형처럼 사용한다면 사실 기술적으로 전자태형이 불가능한 것은 아닐 것이다. 앞에서 살펴본 일부 국가에서 여전히 태형이 실시되고 있어, 그 방식에 전자적 기술을 활용하는 것이라는 점에서 그 도입이 주장될 수도 있을 것이다.

다만, 이러한 새로운 방식의 도입에 앞서 항상 우리는 인권을 고민해보아야 할 것이다. 전자감독제도의 도입 초기에 전자감독이 소위 '이상한 형벌'의 시초로 작용할 수 있다는 우려를 나타내면서, 전자감독이 자칫 형사제재의 테크놀로지화의 단초가 될 위험성을 배제할 수 없다는 우려도 제기되었다. 아무리 기술적으로 가능한 일이라고 하더라도 윤리적으로 해서는 안 되는 일까지 하는 것은 제재라는 이름으로도 허용되기 어려운 부분이 있다. 따라서 미래에 등장하게 될 새로운 형사제재에 대해 항상 신중한 접근이 필요할 것이다.

참고문헌

<국내문헌>

강석구/김한균, 사형제도의 합리적 축소정비방안, 연구총서 05-31, 한국형사정책연구원, 2005.

강우예/박학모, 형사법개정연구(IV) 보안처분제도의 정비방안, 연구총서 09-25-04, 한국형사정책연구원, 2009.

강은영/황만성/이상흔, 상습적 성폭력범죄자 거세법에 관한 연구, 연구총서 10-26, 한국형사정책연구원, 2010.

김성돈, 자유형제도의 개선방안, 연구총서 94-17, 한국형사정책연구원, 1994.

김영환/오영근/조준현/최병각, 사회봉사명령제도에 관한 비교법적 연구, 연구총서 91-03, 한국형사정책연구원, 1991.

김용세/박광섭/도중진, 형사화해제도 도입을 위한 입법론적 연구, 연구총서 01-29, 한국형사정책연구원, 2001.

김일수, 범죄인 전자감독에 관한 연구, 법무부 용역과제, 한국보호관찰학회, 2005.

김지선 외, 성폭력범죄자 사후관리시스템에 대한 평가연구(I) -신상공개제도의 효과성 연구-, 경제·인문사회연구회 협동연구 총서 12-29-01, 한국형사정책연구원, 2012.

김지선 외, 성폭력범죄자 사후관리시스템에 대한 평가연구(II) -전자감독제도에 관한 평가연구-, 경제·인문사회연구회 협동연구 총서 13-39-01, 한국형사정책연구원, 2013.

김태명, 경찰단계에서의 형사사법처분 도입에 대한 연구, 경찰청 정책연구보고서, 2010.

김혜정/황만성, 선진 각국의 보호관찰조직 및 인력의 운용실태에 관한 연구, 법무부 용역과제, 한국형사정책연구원, 2003.

대검찰청, 형사조정의 이론과 실무, 박영사, 2014.

박상기/손동권/이순래, 형사정책 제11판, 한국형사정책연구원, 2010.

배종대, 형사정책 제10판, 홍문사, 2016.

배종대/이상돈, 형사소송법, 홍문사, 1996.

법무부, 형법개정법률안 제안이유서, 형사법개정자료(XIV), 1992.

법무부, 영국 전자감시제도 시찰보고, 1999.

법무부, 2000년도 보호관찰심사분석, 2001.
법무부, 2006년 사회봉사명령·수강명령 집행분석집, 2007.
법무부, 형법(총칙)일부개정법률안 제안 이유서, 2011.
법무부, 2014 범죄예방정책 통계연보, 2014.
법무연수원, 2007 범죄백서, 2007.
서일교, 조선왕조 형사제도의 연구, 박영사, 1974.
손동권/최영신, 수강명령프로그램의 운용실태와 개발방향, 연구총서 97-09, 한국형사정책연구원, 1998.
신동운, 형사소송법 I, 법문사, 1997.
신영철 외, 성격장애로 인한 상습범죄자의 행동교정프로그램 개발을 위한 연구, 법무부 보고서, 2004.
심재우 편역, 책임형법론-형법상의 책임원칙에 관한 논쟁, 홍문사, 1995.
안성훈/김성돈, 조선시대의 형사법제 연구, 연구총서 15-AA-11, 한국형사정책연구원, 2015.
오영근/진희권, 벌금형의 과태료 전환방향에 관한 연구, 연구총서 94-33, 한국형사정책연구원, 1994.
윤해성, 형사법개정연구(IV) 재산형제도의 정비방안, 연구총서 09-25-02, 한국형사정책연구원, 2009.
이무웅, 보호관찰제도론, 풍남, 1991.
이병기/신의기, 벌금형의 운용과 집행의 효율성 제고방안, 연구총서 93-19, 한국형사정책연구원, 1994.
이병기/노성호, 수강명령제도와 교육내용에 관한 연구, 연구총서 94-05, 한국형사정책연구원, 1995.
이병희, 프라이버시의 보호와 범죄자 신상공개, 연구총서 01-25, 한국형사정책연구원, 2001.
이상돈, 형법의 근대성과 대화이론, 홍문사, 1994.
이순길/김용준, 교정학, 고시원, 1997.
이승현, 형사법개정연구(IV) 자유형제도의 정비방안, 연구총서 09-25-01, 한국형사정책연구원, 2009.
이원상, 새로운 범죄대응전략으로서 화해조정체계구축방안(II)-형사화해조정체계의 구축을 위한 법적·제도적 정비 방안 -형사화해조정제도 도입에 적합한 입법방식-, 경제·인문사회연구회 미래사회협동연구총서 09-04-04, 한국형사정책연구원, 2009.
이재상, 사회보호법론, 경문사, 1981.
이재상, 형사소송법, 박영사, 2001.
이재상/장영민/강동범, 형법총론 제9판, 박영사, 2017.

이태언, 보호관찰 등에 관한 법률론, 세종출판사, 1998.
임재표, 조선시대 행형제도에 관한 연구, 연구총서 00－02, 한국형사정책연구원, 2000.
정진수/승재현, 재범방지를 위한 교정보호의 선진화 방안 연구(I) －고위험범죄자에 대한 보안처분제도의 정비방안－, 경제·인문사회연구회 협동연구 총서 12－28－02, 한국형사정책연구원, 2012.
지광준, 현대사회와 형벌, 강남대학교 출판부, 2004.
진수명/김혜정, 각국의 보호관찰 대상자 준수사항에 관한 연구, 법무부 용역과제, 한국형사정책연구원, 2001.
최인섭/진수명/김영진, 소년보호관찰의 평가와 효율성분석 －서울보호관찰소를 중심으로－, 연구총서 92－19, 한국형사정책연구원, 1992.
최인섭/진수명, 보호관찰제도의 성인범 확대실시를 위한 예비연구, 연구총서 95－32, 한국형사정책연구원, 1995.
탁희성 외, 범죄 빅데이터를 활용한 범죄예방시스템 구축을 위한 예비연구(II), 연구총서 15－B－18, 한국형사정책연구원, 2015.
하워드 제어(손진 옮김), 회복적 정의란 무엇인가?, KAP, 2010.
하워드 제어(조균석 외 역), 회복적 정의 실현을 위한 사법의 이념과 실천, KAP, 2015.
하워드 제어/바브 토우즈 편저(변종필 옮김), 회복적 정의의 비판적 쟁점, 한국형사정책연구원, 2014.
형법개정연구회, 형사법개정연구(IV) 형법총책 개정안 : 죄수·형벌 분야, 연구총서 09－25－05, 한국형사정책연구원, 2009.
Newnam(이경재 역), 서양형벌사, 길안사, 1997.

강지명, “형사절차에서의 협상과 합의; 소년법상 화해권고제도 규정의 문제점과 개선방안”, 형사정책 제24권 제3호, 한국형사정책학회, 2012.
강태수, “청소년대상 성범죄자의 신상공개에 대한 헌법적 고찰”, 헌법판례연구 제4집, 한국헌법판례연구학회, 2002.
강호성, “수강명령제도의 법적성격에 관한 경험적 연구”, 법조 통권 제541호, 법조협회, 2001.
강호성, “전자감독제도의 성과분석 및 발전방안”, 형사정책 제26권 제3호, 한국형사정책학회, 2014.
강호성/이승원, “보호관찰 단계에서의 회복적사법 적용 방안에 관한 연구”, 교정담론 제5권 제1호, 아시아교정포럼, 2011.
강호성/이혜화, “효율적 수강명령집행을 위한 수강집행센터 모델 연구”, 보호관찰 제17권 제1호, 한국보호관찰학회, 2017.
권창국, “‘청소년 성매매’ 행위 등에 대한 규제방법으로서 신상공개제도에 관한 검토”, 형사정책연구 제12권 제2호, 한국형사정책연구원, 2001.

김경, "사회봉사명령 등 사회내처우의 실효성 확보방안", 2003 양형실무위원회, 2004.
김기두, "보안처분에 관한 소고", 법조 제22권 제5호, 법조협회, 1973.
김남일, "사형제도에 관한 연구", 지역개발연구 제8집, 군산대학교 지역개발연구소, 1996.
김동현, "인지과학적 관점에서 바라본 자유의지와 형사책임론의 문제", 법학 제51권 제4호, 서울대학교 법학연구소, 2010.
김동희 외, "전자감독제도의 실태분석을 통한 지능형 전자발찌 도입 방안", Journal of the Korea Society of Disaster Vol. 10 No. 3, 2014.
김범식, "조선시대의 형사제재", 성균관법학 제22권 제2호, 성균관대학교 법학연구소, 2010.
김선택, "인간으로서의 존엄과 가치, 생명권, 사형제도 －헌재 1996. 11. 28. 95헌바1, 형법 제250조 등 위헌소원－", 헌법재판 주요선례연구I, 헌법재판소 헌법재판연구원, 2012.
김성규, "독일의 보안감호에 관한 규정의 변화와 과제", 법과정책연구 제12집 제1호, 한국법정책학회, 2012.
김성돈, "형사절차상 피해자·가해자 조정제도의 도입 방안", 피해자학연구 제9권 제1호, 한국피해자학회, 2001.
김성돈, "형사사법과 회복적 사법", 성균관법학 제17권 제1호, 성균관대학교 비교법연구소, 2005
김성돈, "보호관찰의 실효성 확보방안", 형사정책 제18권 제1호, 한국형사정책학회, 2006.
김성돈, "조선전기 형사법과 형정운용에 나타난 애민적 형사정책", 성균관법학 제20권 제1호, 성균관대학교 비교법연구소, 2008.
김성돈, "회복적 사법형 형사조정제도의 법제화 방안", 성균관법학 제21권 제2호, 성균관대학교 비교법연구소, 2009.
김성돈, "책임형법의 위기와 예방형법의 한계", 형사법연구 제22권 제3호, 한국형사법학회, 2010A.
김성돈, "뇌과학과 형사책임의 새로운 지평", 형사법연구 제22권 제4호, 한국형사법학회, 2010B.
김성룡, "형사법의 근본원칙을 다시 생각함 －자유의사와 책임원칙－", 법학논고 제58집, 경북대학교 법학연구원, 2017.
김수길, "자유형제도에 관한 연구", 제행논총 제5집, 제주대학교 행정대학원, 1997.
김수길, "벌금형제도에 관한 소고", 제행논총 제6집, 제주대학교 행정대학원, 1998.
김용세, "형사제재시스템과 회복적 사법 －'회복적 사법의 이념과 형사제재체제의 개편(이호중)'에 관한 의견을 겸하여", 형사법연구 제23호, 한국형사법학회, 2005.
김용세, "회복적 사법과 형사제재 시스템 개혁", 정성진교수 고희논문집, 2010.

김용준, "우리나라의 21세기 사회 내 처우의 전망", 교정연구 제14호, 한국교정학회, 2002.

김은경, "소년법상 화해제도의 문제점과 개선방안 －경찰단계 및 법원단계 회복적 사법 실험연구 결과를 중심으로－", 소년보호연구 제13호, 한국소년정책학회, 2009.

김인선, "우리나라 사형제도의 역사적 고찰과 그 위헌성 여부", 비교법학 제2집, 전주대학교 비교법학연구소, 2002.

김일수, "국가형벌권의 정당화 문제", 법치국가와 형법 －심재우 선생의 형법사상에 대한 재조명－, 세창출판사, 1998.

김정환, "전자감독제도를 통한 소년범죄자의 단기자유형과 벌금형 대체", 법학논총 제23권 제2호, 국민대학교 법학연구소, 2011.

김재희, "수강명령제도의 형사제재로서의 역할에 대한 소고", 성균관법학 제25권 제1호, 성균관대학교 비교법연구소, 2013.

김주영, "미국의 벌금미납자에 대한 사회봉사명령제도 －텍사스주 형사절차법(Texas Code of Criminal Procedure)을 중심으로－", 최신 외국법제정보, 2009－4.

김태명, "청소년대상 성범죄자 신상등록 및 열람제도에 대한 검토", 청소년성보호개정안에 대한 토론회 자료, 2007. 4. 19.

김태명, "최근 우리나라의 중벌주의 입법경향에 대한 비판", 형사법연구 제24권 제3호, 한국형사법학회, 2012.

김혜경, "범죄피해자보호법상 형사조정제도의 시행평가 및 향후 과제 －형사조정제도의 목적과 이념실현을 중심으로－", 한국피해자학회 2016년 춘계학술대회 자료집, 2016. 4. 22.

김혜정, "보안처분에 있어서 "in dubio pro reo"원칙의 효력 －독일형법을 중심으로", 비교형사법연구 제2권 제2호, 한국비교형사법학회, 2000A.

김혜정, "형법 및 보안처분상의 예측 －독일형법을 중심으로", 형사정책연구 제11권 제4호, 한국형사정책연구원, 2000B.

김혜정, "법적 성질의 재고찰을 통한 보호관찰의 형사정책적 지위정립 －보호관찰과 보안처분의 개념구별을 중심으로－", 형사정책 제13권 제2호, 한국형사정책학회, 2001.

김혜정, "보안처분에서 무죄추정원칙의 인정여부", 형사법연구 제19호, 한국형사법학회, 2003A.

김혜정, "현행 보호감호제도에 관한 정책적 조명", 형사정책연구 제14권 제4호, 한국형사정책연구원, 2003B.

김혜정, "보안처분과 '의심스러운 경우에는 피고인의 이익으로(in dubio pro reo)'원칙과의 관계", 법학논총 제15집, 국민대학교 법학연구소, 2003C.

김혜정, "보안처분제도의 개선방안", 형사법연구 제22호, 한국형사법학회, 2004.

김혜정, “인격(성격)장애로 인한 상습범죄자의 처우에 관한 검토”, 형사정책연구 제16권 제1호, 한국형사정책연구원, 2005A.

김혜정, “성폭력범죄자에 대한 전자팔찌 적용가능성에 대한 검토 –‘특정성폭력범죄자에대한위치추적전자장치부착에관한법률안’을 중심으로–”, 형사정책연구 제16권 제3호, 한국형사정책연구원, 2005B.

김혜정, “우리 형사사법시스템에서 전자감독제도의 적용방안에 관한 연구”, 형사정책연구 제17권 제4호, 한국형사정책연구원, 2006A.

김혜정, “범죄피해자보호의 영역에서 ‘피해자–가해자 화해제도’의 의미에 관한 고찰”, 법조 통권 제595호, 법조협회, 2006B.

김혜정, “독일의 최근 동향을 통해 바라본 우리 보안처분제도의 재조명”, 법조 통권 제625호, 법조협회, 2008.

김혜정, “특정 성폭력범죄자에 대한 위치추적 전자장치 부착에 관한 법률에 관한 검토”, 형사정책연구 제20권 제1호, 한국형사정책연구원, 2009.

김혜정, “성폭력범죄에 대한 법적 통제 현황과 개선방안”, 보호관찰 제20권 제2호, 한국보호관찰학회, 2010.

김혜정, “전자장치부착명령의 법적 성격과 제 문제”, 법조 통권 제660호, 법조협회, 2011A.

김혜정, “사회내처우의 형사정책적 기능에 관한 소고 –사회봉사명령제도를 중심으로–”, 보호관찰 제11권 제1호, 한국보호관찰학회, 2011B.

김혜정, “보안처분의 체계적 입법화를 위한 소고”, 형사법연구 제25권 제4호, 한국형사법학회, 2013A.

김혜정, “형 집행 종료 후의 전자장치 부착명령과 소급효금지원칙과의 관계”, 인권과정의 제435호, 대한변호사협회, 2013B.

김혜정, “성폭력범죄에 대한 대응의 재검토”, 법학논총 제20집 제1호, 조선대학교 법학연구원, 2013C.

김혜정, “「보호수용법 제정시안」에 대한 소고”, 법조 통권 제697호, 법조협회, 2014.

김혜정, “헌법재판소 결정을 통해 바라본 성폭력범죄자 신상정보 등록제도의 문제점과 개선방안”, 가천법학 제9권 제1호, 가천대학교 법학연구소, 2016.

김희균, “상습적 아동 성폭력범에 대한 화학적 거세 도입 가능성에 대한 연구”, 형사법연구 제21권 제4호, 한국형사법학회, 2009.

문정민, “사회내처우의 현황과 개선방안 –사회봉사명령제도를 중심으로–”, 교정연구 제17호, 한국교정학회, 2002.

문재완, “성범죄자 신상공개제도 위헌성 재검토 –미국의 메간법 판결과의 비교를 중심으로”, 헌법학연구 제9권 제2호, 한국헌법학회, 2003.

박미숙, “형사제재로서 사회봉사명령의 의의와 전망”, 형사법연구 제17호, 한국형사법학회, 2002.

박봉진, "성폭력범죄자의 성충동약물치료에 관한 법률의 헌법적·형사정책적 검토", 법학연구 제47집, 한국법학회, 2012

박상기, "소위 화학적 거세와 성폭력범죄자의 성충동 약물치료에 관한 법률의 문제점". 형사정책연구 제21권 제3호, 한국형사정책연구원, 2010.

박상식, "범죄피해자와 회복적 사법의 모델, 피해자학연구 제13권 제1호, 한국피해자학회, 2005.

박상식, "소년사범의 재범 감소를 위한 회복적 사법의 도입 －화해권고제도를 중심으로－", 교정복지연구 제35호, 한국교정복지학회, 2014.

박상진, "개정 형법상의 선고유예·집행유예시의 보호관찰 및 수강명령·봉사명령의 법적 성격", 중앙법학 제2호, 중앙법학회, 2000.

박재윤, "우리나라 형사제재제도의 개편방안 －형법개정법률안에 대한 평가를 중심으로－", 법학논총 제5집, 국민대학교 법학연구소, 1993.

박찬걸, "특정 성범죄자의 신상정보 활용제도의 문제점과 개선방안 －성범죄자 등록·고지·공개제도를 중심으로－", 법학논총 제27집 제4호, 한양대학교 법학연구소, 2010.

박찬운, "보호감호제도 왜 폐지되어야 하는가", 사회보호법 무엇이 문제인가? 토론회 자료집, 2003. 5. 22.

박학모, "보안처분제도의 재구성을 위한 성착과 제언", 보호관찰 제14권 제1호, 한국보호관찰학회, 2014.

박현준, "범죄피해자 보호를 위한 형사조정활성화 방안 －사법경찰관리의 역할강화－", 법학연구 제58집, 한국법학원, 2015.

박형남, "사회봉사명령제도의 적정한 운용방안", 사회봉사·보호관찰제도 해설, 법원행정처, 1997.

박혜진, "소위 전자장치부착법(특정 성폭력범죄자에 대한 위치추적 전자장치 부착에 관한 법률)에 대한 비판적 고찰", 형사정책 제20권 제2호, 한국형사정책학회, 2008.

박홍규, "사형제도 폐지의 법학적 논리", 사형제도의 이론과 실제, 1989.

배종대, "보안처분과 비례성원칙", 법치국가와 형법, 1998.

변종필, "형벌이란 무엇이며, 무엇을 지향해야 하는가? －응보, 예방, 그리고 회복과 연계하여－", 강원법학 제46권, 강원대학교 비교법학연구소, 2015.

서보학, "명예형의 제문제", 형사법연구 제22호 특집호, 한국형사법학회, 2004.

서효원, "벌금형 집행의 현황과 과제", 교정연구 제26권 제4호, 한국교정학회, 2017.

선의종, "소년법상 화해권고제도의 실질적 운영방안", 법학논집 제15권 제1호, 이화여자대학교 법학연구소, 2010.

선종수, "성폭력범죄자의 성충동 약물치료에 관한 법률에 대한 비판적 검토", 법학논총 제23권 제2호, 국민대학교 법학연구소, 2011.

송광섭, "형벌의 본질", 법학연구 제18집, 원광대학교 법학연구소, 2001.

송광섭, "신상정보공개제도의 현황과 그 개선방안", 원광법학 제32권 제4호, 원광대학교 법학연구소, 2016.

손외철, "사회봉사·수강명령에서의 회복적 사법 적용방안", 법학논집 제16권 제1호, 이화여자대학교, 2011.

송문호, "사회보호법상 보호감호에 대한 비판적 고찰", 형사법연구 제13호, 한국형사법학회, 2000.

송문호, "보안처분에 있어서 in dubio pro reo원칙 – 김혜정박사와 또 다른 관점에서의 고찰", 비교형사법연구 제4권 제1호, 한국비교형사법학회, 2002.

승재현, "보호수용법안의 도입배경과 내용", 보호수용 도입 공청회 자료집, 2014. 7. 31.

신동운, "선고유예·집행유예시의 보호관찰의 법적 성질과 소급효금지의 원칙", 동암 이형국교수 화갑기념논문집, 1998.

신동운, "자격상실과 자격정지 형의 존폐에 대하여", 법학 제47권 제4호, 서울대학교 법학연구소, 2006.

신양균, "사형확정자의 처우", 법조 통권 제670호, 법조협회, 2012.

신진규, "보호관찰제도 도입의 기본방향", 청소년범죄연구 제6집, 1988.

신창언, "보호관찰제도에 관한 연구 –미국과 일본의 제도를 중심으로–", 저스티스 제14권 제1호, 한국법학원, 1977.

신한미, "소년보호재판의 새로운 시도: 청소년참여법정과 화해권고제도의 현황과 과제", 아세아여성법학 제14호, 아세아여성법학연구소, 2011.

심재우, "(번역) 형법에 있어서의 목적사상", 법률행정논집 제15권, 고려대학교 법률행정연구소, 1977.

심재우, "보안처분제도에 관한 고찰", 법학논집 제22집, 고려대학교 법학연구원, 1984.

심재우, "동양의 자연법사상", 법학논집 제33집, 고려대학교 법학연구원, 1997.

심희기, "신상공개의 정당화근거와 적절한 공개대상과 공개기준의 탐식", 저스티스 통권 제65호, 한국법학원, 2002.

심희기, "현행 보호감호제도의 문제점과 개선방향 –은폐된 무력화 전략과 직관적인 미래예측의 가혹성", 우리나라 보호감호제도의 현황과 개선방향 세미나 자료집, 한국형사정책연구원, 2003. 7. 1.

안경옥, "청소년 성매매를 둘러싼 논의들에 대한 검토", 형사정책연구 제13권 제1호, 한국형사정책연구원, 2002.

안성훈, "회복적 사법과 재범방지에 관한 소고(1)", 범죄와 비행 제3권, 한국범죄비행학회, 2012.

양중진/정용현, "법교육의 필요성과 보호관찰의 패러다임 전환 –보호관찰소의 법교육 필요성 및 발전방향을 중심으로–", 보호관찰 제16권 제2호, 한국보호관찰학회, 2016.

오경식, “보호관찰에서 회복적 사법의 실현방안”, 교정연구 제67호, 한국교정학회, 2015.

오도기, “한국형법사”, 형사법강좌 I 형법총론(상), 한국형사법학회, 1981.

오영근, “보호관찰제도의 활성화방안”, 형사정책 제1권, 한국형사정책학회, 1986.

오영근, “사회봉사명령제도와 그 문제점”, 형사정책연구 제2권 제3호, 한국형사정책연구원, 1991.

오영근, “사회봉사명령의 신동향”, 교정연구 제35호, 한국교정학회, 2007.

원형식, “상습범과 누범의 가중처벌의 문제”, 형사법연구 제22호 특집호, 한국형사법학회, 2004.

원혜욱, “한국과 독일 사법상의 원상회복제도”, 비교형사법연구 제5권 제1호, 한국비교형사법학회, 2003.

원혜욱, “전자장치 부착명령의 적용범위에 대한 고찰 －만 19세 미만의 자에게 부착명령을 선고할 수 있는가?”, 보호관찰 제12권 제2호, 한국보호관찰학회, 2012.

위르겐 무츠, “독일 형사사법 시스템에서의 보호관찰의 역할”, 보호관찰 제9권 제2호, 한국보호관찰학회, 2009.

유강하, “빅데이터와 사물인터넷 시대의 비판적 해석과 인문학적 상상력 - 영화 <마이너리티 리포트>를 중심으로”, 시민인문학 제30호, 2016.

유석원, “미국의 보호관찰제도 운영실태연구”, 보호 통권 제6호, 법무부, 1997.

유석원, “미국의 사회내처우에 관한 연구 －한국의 형사사법에 대한 정책적 시사점－”, 저스티스 통권 제70호, 한국법학원, 2002.

유해정, “사회보호법, 왜 인권의 문제인가?”, 사회보호법 무엇이 문제인가? 토론회 자료집, 2003. 5. 22.

윤순갑/최동민, “형벌제도에 대한 정당성 문제 －헤겔의 형벌이론을 중심으로－”, 대한정치학회보 제19권 제1호, 대한정치학회, 2011.

윤웅장, “성폭력범에 대한 성충동 약물치료제도의 효율적 운영방안 검토”, 한국보호관찰학회 학술대회 자료집, 2010.

윤재왕, “형벌과 도덕 - 칸트와 예방이론”, 안암법학 제40호, 안암법학회, 2013.

윤지영, “위치추적 전자감시제도에 관한 비판적 고찰”, 피해자학연구 제18권 제2호, 한국피해자학회, 2010.

이경재, “청소년성보호법의 문제점과 개선방안”, 형사정책 제13권 제2호, 한국형사정책학회, 2001.

이경재, “성범죄자 신상공개의 법적 문제점 고찰”, 저스티스 통권 제65호, 한국법학원, 2002.

이경재/최석윤, “한국의 사회봉사명령제도”, 형사정책연구 제8권 제4호, 한국형사정책연구원, 1997.

이덕인, “사형제도의 어제와 오늘, 그리고 미래 전망”, 입법과 정책 제7권 제2호, 국회

입법조사처, 2015.
이미경, “청소년대상 성범죄자 신상정보 등록 및 열람제도(안) 검토의견”, 청소년의성보호에관한법률 개정(안) 공청회자료집, 2006. 7. 20.
이병희, “성범죄자 신상공개에 대한 형사법적 고찰”, 형사법연구 제17권, 한국형사법학회, 2002.
이보영/송경석, “형벌의 의미와 정당성 –언제나 형벌은 필요한가?–”, 법조 제60권 제5호, 법조협회, 2011.
이성칠, “한국 보호관찰에서의 회복적 사법의 적용실태와 전망”, 법학논집 제14권 제2호, 이화여자대학교 법학연구소, 2009.
이성칠/김충섭, “전자발찌대상자의 스트레스와 정신건강에 관한 연구”, 보호관찰 제13권 제1호, 한국보호관찰학회, 2013.
이세련, “사형폐지에 관한 국제법적 고찰과 정책적 지향점”, 홍익법학 제14권 제2호, 홍익대학교 법학연구소, 2013.
이수정/고려진, “한국판 위험성평가도구, KORAS–G(Korean Offender Risk Assessment–General) 타당도 연구”, 한국범죄학 제5권 제2호, 대한범죄학회, 2011.
이승호, “보안처분 이데올로기 비판 –교정주의, 사회방위론, 형벌한계론에 대한 비판–”, 법학연구 제7권 제1호, 충북대학교 법학연구소, 1995.
이승호, “우리나라 사회내처우의 역사적 전개와 향후 발전방향”, 형사정책 제8호, 한국형사정책학회, 1996.
이승호, “형사사법의 담론과 법원운용의 시스템”, 형사정책연구 제20권 제1호, 한국형사정책연구원, 2009.
이승호, “형사제재의 다양화와 형법의 기능”, 형사법연구 제24권 제3호, 한국형사법학회, 2012.
이영란, “사회봉사명령의 양형과 효과에 관한 경험적 연구”, 형사정책 제12권 제1호, 한국형사정책학회, 2000.
이원경, “성충동약물치료법의 정당성과 문제점에 대한 검토”, 교정연구 제26권 제1호, 한국교정학회, 2016.
이재석, “보안처분에 관한 연구”, 안동대학 논문집 제10권 제1호, 안동대학, 1988.
이재일, “독일의 벌금미납자에 대한 사회봉사제도”, 최신 외국법제정보, 2008–9.
이재홍, “보호관찰과 형벌불소급의 원칙”, 형사판례연구 제7집, 형사판례연구회, 1999.
이정념, “독일에서의 보안감호에 관한 최근 논의들 –2011년 5월 4일 독일 연방헌법재판소의 결정을 중심으로–”, 법조 통권 제660호, 법조협회, 2011.
이진국, “형사제재체계 내에서의 사회내처우제도”, 형사법연구 제22호 특집호, 한국형사법학회, 2004A.
이진국, “사회내제재의 가치와 개편”, 형사정책연구 제15권 제2호, 한국형사정책연구원, 2004B.

이창한, "보호관찰에 있어 회복적 사법 적용가능성 검토", 피해자학연구 제12권 제2호, 한국피해자학회, 2004.

이창한, "조선시대 형벌제도 연구", 한국경찰학회보 제12권 제4호, 한국경찰학회, 2010.

이형섭, "한국보호관찰제도의 최근동향과 발전방향", 보호관찰 제2호, 한국보호관찰학회, 2002.

이형섭, "전자감독과 주거제한", 한국형사정책학회 동계학술대회 자료집, 2005. 12. 10.

이형섭, "위치추적 전자감독제도 시행 5년의 현황과 관제", 보호관찰 제13권 제1호, 한국보호관찰학회, 2013.

이형재, "한국 보호관찰제도의 발전과 향후 과제", 보호관찰 제12권 제2호, 한국보호관찰학회, 2012.

이호중, "회복적 사법 —이념과 법이론적 쟁점들", 피해자학연구 제9권 제1호, 한국피해자학회, 2001.

이호중, "소년범죄자에 대한 경찰단계의 비범죄화 정책제안 —경찰의 전문가 참여제와 회복적 공동체사법(Restorative Community Justice)", 형사정책연구 제15권 제3호, 한국형사정책연구원, 2004.

이호중, "한국의 형사사법과 회복적 사법 —과거, 현재, 그리고 미래", 형사법연구 제19권 제3호, 한국형사법학회, 2007.

임 웅, "누범수형자의 효율적 관리방안", 형사정책연구 제3권 제1호, 한국형사정책연구원, 1992.

정봉휘, "한국형벌제도의 사적고찰 —체계화를 위한 시도로서—", 논문집 제7집, 성균관대학교, 1962.

정소영, "빅데이터의 형사법적 활용에 관한 연구", 법정리뷰 제29집 제2호, 동의대학교 지방자치연구소, 2012.

정유석, "화학적 거세 관련 미국과 유럽의 정책 동향", 나눔터 제66호, 한국성폭력상담소, 2009.

정재준, "물리적 거세법안의 의료법적 성격과 한계 —미국(텍사스주)의 물리적 거세법을 참고하여—", 한국의료법학회지 제20권 제1호, 한국의료법학회, 2012.

조 국, "사형폐지 소론", 형사정책 제20권 제1호, 한국형사정책학회, 2008.

조광훈, "형사조정제도에 관한 연구", 법조 통권 제620호, 법조협회, 2008.

조성자, "성충동 약물치료에 대한 비교법적 연구", 강원법학 제33권, 강원대학교 비교법학연구소, 2011.

조윤오, "GPS 위치추적 전자감시의 범죄억제 효과에 대한 연구", 한국공안행정학회보 제37호, 한국공안행정학회, 2009.

조현욱, "로마시대의 사형제도에 관한 연구", 비교법학 제23집, 부산외국어대학교 비교법연구소, 2012.

진희권, "조선시대의 형벌사상", 안암법학 제11호, 안암법학회, 2000.

차용석, "무죄추정법리에 비춰 본 형사절차상의 제문제", 고시연구 1988/7.

차용석, "보호관찰제도의 효율적 시행방안", 청소년범죄연구 제7집, 1989.

차훈진, "경찰의 회복적 사법 제도에 관한 연구", 한국경찰학회보 제9권, 한국경찰학회, 2005.

천정환, "수강명령 선행연구들에 대한 비판론", 교정복지연구 제34호, 한국교정복지학회, 2014.

천정환, "소년법에서의 화해권고제도의 개선방안", 교정복지연구 제38호, 한국교정복지학회, 2015.

최병각, "벌금형, 노역장유치와 사회봉사", 동아법학 제45호, 동아대학교 법학연구소, 2009.

최영승, "현행 형사화해제도의 실태 및 문제점", 피해자학연구 제15권 제1호, 한국피해자학회, 2007.

최준혁, "사회봉사명령으로서의 거액의 기부?", 형사정책 제20권 제1호, 한국형사정책학회, 2008.

한상훈, "진화론적 인지과학을 고려한 책임개념과 책임원칙의 재조명", 형사법연구 제27권 제1호, 한국형사법학회, 2015.

한영수, "사회내제재의 실효성 확보방안에 관한 연구", 형사정책연구 제18권 제3호, 한국형사정책연구원, 2007.

한영수, "벌금미납자의 사회봉사 집행의 현황과 발전방안", 형사정책연구 제26권 제3호, 한국형사정책연구원, 2015.

허경미, "미국 전자감시제의 효과성 및 정책적 시사점 연구", 교정연구 제59호, 한국교정학회, 2013.

허일태, "자유형제도의 문제와 개선방향에 관한 연구", 형사정책 제5호, 한국형사정책학회, 1990.

허일태, "무죄추정의 원칙", 공범론과 형사법의 제문제(하권), 정성근교수화갑기념논문집, 1997.

홍완식, "미국의 아동대상 성범죄 관련 법률에 대한 입법론적 검토", 세계헌법연구 제16권 3호, 국제헌법학회, 2010.

황성기, "상습적 성범죄 예방수단으로서의 거세(去勢)에 관한 헌법적 고찰", 공법학연구 제9권 제3호, 한국공법학회, 2008.

EMP연구반, "사회내처우로서 전자감시 보호관찰에 관한 연구", 보호 통권 제9호, 법무부, 1999.

<외국문헌>

Bales/Mann/Blomberg/Gaes/Barrick/Dhungana/McManus, A Quantitative and Qualitative

Assessment of Electronic Monitoring, The florida State University College of Criminology and Criminal Justice Center for Criminology and Public Policy Research, 2010.

Eisenberg, Strafe und freiheitsentziehende Massnahme, 1967.

Fenn, Kriminalprognose bei jungen Straffälligen, 1981.

Frisch, Prognoseentscheidungen im Strafrecht, 1983.

Göppinger, Kriminologie, 1980.

Harders, Die elektronische Überwachung von Straffälligen, Forum Verlag Godesberg, 2014.

Hart, Punishment and Responsibility Essays in the Philosophy of Law, 2.ed., Oxford University Press, 2008.

Häusle, Elektronische Fußfessel als Alternative zum Strafvollzug, VDM Verlag, 2011.

Haverkamp, Elektronisch überwachter Hausarrestvollzug ein Zukunftsmodell für den Anstaltsvollzug?, Max-Planck-Institut für ausländisches und internationales Strafrecht, 2002.

Hinz, Gefährlichkeitsprognosen bei Straftätern, 1987.

Hudy, Elektronisch überwachter Hausarrest, 1999.

Kaiser, Kriminologie, 1996.

Kammeier, Maßregelrecht, 1995.

Kinzig, Die Sicherungsverwahrung auf dem Prüfstand, 1996.

Kühne, Strafprozeßrecht, 5.Auflage, 1999.

Kürzinger, Kriminologie, 1996.

Justiz in alter Zeit, Mittelalterliches Kriminalmuseum in Rothenburg, 1989.

Müller-Dietz, Grundfragen des strafrechtlichen Sanktionensystems, 1979.

Roxin, Strafrecht AT, Band I, 3.Auflage, 1997.

Roxin, Strafverfahrensrecht, 25. Auflage, 1998.

Schlömer, Der elektronisch überwachte Hausarrest : eine Untersuchung der ausländischen Erfahrungen und der Anwendbarkeit in der Bundesrepublik Deutschland, 1998/

Schönke/Schröder/Stree, StGB, 27. Auflage.

Schultz, Zum Problem der Prognose in der Bewährungshilfe, 1975.

Stree, In dubio pro reo, 1962.

Streng, Strafrechtliche Sanktionen Die Strafzumessung und ihre Grundlagen, 2. Auflage, 2002.

UN Economic and Social Council, Report of the Secretary-General, Capital punishment and implementation of the safeguards guaranteeing protection of the rights of those facing the death penalty, E/2005/3, 2005.

Baurmann, "Schuldlose Dogmatik?", in: Lüderssen/Sack(Hrsg.), Abweichendes Verhalten IV, 1980.

Beck, et al., "Home Confinement and the Use of Electronic Monitoring With Federal Parolees", Federal Probation, Vol. 54 No. 4, 1990

Bruns, "Richterliche Überzeugung bei "Prognoseentscheidungen" über Sicherungsmaß-regelen. Zugleich ein Beitrag zum Geltungsbereich des Grundsatzes in dubio pro reo", JZ, 1958.

Bruns, "Rechtsgrundlage und Zulässigkeitsgrenzen strafrichterlicher Auflagen und Weisungen", GA, 1959.

Carpenter, "Belgium, Germany, England, Denmark and the United States: The Implementation of Registration and Castration Laws as Protection Against Habitual Sex Offenders", Dickinson Journal of International Law Vol. 16, 1998.

Casady, "The Electronic Watchdog We Schouldn't Use", Psychology Today, 1975.

Dessecker, "Die Sicherungsverwahrung in der Rechtsprechung des Bundesverfassungsgerichts", ZIS, 8-9/2011.

Eilzer, "Electronic Monitoring, Human Rights and Jurisprudence", 9th European Electronic Monitoring Conference, 2014. 12. 11.

Esdorf, "Executing Prison sentences at home with electronic monitoring - advantages and disadvantages of the Scandinavian Model", 9th European Electronic Minitoring Conference, 2014. 12. 11.

Frisch, "Zum Wesen des Grundsatzes in dubio pro reo", in: Roxin(Hrsg.), Festschrift für H. Henkel, 1974.

Frisch, "Strafrechtliche Prognoseentscheidungen aus rechtswissenschaftlicher Sicht", in: Frisch/Vogt (Hrsg.), Prognoseentscheidungen in der strafrechtlichen Praxis, 1994.

Gable, "Application of Personal Telemonitoring to Current Problems in Corrections," Journal of Criminal Justice, Vol. 14, 1986.

Geerds, "Zur kriminellen Prognose", MschrKrim, 1960.

Gerhard, "Elektronisch überwachter Hausarrest in Österreich", 9th European Electronic Monitoring Conference, 2014. 12. 11.

Gribbohm, "Der Grundsatz der Verhältnismäßigkeit bei den mit Freiheitsentziehung verbundenen Maßregeln der Sicherung und Besserung", JuS, 1967.

Grünwald, "Sicherungsverwahrung, Arbeitshaus, vorbeugende Verwahrung und Sicherungsaufsicht im Entwurf 1962", ZStW 76, 1964.

Hall, "Sicherungsverwahrung und Sicherungsstrafe", ZStW 70, 1958.

Haverkamp, “Intensivüberwachung mit elektronischer Kontrolle. Das schwedische Modell, seine Bedingungen und Ergebnisse”, BewHi, 1999.

Haverkamp/Mayer, “Die Zukunft der elektronischen Überwachung in Europa”, MschrKrim, 2003/3.

Hodgkinson, “Capital punishment: improve it or remove it?”, Capital Punishment Strategies for Abolition, Cambridge University Press, 2004.

Holdsworth, “Women and Electronic Monitoring”, 9th European Electronic Minitoring Conference, 2014. 12. 11.

Hoyer, “Der Konflikt zwischen richterlicher Beweiswürdigungsfreiheit und dem Prinzip ‘in dubio pro reo’”, ZStW, 1993.

Kinzig/Bräuchle, “Evaluation der “elektronischen Aufenthaltsüberwachung” Vorstellung eines Forschungsprojekts”, 9th European Electronic Monitoring Conference, 2014. 12. 12.

Krey, “Grundzüge des Strafverfahrensrechts”, JA, 1983.

Leferenz, “Kriminalprognose”, in: Handbuch II 1972.

Lilly/Ball/Curry/Smith, “The Pride, Inc., Program: An Evaluation of 5 Years of Electronic Monitoring”, Federal Probation, Vol. 56, No. 4, 1992.

Lindenberg, “Elektronisch überwachter Hausarrest auch in Deutschland? Kritische Anmerkungen für die Diskussion in der Praxis”, BewHi, 1999.

Mayer, “Behandlung der Rezidivisten (gefährlichen Gewohnheitsverbrecher) im deutschen Strafrecht”, ZStW 80, 1968.

Mayer, “Evaluation eines Modellprojekts zum Einsatz der elektronischen Fußfessel”, Max—Planck—Institut für ausländisches und internationales Strafrecht, 2004.

Nowakovski, “Zur Rechtstaatlichkeit der vorbeugenden Maßnahmen”, in: Festschrift für Hellwuth von Weber zum 70 Geburtstag, 1963.

Øster/Beumer, “Conference Report”, 9th European Electronic Monitoring Conference, 2014. 12. 11.

Russell, “Castration of Repeat Sexual Offenders: An International Comparative Analysis”, Houston Journal of International Law Vol. 19, 1997.

Sandlie, “Executing Prison sentences at home with electronic monitoring - advantages and disadvantages of the Scandinavian Model”, 9th European Electronic Minitoring Conference, 2014. 12. 11.

Schall, “Die Sanktionsalternative der gemeinnützigen Arbeit auf Surrogat der Geldstrafe”, NStZ, 1985.

Schmidt, “Reform des Strafvollzugs”, ZStW 64, 1952.

Schneider, “Die Reform des Maßregelrechts”, NStZ, 2008.

Scott/Holmberg, “Castration of Sex Offenders: Prisoners' rights Versus Public Safety”, The Journal of the American Academy of Psychiatry and the Law Vol. 31, No. 4, 2003.

Stelzer, “Chemical Castration and the right to generate Ideas: Does the first Amendment Protect the Fantasies of Convicted Pedophiles?”, Minnesota Law Review Vol. 81, 1997.

Streng, “Strafrechtliche Folgenorientierung und Kriminalprognose”, in: Dölling(Hrsg.), Die Täter-Individualprognose, 1995.

Sturm, “Die Strafrechtsreform”, JZ, 1970.

Turner/Hess/Myers/Shah/Werth/Whitby, “Implementation And Early Outcomes For The San Diego High Risk Sex Offender(HRSO) GPS Pilot Program”, Center for Evidence- Based Corrections, University of California, Irvine, 2007.

Vollbach, “Die reformierte Maßregel Führungsaufsicht: Kontaktverbot, Alkoholverbot, Nachsorgeweisung und unbefristete Führungsaufsicht”, MschrKrim, 2006/1.

Weigelt/Hohmann-Fricke, “Führungsaufsicht-Unterstellungspraxis und Legalbewährung”, BewHi, 2006/3.

Whitfield, “Electronic Monitoring Erfahrungen aus dem USA und Europa”, BewHi, 1999.

Zipf, “Die Bedeutung der Kriminalprognose im deutschen, österreichischen und schweizerischen Strafrecht”, in: Frank/Harrer(Hrsg.), Kriminalprognose, 1992.

찾아보기

[저자 약력]

김 혜 정

독일 트리어(Trier)대학교 법학박사(Dr. jur)
전 한국형사정책연구원 부연구위원
제1회 한국형사정책연구원 학술상 수상
한국피해자학회, 한국형사법학회, 한국형사정책학회 부회장
현 영남대학교 법학전문대학원 교수(형사법)

주요 논문
치료사법의 관점에서 도입된 치료명령제도에 대한 검토, 2017
헌법재판소 결정을 통해 바라본 성폭력범죄자 신상정보등록제도의 문제점과 개선방안, 2016
현행 전자감독제도의 발전방안에 관한 소고, 2015
보호수용법 제정시안에 대한 소고, 2014
보안처분의 체계적 입법화를 위한 소고, 2013
소년원 임시퇴원자에 대한 보호관찰에 관한 소고, 2012
사회내처우의 형사정책적 기능에 관한 소고, 2011
형사정책적 관점에서 성폭력범죄자의 유형에 따른 형사제재의 재조명, 2010
특정 성폭력범죄자에 대한 위치추적 전자장치 부착에 관한 법률에 관한 검토, 2009
독일의 최근 동향을 통해 바라본 우리 보안처분제도의 재조명, 2008 외 다수

대체형벌론

초판인쇄 2017년 12월 25일
초판발행 2017년 12월 30일

지은이 김혜정
펴낸이 박노일

총괄기획 김중용 · 최준규
편 집 심성보 · 김인숙

펴낸곳 pnc publishing and culture 피앤씨미디어
경기도 고양시 일산동구 강송로 153 310-1501
등록 제396-2012-000203호
전 화 070)7550-3758 팩 스 02)718-8554
홈페이지 www.pncmedia.co.kr 이메일 pnc@pncmedia.co.kr
ISBN 979-11-5730-535-3 93360

정 가 25,000원